Geschlecht und Gesellschaft

Band 74

Reihe herausgegeben von
Beate Kortendiek, Essen, Deutschland
Ilse Lenz, Bochum, Deutschland
Helma Lutz, Frankfurt, Deutschland
Michiko Mae, Düsseldorf, Deutschland
Michael Meuser, Dortmund, Deutschland
Ursula Müller, Bielefeld, Deutschland
Mechtild Oechsle (verst. 2018), Bielefeld, Deutschland
Birgit Riegraf, Paderborn, Deutschland
Katja Sabisch, Bochum, Deutschland
Susanne Völker, Köln, Deutschland

Geschlechterfragen sind Gesellschaftsfragen. Damit gehören sie zu den zentralen Fragen der Sozial- und Kulturwissenschaften; sie spielen auf der Ebene von Subjekten und Interaktionen, von Institutionen und Organisationen, von Diskursen und Policies, von Kultur und Medien sowie auf globaler wie lokaler Ebene eine prominente Rolle. Die Reihe „Geschlecht & Gesellschaft" veröffentlicht herausragende wissenschaftliche Beiträge aus der Frauen- und Geschlechterforschung, die Impulse für die Sozial- und Kulturwissenschaften geben. Zu den Veröffentlichungen in der Reihe gehören neben Monografien empirischen und theoretischen Zuschnitts Hand- und Lehrbücher sowie Sammelbände. Zudem erscheinen in dieser Buchreihe zentrale Beiträge aus der internationalen Geschlechterforschung in deutschsprachiger Übersetzung.

Die Herausgeber_innen der Buchreihe „Geschlecht & Gesellschaft" freuen sich über Publikationsangebote. Angenommene Manuskripte werden redaktionell betreut. Bitte senden Sie Ihre Projektanfragen an sandra.beaufays@netzwerk-fgf.nrw.de oder an cori.mackrodt@springer.com.

Weitere Bände in der Reihe http://www.springer.com/series/12150

Lea Schütze

Schwul sein und älter werden

Selbstbeschreibungen älterer schwuler Männer

Lea Schütze
München, Deutschland

Zugleich Dissertation an der Ludwig-Maximilians-Universität München, 2017

ISSN 2512-0883　　　　　　ISSN 2512-0905　(electronic)
Geschlecht und Gesellschaft
ISBN 978-3-658-25711-8　　　ISBN 978-3-658-25712-5　(eBook)
https://doi.org/10.1007/978-3-658-25712-5

Die Deutsche Nationalbibliothek verzeichnet diese Publikation in der Deutschen Nationalbibliografie; detaillierte bibliografische Daten sind im Internet über http://dnb.d-nb.de abrufbar.

Springer VS
© Springer Fachmedien Wiesbaden GmbH, ein Teil von Springer Nature 2019
Das Werk einschließlich aller seiner Teile ist urheberrechtlich geschützt. Jede Verwertung, die nicht ausdrücklich vom Urheberrechtsgesetz zugelassen ist, bedarf der vorherigen Zustimmung des Verlags. Das gilt insbesondere für Vervielfältigungen, Bearbeitungen, Übersetzungen, Mikroverfilmungen und die Einspeicherung und Verarbeitung in elektronischen Systemen.
Die Wiedergabe von allgemein beschreibenden Bezeichnungen, Marken, Unternehmensnamen etc. in diesem Werk bedeutet nicht, dass diese frei durch jedermann benutzt werden dürfen. Die Berechtigung zur Benutzung unterliegt, auch ohne gesonderten Hinweis hierzu, den Regeln des Markenrechts. Die Rechte des jeweiligen Zeicheninhabers sind zu beachten.
Der Verlag, die Autoren und die Herausgeber gehen davon aus, dass die Angaben und Informationen in diesem Werk zum Zeitpunkt der Veröffentlichung vollständig und korrekt sind. Weder der Verlag, noch die Autoren oder die Herausgeber übernehmen, ausdrücklich oder implizit, Gewähr für den Inhalt des Werkes, etwaige Fehler oder Äußerungen. Der Verlag bleibt im Hinblick auf geografische Zuordnungen und Gebietsbezeichnungen in veröffentlichten Karten und Institutionsadressen neutral.

Springer VS ist ein Imprint der eingetragenen Gesellschaft Springer Fachmedien Wiesbaden GmbH und ist ein Teil von Springer Nature
Die Anschrift der Gesellschaft ist: Abraham-Lincoln-Str. 46, 65189 Wiesbaden, Germany

Danksagung

So eine Arbeit braucht nicht nur intellektuelle Anleitung, sondern auch Personen, die eine durch Zuspruch und Mitdenken motivieren und kritisch-konstruktiv nachfragen. Dafür danke ich meiner Doktormutter Paula Villa Braslavsky und meiner Zweitbetreuerin Hella von Unger. In Einzelgesprächen und in euren Kolloquien habe ich von Euch so viel gelernt.

Dem Lehrbereich von Stephan Lessenich und besonders der 210 danke ich für das intellektuelle und vor allem nette Sein.

Meinen älteren schwulen Männern danke ich, die mir so viel Vertrauen entgegengebracht haben und diese Studie zu großen Teilen nicht mitgeschrieben, aber mitgesprochen haben. Der Friedrich-Ebert-Stiftung ein großes Danke für die finanzielle Freiheit durch das Stipendium und den entspannten Umgang.

Dann verdanke ich viel dem Rot- und Weißwein, den ich mit den Disssschwestern 1 und den Disssschwestern 2 geteilt habe, und vor allem deren Gehirnschmalz und Liebenswürdigkeit.

Speziell nochmal Danke an Jana Fritsche, Jule Wustmann, Julia Feiler, Lisa Abbenhardt, Tanja Robnik, Tina Denninger und Yvonne Berger. Außerdem an Jasmin Siri, mibo, Miri Irlesberger, Geli Roth, Lorenz Schütze und Imke Schmincke, weltbeste Mentorin.

Einen Dank an zwei allerwichtigste P-gesichter Sven und Titus, für den Zwang und die Möglichkeit, noch was anderes zu machen als zu dissertieren. Danke an meine Mutter Celia Wenk-Wolff für ihr linguistisches (und emotionales) Fingerspitzengefühl. Und Danke an mich.

Inhalt

1 **Einleitung** 1

2 **Alte, männliche, schwule Selbste – Intersektionale Subjektordnungen** 13
   2.1 Subjektivierungen des Begehrens – Geschlechtsidentitäten und Heteronormativität 20
   2.2 Alte Subjekte und Subjektivierungen des Alter(n)s 33
   2.3 Alter(n) queeren – Theoretische Überlegungen zum Zusammenhang von Alter(n) und Begehren 43
   2.4 Der Zusammenhang von Anerkennung – Gemeinschaft – Autonomie als Grundstruktur der Analyse 58
   2.5 Queeres Alter(n) – Forschungen zu ‚gay aging' und konzeptuelle Konsequenzen 62

3 **Methodische Zugänge zu einer Empirie des Selbst** 73
   3.1 Selbst-Beschreibungen als Verknüpfung von Biographie, Selbst und Diskurs 74
   3.2 Grounded Theory und Situationsanalyse: Ein ‚postmodern turn' in der Auswertung 83
   3.3 „Ich steh einfach nicht auf Frauen, entschuldigen Sie jetzt bitte": Subjektproduktionen durch Intersubjektivität 90
   3.4 Aufbau und Darstellung der Ergebnisse 106

4 **Situationen der Verwerfung: Doppelte Stigmatisierung oder Nicht-Subjekt?** 109
   4.1 „Provokation", „Beschämung" und „Ausklammerung": Subjektpositionierungen als das Andere 109

4.2 „Die Jugend, das ist halt das Schöne": Attraktivität, Alter und Ausgrenzung 126
4.3 „Es gibt keine alten Schwulen": Das Nicht-Subjekt des alten schwulen Mannes 139
4.4 Unsichtbar, diskriminiert oder beides? Zu Anrufungen und Verwerfungen 151

5 „Schwule Graue" und andere Subjekte: Positionierungen zu anderen ‚Alten' und anderen ‚Schwulen' 157
   5.1 Alt Sein und älter Werden: Diffusität und Kontextabhängigkeit der Selbstbeschreibung als alt 158
   5.2 „Der hat halt Angst, dass die Frau wegstirbt": (Hetero-)Männer und das Alter(n) 177
   5.3 „Ganz ganz schlicht das Niveau": Abgrenzungen zu anderen älteren Schwulen 191
   5.4 „Der wird dann gepflegt wie ein Hetero": Begehren, Alter und Pflegebedürftigkeit 203
   5.5 Das Eigene und das Andere – Selbstbeschreibung durch Abgrenzung 220

6 Biographien im Kontext von Nicht-Anerkennung: Zwischen den „Welten" 225
   6.1 Innen – Außendifferenzierungen als Anti-Diskriminierungsstrategie 225
   6.2 Alter(n) als Widerstand und Befreiung 234
   6.3 Schwule Väter und „klassische Schwule": Coming-Out-Biographien und das Altern 251
   6.4 Homosexualität als biographische Technik? 266

7 Subjektivierungen des doppelt Verworfenen? 271
   7.1 Das Alter(n) als Kategorie der Selbstbeschreibung 271
   7.2 Zum Begehren als Klassifikation der Selbstbeschreibung 275
   7.3 Altern und Begehren als verwobene Subjektordnungen 278

8 Fazit 293

Literatur- und Quellenverzeichnis 307
Transkriptionsregeln und Zeichenerklärung 331

Einleitung 1

Am 10. März 2014 jährte sich die Streichung des § 175 aus dem Strafgesetzbuch (StGB) zum 20. Mal; am 24. April 2017 legte die deutsche Bundesregierung einen Gesetzesentwurf vor, der die Rehabilitierung und finanzielle Entschädigung für die damals Verurteilten vorsieht, der schließlich am 22. Juni 2017 im Bundestag beschlossen wurde.

Der § 175 wurde 1871 in das Reichsstrafgesetzbuch aufgenommen und stellte sexuelle Handlungen zwischen männlichen Personen unter Strafe. 1935 wurde der Paragraph von den Nationalsozialisten weitergeführt und verschärft; bei Verhaftung drohten Gefängnis, Zuchthaus und Konzentrationslager. Im westlichen Deutschland der Nachkriegszeit wurde er mit gleichem Wortlaut in das Strafgesetzbuch übernommen: „Ein Mann, der mit einem anderen Mann Unzucht treibt oder sich von ihm zur Unzucht mißbrauchen läßt, wird mit Gefängnis bestraft" (Art. 6 des Gesetzes zur Änderung des Strafgesetzbuchs vom 28. Juni 1935, RGBl. I S. 839). Schätzungsweise 50.000 Männer wurden in der frühen BRD angeklagt und inhaftiert, Zehntausende mehr dürften den Paragraphen als ständige Bedrohung erlebt haben. 1969 und 1974 wurde der Paragraph so weit abgemildert, dass sexuelle Handlungen zwischen Männern ab 21, schließlich ab 18 Jahren straffrei wurden. In der damaligen DDR wurde der Paragraph ab 1957 so gehandhabt, dass sexuelle Handlungen unter erwachsenen Männern de facto straffrei blieben. 1994 wurde § 175 ersatzlos aus dem inzwischen gesamtdeutschen Strafgesetzbuch gestrichen (vgl. Bülow 2000; Haunss 2004; Wasmuth 2002).

Im Rahmen der politischen Neuverhandlung der Diskriminierung und Inhaftierung von bis zu 50.000 Männern in der Bundesrepublik Deutschland stieg die mediale Berichterstattung über das Leben schwuler Männer, die in der zweiten Hälfte des 20. Jahrhundert Opfer von § 175 StGB wurden, in den letzten Jahren sprunghaft an. In der öffentlichen Wiederbelebung deutscher Zeitgeschichte wurde vielfach über Männer berichtet, die im Rahmen des § 175 bis 1969 beschimpft, verhaftet, verurteilt und inhaftiert wurden.

© Springer Fachmedien Wiesbaden GmbH, ein Teil von Springer Nature 2019
L. Schütze, *Schwul sein und älter werden*, Geschlecht und Gesellschaft 74,
https://doi.org/10.1007/978-3-658-25712-5_1

Im Rahmen dieser neuen Aufmerksamkeit für die rechtliche Diskriminierung von Homosexuellen werden diese Verurteilten zwar als mittlerweile alte und ältere Männer abgebildet (vgl. z. B. Spiegel.de, 03.06.2014; Stuttgarter-Zeitung.de, 22.06.2016; Tagesspiegel.de, 15.05.2016; tagesschau.de, 22.03.2017 u. v. m.); doch der Blick ist auf die Erfahrung in der *Vergangenheit* gerichtet: die *Gegenwart* dieser älteren schwulen Männer bleibt in der öffentlichen Wahrnehmung randständig.

Während (insbesondere männliche) Homosexualität und schwule Lebensweisen häufig medial aufscheinen, ein regelmäßiges Thema auf politischen Agenden darstellen[1] und inzwischen unter dem Stichwort „diversity" als unternehmerischer Wettbewerbsvorteil ausgewiesen werden, scheinen *ältere* schwule Männer als soziale Figur in Deutschland und anderswo selten auf. Wo Homosexualität – etwa auf den jährlichen Christopher Street Days – als schillernd und außeralltäglich mal akzeptiert, mal toleriert (und zuweilen nach wie vor diskriminiert) wird und homophobe Äußerungen zumeist öffentlich angeprangert werden, bleiben ältere schwule Männer unterrepräsentiert und – wie es ein Befragter der hier vorliegenden Studie ausdrückt – „unter der Treppe" und damit weitgehend unsichtbar. Eine solche Abwesenheit älterer schwuler Männer bzw. eines ‚schwulen Alter(n)s' zeigt sich auch in wissenschaftlichen Zusammenhängen. Auffällig ist in diesem Zusammenhang nicht nur der im Vergleich zu anderen Bindestrichsoziologien besonders unhinterfragte Heterozentrismus der Alter(n)ssoziologie, in dem die Selbstverständlichkeit von Ehepartner_innen, eigenen Kindern oder die Pflege (bluts-)verwandter Angehöriger ein heteronormiertes Bild des Alter(n)s reproduziert. Auch die queer studies zeigen eine ausgeprägte Altersvergessenheit (vgl. Brown 2009), die insbesondere dem Anspruch einer generellen Kritik an allen (Identitäts-)Kategorien nicht gerecht wird. Dieser doppelte blinde Fleck führt dazu, dass in beiden Gebieten die Untersuchung eines älteren nicht-heterosexuellen Subjekts weitgehend ausbleibt (vgl. Schütze 2017). Wie ich weiter nachzeichnen werde, ist es somit auch ein Großteil der entsprechenden Forschungsgebiete, die ältere schwule Männer weitgehend nicht beachtet.

In ‚queeren' Vergemeinschaftungen rückt derweil die Gegenwart der inzwischen älter gewordenen schwulen Männer mehr und mehr in den Mittelpunkt: Das Alter als Lebensphase wird zunehmend diskutiert; dabei geht es nicht nur um die Sichtbarmachung der Vergangenheit und der erlittenen Diskriminierung und Verfolgung. In Gesprächsgruppen und Dachverbänden (vgl. „gay and gray",

---

[1] So aktuell etwa unter dem Stichwort „Ehe für alle", die am 30. Juni 2017 im Bundestag beschlossen wurde (vgl. https://www.bundestag.de/dokumente/textarchiv/2017/kw26-de-ehe-fuer-alle/513682; zuletzt geprüft am 07.09.2017).

1 Einleitung

BISS e. V.²) wird die Lebenssituation – häufig insbesondere mit Blick auf Wohnformen und Pflegebedürftigkeit – schwuler alter bzw. älterer Männer thematisiert, die sich zwischen Unsichtbarkeit und selbstbewusstem Auftreten bewegen. Erst in den letzten Jahren gibt es in Deutschland einige öffentlich finanzierte Forschungsprojekte, die sich mit dem Zusammenhang von Alter(n) und Homosexualität beschäftigen. Dazu zählen etwa die Projekte „GLESA" (Laufzeit 2013 bis 2015) und „GLEPA" (Laufzeit 2015 bis 2017)³ an der Alice-Salomon-Hochschule Berlin und das Projekt „Die Lebenssituation von gleichgeschlechtlich liebenden Frauen und Männern in der ambulanten und stationären Altenpflege" an der Universität Bremen (Laufzeit 2011 bis 2015)⁴. Ausgrenzungen aus der ‚Szene', Wohnprojekte im Alter und im Pflegefall, biographische Erfahrungen der Diskriminierung und Ausgrenzung sind wesentliche Bestandteile der dort geführten Debatten, in denen immer auch bestimmte Verhandlungen des Alter(n)s sichtbar werden, etwa körperlicher und geistiger Verfall, die Nähe zum Tod, das Alter als Ort der Einsamkeit. Was dort und in den Studien aber häufig ausbleibt, ist eine dezidierte Betrachtung dazu, wie ältere schwule Männer älter Sein und alt Werden verstehen und wie sie sich selbst in Bezug dazu setzen. Darin stellt sich auch die Frage, was den Kern des Alter(n)s von schwulen Männern ausmacht und ob es einen solchen überhaupt gibt. Häufig sind diese Verhandlungen eher implizit von der Frage geprägt, ob und welche Bedeutung das Alter und das Älterwerden für ältere schwule Männer hat. Denn alt Sein oder älter Werden unterliegen bestimmten Zuschreibungen, zugleich zeigen sie eine große Offenheit in der subjektiven Ausdeutung. Des Weiteren ist wissenschaftlich unterbestimmt, welche Rolle die Kategorie der (Homo-)Sexualität dabei spielt. Ähnlich dem Alter(n) funktioniert auch das Adjektiv schwul als kollektivierender Ausdruck, der bei genauerer Betrachtung die Gemeinsamkeit der angesprochenen Männer auf ein Minimum reduziert, das – wenn überhaupt – darin liegt, dass ‚Männer' mit anderen ‚Männern' Sex haben bzw. ein auf Männer gerichtetes sexuelles Begehren besteht.

Sowohl mit der Kategorie Alter(n)⁵, wie auch mit der Kategorie Homosexualität sind demnach bestimmte Vorstellungen verbunden, wie ältere Menschen und wie

---

2   http://www.gayandgray.org/; http://schwuleundalter.de/ (zuletzt geprüft am 22.02.2017).

3   https://www.ash-berlin.eu/forschung/forschungsprojekte-a-z/glesa/; https://www.ash-berlin.eu/forschung/forschungsprojekte-a-z/glepa/ (zuletzt geprüft am 28.04.2017).

4   http://www.ipp.uni-bremen.de/mitglieder/ansgar-gerhardus/projekte/?proj=606&page=1&print=1 (zuletzt geprüft am 02.05.2017).

5   Auch wenn Alter und Altern analytisch unterschiedliche Dimensionen aufweisen, werden sie hier zunächst sprachlich nicht immer getrennt aufgeführt. Daher wird die umfassendere Kategorie des Alter(n)s als solche durch die Nutzung des (n) angedeutet. Nur dort, wo die Unterscheidung von Alter als Zustand und von Altern als Prozess

schwule Männer zu sein haben. Alter(n) und Begehren[6] sind geprägt durch vermeintliches Wissen, durch kollektive Normierungen und durch eine ständig mühsam wiederhergestellte Stabilisierung ihrer Zuordnungen – nicht nur diese vermeintliche Eindeutigkeit und ihre Bedeutung als Zuschreibungs- und Identitätskategorie macht ihre gemeinsame Erforschung soziologisch interessant. So gilt es herauszufinden, wie gesellschaftliche Bilder und Normen über Alter(n) und Homosexualität von älteren schwulen Männern selbst ausgedeutet werden und wie sie diese in ihre Selbstkonzepte integrieren (oder nicht). Im Rahmen einer heteronormierten Gesellschaftsstruktur müssen schwule Männer zum einen damit umgehen, dass sie als das Nicht-Normale gesehen werden und Opfer von Diskriminierungen werden können. Ähnlich ist eine Beschreibung als alter Mensch mit ähnlichen Gefahren verbunden, auch wenn die Kategorisierung als alt bzw. älter nicht zwingend Menschen zu Anderen, zu Außenstehenden macht. Denn nicht erst seit dem Diskurs um das aktive Altern (vgl. 5. und 6. Altenbericht des BMFSFJ 2005/2010; Denninger et al. 2014) ist das Alter das am Abgrund stehende, das am Rand der Gesellschaft sich Befindende, das Minderwertige, das Nicht-mehr-Könnende, das Hässliche, das Verfallene (vgl. Borscheid 1994; Göckenjan 2000; Kondratowitz 2008).

In der Diskussion über diese negativen Bilder des Alter(n)s wird das Alter(n) soziologisch aktuell als im Übergang seiend begriffen, da „sich Altersgrenzen und Übergänge im Lebenslauf gegenwärtig auch im subjektiven Erleben ausdifferenzieren, mehrdimensionaler und damit auch uneindeutiger werden" (Graefe 2013: Abs. 10). Ähnlich wird auch Homosexualität nicht mehr als Absonderlichkeit und

---

relevant für das Textverständnis ist, schreibe ich explizit auch Alter *oder* Altern bzw. spreche vom alt *Sein* und älter *Werden* (zur empirischen Bedeutung dieser Unterscheidung vgl. Kap. 5.1).

6   Da Sexualität allgemeinsprachlich sowie auch in soziologischer Literatur häufig im Sinne einer sexuellen Praxis verstanden wird (vgl. etwa bei Löw 2008), wird in dieser Arbeit zumeist der Begriff des Begehrens verwendet, da er – in Abkehr von der praktischen Seite des Sexes – auf die subjekttheoretisch bedeutsamen Aspekte von Sexualität verweist. In Weiterführung der Herr-Knecht-Dialektik von Hegel verweist Judith Butler auf das Begehren nach Anerkennung, welches sich als Auseinandersetzung mit anderen im eigenen Selbst wiederspiegelt. Der Bezug zum Selbst ist unmittelbar eingebettet in eine Form der Abhängigkeit von anderen (vgl. auch zu Butler Subjektivierungsbegriff Kap. 2 dieser Studie). Das Begehren nach Erkennung des Selbst existiert in dieser Spannung von Selbstbezug und Dependenz (vgl. Quadflieg 2006: 118). Ein Subjekt muss „[u]m zu sich zu kommen (…) aus sich heraustreten und sich in den Objekten seines Begehrens vergegenständlichen" (Althans 2007: 37). In diesem Heraustreten ist immer eine ‚Unterwerfung' unter bestehende Normen der Anerkennung nötig. Begehren verweist darum (mehr als Sexualität) insbesondere auf die macht- und identitätspolitischen Aspekte, die für diese Studie wesentlicher sind als konkrete sexuelle Praxis (auch wenn beide mitunter zusammenhängen).

Perversion gesehen. Unter anderem wird die (Selbst-)Bezeichnung „schwul" seit den Schwulenbewegungen der 1970er und 1980er Jahre als positive, individuelle und zugleich kollektiv relevante Selbstbeschreibung interpretiert, angeeignet (vgl. Beljan 2014; Haunss 2004) und gesellschaftlich weitgehend akzeptiert. Dementsprechend rücken sowohl in Bezug auf Alter(n) wie auch auf Homosexualität individuelle Deutungen dieser Kategorisierungen wie auch deren Bedeutung für das eigene Selbstverhältnis in den Vordergrund.

Trotz der Verschiebung normativer Grenzen bleiben starke gesellschaftliche Abwertungen ein relevanter Bezugspunkt für ältere schwule Männer. Der eingangs thematisierte § 175 StGB kann als solche Gefahr für die Selbstbeschreibungen der heute älteren schwulen Männer gesehen werden. Der Paragraph hat dabei für diese Männer sowohl entlang ihres Alters als auch entlang ihres Begehrens Bedeutung: Zum einen schaffte er für die Männer ein Klima der Rechtlosigkeit, die Sex mit Männern hatten oder haben wollten, zugleich betraf er als historische Begebenheit eine bestimmte Kohorte von Männern, die heute 60 Jahre und älter sind. Der Blick auf den § 175 macht damit deutlich, dass eine Perspektive auf das Alter immer mitbestimmt ist durch den Aspekt des Älterwerdens als lebenslanger Prozess, und damit auch wesentlich bestimmt ist von biographischen Erfahrungen. Die Lebensphase Alter selbst ist also Produkt vergangener Erfahrungen. Sich aus einer biographischen Perspektive mit dem Älterwerden schwuler Männer zu beschäftigen, bedeutet demgemäß, Deutungsmuster und Sinnzusammenhänge der vergangenen Erfahrungen im Hinblick auf die Gegenwart zu untersuchen. Dabei sind diese Erfahrungen sowohl im Kontext von Begehren wie auch von Alter(n) angesiedelt, und auch von anderen Dimensionen sozialer Positionierung bestimmt (vorrangig etwa von Geschlecht, aber auch von Religion, Bildung, Milieu, Herkunft, Gesundheit und Krankheit).

Es stellt sich in diesem Rahmen die Frage, inwiefern Menschen mit (zumeist negativen) Zuschreibungen entlang des Alter(n)s und des Begehrens umgehen, inwiefern sie diese als Selbstkonzepte übernehmen und wie sich hierin auch widerständige Deutungen zeigen können. So wie Susan Sontag in ihrem bekannten Essay „The double standard of aging" (1972) danach fragt, inwiefern Frauen durch das Älterwerden anders beurteilt und positioniert werden als Männer, werde ich der Frage nachgehen, ob schwule Männer spezifischen Altersbewertungen unterliegen und diese auch als solche wahrnehmen. Gibt es einen ‚schwulen' double standard of aging? Oder es ist vielmehr ein Mangel eines solchen Alter(n)s-Standards, der nicht nur eine Form der Diskriminierung, sondern auch eine immanente Freiheit für die Deutung des eigenen Alter(n)s darstellen kann?

Die Verbindung der Kategorien Alter(n) und Begehren ist auch deshalb soziologisch spannend, da nicht nur das Alter(n) von einem „normativ-biografischen

Doppelcharakter" (Graefe 2013: Abs. 11) geprägt ist, sondern auch schwules Begehren als möglicher Aspekt der Selbstbeschreibung in stark determinierten Bezugsrahmen gesehen werden kann. Das heißt, dass in Erzählungen über schwules Altwerden bzw. über altes Schwulsein sich in Bezug auf beide Dimensionen eine Komplexität sowohl durch diskursiv-normierende Anrufungen beider Subjektpositionen wie auch im damit subjektiv erfolgten Umgang zeigt.

Forschungsgegenstand und Forschungsfragen

Die Auseinandersetzungen mit der sozialen Zuordnung als schwuler, heterosexueller, junger, alter, männlicher, weiblicher (u. v. m.) Mensch zeigen sich in der verdichteten Form der individuellen Verhandlung von identitären Zuschreibungen: in *Selbstbeschreibungen*. Selbstbeschreibungen bilden in dieser Studie den *Forschungsgegenstand* ab. Sie sind zu verstehen als Ausdeutungen eines Ich-Bezugs, welcher sich im Kontext von diskursiven Setzungen um die Kategorisierungen Alter(n) und Homosexualität (und anderen) produziert. Zudem bilden sich die Selbst-Beschreibungen als Modus der Analyse im Sinne von Beschreibungen des Selbst bzw. der Selbste schwuler älterer Männer ab. Dieser vollzieht sich durch den interpretativen Nachvollzug im Rahmen empirisch-qualitativer Auswertungsmethoden sowie durch die Reflexion der Anrufungen durch die Datenerhebung und -analyse dieses Projekts selbst.

Diese zwei Perspektiven auf Selbst-Beschreibungen sollen die zentralen Fragen der Untersuchung beantworten: Welche Subjektproduktionen zeigen sich im Kontext von Alter und Begehren? Inwiefern werden aktuelle Diskurse um das Alter(n) wie auch öffentliche Schauplätze der Verhandlung von sexueller Vielfalt in den Aussagen schwuler älterer Männer sichtbar? Welche Formen der Anrufung zeigen sich in den Erzählungen älterer schwuler Männer, welche Aneignungen von und Widerstände gegen hegemoniale Deutungen von Alter(n) und schwulem Begehren? Werden diese als diskriminierend empfunden? Oder folgt die Aneignung beider Kategorisierungen einer positiven Auslegung für das eigene Selbstkonzept?[7] Dementsprechend und zusammenfassend lautet die forschungsleitende Frage dieser Studie:

> *Wie integrieren ältere schwule Männer die Kategorisierungen Alter(n) und Homosexualität in ihre Selbstbeschreibungen?*

---

7   Dies ist auch darum möglich, weil Verhandlungen sowohl der Homosexualität wie auch des Alter(n)s im Rahmen eines neuen, selbstbewussten (und häufig ‚neoliberalen') Diskurses des Nicht-mehr-Versteckens, der Selbst-Aneignung und -Gestaltung (vgl. Denninger et al. 2014; Engel 2002, 2008; Laufenberg 2014) sichtbar sind.

Dieser Frage nähere ich mich mit einem empirisch geleiteten Blick auf Selbstbeschreibungen älterer schwuler Männer. In qualitativen Interviews habe ich Gespräche mit älteren schwulen Männern zu ihrer aktuellen Lebenssituation, zu ihren Deutungen über Alter(n), Pflege und Homosexualität, zu Vorstellungen über die Zukunft und zu Erfahrungen in der Vergangenheit geführt. Die Rekonstruktion von darin enthaltenen Selbstbeschreibungen werden im Rahmen der Grounded Theory Methodologie (vgl. Strauss 1994; Strauss/Corbin 1996) analysiert und stellenweise ergänzt um die Untersuchung von spezifischen Situationen, d. h. von Kontexten, Artefakten, Gegenständen, kollektiven Erlebnissen (vgl. Clarke 2012), die den erlebten Rahmen der Selbst-Beschreibung um diskursive Bedingungen des Älterwerdens schwuler Männer anreichern.

Ich werde der Frage nachgehen, welche Rolle die beiden Dimensionen Alter(n) und Begehren in ihrer Verbindung für das Selbst-Verständnis schwuler älterer Männer spielen. In einer intersektionalen Perspektive (vgl. Crenshaw 1991; Küppers 2014; Winker/Degele 2009 u. v. m.) muss die Relevanz (oder Irrelevanz) einer spezifischen ‚Verwobenheit' dieser beiden Hauptdimensionen für die Identitätsproduktion von Subjekten aber erst beobachtet werden. Wesentlicher Bezugspunkt intersektionaler Ansätze ist die Erkenntnis, „dass sich Formen der Unterdrückung und Benachteiligung nicht additiv aneinanderreihen lassen, sondern in ihren Verschränkungen und Wechselwirkungen zu betrachten sind" (Küppers 2014: Abs. 1). Diesen Grundgedanken der Intersektionalität werde ich einführen. Die Offenheit gegenüber weiteren relevanten sozialen Dimensionen (Geschlecht, Religion, Schicht bzw. Milieu u. a.) neben Alter(n) und Homosexualität ist dabei ebenso wichtig wie ein empirisch offener Blick: In dieser Perspektive nutze ich Intersektionalität als forschungsleitendes theoretisches Paradigma, aber nicht als empirisch-analytisches Programm (wie etwa Winker und Degele 2009).

Die analytische Perspektive auf die Subjektordnung ‚Homosexuell' muss nicht zwingend nur *schwule Männer* beinhalten. Die vorliegende Arbeit konzentriert sich aber darauf, um die Situation[8] von älteren schwulen Männern in Deutschland im Sinne ihrer diskursiven und individuellen (Selbst-)Verhandlung in den Blick nehmen zu können. *Ein* homosexuelles Altern allgemein soll also nicht ergründet werden; das liegt auch daran, dass es dieses, genauso wenig wie *ein* heterosexuelles Altern, gibt. Dem komplexen Forschungsgegenstand der Subjektivierungsweisen von schwulen älteren Männern kann auch diese Studie nur in einem bestimmten Rahmen gerecht werden (so etwa im Rahmen eines spezifischen Selbst-Begriffs). Die Konzentration auf Selbstbeschreibungen homosexueller Männer wird auch darüber begründet, dass diese von gänzlich anderen historischen Diskursen mit-

---

8   Zum Begriff der Situation vgl. Kap. 3.2.

geformt wurden und werden als Selbstkonzepte homosexueller Frauen. So galt nicht nur der bis 1994 in der BRD geltende § 175 StGB nur für Männer, auch die darin verknüpfte gesellschaftliche Verhandlung von Homosexualität gestaltet sich für lesbische Frauen gänzlich anders. Die Betrachtung nicht nur schwuler Männer, sondern auch anderer Buchstaben aus dem Akronym LGBTTIQA* hätte zu einem Vergleich zwischen Selbstkonzepten verschiedener ‚Einheiten' und damit zur Konstruktion vermeintlich homogener und abgrenzbarer ‚Identitäten' oder auch zum Eindruck eines generalisierbaren nicht-hetero(bzw. cis-)sexuellen, irgendwie ‚anderen' Alter(n)s geführt. Das gleiche gilt für eine Gegenüberstellung schwuler älterer Männer zu heterosexuellen älteren Männern, die transportieren würde, dass sich schwule und heterosexuelle Männer anhand ihres Begehrens deutlich unterscheiden lassen. Schon in der Perspektive auf Selbst-Beschreibungen (nur) älterer schwuler Männer steckt die Gefahr, ein einheitliches Subjekt zu klassifizieren. Wie dem theoretisch und methodisch begegnet werden sollte, stelle ich daher ausführlich dar.

Vorgehen

Ein Schwerpunkt meiner Untersuchung liegt auf der empirischen Analyse von Selbstbeschreibungen älterer schwuler Männer, ein zweiter liegt in der Reflexion der Kategorien, die sie in ihrer Entstehungsweise zu hinterfragen versucht. In Kapitel 2 werden daher Subjektivierungstheorien rezipiert, die Identitäten als diskursiv produzierte Klassifizierungen verstehen. Im Rahmen einer intersektionalen Programmatik werden diese Klassifizierungen über verschiedene Subjektordnungen abgebildet, die für den vorliegenden Untersuchungsgegenstand wesentlich sind. In Kapitel 2 geht es also darum, eine empirisch tragfähige Konzeptualisierung von Selbstbeschreibungen zu erarbeiten, für die die diskursive Produktion der Dimensionen Alter(n) und Begehren als wesentlich erachtet wird.

Zunächst werde ich das Subjektivationskonzept von Judith Butler als theoretisches Grundkonzept einführen und in 2.1 darstellen, inwiefern in Butlers Theorie des postsouveränen Subjekts über die Anerkennung bestimmter Geschlechter- und Begehrensformen auch nur bestimmte Subjekte als intelligibel konstituiert werden. Dies ist darum wesentlich, da – wie sich empirisch zeigen wird – Subjektivierungen älterer schwuler Männer deutlich von den Subjektordnungen des Begehrens und des Geschlechts bestimmt sind. Butlers geschlechtertheoretische Ausführungen werden ergänzt um Connells Konzept der hegemonialen Männlichkeit, um Butlers Fokus auf die Differenzierung selbst, aber weniger auf den Inhalt der Differenzierung von vergeschlechtlichten Subjekten, konzeptuell zu füllen. 2.2 wendet sich der Subjektordnung des Alters zu. Zu Beginn stelle ich in aller Kürze einen Überblick über die sozialgerontologische Forschung seit den 1960er Jahren

1 Einleitung

bis zum sogenannten ‚postmodern turn' dar und gehe darin insbesondere auf die vermeintliche Theorielosigkeit sowie Produktion und Normierung von alten und alternden Subjektpositionen durch die Alterssoziologie selbst ein. Eine darin enthaltene Kritik am Begriff der „Altersidentität" leitet über zur Konzeption der „critical gerontology", in der die Vorstellung einer stabilen und konsistenten Altersidentität zugunsten eines postmodernen Selbst-Konzepts aufgegeben wird. 2.3 führt die subjekttheoretischen Konzepte zu Alter(n) und Begehren zusammen. Dieses Unterkapitel stellt den Versuch da, die gegenseitige Ausblendung der queer studies und der Alterssoziologie zu überwinden. Zunächst wird es mir darum gehen, eine ‚ver-queerte' Sicht auf die Kategorisierung Alter(n) vorzuschlagen, in der die Annahme einer grundsätzlichen Instabilität und zugleich starken Normiertheit in Anlehnung an die in 2.1 vorgestellte Geschlechtertheorie von Butler auch auf das Alter angewendet wird. Diese theoretischen Ausführungen schließe ich mit der Frage, welche diskursiv produzierten Anrufungen für die Selbstbeschreibungen älterer schwuler Männer aus der Theorie selbst abgeleitet werden können. Die Essenz der konzeptuellen Ausführungen findet sich in 2.4. In diesem Kapitel führe ich den Zusammenhang von Anerkennung, Gemeinschaft und Autonomie als analytischen Rahmen ein, der als Kernkategorie im Sinne der Grounded Theory fungiert. Kapitel 2 schließt mit dem Forschungsstand zum sogenannten ‚Schwulen Alter(n)'. Der Fokus dieses Unterkapitels 2.5 liegt dabei auf wichtigen Erkenntnissen sowie auf Leerstellen dieser Forschungen.

In Kapitel 3 setze ich mich mit den methodischen und methodologischen Entscheidungen dieses Projekts auseinander. Der Fokus hierbei liegt auf Subjektproduktionen in Form von bestimmten Anrufungsstrukturen durch den Forschungsprozess selbst. Neben diesem Aspekt werde ich auf die konkreten Entscheidungen zur Datenerhebung und Datenanalyse eingehen. Dafür wird in 3.1 zunächst der methodologische Zusammenhang von Selbst, Biographie und Diskurs und die Möglichkeit einer empirischen Forschung an dieser Schnittstelle diskutiert. In Kapitel 3.2 stelle ich die Grounded Theory in der Version von Anselm Strauss sowie die Situationsanalyse nach Adele Clarke als Instrumente der Datenanalyse wie auch als methodologischen Zugang dar. Kapitel 3.3 bietet neben einem Überblick über das Sample eine Darstellung der Subjektproduktionen und Anrufungen während und durch den Forschungsablauf im und außerhalb des ‚Feldes' und geht dabei auf Möglichkeiten und Grenzen der Selbstreflexion ein. Kapitel 3 schließt mit Ausführungen zu Aufbau und Darstellungen der folgenden Ergebniskapitel.

Mit Kapitel 4 steige ich in die Ergebnisdarstellung meiner Studie ein. Hier geht es zunächst um die Erfahrung der Anrufung, also um diskursiv produzierte Subjektpositionen, auf die sich die befragten älteren schwulen Männer in ihren Selbstbeschreibungen beziehen müssen. In 4.1 geht es um Anrufungen entlang des

Begehrens, in 4.2 um Anrufungen entlang des Alters. Da beide für die Befragten diskriminierenden Charakter haben, diskutiere ich diese Darstellungen unter der These einer ‚doppelten Stigmatisierung', wie sie auch in der Forschungsliteratur aufgemacht wird. In 4.3 ziehe ich die Subjektordnungen Alter(n) und Begehren unter der Frage danach zusammen, inwiefern die Befragten sich als ältere *und* schwule Männer angerufen sehen – oder eventuell auch nicht. 4.4 zieht ein Fazit dazu, ob ältere schwule Männer als (doppelt) verworfene Subjekte gesehen werden können bzw. ob sie sich selbst so sehen.

In Kapitel 5 geht es um die Selbstpositionierung der Befragten in potentiell abwertenden Umwelten. Hier wird deutlich, dass sich Selbstbeschreibungen nicht nur über Zuordnungen, sondern vor allem in Abgrenzungen zu bestimmten Kategorisierungen bilden, die – ganz im Sinne eines intersektionalen Paradigmas – nicht nur die inhärente Verwobenheit, sondern auch die Komplexität der Kategorien verdeutlichen, die für die Selbstbeschreibungen wesentlich sind. Zunächst wird dies in 5.1 in Bezug auf das Altern und seine inhärente Deutungsoffenheit und -notwendigkeit als Kategorie der Selbstbeschreibung aufgemacht. In 5.2 werden schließlich Selbstpositionierungen in Abgrenzung zu heterosexuellen älteren Männern dargestellt, in denen sowohl das Mann-Sein wie auch Deutungen von Männlichkeit(en) eine Rolle spielen. In 5.3 beschreiben sich die Befragten über die Relationierung und Abgrenzung zu anderen älteren schwulen Männern und (re-)produzieren darin Bilder und Normierungen eines ‚richtigen' Alter(n)s schwuler Männer. Die Selbstbeschreibung als alt/älter und schwul findet sich auch im Kontext von Pflegebedürftigkeit wieder, welches in 5.4 als Risiko einer dreifachen Verworfenheit diskutiert wird. In 5.5 wird als Zwischenfazit deutlich, dass Selbstbeschreibungen älterer schwuler Männer insbesondere über das, was man nicht ist, gebildet werden und mit diesen Ein- und Ausschlüssen starke normative Vorstellungen zu den Kategorisierungen Alter(n), Begehren, Geschlecht, (zum Teil) Milieu bzw. Lebensstil sowie Pflege verbunden sind.

Kapitel 6 greift den starken biographischen Fokus der Interviews auf und gibt diesen Erzählungen einen eigenen Raum, in dem sowohl Anrufungen (vgl. Kap. 4) wie auch Selbstpositionierungen (vgl. Kap. 5) in einer Perspektive auf Vergangenes beleuchtet werden. Für die Selbst-Beschreibungen älterer schwuler Männer sind diese biographischen Erfahrungen deshalb aufschlussreich, weil sich in ihnen ein ähnlicher Modus der Verarbeitung in Bezug auf Anrufungen des Begehrens wie auch des gegenwärtigen Alter(n)s zeigt. Diese Modi werde ich über die Unterscheidung einer Außen- und Innenwelt (Kap. 6.1) und über die Deutung der Lebensphase Alter(n) als Widerstand und Befreiung zeigen (Kap. 6.2). In Kapitel 6.3 thematisiere ich biographische Erfahrungen über das Motiv des ‚Coming-out' und die damit verbundenen Subjektivierungen als ‚Late Bloomer', als ‚Ungeouteter'

1 Einleitung

und als ‚richtiger' Schwuler. Kapitel 6 schließt mit der Diskussion, inwiefern die Erfahrung der Anrufung als schwuler Mann eine spezifische Technik ausbildet, mit Alterserfahrungen und -zuschreibungen auf eine bestimmte Weise umzugehen.

Kapitel 7 fasst wesentliche Ergebnisse der Analyse nochmals zusammen und stellt einen Rückbezug zu den theoretischen Begrifflichkeiten dieses Projekts her. Wie sich zeigen wird, ist es sowohl die Erfahrung deutlich negativer Anrufungen wie auch die Nicht-Anrufung als älterer schwuler Mann, die „unter der Treppe" nicht nur zu spezifischen Modi der Selbstbeschreibung, sondern zu einer verstärkten Auseinandersetzung mit dem eigenen Selbst überhaupt führen. Kapitel 8 beendet die Studie mit einem Rückblick auf die wesentlichen Erkenntnisse und Grenzen der eigenen Forschung und stellt einen Bezug zu aktuellen Debatten in der Soziologie her.

Das Ziel der Untersuchung ist es dementsprechend, sowohl diejenigen gesellschaftlich virulenten Bilder, Figuren und Erwartungen herauszuarbeiten, die für das Selbstverhältnis älterer schwuler Männer wesentlich sind, als auch und insbesondere die Prozesse und Modi, in und über die sie diese Deutungen in ihre Selbstbeschreibungen integrieren. Daher steht am Ende auch keine Typologie der Selbstbeschreibungen, sondern ein komplexes Abbild dessen, wie die Verbindung von Alter(n) und (männlicher) Homosexualität subjektiv ausgedeutet werden kann. In diesem empirischen Fokus ist es ein Ziel der vorliegenden Studie, die Forschung zur Dimension Alter(n) und zur Dimension (männlicher) Homosexualität zusammenzuführen und in einem poststrukturalistischen Theoriehorizont und einer selbstreflexiven, qualitativ-interpretativen Methodologie zu verorten.

Alte, männliche, schwule Selbste – Intersektionale Subjektordnungen

2

> "It is probably impossible to analyse or even intuit the many ways that age and gender intersect and the contradictions they throw up for identity management and radical action, not to mention class, race, ethnicity, and other forms of inequality and oppression. But to try is a fascinating and hopefully an ultimately liberating project." (Biggs 2004: 57)

Wie Simon Biggs darstellt, ist die Forschung zu Alter(n) und Geschlecht nicht nur von einer nahezu unendlichen thematischen Vielfältigkeit geprägt, sie muss auch die Komplexität und Widersprüchlichkeit dieses Zusammenhangs für die Selbstverhältnisse von Individuen untersuchen.

Die Programmatik der Intersektionalität sowie subjekttheoretische Rahmungen, die die Begrifflichkeit des Selbst umreißen, bilden die Grundlagen der theoretischen Ausrichtung dieser Studie. Beide haben jeweils ihre Leerstellen und Stärken und ‚befruchten' sich gegenseitig darin, die Thematisierung des ‚schwulen Alter(n)s' so epistemologisch zu fassen, dass dieses auf eine bestimmte Weise empirisch zugänglich gemacht wird.

Dabei wird deutlich, dass Selbstkonzepte zum einen durch eine Vielzahl von Kategorisierungen bestimmt sind und zum anderen, dass sie immanent abhängig von diskursiv produzierten Subjektpositionen sind, die wiederum entlang sozialer Dimensionen wie Alter(n), Geschlecht, Begehren u. a. kategorisiert werden können. Der Zusammenhang dieser Dimensionen kann über den Gedanken der Intersektionalität eingefangen werden.

Intersektionalität

Intersektionalität kann als theoretische Rahmung oder als methodologisches Analyseinstrument dienen wie auch als politischer Anspruch formuliert werden. Ihre Programmatik formulierte sich aus der Einsicht heraus, dass diskriminierende

Strukturen und Ungleichheitslagen sich nicht durch singuläre Zugehörigkeiten erklären lassen (vgl. Crenshaw 1991; Collins 2007; hooks 2000; McCall 2005).

Forschungsprogramme, die mit dem Begriff der Intersektionalität operieren, fragen danach, inwiefern die ‚Masterkategorie' Geschlecht gerechtfertigt ist, und ob Ungleichheitslagen wie auch Identitätskonzepte nicht vielmehr durch „Mehrfachzugehörigkeiten und mehrdimensionale Diskriminierungen" (Çetin 2013: 370) gekennzeichnet sind. Dabei geht es nicht (nur) um die Herausarbeitung von Differenzen, sondern um ein Zusammenspiel verschiedener Differenzierungen, die jeweils und auch je nach sozialer Situation unterschiedliche Konsequenzen haben. Ohne die vielfältigen Diskussion um das Programm der Intersektionalität hier nachvollziehen zu wollen (siehe dazu Knapp 2013; Lutz et al. 2013; Smykalla/ Vinz 2012; Winker/Degele 2009), fällt mit Blick auf das hier verhandelte Thema des schwulen Älterwerdens auf, dass nahezu alle Intersektionalitätsstudien die Kategorie des Alter(n)s ausklammern (vgl. Calasanti/King 2013, Hearn 2013). Des Weiteren wird auch die Dimension des Begehrens bzw. der Sexualität häufig in intersektionalen Studien nicht oder nur am Rande benannt; dies ist nicht nur auf heteronormierte Vorstellungen von Forscher_innen zurückzuführen, sondern auch darauf, dass Begehren häufig unter die Kategorie Geschlecht subsumiert wird. Nicht zuletzt ist es auch die soziologische Alter(n)sforschung, die weder das Paradigma der Intersektionalität konsequent in ihren Forschungen beachtet, noch die Kategorisierung (Homo-)Sexualität in ihre Forschungsdesigns aufnimmt (vgl. Kap. 2.2). Sozialgerontologische Konzepte würden von einer intersektional denkenden ‚Verqueerung' nicht nur dahingehend profitieren, dass sie ihre eigenen heteronormierten Grundannahmen widerlegen und die Komplexität von Altersbildern, Altersdiskursen und Selbst-Konzepten im Alter abbilden könnten, sondern die Kategorisierung Alter(n) sowohl als irgendwie natürliche wie auch als Identitäts-Kategorie in Frage stellen könnten (vgl. dazu Kap. 2.3).

Auch wenn ich hier die Dimensionen Alter(n), Geschlecht und Sexualität/Begehren in den Fokus rücke, sind in einer intersektionalen Rahmung weitere Dimensionen immer auch relevant und bedingen die Komplexität eines sozialen Phänomens. Welche dies sind, wird sich im Laufe der Untersuchung herausstellen; so folge ich hier dem Anspruch von Nina Degele, die Kategorien nicht von vorneherein festzusetzen: „Deshalb sollte sich eine Begrenzung der verwendeten Leitkategorien im Idealfall erst während der Untersuchung selbst ergeben und nicht a priori festgelegt sein – auch dies wäre reifizierend" (dies. 2004: 57). Ganz konkret gilt dies für die Suche nach den empirisch bedeutsamen Kategorien – denn die Komplexität der Praxis von Selbst-Bildungen (auch im Kontext von Alter(n) und Homosexualität) kann nicht nur durch vorher festgelegte Strukturkategorien erforscht werden (vgl. dazu Villa 2013b). Einem anfänglichen „usw." dieser Fragen und der damit genannten

2 Alte, männliche, schwule Selbste – Intersektionale Subjektordnungen

Kategorisierungen muss empirisch auch nachgegangen werden; die Untersuchung des „usw." ist also keine Möglichkeit, sondern *„notwendig"* (ebd.: 239; Hervorh. i. O.). Die folgenden Ausführungen zu solchen übergeordneten Dimensionen wie Alter, Geschlecht und Begehren spiegeln daher eine *seltsame Mischung* wider: Zum einen wurden sie bereits vorher als relevant angenommen, zum anderen sind sie, wie sich später in der empirischen Analyse zeigen wird, auch die analytisch-interpretativ bedeutsamsten Dimensionen der Selbstbezüge von älteren schwulen Männern. Dabei wird der im folgenden Unterkapitel beschriebene Theoriehorizont dazu dienen, die Instabilität aller a priori angenommenen wie auch in der Auswertung ‚gefundenen' Kategorien zu verdeutlichen. Der intersektionale Rahmen dient hier also dazu, Überschneidungen nicht zu vereindeutigen oder zu simplifizieren, sondern gerade deren Komplexität im Rahmen der Selbstbeschreibungen immer wieder zu betonen; er dient hier somit einer „antikategorialen Wendung" (Villa 2013b: 239) wie auch gleichzeitig einer Vorab-Systematisierung von Dimensionen. Anders als bei Winker und Degele (2009) wird hier Intersektionalität nicht als methodische Anleitung, sondern als erkenntnistheoretische Rahmung eingesetzt.

Die Verbindung des metatheoretischen Konzepts der Intersektionalität mit der zunächst auch erkenntnistheoretischen Rahmung poststrukturalistischer Subjekttheorien folgt über den Begriff der *Subjektordnungen*. Diese werden begriffen als

> „komplexe Konstellationen von typisierten Personen, etwa die Geschlechterordnung, die Relation zwischen unterschiedlichen ethnischen Identitäten oder zwischen Klassen- und Milieusubjekten." (Reckwitz 2008: 10)

Den für die vorliegende Analyse wesentlichen Subjektordnungen im Sinne übergeordneter Kategorien werde ich mich in diesem Kapitel nähern. So wird neben dem grundlegenden Zusammenhang von Subjekt und Selbst die Subjektordnung des Begehrens, die hier eng verklammert mit Geschlecht bzw. Vergeschlechtlichungen dargestellt wird, wie auch das Alter(n) als Subjektordnung begriffen. Die Verbindung dieser Subjektordnungen zeigt sich dabei, wie beschrieben, empirisch und theoretisch eher unterbestimmt. Meine Studie soll einen Beitrag zur Forschung an dieser Schnittstelle liefern, indem in diesem Kapitel theoretische Erkenntnisse der subjekt(ivierungs)theoretischen Geschlechterforschung auf die Subjektordnung des Alter(n)s übertragen und diskutiert werden.

Dezentrierte Subjekte

Gesellschaftliche Verhandlungen von Subjektordnungen zeigen sich akteursbezogen z. B. auf der Ebene des Selbst. Die Rede vom Selbst hat im sozialwissenschaftlichen Kanon Konjunktur (vgl. Bröckling 2007; Ehrenberg 2004; Lengwiler/Madarász

2010) und greift jeweils einen spezifischen Aspekt von Gesellschaftlichkeit als Zeitdiagnose auf.

Basis dieser neuen Selbst-Behandlung ist die ‚Dezentrierung' des Subjekts. Diese Formel wendet sich zunächst – und darin Michel Foucault folgend – gegen die Idee „eines menschlichen Subjekts als souveränes Individuum" (Fuchs 2015: 51) als ein universal zu denkendes, autonomes Subjekt der Aufklärung. In der Kritik an diesem Subjektbegriff wird die Idee verabschiedet, dass die Identität eines Subjekts über „Gleichheit und Kontinuität" (Abels 2006: 244) bzw. über „Authentizität" (vgl. Reichardt 2014) definiert wird. Vielmehr wird die Selbst-Gewissheit des Subjekts, etwa bei Foucault, mit einem machtanalytischen Zugang verbunden:

> „Das Wort Subjekt hat zwei Bedeutungen: es bezeichnet das Subjekt, das der Herrschaft eines anderen unterworfen ist und in seiner Abhängigkeit steht; und es bezeichnet das Subjekt, das durch Bewusstsein und Selbsterkenntnis an seine eigene Identität gebunden ist." (Foucault 2005: 275)

Der Entstehungszusammenhang ‚postmoderner' Subjektformen ist – Foucault wie im Anschluss daran auch Butler folgend – in *Diskursen* zu finden. Diskurse sind machtvoll dadurch, dass sie „auf einzelne Äußerungen anordnend, strukturierend und regulierend" (Tuider 2007: Abs. 8) wirken. Sie konstituieren „damit das Feld des Denk-, Sag- und (…) Lebbaren" (Villa 2012: 22).

In Diskursen geht nicht nur die Produktion und Regulierung sprachlicher Aussagen vonstatten, sondern die Bedingungen für Mensch-Werdung selbst werden diskursiv bereitgestellt. Denn im Diskurs wird verhandelt und vermittelt, welche Subjektformen überhaupt möglich sind. Dieser generative Charakter äußert sich damit in der Produktion spezifischer „Subjektivierungsweisen (…) als gleichsam materiell existierendes verkörpertes Produkt" (Tuider 2007: Abs. 9). Indem Individuen sich subjektivieren, unterwerfen sie sich bestehenden Machtverhältnissen (vgl. Bender/Eck 2014: 480).

In seiner Genealogie „Sexualität und Wahrheit" (1983) erzählt Foucault die Geschichte der Genese der Sexualität als diskursive Produktion nach, welche durch einen ganzen „Strang von Diskursen, von Wissen, Analysen und Geboten" (Foucault 1983: 32) besetzt sei. Die im 18. und 19. Jahrhundert erfolgte „Explosion verschiedener Diskursivitäten" (ebd.: 38f) bringt nicht nur verschiedene sexuelle Praxen hervor, sondern auch die Subjekte, die diese Praxen vollziehen. Mit dieser Klassifizierung geht die Produktion von unterschiedlichen und zum Teil abweichenden, nicht-‚normalen' Subjektformen einher. Als einer diese Figuren führt Foucault den „Homosexuellen" an, der als „Spezies" auftaucht (ebd.: 47). Dieser ‚spezifizierte' Homosexuelle ist dabei aber kein Mensch im Sinne einer individuellen Einheit, sondern ein diskursiv erzeugter Subjekttypus. Der hier Klassifizierte ist demnach das, was kollektiv als Vorstellung eines schwulen Menschen produziert wird, aber nicht übereinstimmend mit einer individuellen Selbst-Beschreibung sein muss. Die Rede vom Subjekt ist daher immer eine theoretische – empirisch beobachtbar sind Subjekte nicht an oder als Individuen im Sinne ‚realer', konkreter Menschen. Für die Analyse dieser Differenz nutze ich den Begriff der Subjektivation nach Butler.

Subjektivation und Selbstbildung

Laut Saša Bosančić bleibt bei Foucault der Prozess der *Subjektivierung* aus Sicht des handelnden Individuums unterbelichtet (vgl. ders. 2014:104). Um die Engführung des Subjektbegriffs auf Herrschaftsverhältnisse und die mangelnde Unterscheidung von Subjekt und Individuum aufzufangen, wende ich mich daher Butlers Konzept der *Subjektivation* durch *Anrufung* zu. Die theoretische Rahmung der Subjektivation formt sich dabei im Konzept des *postsouveränen Subjekts*.

Mit der Bezeichnung „post-souverän" wendet sich Butler gegen die oben beschriebene Vorstellung eines souverän und autonom handelnden sowie sich selbst-identischen Subjekts und wendet sich – anlehnend an Foucault – der ‚Dezentrierung' des Subjekts zu, für welches die *Anerkennung* seiner Existenzmöglichkeiten nicht außerhalb, sondern gerade innerhalb machtvoller Diskurse durch *Unterwerfung* möglich ist (vgl. Butler 1998).

Im Gegensatz zu Foucault nun denkt Butler Subjektwerdungen „nicht nur als bloß mimetische[n], subjektive[n] Nachvollzug objektiv vorgegebener Normen, sondern durchaus in kritischer Haltung zu diesen" (Bublitz 2010a: 74). Wenn Individuen nur zu ‚totalitären Subjekten' werden könnten, dann wären kein Eigensinn, kein Widerstand, kurzum, kein Wandel oder Veränderung möglich.

Zentrale Praxis, durch die das Subjekt konstituiert wird, ist der Prozess der *Anrufung*. Eine Anrufung meint im Anschluss an Althussers Theorie der Interpellation den Moment, in dem eine Person eine andere Person mit einer bestimmten Bezeichnung versieht, z. B. als Passant (vgl. Althussers bekanntes Beispiel des Polizisten und des Passanten; ders. 1977). Die Anrede spricht dabei immer nur einen Aspekt der vielschichtigen Anrufungsmöglichkeiten dieser Person an (vgl. Butler 2013: 101ff) und führt so zu einer „totalisierenden Identitätsreduktion" (ebd.: 92). Indem nun – wie in Althussers Beispiel – der Passant sich auf den Ruf des Polizisten hin *umwendet*, nimmt er die entsprechende Anrufung an. Besonders machtvoll sind diese Anrufungen, weil sie stets mit *Identitätskategorien* operieren. Damit wird das Subjekt gleichzeitig „von anderen Identitäten bzw. Subjektpositionen von vornherein" (ebd.: 50) abgeschnitten. Dies ist „Teil des Prozesses der Subjektivation" (vgl. Villa 2012: 46), da die Subjektivierungen immer andere, alternative Formen von Identitätskategorien ausschließen. Umwendungen sind damit „eine immanent ambivalente Form der Selbst-Erkenntnis" (ebd.), da sie einerseits auch mit Unterordnungen unter die Prinzipien von (Nicht-)Anerkennung durch Andere verbunden sind und andererseits überhaupt eine Möglichkeit bieten, über die Hereinnahme der Anrufung einen Selbst-Bezug herzustellen.

In diesem Sinne ist „Subjektivation sowohl als Effekt politischer bzw. diskursiver Macht als auch als psychische[r] Identitätsbildungsprozess zu denken" (Villa 2012: 50). Der Subjektivationsprozess bietet für die vorliegende Studie daher einen Weg zum Verständnis von Selbstbeschreibungen, die sich in Abhängigkeit von diskursiven Anrufungen als Effekt von Subjektivierungen ausbilden.

Um zu klären, inwiefern eine Form der Widerständigkeit gegen kollektive Subjektdeutungsangebote emergent werden kann, bringt Butler das post-souveräne Subjekt ein. Eine gewisse Form von Eigensinn besteht in diesem Subjektverständnis darin, dass zunächst die Anrufung in der Praxis funktioniert, indem sie in der Umwendung auch reproduziert und erst dadurch immer wieder stabilisiert wird – „Subjektivität" ist deshalb „als prekärer Status" (Assadi 2014: 191) zu denken. In der Differenz zwischen reiner Iteration und einer möglichen Bedeutungsverschiebung von Handlungen wird nun so etwas wie Eigensinn möglich – in dem Rahmen erhalten Akteur_innen Handlungsfähigkeit und – im Rahmen determinierender Diskurse – *Post*-Souveränität. Das Präfix Post- drückt aus, dass diese Souveränität immer nur als Ergebnis und im Rahmen hegemonialer Bedeutungen gelesen werden kann. Macht ist dabei dem Subjekt nicht äußerlich, sondern wirkt als „innere Stimme", wird so „zum psychischen Werkzeug des Subjekts" (Bublitz 2010b: 80).

Macht verhindert damit so etwas wie Autonomie und gewährt gleichzeitig ein gewisses Maß an (Post-)Souveränität; zugleich stellt sich die Post-Souveränität für das Individuum als Erfahrung einer tatsächlichen Selbsterkenntnis und individuellen Handlungsfähigkeit dar. Der Handlungsmodus, über den nun konkret sowohl eine Anrufung stattfindet sowie auch Handlungsfähigkeit entsteht bzw. zugleich begrenzt wird, ist der der *Performativität*: „Eine performative Handlung ist eine solche, die das, was sie benennt, hervorruft oder in Szene setzt und so die konstitutive oder produktive Macht der Rede unterstreicht" (Butler 1993: 123f). Performativität erfolgt damit durch Wiederholung von bereits (vielfach) Gesagtem und reproduziert damit vorhandene (diskursiv produzierte) Bedeutungen.

Der Sprechakttheorie von Austin (vgl. Austin 1976) folgend führt Butler aus, dass im Sprechen nicht nur etwas wiederholt wird, was schon existiert, sondern dass im Sprechen etwas erst existent gemacht wird. In einem performativen Sprechakt wird damit nicht nur die machtvolle Deutungshoheit spezifischer Diskurse wiederholt, sondern auch das als ‚Resultat' hergestellt, was gesagt wird (vgl. Butler 1993: 124).

Die in der Postsouveränität angelegte Möglichkeit der Widerständigkeit ist schließlich Möglichkeit und Bedingung des Selbst (vgl. ebd.: 124f). Das Selbst ist weder völlig von Sprache bestimmt, noch kann es völlig Sprache bestimmen – in dieser „produktiven Kluft" (Villa 2012: 35) wird Post-Souveränität möglich. So gibt es eine Vielzahl von Identitäten, die jeweils zitiert (ergo angerufen) werden können, das Individuum reduzieren sie im Moment der Anrufung aber nur auf eine Subjektposition. In diesem Sinne gibt es sowohl intraindividuell einen Plural der Selbste als auch interindividuell im Rahmen bestimmter Subjektivierungsformen: Die Anrufung als z. B. älterer schwuler Mann produziert nicht die eine Subjektivierung, sondern eine Vielzahl dergleichen. Individuell erscheint die Wahl einer identitären Verfasstheit dabei nichtsdestotrotz als stabiler innerer Kern: „Mein wahres Selbst lässt sich also zutreffender als mein bevorzugtes Selbst (oder eine Mehrzahl davon) beschreiben" (Phillips 2013: 143).

Das *Selbst*, die Ausbildung eines „Ich" im Sinne einer Bewusstheit um die eigene Person ist zu trennen von oder nicht einfach zu lesen als Resultat von *Subjektivierung bzw. Subjektivation*. Diese beschreibt den Prozess der Personwerdung in Abhängigkeit von diskursiv geschaffenen Positionierungen (die aber niemals völlig angeeignet werden) sowie das *Subjekt* als diskursiv produzierten Ort des möglichen Menschseins.

Subjekte und Individuen sind also dadurch zu unterscheiden, dass erstere „eine Art adrette und ordnungsgemäß intelligible diskursive Positionen darstellen, letztere hingegen gewissermaßen unordentliche Komplexitäten" (Villa 2013b: 224). Individuen sind demnach niemals mit Subjekten deckungsgleich; sondern Individuen sind in „andauernden, komplexen und bisweilen widersprüchlichen Subjektivierungsprozessen involviert" (Villa 2012: 135), in denen sie Subjekten im Sinne diskursiver Ideale nahe kommen können, aber im Rahmen der Vielschichtigkeit und Komplexität performativer Selbstkonzepte niemals die jeweilige Subjektposition einnehmen können.

Ich schlage vor, dass das Selbst auf der einen Seite als (Selbst-)Erkenntnis der jeweiligen als individuell und einzigartig wahrgenommenen Identität, verbunden mit der Vorstellung sich als souverän und autonom handelndes Individuum verstehen zu können, in einer *empirisch-analytischen Perspektive* ernst genommen wird (vgl. dazu ab Kap. 4). Die Wahrnehmung dieser personalen Einzigartigkeit ist dabei vermittelt über soziale Symbole, Sprache, über Normen und Diskurse; und das ist die *theoretisch-konzeptionelle Perspektive* auf den Selbstbegriff: das Selbst ist darin das Bindeglied zwischen Individuum und sozialer Umwelt. *Selbste* stellen sich als Ergebnis von (vielfältigen) Subjektivierungen dar, die sich immer (widerständig oder einnehmend) zu bestimmten diskursiven Subjektpositionen beziehen (müssen). Ich verstehe daher mit Bosančić Subjektivierungen als „Selbstformierungsprozesse" in „Abhängigkeit von gesellschaftlichen Subjektdeutungsangeboten" (ders. 2014: 133).

2.1 Subjektivierungen des Begehrens – Geschlechtsidentitäten und Heteronormativität

> „Ältere LSBT-Erwachsene sind herausgefordert, zu ihrer Eigenart selbstbewusst zu stehen, sich also so zu verhalten, wie es ihr ganzes bisheriges Leben hindurch verpönt war. Sich nunmehr (…) zu öffnen, bedeutet verschleierte Aspekte des Selbst in die Wahrhaftigkeit zu überführen." (Lottmann/Lautmann 2015: 342)

Ralf Lottmann und Rüdiger Lautmann betonen, wie wesentlich die Möglichkeit zum ‚Outing' für ältere lesbische, schwule, bisexuelle und Trans*Personen für ein ‚gelingendes' Alter(n) ist. Darin findet sich die Zuschreibung, dass LGBT-Personen ein echtes, authentisches „Selbst" besitzen, welches durch „Öffnung" seine innere Wahrheit präsentieren kann.

Das Zitat verweist auf die Frage, welche Rolle Geschlecht und Begehren im Kontext des vermeintlichen „wahrhaftigen" Selbst spielen. Wie kommt es zur hier postulierten Bedeutsamkeit von Geschlecht und Begehren/Sexualität für Identitätskonzepte?

Dies bildet eine der Hauptfragen der queer studies, die unter dem zentralen Begriff der *Heteronormativität* Zweigeschlechtlichkeit und Heterosexualität als basales Gesellschaftsordnungsprinzip zugleich verdeutlichen und kritisieren:

> „Der Begriff benennt Heterosexualität als Norm der Geschlechterverhältnisse, die Subjektivität, Lebenspraxis, symbolische Ordnung und das Gefüge der gesellschaftlichen Organisation strukturiert. (…) In der Subjekt-Konstitution erzeugt Heteronormativität den Druck, sich selbst über eine geschlechtlich und sexuell bestimmte Identität zu verstehen, wobei die Vielfalt möglicher Identitäten hierarchisch angeordnet ist und im Zentrum der Norm die kohärenten heterosexuellen Geschlechter Mann und Frau stehen. Zugleich reguliert Heteronormativität die Wissensproduktion, strukturiert Diskurse, leitet politisches Handeln, bestimmt über die Verteilung von Ressourcen und fungiert als Zuweisungsmodus in der Arbeitsteilung." (Wagenknecht 2007: 17)

Nicht nur fungiert Heteronormativität damit als Mechanismus der „Naturalisierung" von Heterosexualität, sondern auch der „Privilegierung" (Kleiner 2016: Abs. 1), indem über die Zuweisung von Sexualitäten (und entsprechenden Geschlechtern) unterschiedliche Status und Deutungshoheiten zugeordnet werden. Butler wendet sich in ihren geschlechtertheoretischen Ausführungen insbesondere dem Aspekt der „Subjekt-Konstitution" (siehe Zitat oben) zu. Ohne den Begriff der Heteronormativität oder der queer studies bzw. theory selbst geprägt zu haben, gilt sie insbesondere seit „Unbehagen der Geschlechter" (1991) als richtungsweisende

Theoretikern der queer theory (vgl. Butler 1996).[9] Folgt man der Unterteilung von Villa (2007), können „Positionen" der (heterogenen) queer studies unter den Aspekten Herrschafts-, Identitäts- und Kategorienkritik zusammengefasst werden. In den folgenden Ausführungen wird deutlich, dass Butler in ihren Texten alle drei Elemente gewissermaßen zusammenführt.

Anerkannte Geschlechtsidentitäten

Wie im Vorangegangenen ausgeführt, besteht nach Butler das Selbst, sein vermeintlich wahrster und innerster Kern, aus vielschichtigen Kopien von anderen Identifikationsfolien, die bereits auch Kopien sind (vgl. Butler 2003a; 2013). Die vorgängigste Art, Subjekte als intelligibel anzuerkennen, ihnen also eine kohärente Identität zuzugestehen, operiert laut Butler über *vergeschlechtlichte* Anrufungen, die homogenisierte Geschlechtsidentitäten produzieren. Diese bestehen immer aus bereits vorhandenen Normen über Geschlechtsidentitäten. Über ihre Kritik am Kollektivsubjekt Frau erschließt Butler in „Das Unbehagen der Geschlechter" (1991) die erkenntnistheoretische Rahmung, um Vorstellungen eindeutig gegebener Geschlechtsidentität zu hinterfragen. Die Kritik wendet sich hier gegen feministische Politiken, die „die Subjekte, die sie schließlich repräsentieren, zuerst auch *produzieren*" (Butler 1991: 16; Hervorh. i. O.). Im Rahmen performativer Sprechakte wird in bewegungspolitischen Zusammenhängen das Subjekt Frau nicht nur vertreten, ihm also eine Stimme verliehen, sondern eine spezifische Subjektformation wird überhaupt erst diskursiv hergestellt. Mit dieser Universalisierung der Kategorie Frau geht nicht nur die Vorstellung einher,

> „dass die Unterdrückung der Frauen eine einzigartige Form besitzt, die in der universalen oder hegemonialen Struktur des Patriarchats bzw. der männlichen Herrschaft auszumachen sei." (ebd.: 18)

Sie (re-)produziert auch die Vorstellung einer inneren, stabilen *Geschlechts*identität „im Singular" (ebd.: 20), die durch das Kollektivsubjekt Frau vertreten und verallgemeinert wird und gleichzeitig Identitätsbildungen durch andere „Achsen

---

9   Die queer studies bzw. queer theory stellen kein einheitliches Forschungsfeld dar und lassen sich schwer umreißen. Eine solche Eingrenzung würde als eine aufgesetzte Disziplinierung und Determinierung auch dem Anspruch queerer Positionen, nämlich Offenheit und Unbestimmtheit zuzulassen und immer wieder einzufordern, widersprechen. An dieser Stelle kann auf die Komplexität von ‚queer' im wissenschaftlichen Kontext nicht eingegangen werden, vgl. dazu Degele 2008; Hark 2013; Kraß 2003, 2009, um nur einige (deutschsprachige) Texte und Bücher zu nennen. Judith Butler gilt sicherlich als eine der Protagonistinnen der queer theory, ist aber keinesfalls damit deckungsgleich.

der Machtbeziehungen" (ebd.) wie Ethnizität, Klasse, Alter ausschließt.[10] Die performative Produktion von *Geschlechtsidentitäten* verweist daher auf die eigentliche Instabilität, die eine ständige Iteration der vergeschlechtlichen Anrufung zwingend macht und so zur ‚inneren Wahrheit' des Geschlechts wird. Butler möchte nun die Wirkungsweise dieser Ontologisierung nachvollziehen und bringt den Modus der Performativität (vgl. Kap. 2.1) „as *that aspect of discourse that has the capacity to produce what it names*" (Butler 1996: 112; Hervorh. i. O.) ein. Performative Praxen können in der ständigen Wiederholung den „Schein der Substanz bzw. eines natürlichen Schicksals des Seienden hervorbringen" (Butler 1991: 60) und als „Naturalisierungsstrategien" (Villa 2012: 76) eben auch in Bezug auf Geschlecht fungieren.

Die Idee der performativen Geschlechter impliziert nicht, dass diese frei gewählt werden können oder

> „dass jemand morgens erwache, den Schrank [closet] oder einen etwas offeneren Raum auf eine Geschlechtsidentität eigener Wahl hin durchsehe, dann diese Geschlechtsidentität für den Tag anlege und die Einkleidung abends wieder an ihren Platz zurücklege." (Butler 1997:14)

Eine solche Vorstellung von Geschlechtskonstruktionen negiert den herrschaftsförmigen und zwanghaften Charakter der Performativität, denn Geschlechterdarstellungen können sich nur zeigen, sofern sie immer schon an „ein Ensemble von Akten" (Butler 1991: 60) anknüpfen und dadurch verstehbar sind: „Die Bedingungen der Macht müssen ständig wiederholt werden, um fortzubestehen, und das Subjekt ist der Ort dieser Wiederholung" (Butler 2013: 20). In der Produktion intelligibler Geschlechtssubjekte ist der Modus der *Anerkennung* entscheidend, denn „Anerkennung [wird] zu einem Ort der Macht, durch die das Menschliche verschiedenartig erzeugt wird" (Butler 2009: 11).[11] Anerkennung ist entscheidend

---

10 Mit der Ablehnung eindimensionaler Betrachtungsweisen auf Subjektordnungen ist Butler inhaltlich sehr nahe an, aber ohne direkten Bezug zu differenzkritischen Ansätzen, die insbesondere in den USA schon vor der Einführung des ‚buzzwords' Intersektionalität eine längere Tradition haben (vgl. Villa 2012: 157; Davis 2013).

11 Georg Friedrich Wilhelm Hegel betrachtete den Begriff der Anerkennung als Grundlage des gesellschaftlichen Zusammenlebens (Phänomenologie des Geistes, 1807), den er in der Herr-Knecht-Dialektik entfaltete. In der Gegenwartsphilosophie ist es insbesondere und prominent Axel Honneth, der den Begriff der Anerkennung als Voraussetzung für soziales Zusammenleben beschreibt, da Selbstachtung und Achtung durch Andere über das Prinzip wechselseitiger Anerkennung einander bedingen (Honneth 1992; 2012). Hegel und Honneth ist – ebenso wie Butler – gemein, dass Anerkennung ein Prinzip der (Selbst-)Erkenntnis darstellt: Nur in der Anerkennung durch andere ist ein Selbst-Bezug möglich.

2.1 Subjektivierungen des Begehrens

dafür, ob man „Anspruch auf Rechte hat oder in die partizipative Sphäre politischer Überlegungen einbezogen ist" (ebd.). Anerkennung erhalten Individuen, wenn sie intelligibel, d. h. im Rahmen bestimmter diskursiver Bedeutungsformationen lesbar sind. Intelligibilität wird durch Anerkennung vermittelt, indem Individuen entlang virulenter Subjektpositionen auch verständlich angerufen werden können, also *erkannt* werden. Im Rahmen sozialer Normen werden nicht alle Individuen als intelligibel gesehen: „Bestimmte Menschen werden als eingeschränkt menschlich erkannt, und diese Form der eingeschränkten Anerkennung führt nicht zu einem bewältigbaren Leben" (ebd.: 10f). Anerkennung findet dabei „durch – vor allem, aber nicht ausschließlich – verbale Kommunikation statt, in der Subjekte (...) transformiert werden" (ebd.: 216). Wie Butler ausführt, ist Geschlecht daher für die Anerkennung als Subjekt entscheidend, da Körper keine Existenz haben, „die der Markierung ihres Geschlechts vorherginge" (Butler 1991: 26). Diese Markierung muss einer bestimmten Kohärenz folgen, nämlich einer inneren Kohärenz von Geschlecht (sex), Geschlechtsidentität (gender) und Begehren (desire). Der dominante diskursive Modus der Geschlechterunterscheidung ist dabei auf binären Strukturen gegründet, und zwar sowohl in Bezug auf Geschlecht wie auch auf Begehren. Die Annahme, einen natürlicherweise vergeschlechtlichten männlichen *oder* weiblichen Körper zu haben, ist inhärent verbunden mit der Ausbildung einer eindeutig männlichen *oder* weiblichen Geschlechtsidentität (bzw. in Butlers englischer Wortnutzung: eines genders).[12] Eine Person mit weiblichem Geschlecht und weiblicher Geschlechtsidentität wird nun vollends intelligibel, wenn sich ihr Begehren (desire) auf das Gegengeschlechtliche richtet, also eine Person mit männlichem sex und männlichem gender, die weibliche Personen begehrt. Diese Kohärenz von sex-gender-desire drückt Butler in der „heterosexuellen Matrix" (vgl. Butler 1991: 21[13]) aus, die für ein „Raster der kulturellen Intelligibilität" (ebd.: 219) steht und eben diese Kohärenz „naturalisiert". Darin drücken sich „die Heterosexualität und die Zweigeschlechtlichkeit [als] diejenigen regulativen Diskurse" (Villa 2012: 93) aus,

---

12 Nach Butler ist dabei die Geschlechtsidentität dem (‚biologischen') Geschlecht vorgängig bzw. sie fallen im Moment der Erkenntnis ineinander (vgl. Butler 1991: 23) – d. h. wir erkennen an einem anderen Menschen nicht seinen_ihren Geschlechtskörper, sondern die Darstellung desselben, die uns zu einer bestimmten identitären Anrufung (Frau/Mann) inspiriert und nicht umgekehrt. Dieser häufig als revolutionär rezipierte Gedanke findet sich allerdings schon in den ethnomethodologischen Agnes-Studien von Garfinkel bzw. im Konzept des „doing gender" (vgl. Garfinkel 1967; West/Zimmermann 1987; Villa 2008: 209).

13 Das Konzept der heterosexuellen Matrix ist Grundlage viele ihrer geschlechtertheoretischen Werke; wird aber nicht immer unter diesem Begriff geführt (vgl. Butler 1997; 2003a; 2009; 2013: 131).

die Subjektpositionen primär bestimmen und darin immer vergeschlechtlichen; in dieser Deutungshoheit zeigt sich der *Herrschafts*charakter der heterosexuellen Matrix. Darin ist Geschlecht der Modus, der die Produktion des Weiblichen und Männlichen bestimmt, aber nicht das Weibliche und Männliche selbst (vgl. Butler 2009: 74). Dies schließt etwa an das „sameness-taboo" von Gayle Rubin (1997) an: was weiblich und was männlich ist, ist weniger relevant, als dass beide im Sinne eindeutiger Kategorisierungen voneinander zu unterscheiden sind. In diesem Sinne muss sich auch Heterosexualität nicht erklären, sie muss nur nicht-homosexuell sein. In der Perspektive auf diskursive „Zwangsheterosexualität" (Butler 1991: 40) ist das beständig stabilisierte Ordnungssystem der Geschlechter in seiner Konstruiertheit erkennbar. Die Vorstellung der primären Deutungshoheit, der Ursprünglichkeit und Naturhaftigkeit von Heterosexualität kann dann angezweifelt werden – denn sie kann es nur geben, weil es ihr vermeintliches Kontradiktum, die Homosexualität, auch gibt (vgl. Butler 2003a). Und sie kann sich davon nur unterscheiden, weil sie die Andersartigkeit des anderen Begehrens immer wieder mühsam produziert, indem die eigene ‚Normalität' aufrechterhalten wird. Die Polarität der Kategorie Geschlecht – wie auch des Begehrens – konstituiert sich daher immer aus der Abgrenzung: man hat entweder das eine oder das andere; entweder ein weibliches oder ein männliches Geschlecht, entweder ein homosexuelles oder ein heterosexuelles Begehren.

Verworfene Selbste

Geschlecht und Begehren als „[s]oziale Kategorien bezeichnen zugleich Unterordnung und Existenz" (Butler 2013: 25) – sie sind also als Subjektordnungen für die Produktion von Subjektivierungsmöglichkeiten notwendig. Sie sind dabei nicht die einzigen Dimensionen der Subjektproduktion, neben Ethnizitäten, Klassen, Altern, Religionen u. v. m. – aber im Rahmen der heterosexuellen Matrix unhintergehbar und immer präsent gehalten. Identität bedeutet schließlich „daher nicht singuläre Individualität und Einzigartigkeit" (Bublitz 2010a: 65), sondern das Maß, in dem die Anerkennung des Subjekts allgemeinen Maßstäben der Normalität und Anpassungsfähigkeit folgt. Was folgt daraus für die Selbstbeschreibungen (älterer) schwuler Männer?

Die Anteile des Selbstkonzepts, die in dieser identitären Folie nicht abgebildet werden, die also hegemonialen Konstruktionen von Geschlecht und Begehren (sowie weiteren Subjektordnungen) nicht entsprechen und somit im Rahmen der *Anrufung* ‚abgeschnitten' werden, sind Butler folgend von *Verwerfung* bestimmt:

> „Tatsächlich ist Verwerfung, wenn man sie psychoanalytisch betrachtet, keine einzelne Handlung, sondern der wiederholte Effekt einer Struktur. Etwas wird gesperrt, aber

kein Subjekt sperrt es, das Subjekt entsteht selbst als Ergebnis der Sperre. Dieses Sperren ist eine Handlung, die nicht wirklich an einem vorgegebenen Subjekt ausgeführt wird, sondern in der Weise, dass das Subjekt selbst performativ als Ergebnis dieses primären Schnitts erzeugt wird. Der Rest oder das, was abgeschnitten wird, stellt das Nicht-Performierbare der Performativität dar." (Butler 1998: 196)

In der Subjektkonstitution ist Verwerfung selbst damit nicht mehr anzutreffen, denn in der Subjektivierung führt Verwerfung zu einem Verlust derjenigen Anteile „alternativer Selbst-Entwürfe" (Villa 2012: 50), die nicht eingenommen werden können. In psychoanalytischer Tradition, und v. a. mit Bezug zu Freud formuliert Butler diesen Vorgang insbesondere in „Psyche der Macht" (2013) als psychischen Prozess. Individuell sind die identitären Verluste nicht (mehr) nachvollziehbar, da sie „dem selbstreflexiven Ich verborgen" sind. Sie sind also in gewissem Maße „präreflexiv" (Villa 2012: 50), da sie sich der „bewussten Verfügung durch das Subjekt" (Bublitz 2010b: 91f) entziehen. Verwerfungen im Sinne eines „Nicht-Performierbaren" (Butler 1998: 196) sind aber für die Untersuchung von Subjektivierungsprozessen durchaus interessant: Im Sinne von „Anti-Subjekten" (Reckwitz 2008: 140) oder *Nicht-Subjekten* (vgl. dazu Kap. 2.3; 4.3) stellen sie diejenigen Subjektpositionen dar, die nicht als lebbar und anerkennbar erscheinen, aber dennoch unter Umständen für konkrete Individuen und ihre Selbstbeschreibungen entscheidend sind.

In einer performativen Perspektive auf Geschlecht sind schwule Männer nicht vollends intelligibel, weil die anerkannten Geschlechtsidentitäten im Rahmen der heterosexuellen Matrix ein nicht-heterosexuelles Begehren nicht einschließen. Personen, die der kulturellen Intelligibilität nicht folgen, also etwa ein nicht-heterosexuelles Begehren anzeigen, werden, so Butler, „als eingeschränkt menschlich erkannt" (2009: 10). Dieser Mangel an Anerkennung führt zur Frage danach, wie unter den herrschenden ‚Geschlechternormen' noch ein „bewältigbares Leben" (ebd.:11) geführt werden kann. Eine Reaktion auf die Regulierungsverfahren der Zweigeschlechtlichkeit und der Zwangsheterosexualität bewirkt,

> „dass homosexuelle Haftungen aufgegeben werden, oder vielleicht schärfer, dass die Möglichkeit homosexueller Bindungen verhindert wird, ein Ausschluss, der allererst eine Homosexualität hervorbringt, die dann als unlebbare Leidenschaft und als nicht zu betrauernder Verlust verstanden wird." (Butler 2013: 127)

Dementsprechend wäre es für schwule Männer nicht möglich, Homosexualität zu ‚leben' und gleichzeitig Anerkennung zu finden. Dagegen bliebe hier einzuwenden, dass insbesondere gegenüber Homosexualität[14] inzwischen ein (begrenzter) Bereich von Anerkennung eingeräumt wird. So gibt es politische Räume und Regeln, in denen auch schwulen, bisexuellen und lesbischen Menschen Möglichkeiten eines „bewältigbaren Leben[s]" (Butler 2009: 11) gewährt werden.[15] Im Rahmen einer Subjektkonstitution als schwul oder lesbisch (und damit eigentlich aus der heterosexuellen Matrix ‚rausfallend') können Subjektivierungsweisen intelligibel und diskursiv anschlussfähig sein, wenn „eine bestimmte Darstellung und Produktion eines ‚Selbst', das der konstituierte Effekt eines Diskurses ist, der dennoch beansprucht, dieses Selbst als a priori existierende Wahrheit zu ‚repräsentieren'" (Butler 2003a: 151) ermöglicht und deutlich wird. Das heißt, dass etwa schwule oder lesbische Personen, die sich „als gegebene, homogene, eindeutige, mit sich identische sexuelle Identitäten" (Villa 2012: 69) darstellen, im Raster der heteronormierten Lesbarkeit insofern einen Platz einnehmen können, wenn sie, wenn schon nicht heterosexuell, so als homosexuelle Subjekte eindeutig lesbar sind. Diese eindeutige Lesbarkeit wird u. a. über das Motiv des ‚Coming-out' hergestellt. Coming-outs können als Instrumente gesehen werden, mit welchen Individuen sich zu ‚erkennen' geben, in dem sie so etwas wie ihr wahres (eben schwules, lesbisches, bisexuelles) Ich zeigen. Durch den Prozess des ‚Outings' können sie – ganz so wie es im eingangs genannten Zitat von Lottmann/Lautmann (2015: 342) heißt – „verschleierte Aspekte des Selbst in die Wahrhaftigkeit (...) überführen." Dass es überhaupt die Möglichkeit gibt, ein Coming-out zu ‚haben', kann als Ausweitung des Anerkennungsbereiches gegenüber Nicht-Heterosexuellen gesehen werden. Gleichzeitig produziert das Coming-out nur begrenzte Anrufungen und dementsprechende Möglichkeiten an Umwendungen. Butler stellt sich im Rahmen ihres Konzepts von Identitätsbildung durch Subjektivation kritisch zu diesem Instrument:

> „Ist das ‚Subjekt', das ‚out' ist, frei von Unterwerfung, und hat es sich endgültig aus der Schußlinie gebracht? Oder könnte es sein, dass der Akt der Subjektion, das heißt der Unterwerfung, der das schwule oder lesbische Subjekt erst zum Subjekt macht, in mancher Hinsicht selbst dann unterdrückerisch wirkt oder sogar dann am heimtückischsten unterdrückt, wenn ‚*Out-Sein*' beansprucht wird? Für den Fall, dass ich mich als Lesbe offenbare, was bzw. wer ist es denn, die dann ‚out' ist, sich manifestiert

---

14 Anders in Bezug auf Trans* und Inter*-Thematiken, die nicht in gleichem Maße diskutiert oder ernst genommen werden.
15 An dieser Stelle wird deutlich, dass Butler aufgrund ihrer weitgehenden Ahistorizität und Empirielosigkeit (Ausnahmen vgl. z. B. Butler 1998; 2009) Phänomene sozialen Wandels nicht oder zu wenig aufnimmt. In Bezug auf Deutschland gehört dazu z. B. die in der Einleitung erwähnte Abschaffung des § 175 StGB im Jahr 1994, durch welche die juristische Produktion von verworfenen schwulen Subjekten in Deutschland beendet wurde.

2.1 Subjektivierungen des Begehrens

und vollständig enthüllt hat? Gibt es etwas, das erst dann bekannt wird, und wenn ja, was ist es?" (Butler 2003a: 146f; Hervorh. i. O.)

Das Coming-out bietet damit die Möglichkeit sich im Rahmen einer Subjektivation als lesbisches oder schwules Subjekt zu entwerfen und Lesbarkeit zu erlangen, es stellt aber ebenso eine *Unterwerfung* dar. Coming-out-Erzählungen können als heteronormierte Skripte und als herrschaftsförmige Zurichtung einer ‚schwulen' Identität gesehen werden, und als *Zwang*, die eigene Biographie als Coming-Out-*Geschichte* wiedergeben zu müssen, um sie verständlich zu machen. Der ‚geoutete' Mensch ist damit vorrangig (bi- oder) homosexuell, ohne, wie Butler anmerkt, dass klar ist, was damit „bekannt wird". Wie ich in 3.3 ausführen werde, war dies einer der Hauptgründe, die Befragten dieser Studie nicht nach einer Erklärung oder Geschichte ihres Begehrens zu fragen.[16] Neben dem Motiv des Coming-out gibt es weitere Bereiche, die den Bereich des Lebbaren für nicht-heterosexuelle Menschen ausweiten: Wie etwa Antke Engel betont, zeigt sich im Kontext von ‚diversity management' und ‚gay marketing' zunächst eine zunehmende Normalisierung von Nicht-Heterosexualität, die sich allerdings im Rahmen einer Neoliberalisierung auch als Ent-Solidarisierung unter marginalisierten Gruppen lesen lässt. Diese begreift die „persönliche, vorgeblich freie Entscheidung" (Engel 2008: 45) zu einer Form von Begehren und die damit verbundene Selbst-Integration in gesellschaftliche Zusammenhänge als eigenverantwortliche Aufgabe (vgl. auch Engel 2002), womit die Solidaritätsräume unter Nicht-Anerkannten deutlich kleiner werden. Ähnlich verweist Mike Laufenberg darauf, dass die zunehmende Akzeptanz schwuler, lesbischer und bisexueller Menschen mit einer ‚Heterosexualisierung' derselben einhergeht. Diese drückt sich beispielsweise darin aus, dass homo- und bisexuelle Menschen ihr ‚privates Glück' in heteronormierten Beziehungs- und Familienmodellen suchen (sollen) – so etwa in ‚Regenbogenfamilien' und der ‚Homo-Ehe' (vgl. Laufenberg 2014).

Im Rahmen einer „modernisierten Heteronormativität" (Woltersdorff 2013) verschiebt sich damit der Ort des Verworfenen hinein in eine begrenzte Form der Anerkennung. Mit der Normalisierung *einiger* bisher abweichender Identitäten sieht auch Mark Hughes die Gefahr, „that only certain representations of these identities are accepted" (ders. 2006: 55). In Kapitel 2.3 zeige ich auf, dass es das schwul-ältere Subjekt ist, welches in diesen ‚erweiterten' Bereich der Anerkennung (noch) nicht hineinzufallen scheint. Gleichzeitig ist die Anerkennung homosexueller Subjekte nach wie vor verbunden mit einem Prozess des Anders-Machens, denn

---

16 In diesem Kontext kann aber das Fragen nach dem Erleben des eigenen Älterwerdens auch als Zwang zum Outing, eben als älterer oder alter Mensch gesehen werden. Wie ich in 2.4 darstellen werde, kann die Anrufung ‚Alter Mensch' ebenso eine totalitäre Subjektposition darstellen.

eingeschränkt anerkannt werden können sie nur unter der Prämisse, dass sie eben (immer noch) nicht heterosexuell sind.

Wie ist nun das Leben in den immer noch existenten Räumen der Nicht-Anerkennung mit Butler denkbar? Wenn die „Bedingungen der Anerkennung" als nicht lebbar erscheinen, kann das nicht anerkannte, das nicht-intelligible Subjekt eine gewisse Distanz, „ein kritisches Verhältnis zu diesen Normen" (Butler 2009: 12) entwickeln. In diesem Rahmen sieht Butler gerade das ‚verworfene' Subjekt als Möglichkeit der *Subversion* der heterosexuellen Matrix und ihrer subjektkonstituierenden Regulierungsverfahren:

> „Wenn es stimmt, dass die Identitäten ‚Lesbe' und ‚Schwuler' traditionell als unmöglich, als klassifikatorische Irrtümer, als unnatürliche Katastrophen des juridisch-medizinischen Diskurses oder, was vielleicht auf das gleiche hinausläuft, buchstäblich als Paradigma des zu Klassifizierenden, zu Regulierenden und zu Kontrollierenden bezeichnet worden sind – vielleicht sind diese Identitäten dann gerade als Schauplätze der Störung, des Irrtums, der Verwirrung und des Unbehagens der Ansatzpunkt für einen gewissen Widerstand gegen Klassifizierung und gegen Identität an sich." (Butler 2003a: 149)

Die Selbstbestimmung als Lesbe oder Schwuler ist damit zwar nicht außerhalb diskursiver Zwänge möglich, sie ist aber bis zu einem gewissen Grad wählbar bzw. verhandelbar und nicht fixiert – und dies gerade über den Modus der Verwerfung im Sinne einer *Verwerflichkeit* des ‚Lesbischen' und ‚Schwulen'. Die Orte der Verhandelbarkeit verändern damit die begrenzenden diskursiven Selbstdeutungsangebote, indem sie sich aber zugleich immer auf diese beziehen müssen (vgl. Villa 2012: 42). Die Erfahrung von Autonomie meint damit nicht individuelle Selbstbehauptung und Unabhängigkeit, Freiheit von sozialen Zwängen oder Deutungen, sondern post-souveräne Aneignungen von Räumen der Selbst-Gestaltung im Rahmen machtvoller Diskurse. Nur in der radikalen Abhängigkeit von anerkennenden Gemeinschaften ergibt sich damit für das Individuum das Gefühl, ein Individuum zu sein: „Das Selbst muss auf diese Weise in Sozialität enteignet werden, um von sich Besitz ergreifen zu können" (Butler 2009: 18).

Allerdings bleibt bei Butler ungeklärt, wie es schließlich zur Ausbildung von Selbstkonzepten kommt, die sich diskursiv angebotenen Subjektpositionen entziehen. So lässt sich fragen, wie sich das Selbst ganz konkret in einem praktischen Sinne konstituiert: „[w]ie genau wird ein Diskurs für das Handeln und das (Er-)Leben von Menschen relevant?" (Villa 2012: 153). Ebenso ist unklar, warum bestimmte Individuen subversiv handeln und Handlungsfähigkeit erlangen und andere nicht (vgl. auch Benhabib 1993) und wie intentional der Wille zur Subversion sein muss.

2.1 Subjektivierungen des Begehrens

Butlers Antworten erschöpfen sich im Konzept performativer Sprechakte, in denen die Möglichkeit zur Widerständigkeit immer schon angelegt ist. Des Weiteren fehlt bei Butler das Eingehen auf materielle Bedingungen von Geschlechtlichkeit. Damit meine ich nicht (nur) die zuweilen unbefriedigenden Auslassungen zur Materialität von Körpern (vgl. dazu Kap. 2.3), sondern diejenigen strukturellen Machtverhältnisse, die sich nicht allein auf Identitätsbildungen zurückführen lassen. So ist der Modus der geschlechterdifferenzierten Arbeitsteilung in kapitalistischen Gesellschaften sicherlich in hohem Maße mit-entscheidend für die Ausbildung vergeschlechtlichter Subjektivierungsweisen[17]. In diesem Sinne wird von Butler zu wenig „die Frage nach Ungleichheit und Ungerechtigkeit thematisiert" (Villa 2012: 147f). Damit werden die jeweiligen tatsächlichen sozialen Gegebenheiten, die zur unterschiedlichen Gewährung von personaler Anerkennung führen, zum großen Teil ausgeblendet (wie Villa anmerkt, bindet Butler eher kursorisch ihre Theorie anhand „exemplarischer Beispiele" (ebd.: 151) empirisch zurück). Dazu gehört auch, Diskurse und Sprechakte als Machtquelle möglicherweise zu überschätzen, anstatt bestimmte (konkrete) Personen aufgrund ihrer materiellen und symbolischen Ausstattung als ‚legitimere' Sprecher_innen zu analysieren (vgl. ebd.: 150). An diese Kritik knüpft auch der Vorwurf an, dass Butler „eigentümlich *ahistorisch*" (ebd.: 163; Hervorh. i. O.) arbeitet und dass ihr eine „fehlende Gesellschaftlichkeit" (Bublitz 2010b: 137) vorgeworfen werden kann. So würde, anders als in Foucaults genealogisch-historisch arbeitenden Studien, ausgeblendet, dass konkrete gegenwärtige politische, ökonomische und soziale Situationen die Wirkungsweise der „heterosexuellen Matrix" mit-bedingen. In diesem Sinne scheint es mir besonders wichtig, die Verweise meiner Befragten auf kulturelle, ökonomische und politische Rahmenbedingungen und ihre Konsequenzen für die Selbst-Kategorisierung herauszuarbeiten. Trotz dieser Kritikpunkte bietet Butlers Subjekt(ivierungs)theorie einen hilfreichen heuristischen Rahmen für die Analyse von Selbstbeschreibungen. Während im vorangegangenen Unterkapitel der Zusammenhang von Subjekt und Selbst generell in den Blick genommen wurde, begründet die heterosexuelle Matrix, warum Geschlecht und Begehren primäre Deutungsrahmen von Selbstbeschreibungen bilden und wie Homosexualität als das ‚Andere' und ‚Nicht-Normale' produziert wird. Die beschriebenen Zusammenhänge sind somit hilfreich, um diskursive Konstitutionen von Normalität und Nichtnormalität und die Konstituierung verworfener und anerkannter Subjektivitäten nachvollziehen zu können. Schließlich können auch *Widerspenstigkeiten* gegen den hegemonialen

---

17 Vgl. dazu z. B. die These der „doppelten Vergesellschaftung" von Becker-Schmidt (2010) u. v. m.

Diskurs mit Butlers Vokabular als subversive, postsouveräne Akte im Rahmen von Subjektivierungsweisen in den Blick genommen werden.

Vor dem Hintergrund der hier ausgeführten geschlechtertheoretischen Konzepte erscheint das eingangs genannte Zitat geradezu provokativ. In der Quelle von Lottmann/Lautmann wird ein authentisches, tatsächlich „wahrhaftiges" Identitätskonzept der Sexualität deutlich, welches dort durch gesellschaftliche Strukturen und Diskurse nicht geformt, sondern geradezu *verdeckt* scheint und endlich ans ‚Licht der Wahrheit' will. Mit Butler ist diese Reifizierung einer sexuellen Wahrheit des Subjekts als solche auch erkennbar und ‚ermahnt' in gewissem Sinne zu einer besonderen Aufmerksamkeit gegenüber solchen Re-Ontologisierungen. In diesem Sinne versteht sich meine Studie als *queer*, sowohl in ihrem erkenntnistheoretischen Zugang als auch, wie ich in Kapitel 3 darstellen werde, in ihren methodologischen Implikationen.

Männlichkeiten und Begehren

Während Butler die Nicht-Anerkennung des Nicht-heterosexuellen insbesondere über die ‚Abweichung' des Begehrens argumentiert, in dessen Rahmen dann auch die ‚richtige' Geschlechtlichkeit nicht mehr vorzufinden sei, bleibt offen, worin sich der genaue Zusammenhang von Geschlecht und Begehren und ihrer jeweiligen diskursiven Bewertung bzw. Abwertung zeigt – abgesehen davon, dass verschiedene Geschlechter und Begehren unterschieden und (nicht-)anerkannt werden. Insbesondere die ‚Verwerfung' des schwulen Subjekts bleibt unklar: Wie wird die Verworfenheit der Homosexualität inhaltlich begründet, außer darüber, dass sie nicht-heterosexuell ist?

Mithilfe von Connells Konzept der hegemonialen Männlichkeit (1995 [deutsche Übersetzung 2015]; vgl. auch Beasley 2008; Connell/Messerschmidt 2005; Hearn 2004) kann konkreter untersucht werden, wie Geschlecht und Begehren symbolischer Gehalt zugewiesen werden. Schwules Begehren wird darin als zugeschriebener Mangel an (richtiger) Männlichkeit sichtbar. In einer praxeologisch angeleiteten Untersuchung formuliert Connell vier Formen von Männlichkeit (im Sinne eines Sets sozialer Praxen, nicht als Subjektivierungsform), die in einem hierarchischen Verhältnis untereinander und zu ‚Weiblichkeit' insgesamt stehen (Connell 2015). Homosexuellen Männern wird dabei eine *untergeordnete* Männlichkeit zugeordnet, die der hegemonialen hierarchisch einverleibt ist und aufgrund einer zugeschriebenen „symbolischen Verweiblichung" (Thielen 2009: 58) der kulturell dominanten Stellung der hegemonialen Männlichkeit nicht gefährlich werden kann. Darin wird männliche Homosexualität feminisiert:

2.1 Subjektivierungen des Begehrens

> „Alles, was die patriarchale Ideologie aus der hegemonialen Männlichkeit ausschließt, wird dem schwul Sein zugeordnet; das reicht von einem anspruchsvollen innenarchitektonischen Geschmack bis zu lustvoll-passiver analer Sexualität. Deshalb wird aus der Sicht der hegemonialen Männlichkeit schwul Sein leicht mit Weiblichkeit gleichgesetzt." (Connell 2015: 132)

Die Abwertung von Männlichkeitsformen schwuler Männer drückt sich im Rahmen der hegemonialen Männlichkeit darin aus, dass untergeordnete Männlichkeiten „von jenen sozialen Feldern, die der Reproduktion hegemonialer Männlichkeit dienen" (Heilmann 2010: 53) ausgeschlossen werden.

Im Rahmen der praxeologischen und dynamischen Orientierung von Connells Konzeption können Männlichkeiten je nach sozialem Zusammenhang auch anders zugeordnet werden. Männlichkeiten sind nicht fixiert, sondern für Connell steht „die dynamische Analyse der Konstruktion und Veränderung von Männlichkeit, mit dem Versuch, das jeweils darin sichtbar werdende Konzept von Geschlechterbeziehungen zu erfassen" (Connell 2015: 148) im Vordergrund. In diesem Sinne sind auch schwule Männlichkeiten nicht immer bzw. nicht nur untergeordnet; schwule Männer können zugleich etwa eine „komplizenhafte" Männlichkeit praktizieren. In dieser Relation unterstützt diese die „hegemoniale" Männlichkeit, da sie so „von der Vorherrschaft dieser Männlichkeitsform [profitieren], weil sie an der patriarchalen Dividende teilhaben, dem allgemeinen Vorteil, der den Männern aus der Unterdrückung der Frauen erwächst" (ebd.: 133).[18] Wie in Butlers heterosexueller Matrix ist auch in Connells Konzeption gender nicht von Bewertungen des Begehrens zu trennen, denn, wie dargestellt, konstituieren sich Praktiken hegemonialer Männlichkeit im Kontext von Heterosexualität. Degele plädiert in einem queertheoretischen Sinne dafür, den theoretischen Begriff der Männlichkeit zu verabschieden, da ersterer immer schon auf Differenz und Hierarchie fuße, indem es „auf Gedeih und Verderb am Modell der Zweigeschlechtlichkeit hängt" (Degele 2007: 39). Das Konzept der Heteronormativität dagegen erlaube es, Konstruktionen von Männlichkeit und Weiblichkeit zu entdecken, anstatt nur „Klischees zu reproduzieren" (ebd.). Anstatt die Relation zwischen Männlichkeiten und die hierarchische Stellung über Weiblichkeiten als historische Konstante aufzufassen, könnte ein diskurstheoretisch informierter Selbstbegriff, der den

---

18 In Connells Konzept sind mitunter Männlichkeiten nicht von konkreten Männern zu trennen; so verweisen sie empirisch häufig auf eine bestimmte Gruppe Männer (vgl. Beasley 2008: 88). So wird z. B. in Connells Hauptwerk „Der gemachte Mann" eine Gruppe schwuler Männer als Beispiel einer untergeordneten Männlichkeit angeführt (vgl. ders. 2015). Diese konzeptuelle Ungenauigkeit werde ich in der empirischen Analyse berücksichtigen, ohne sie auflösen zu können (vgl. Kap. 5.2).

Aspekt der Performativität mitaufnimmt, „Geschlechtshandeln" als „sozialhistorisch-diskursiv geprägtes Wiederholen von Akten, die Vergeschlechtlichung herstellen" (Villa 2012: 82), begreifen. So könnten diese Akte als Zwänge, die zur Ausbildung bestimmter vergeschlechtlichter Identitäten führen, mit einbezogen werden, anstatt die Hierarchisierung selbst immer schon vorauszusetzen. In einer solchen Perspektive wird die häufig unzureichende Trennung zwischen Männern und Männlichkeiten aufgelöst: Männer sind männlich, wenn sie etwas Männliches tun, nicht weil sie Männer sind.

Für diese Studie sind beide Zugänge wesentlich; ein vorrangiges Erkenntnisziel dieses Projekts ist eine geschlechtertheoretisch sensible Erforschung der Erfahrungen in einer *heteronormiert* strukturierten Gesellschaft, in der das Erleben von Abwertung des eigenen Selbst mit Abwertungen spezifischer *Männlichkeiten* verbunden sein kann. Das (stark systematisierte und empiristisch anmutende) Theoriemodell der hegemonialen Männlichkeit von Connell wird daher im Sinne theoretischer Sensibilität (vgl. Blumer 1954; Strauss 1994) an das Material herangeführt, dient aber nicht als heuristischer Rahmen. Vielmehr wird sich empirisch zeigen, ob und inwiefern das Konzept der hegemonialen Männlichkeit im Rahmen einer subjekt(ivierungs)theoretisch getragenen Analyse weitere hilfreiche Erklärungen liefern kann (vgl. Kap. 5.2).

Die Diskussion um und Erforschung von Männlichkeiten blendet häufig aus, dass der Zusammenhang von Begehren und Geschlecht in großem Maße durch die Dimension des *Alter(n)s* bestimmt ist. Das Alter als Ko-Konstrukteur von Männlichkeit mitzudenken ist nicht nur im Rahmen einer intersektionalen Programmatik wichtig, sondern auch aufgrund der inhärenten Verbindung von Heterosexualität und ‚richtiger' Männlichkeit mit einem ‚richtigen' Alter. Denn das Konzept hegemonialer Männlichkeit ist insofern begrenzt auf den Kontext des (höheren) Alters anwendbar, als es einen Bias auf mittleres Alter und Adoleszenz zeigt (vgl. Bartholomaeus/Tarrant 2016). Die Wandelbarkeit von Geschlechterpraktiken im Prozess des Alter(n)s wird daher (und insbesondere von Connell) kaum mitgedacht. Ein performativer Blick kann das Alter(n) als Mitkonstrukteur von Geschlecht insofern besser einholen, als dass im Rahmen von vielfältigen Subjektordnungen und Subjektivierungsweisen diese Komplexitäten besser in den Blick zu nehmen sind als über eine starre Relation von Männlichkeiten, die weder den Wandel von Männlichkeitsvorstellungen über den Lebenslauf hinweg, noch eine altersbezogene Männlichkeit denkbar scheinen lässt (vgl. dazu Leontowitsch 2017).

Anschließend an die vorhergehenden Ausführungen zum Zusammenhang von Subjekt und Selbst, von Geschlecht und Begehren ergeben sich folgende Fragen an die empirische Erforschung eines ‚schwulen Alterns': Welche Normen, die gesellschaftliche Anerkennung und Existenz bedingen, sind im Material erkennbar und formen die Selbstkonzepte älterer schwuler Männer? Welche diskursiven Grenzen also bedingen das Leben (können) als älterer schwuler Mann? Wie verhalten sich die Befragten zu diesen Normen widerständig, wo sind subversive Praxen erkennbar? Welche Form der Handlungsfähigkeit zeigt sich also in und gegen hegemoniale Diskurse, die Alter(n), Geschlecht und Begehren definieren und damit normieren?

Um die begriffliche Grundlage für die empirische Erforschung dieser Fragen herzustellen, werden im Folgenden die bisher weitgehend ausgeblendete Subjektordnung des Alter(n)s und die damit verbundenen Normierungen und Subjektivierungsmöglichkeiten in den Blick genommen.

2.2 Alte Subjekte und Subjektivierungen des Alter(n)s

Der insbesondere seit den 1950er Jahren in den USA entstandenen Alterssoziologie bzw. Sozialgerontologie ist es zu verdanken, dass das Alter(n) überhaupt als sozial bedeutsame Kategorie in den soziologischen Kanon eingeführt wurde (vgl. Backes/Clemens 2008; van Dyk 2015; van Dyk/Lessenich 2009b). Allerdings fehlen nach insbesondere strukturfunktionalistischen Alterstheorien der 1960er Jahre (vgl. Cumming/Henry 1961) konzeptionelle Weiterentwicklungen. Alterssoziologie wird inzwischen mehr als Anwendungsforschung betrieben; vielfach wird die mangelnde theoretische Fundierung beklagt (vgl. Amann/Kolland 2014; Biggs 2004; Denninger/Schütze 2017b; Kohli 1990; Powell 2011; Spindler 2007). Häufig wird – in den durchaus bestehenden Alter(n)stheorien – Alter(n) eher als Strukturmoment gedacht (vgl. z. B. Clemens/Naegele 2004; Cumming/Henry 1961; Riley/Johnson/Foner 1972; Riley/Riley 1992 u. v. m.), wobei die individuelle Verarbeitung und Deutungsgebung einer Anrufung als alt oder älter (bzw. auch als jung) weniger im Forschungsfokus steht (vgl. Graefe 2013).

Auch wenn in der methodischen Anlage dieses Projekts das ‚subjektive' Alter(n) im Vordergrund steht, geht es auch darum, das ungleichheitsgenerierende Potential der Zuschreibung als alt oder älter aus diesen subjektiven Erfahrungen zu filtern. Ungleichheit und Alter(n) werden hier so verstanden, dass zu fragen ist, wie Alter(n) Menschen ungleich *macht*, inwiefern also die Erfahrung von ‚Andersartigkeit' zum Ausdruck und in Zusammenhang mit dem Alterungsprozess gebracht wird. Die Zuschreibung als alt verläuft dabei gesamtgesellschaftlich auf der Basis weitgehend negativer Attribute. Wie Biggs darstellt, ist die Verhandlung der eigenen Identität mit dem Älterwerden stark von einer gesellschaftlichen Umwelt geprägt, die sich „tacitly or explicitly hostile toward old age" (vgl. ders. 2003: 146) zeigt. Im kapitalistischen System verläuft die Anerkennung des Subjekts u. a. über seine Produktivität, die dem älteren Menschen als aus dem produktiven Erwerbsleben entlassen und dem alternden Körper als degenerierend weitgehend verweigert wird. „Empty of meaning" (ebd.: 148) bewegt sich damit laut Biggs die Entwicklung des Altersselbst auf unsicherem Boden. In der Betrachtung der Hauptachsen der alterssoziologischen Theoriebildung ist spannend, wie dort *selbst* bestimmte Deutungen, Normierungen und Bilder des Alter(n)s produziert werden.

Sozialgerontologische Forschung bis zum ‚postmodern turn'

Das Altersbild der Produktiv- und Nutzlosigkeit zieht sich durch die gerontologische Geschichte, die hier kurz und stichpunktartig aufgearbeitet wird.[19] Darin zeigt sich die Beständigkeit der Verknüpfung der Produktion des Alters als das Andere – gerade mit Bezug auf seine Nichtproduktivität – mit einer spezifischen Ungleichheitslage des Alters. Die normative Aufgeladenheit des ‚Nutzlosen' zeigt sich in besonderem Maße in zwei Theorien der späten 1950er Jahre, die sich, trotz aller Kritik, erfolgreich im alterssoziologischen Kanon behaupten können, da sie nach wie vor „die Praxis der Altenarbeit" (Backes/Clemens 2008: 124) massiv prägen: Die Disengagement- sowie die Aktivitätstheorie.

> "The important point to note is that theories often mirror the norms and values of their creators and their social times, reflecting culturally dominant views of what should be the appropriate way to analyse social phenomena. The two theories which dominated American gerontology in the 1950s of Disengagement and Activity theory follow this normative pattern." (Powell 2011: 27)

Die normative Grundlage dieser und weiterer (sozial)gerontologischer Theorien ist dabei das historisch relativ stabile Motiv des *Verfalls* (vgl. Denninger/Schütze 2015). Insbesondere soziologische Theorien des Alter(n)s operieren mit dem Bild des verfallenden, nicht mehr könnenden alten Menschen im Hinblick auf seine (verwertbare) Produktivität, wie auch auf seine körperliche Verfasstheit. So ist der Kern der *Aktivitäts- bzw. Ausgliederungsthese*, im englischsprachigen Raum formuliert von Havighurst (1961), im deutschsprachigen Raum durch Tartler (ebenso 1961) vertreten, dass alte Menschen aufgrund der ihnen zugeschriebenen Funktionslosigkeit (insb. durch die Verrentung) ihre Kompetenzen und Fähigkeiten kontinuierlich abbauen. Die erzwungene Passivität des Ruhestands führt zu körperlichem und geistigem Verfall, der nur durch weitergehende Aktivität aufge-

---

19 Die umfangreichen Arbeiten der Sozialgerontologie und Alterssoziologie können hier nicht in ihrer Gänze wiedergegeben werden. Es werden darum nur die Forschungsstränge nachverfolgt, die thematisch für das vorliegende Projekt anschlussfähig sind bzw. für die entsprechende inhaltliche Erweiterungen gewinnbringend wären.

2.2 Alte Subjekte und Subjektivierungen des Alter(n)s

halten werden kann, „eine Annahme, die sich in den heutigen Alterstheorien und politischen Aktivierungsversuchen wiederfindet" (Denninger/Schütze 2015: 514; vgl. „aktives Altern" in Kap. 5.1). Dagegen postuliert die strukturfunktionalistische *Disengagementtheorie* (vgl. Cumming/Henry 1961), dass ältere bzw. alte Menschen an Kraft und Fähigkeiten *natürlicherweise* einbüßen, und daher aus gesellschaftlichen Funktionen ausgegliedert werden müssen, um ihre Arbeitsplätze und andere soziale Funktionen jüngeren Gesellschaftsmitgliedern zur Verfügung zu stellen. Biomedizinische Verfallsprozesse sind notwendiger Auslöser dieses Verfalls und müssen durch die Ersetzung Älterer durch Jüngere aufgefangen werden.

Beiden Theorien kann die Kritik ihres universellen Anspruchs entgegengebracht werden: Während die Disengagementtheorie die Ausgliederung aus allen sozialen Zusammenhängen mit einem natürlichen Abbauprozess begründet und als unumkehrbar beschreibt, geht die Aktivitätstheorie (vgl. Tartler 1961) davon aus, dass soziale Ausgliederung in jedem Falle einen Abbau mentaler und körperlicher Fähigkeiten zur Folge hat. Dagegen werden etwa empirische Hinweise (auch aus den eigenen Publikationen, vgl. Cumming/Henry 1961) gegen diese universelle Annahme ignoriert (vgl. Hochschild 1975: 555). Der generelle Erklärungsanspruch dieser beiden grand theories führt ebenso dazu, dass „soziale Differenzierungen als Ungleichheitsbedingungen nicht berücksichtigt werden" (Backes/Clemens 2008: 126) – in beiden Theorien sind es weiße Männer aus der Mittelschicht, deren Lebenslagen als empirische Realität zur Theoriebildung benutzt werden. In dieser Fokussierung werden auch spezifische kulturelle, politische und ökonomische Rahmenbedingungen nicht beachtet, die Alternsprozesse je nach raum-zeitlichem Kontext beeinflussen. Nicht zuletzt bleibt auch der Körper deutlich unterbestimmt: Während in der Disengagementtheorie von einem natürlichen körperlichen Verfall ausgegangen wird, ist der Körper in der Aktivitätsthese eine Oberfläche, die es zu bearbeiten gilt.

Bei aller Kritik ist die langfristige Folge dieser beiden Theorien die immer noch bestehende Defizitorientierung (in der Disengagementtheorie als funktionale Folge der Ausgliederung aus der Gesellschaft, in der Aktivitätstheorie als unintendierte Nebenfolge von Verrentungszwängen), die bis in die gegenwärtige Soziologie des Alter(n)s und in altenpolitische Entscheidungen (vgl. dazu Backes/Clemens 2008) hineinwirkt. Zugleich bleibt der verfallende Körper als entscheidender Produzent des Alter(n)s bis in die heutige Zeit theoretisch unterbelichtet. Die in beiden Theorien angelegte Defizitorientierung spiegelt sich auch in den Daten dieses Projekts wieder. Das Sprechen der befragten Männer über die Gegenwart und die Zukunft des eigenen Alter(n)s ist von zumeist negativen Deutungen der körperlichen und mentalen Verfasstheit geprägt (vgl. Kap. 5.1). Alter(n) wird damit insgesamt stark über den Komplex Körper und Gesundheit bzw. deren Abnahme definiert. Dabei ist das Geringer werden von Kraft, Leistungsfähigkeit, Neugier, Spaß, Teilhabe u. a. für die Befragten ein deutliches Zeichen eines einsetzenden Alterns, welches schon begonnen hat bzw. indem das Weniger immer mehr werden wird. Grundannahmen der strukturfunktionalistischen Theorien finden sich daher in den Daten dieses Projekts wieder und drücken unter Bezugnahme auf klassische defizitorientierte Altersbilder stark determinierte Subjektivierungsformen des Alter(n)s aus.

Seit den 1990er Jahren bemüht sich die Forschung der starken Defizit-Orientierung der Ausliederungs- und Disengagementtheorie ein positiv besetztes Altersbild entgegen zu stellen. Ein Gründungsmoment dieser neuen, vermeintlich positiv-affirmativen Altersforschung ist insbesondere das Konzept des „Successful Aging" von John W. Rowe und Robert L. Kahn (1997): ‚Erfolgreiches' Altern liegt in diesem gerontopsychologischen Modell dann vor, wenn „low probability of disease and disease-related disability, high cognitive and physical functional capacity, and active engagement with life" (dies. 1997: 433) im Individuum zusammenkommen. Eine ‚aktiv gestaltende' Persönlichkeit ist in der Lage, mit möglichen sozialen und körperlichen Einschränkungen umzugehen bzw. mehr noch, diese aufzuhalten. Ohne einen expliziten gesellschaftspolitischen Bezug herzustellen, soll das Konzept des „successful aging" den Boden bereiten „to identify effective strategies that enhance the proportion of our older population that ages successfully" (ebd.: 439). Damit verweist dieses Konzept auf diskursive Determinierungen des Alters nicht nur im Sinne eines positiven Altersbildes, sondern eines Ideals des *politischen* Agendasettings, welches zugleich *individuell* zu erreichen ist (aber nicht von allen erreicht werden kann; kritisch dazu vgl. Holstein/Minkler 2009; Leedham/Hendricks 2006).

Die aktuell äußerst populäre Figur der „aktiven" oder „jungen Alten" (van Dyk/Lessenich 2009b) verweist vor dem Hintergrund einer „Durchsetzung aktivierender Sozialpolitik" (van Dyk/Lessenich 2009b: 24) und eines tatsächlichen Rückbaus sozialstaatlicher Leistungen auf das nach wie vor erfolgreiche Postulat des „erfolgreichen Alterns". Das aktive Altern ist entlang der Formel „Fördern und Fordern" (vgl. Dingeldey 2006[20]) aktuell der wesentliche Bezugspunkt der wohlfahrtstaatlichen (Alters-)Programmatik in Deutschland. Ziel des altenpolitischen Ansatzes der Aktivierung ist es, die Lebensphase des Alters aktiv gestalten zu können und gleichzeitig auch produktiv zu nutzen. Hintergrund dieser scheinbaren Aufwertung des Alters (vgl. u. a. van Dyk et al. 2010) ist die Erkenntnis, dass ältere Leute inzwischen „im Durchschnitt gesünder, besser ausgebildet und vitaler als frühere Generationen" (BMFSFJ 2010: 5) sind. Sie stellen ein ökonomisches Kapital insofern dar, als sie etwa ehrenamtliche Tätigkeiten oder Enkelkinderbetreuung

---

20 Der_Die Autor_in des Schlagworts „Fördern und Fordern" ist unbekannt, aber im Zuge der Agenda 2010 wurde diese Formel immer wieder gebraucht.

2.2 Alte Subjekte und Subjektivierungen des Alter(n)s

übernehmen und durch sportliche und geistige Betätigung Kompetenzen und Fähigkeiten bewahren können (bzw. sollen). Zeitgleich mit dem Diskurs um das aktive Alter(n) entwickelte sich in Deutschland (und anderen westlichen Industriestaaten) ein Diskurs der „Überalterung", in dem die steigende Zahl älterer Menschen zur „Alterslast" wird, da die damit einhergehenden immensen Rentenzahlungen, sowie Gesundheits- und Pflegekosten als Bedrohung für den Generationenvertrag gesehen werden (vgl. Dinkel 2008; kritisch Rückert 1999: 148). In diesem Diskurs wird der alternde Körper als gebrechlich und verfallend dargestellt; ein Altersbild, welches im entsprechenden Paralleldiskurs des „aktiven Alter(n)s" als negatives Schreckensbild so gegenwärtig ist, dass dem eigenverantwortlich entgegengewirkt werden soll. Auch für das „erfolgreiche" und „aktive" Altern gilt, dass der alternde Körper als wesentlicher Schauplatz des Alters gesehen wird, ohne dass der dahinterstehende Körperbegriff konzeptuell hinterfragt oder definiert wird (vgl. Sandberg 2013a). Trotz der offensichtlichen Bedeutung des Körpers als Schauplatz politischer und gerontologischer Diskurse bleibt eine tiefergehende Beschäftigung mit dem Körper lange aus; erst 1996 verweist Peter Öberg auf diesen „absent body" in der Sozialgerontologie. Wie Tina Denninger (2018) anführt, liegt das auch daran, dass die gerontologische Forschung bestrebt war, das Defizitmodell des Alters, wie es etwa in der Disengagement-Theorie deutlich sichtbar wird, zu überwinden und „durch ein aktives und produktives Altersbild zu ersetzen. In diesem scheint die Ausklammerung des Körpers notwendig, um nicht auf vermeintlich unvermeidbare körperliche Defizite zurückzufallen" (ebd.: 15).

Nicht nur die Körperlosigkeit, auch die einseitig strukturfunktionalistische Theorieperspektive auf Makro-Zusammenhänge des Alter(n)s, und die stark quantitativ ausgerichtete und anwendungsorientierte empirische Altersforschung (vgl. Brauer 2010: 22) führten zu einer sozialgerontologischen Mainstreamforschung, in der wesentliche Entwicklungen der Gesellschaftstheorie so wie soziologischer Theorieperspektiven wenig beachtet wurden. So blieben feministische (vgl. u. a. Calasanti/Slevin 2006; Calasanti/King 2013; Krekula 2007; Twigg 2004; Woodward 1999) oder postkoloniale Perspektiven in der Altersforschung (vgl. van Dyk/Küppers 2016) lange Zeit unbeachtet; eine Zusammenführung von queer theory und sozialwissenschaftlicher Altersforschung steht bisher aus (vgl. dazu Kap. 2.3).

Die insbesondere im englischsprachigen Raum seit den 1990er Jahren entwickelte und verbreitete „critical gerontology" versucht, dem Fehlen eines „theoretisch-konzeptionelle[n] Beitrag[s] von Seiten der Soziologie" (Backes/Clemens 2008: 188f) entgegenzuwirken. So weisen etwa die Arbeiten von Powell und anderen (vgl. Powell/Wahidin 2006; Powell 2011; des Weiteren u. a. Featherstone/Hepworth 1991; Katz 2005) auf die staatsregulatorisch disziplinierende Formierung des produktiven Alter(n)s in der spätkapitalistischen Gesellschaft hin. Andere Sozialwissenschaftler_innen setzen sich zunächst in den USA intensiv mit dem Phänomen der Altersdiskriminierung (*ageism*) auseinander (vgl. Butler 1969; Morgenroth Gullette 2011), welches im deutschen Sprachraum politisch und gesellschaftlich wenig bis gar nicht verhandelt wird. Der ursprünglich bewusst analog zum Begriff racism und sexism gebildete Begriff beinhaltet sowohl Vorurteile als auch Diskriminierungen aufgrund höheren Alters[21] und nimmt insbesondere gesellschaftliche Altersbilder als Ursache negativer Altersstereotype sowie die Folgen dieser Diskriminierung auf struktureller und individueller Ebene in den Blick (vgl. Brauer 2010). Im Zuge des Projekts „Zonen des Übergangs" wurde in den letzten Jahren auch im deutschsprachigen Raum vermehrt über Altersdiskurse und ihre Konsequenzen für Subjektivierungsweisen im Alter geforscht (vgl. Denninger et al. 2014; Lessenich/Rothermund 2011). Als Vordenker_innen der critical gerontology sind insbesondere Sharon Kaufman (1986) und Mike Featherstone gemeinsam mit Mike Hepworth (1989; 1991) zu nennen. Ihre Studien verweisen darauf, dass Selbstkonzepte auch im Alter deutlich von diskursiv produzierten Altersbildern mit-bestimmt werden und dass Identitäten nicht als kongruente, selbst-identische, authentische Selbst-Verhältnisse gesehen werden können. Diese Arbeiten können als Zeuginnen eines ‚postmodern turn' in der Sozialgerontologie gesehen werden (vgl. van Dyk 2009) und werden darum im Folgenden ebenso detaillierter vorgestellt wie Forschungen, die einem ‚modernen' oder ‚authentischen' Identitätsbegriff verhaftet bleiben.

So sind es nicht nur Geschlecht und Begehren, die als totalisierende Identitätskategorien Anrufungen und Verwerfungen konstituieren (vgl. Kap. 2.1). Auch das Alter(n) ist, wie gezeigt, nicht nur normativ besetzt, sondern birgt auch als Identitätskategorie die Gefahr, Menschen vermeintlich zuordnen und erschöpfend beschreiben zu können. Die ‚Gefahr' der Essentialisierung des Alter(n)s schwuler Männer schließlich liegt nicht nur an der Erforschung bestimmter Subjektordnungen, die häufig als das ‚Andere' konstituiert und in gewissem Maße ‚verworfen' werden, sondern auch am zentralen Untersuchungsbegriff dieser Studie, dem Selbst. Vorstellungen kohärenter, selbst-identischer, wahrer Identitäten finden sich also entlang der Kategorisierung Alter(n) genauso wie über Geschlechternormen.

Alters-‚Identitäten' und alternde Selbste

Wie bereits in Bezug auf Geschlecht und Begehren ausgeführt, verweisen die Arbeiten von Butler darauf, dass etwa das Subjekt ‚Homosexuelle_r' nur deshalb existiert, weil es in Diskursen nicht einfach repräsentiert, sondern immer auch produziert

---

21 „… a process of systematic stereotyping and discrimination against people because they are old, just as racism and sexism accomplish this for skin color and gender" (Butler 1969: hier zitiert aus Brauer 2010: 30).

2.2 Alte Subjekte und Subjektivierungen des Alter(n)s

bzw. performiert wird (vgl. Butler 1991). Entsprechend dieser Identitätskritik werde ich den Begriff der Identität, wie er in der gerontologischen Forschung verwendet wird, im Folgenden diskutieren und den Forschungsstand zu Selbstkonzepten im Alter bzw. des Alters dahingehend untersuchen, inwiefern ontologisierende Identitätskategorien reproduziert werden oder so etwas wie ein *queeres* Potential erkennbar ist. Ein queerer Zugang im weitesten Sinne scheint mir dann gegeben, wenn der Effekt diskursiver Produktion von Subjektordnungen des Alters auf der einen Seite und die damit inhärent verbundene Instabilität von Selbstkonzepten auf der anderen Seite in den Blick genommen werden.

Im Gegensatz zur Ablehnung oder Annahme einer Anrufung als homosexueller oder heterosexueller Mensch mit dem „paradoxen Effekt, dass das, was man *nicht* ist, genau das charakterisiert, was man ist" (Villa 2012: 52, Hervorh. i. O.), beinhaltet der Subjektivierungsprozess als alter bzw. älterer Mensch, dass der verworfene Status durchaus schon einmal durchlaufen wurde (vgl. genauer Kap. 2.3). In dieser Prozesshaftigkeit des Alterns kann damit Alter als zugleich oppositionelle, wie auch lineare Struktur begriffen werden. Die Eindeutigkeit und Unveränderlichkeit, die einer wie auch immer bezeichneten Sexualität im Sinne einer fixierbaren Identität zugeordnet wird, ist damit nicht in gleicher Weise auf Subjektivierungen des Alter(n)s übertragbar, und dies sowohl subjektivierungstheoretisch, wie auch empirisch, wie ich im Laufe der Studie zeigen werde. Der Selbstbezug zur Kategorie des Alters verändert sich damit im Lebensverlauf – ist die Kategorie damit überhaupt relevant für Selbste?

Stefanie Graefe konstatiert, dass der Begriff der Identität in der Altersforschung ein „vergleichsweise ungestörtes Dasein [genießt]" (2010: 34), während er in der sozialwissenschaftlichen Forschung eher problematisiert wurde. Das Verständnis eines eindeutigen So-Seins von Identitäten zeigt sich u. a. in Eriksons psychologischer Konzeption „Der vollständige Lebenszyklus" (1995), in welcher sich Identitäten in der Abfolge von acht Lebensphasen bilden. Die Aufgabe des Alters als letzter Lebensphase ist es demnach,

> „das zu sein, was man geworden ist, was heißt, seine bisherige Entwicklung zu akzeptieren und zu wissen, dass man einmal nicht mehr sein wird. Der Kernkonflikt der Identität in dieser Phase heißt deshalb Ich-Integrität vs. Verzweiflung." (Abels 2006: 285)

Die Annahme der klaren Abfolge von Lebensphasen, die mit homogenen psychologischen Entwicklungsprozessen einhergehen, impliziert die Idee einer kohärenten, in sich geschlossenen Identität, die ‚im Alter' charakteristisch ist (vgl. Biggs 2005: 119). Zugleich wird das Alter bei Erikson als eine homogene Lebensphase festgesetzt. Eine weitere Konzeption von Alter als Identitätsquelle findet sich im

Begriff der „Altersidentität" wieder, wie sie z. B. Ludwig Amrhein und Gertrud Backes 2008 untersuchen. Was die Forscher_innen mit Altersidentität meinen, wird nicht eindeutig definiert, sondern scheint in der Rezeption anderer Studien als „gefühltes Alter" auf, welches sich von einem „tatsächlichen Alter" (ebd.: 384) (gemeint ist wohl das kalendarische) unterscheiden kann. Schwierigkeiten können für ältere Menschen laut Amrhein und Backes entstehen, wenn eine „Diskrepanz zwischen personaler und sozialer Identität" (ebd.: 385) auftritt. An dieser Stelle wird der Identitätsbegriff nicht weiter erklärt, ebenso wenig wie in der anschließend zitierten empirischen Untersuchung, die in „vier Identitätsmodelle[n] des Alter(n)s" mündet (ebd.: 388). So wird der Begriff der (Alters-)Identität immer wieder bemüht, ohne ihn eindeutig theoretisch festzulegen, womit seine scheinbare Klarheit und Eindeutigkeit reproduziert wird. Auch wenn soziale Einflüsse bei Erikson sowie bei Amrhein und Backes als durchaus prägend für das Selbstkonzept gesehen werden, impliziert doch der Begriff der Altersidentität selbst sowie seine ungenaue Festlegung, dass durch *das* Alter die *eine* Identität konstituiert wird, die in sich stabil und reflexiv ist und als eine Art innerer Kern das Wesen des (insbesondere alten) Menschen kennzeichnet.

In den USA und Großbritannien gibt es dagegen seit den 1980er Jahren im Kontext der *critical gerontology* Forschungen, die den Begriff des Selbst nicht als authentische, souveräne Form des Identitätsbezugs verstehen, sondern vielmehr untersuchen, inwiefern das Alter(n) als soziale Konstruktion in der Selbst-Beschreibung aufgeht. Sharon Kaufman geht in ihrer Studie „The Ageless Self: Sources of Meaning in Late Life" (1986) der Frage nach, inwiefern die Erfahrung von „change and continuity" (ebd.: 16) des Selbstbezugs über die Biographie hinweg subjektiv gedeutet wird. In einer Studie mit 60 Interviews mit mindestens 70-jährigen weißen Männern und Frauen aus der kalifornischen Mittelschicht (vgl. ebd.: 20) filtert sie heraus, dass nicht das Alter die zentrale Bezugskategorie der Selbst-Beschreibung ist, sondern die Reflexion und nachträgliche Bewertung des gesamten Lebens Quelle der Selbst-Identifikation ist. So ist es für die Befragten wesentlicher, Kontinuität im Lebenslauf (ex post) herzustellen, als die jetzige Lebensphase des Alters als Identifikationsquelle zu sehen (vgl. ebd.: 151).

Mike Featherstone und Mike Hepworth untersuchten 1991 über einen sozialkonstruktivistischen Zugang, inwiefern gegenwärtige Altersbilder die Erfahrung des Alter(n)s prägen. Sie resümieren, dass ‚ältere' Menschen das Alter(n) in einen körperlichen und einen personalen Prozess unterscheiden: der alternde Körper wird als „Maske" beschrieben, da er im Gegensatz zum nicht alten Selbst-Bild keine angemessene Repräsentation ihres Altersbezug darstellt (vgl. Featherstone/Hepworth 1991). Der Versuch, die personale ‚Identität' vor dem alternden Körper zu bewahren, verdeutlicht den Körper als ein von „Konsumkultur geprägtes Konstrukt" (Den-

2.2 Alte Subjekte und Subjektivierungen des Alter(n)s

ninger/Schütze 2015: 517). Der alternde Körper wird als „Käfig"²² empfunden; um das Selbst vor der – mit Butler gesprochen – Verwerfung des bereits ‚verworfenen' Körpers zu bewahren, wird es in der Selbstbeschreibung von der äußeren ‚Hülle' abgetrennt und so vor dem Zugriff des (negativierten) Alterns bewahrt.

Das Konzept der „mask of ageing" ebenso wie Kaufmans These des „ageless self" wurden in der gerontologischen Forschung seither breit reproduziert (vgl. Biggs 2003; 2005; Graefe 2013; Denninger et al. 2014) und markieren so etwas wie eine ‚postmoderne' Wende der (zumindest angelsächsischen) Altersforschung. Alte Menschen sind demnach nicht einfach alt, weil ihre Körper alt aussehen, sondern weil sie als solche durch sich selbst und andere produziert werden. Gegen die damit einhergehende (häufig pejorative) Anrufung können sich Individuen auch ‚widerspenstig' zeigen, wie die „mask of ageing" zeigt: Es gibt Möglichkeiten der Selbstdeutung, die sich dem diskursiven Zugriff entziehen wollen.

Damit zeigen sich im Umfeld der critical gerontology Arbeiten, die das Altern als Effekt disziplinierender Diskurse fassen und die Annahme einer homogenisierbaren Altersidentität durch vielschichtigere Sichtweisen des Selbstbezugs im Alter ersetzen. In Deutschland sind es insbesondere die Projekte „Zonen des Übergangs" und „Vom ‚verdienten Ruhestand' zum ‚Alterskraftunternehmer'", welche in einem interdisziplinären Zugang den Zusammenhang von wohlfahrtsstaatlicher Produktion des Subjekts des „aktiven Alten" und einer damit verbundenen „relativen Alterslosigkeit" in der subjektiven Deutung untersuchten (vgl. Denninger et al. 2014; Graefe 2013; van Dyk/Lessenich 2009a; van Dyk et al. 2010 u. v. m.; vgl. auch zum aktiven Alter(n) Kap. 5.1). Selbst-Konstruktionen werden in dieser Perspektive begriffen aus der

> „Vermittlungsperspektive zwischen der hermeneutischen Rekonstruktion subjektiven Sinns in erzählten Lebensgeschichten und der ‚postmodernen' Einsicht, dass subjektive Narrationen weniger ‚authentisch' als vielmehr sozial präformiert *und* kreativ sind, insofern sie kulturelle Metanarrative mit individuellen Erfahrungen in Form einer je einzigartigen *Bricolage* zur eigenen erzählten Lebensgeschichte verknüpfen." (Graefe 2013: Abs. 5; Hervorh. i. O.)

Einer solchen Auffassung von Selbst-Produktion schließe ich mich konzeptionell für die vorliegende Studie an: So ist es wesentlich, die Darstellung des Selbst als abhängig von kulturellen Produktionen der Sinngebung zu sehen, wie auch den Individuen einen subjektiven Eigensinn zuzusprechen, über den sozial vermit-

---

22 Vgl. Biggs 2004: „This 'mask of ageing' position, as it has become known, holds that the ageing body becomes a cage from which a younger self-identity cannot escape (Featherstone & Hepworth, 1989)" (ders.: 52).

telte Altersbilder und Erwartungsmuster angeeignet und widersprochen werden können. So wie die Bedeutung des Alter(n)s für die Selbst-Konzeption damit zwar intersektional-programmatisch vorausgesetzt wird, so muss empirisch genau erarbeitet werden, ob Alter(n) als ‚Identitätskategorie' überhaupt relevant gemacht wird und welche diskursiven Zugriffe deutlich werden. Während die Forschungen von Featherstone und Hepworth, Kaufman und Graefe et al. in ihren Selbst-Analysen einen deutlich negativen Bezug zu sozial virulenten Altersbildern verdeutlichen, werden sich in der Analyse durchaus positive, gewissermaßen bejahende Bezugnahmen auf das eigene Altern zeigen, über die pejorative Altersdeutungen auch kritisch zurückgewiesen werden. Die Auseinandersetzung mit ‚postmodern' ausgerichteten Arbeiten zeigt, dass Alter(n) nicht im Kontext einer authentischen, kohärenten Identität begriffen werden kann bzw. nicht einfach ein vorauszusetzender Aspekt der Selbst-Beschreibung ist, sondern dass „die soziale Erfahrung des Alter(n)s gesellschaftlich bedingt und vorstrukturiert ist" (Graefe 2010: 41). In den zitierten Studien von Kaufman, Featherstone/Hepworth und weiteren wird zwar die Relevanz von Alter(n) als ‚Identitätseffekt' in Frage gestellt, das Alter(n) ist dennoch die forschungsleitende Kategorie. In Kapitel 2.5 soll diese Engführung geöffnet werden, indem Forschungsergebnisse dargestellt werden, die die Kategorie des Begehrens im Kontext des Alter(n)s miteinbeziehen.

Wie deutlich wurde, zeichnet sich der Forschungsgegenstand des (Alters-)Selbst dadurch aus, dass er häufig als im Lebenslauf kohärente und autonome Identität gedacht wird. Dieser Identität wird über bestimmte Kategorisierungen entlang von Subjektordnungen eine natürliche Stabilität unterstellt. Während Menschen älter *werden*, *sind* Menschen heterosexuell oder schwul (oder u.a. lesbisch, bi-, pan-, asexuell): Das Begehren wird als dauerhafter identitätsformender Aspekt, als ein *Sein* gedacht, das Altern und das Alter unterliegen einer prozesshaften Logik. Im Fokus auf die Verbindung der Subjektordnungen Alter(n) und Begehren in Selbstbeschreibungen müssen diese erkenntnistheoretischen Unterschiede daher nicht nur empirisch beobachtet, sondern auch theoretisch eingeholt werden (vgl. Kap. 2.3). Was sie aber gemeinsam haben ist, dass älteren schwulen Männern entlang der Dimensionen Alter(n) und Begehren bestimmte Anerkennungsräume bereitgestellt und andere verweigert werden. In diesem Zusammenhang wird die Relevanz eines intersektional angelegten Zugangs nochmals deutlich: So ist es weder das Alter(n), noch das Begehren, noch eine simple Addition beider Kategorisierungen, die Selbstbeschreibungen älterer schwuler Männer begrenzen; und nicht zuletzt können weitere Elemente für Subjektivierungsformen wesentlich sein.

2.3 Alter(n) queeren – Theoretische Überlegungen zum Zusammenhang von Alter(n) und Begehren

Im Folgenden führe ich die Subjektordnungen Begehren (vgl. Kap. 2.1) und Alter(n) (vgl. Kap. 2.2) zusammen. Mit einem Blick auf Subjektivierungsweisen an der Schnittstelle von Alter(n) und Begehren gliedert sich dieses Unterkapitel in verschiedene Schwerpunkte. Zunächst geht es um Überlegungen, wie Erkenntnisse von Butlers geschlechtertheoretischen Ausführungen auf die Identitätskategorie Alter(n) zu übertragen sind bzw. wie diese dadurch hinterfragbar gemacht werden kann. Der Begriff der „Altersphasennormativität" dient im Anschluss als entsprechende Heuristik, um das, was in den queer studies als Heteronormativität bezeichnet wird, entlang des Alter(n)s zu deuten. Danach werde ich auf die Bedeutung körperlicher Materialität für das Alter(n) eingehen. Die Ausführungen schließen mit der Darstellung, inwiefern das Subjekt des älteren schwulen Mannes diskursiv denk- und sichtbar sein kann.

Das Alter(n) als Identitätskategorie hinterfragen

Mit der vorliegenden Studie soll die theoretisch häufig unbefriedigende sozialgerontologische Forschung erweitert werden, indem ‚andere' Blicke auf das Alter(n) die Normalität dieser vermeintlich kongruenten Lebensphase durchkreuzen. Gleichzeitig sollen so auch die Debatten der sogenannten ‚queer studies' erweitert werden, die sich bisher seltsam alterslos zeigen bzw. häufig Begehren als Begehren jüngerer Individuen begreifen, ohne dies weiter zu hinterfragen.[23] Hier wird auch in empirischen Studien das Thema Alter(n) nahezu immer ausgespart und unhinterfragt die Produktion von Normalität und Abweichung in der ‚jüngeren' Lebensphase untersucht – dies ist vor dem Hintergrund überraschend, dass Sensibilisierung und kritisches Hinterfragen von Kategorisierungen als einer der Hauptgegenstände der queer studies gilt (vgl. Kap. 2.1). Gerade die Verbindung des Forschungsgegenstandes Alter(n) mit queertheoretischen Prämissen kann dabei fruchtbar sein für einen Blick auf das Alter(n), welcher die in 2.2 beschriebene Generalisierung des Alter(n)s als männliches, heterosexuelles und Mittelschichts-zentriertes Phänomen in der Alter(n)sforschung durchkreuzt. Insbesondere Perspektiven der queer studies, die sich auf vergeschlechtlichte Identitätskonstruktionen, die Relevanz „körperliche[r] Merkmale" oder die (vermeintliche) Dichotomie von „biologischen Tatsachen zu sozialen Zuschreibungen" beziehen (Spindler 2007: 79), sind für die Dimension

---

23 Vgl. z. B. in Grundlagenbüchern und Sammelbänden wie Degele 2008, Jagose 2001, Kraß 2003 oder auch in methodisch ausgerichteten Beiträgen wie Browne/Nash 2012a, Klesse 2007.

Alter(n) anschlussfähig zu machen. Wenn wir die Grundgedanken der queer studies ernstnehmen, welche erkenntnistheoretischen Folgen lassen sich daraus für das Alter ableiten?

Das Alter(n) im Sinne einer Identitätskategorie kann man ähnlich der Konstruktion des Begehrens hinterfragen – analytisch jedoch zeigen sich im Vergleich wichtige Unterschiede. Geschlecht wie auch Begehren reproduzieren sich in einem binär strukturierten System von aufeinander bezogenen und scheinbar klar zu unterscheidenden Polaritäten (Männlich – Weiblich; Heterosexuell – Homosexuell). Butler schreibt mit Verweis auf die Travestie (vgl. dies. 2003a:155f), dass es kein Original und keine Kopie von Geschlechtsidentität(en) gibt, denn die Heterosexualität, genauso wie das Männliche oder Weibliche, kann sich nur dadurch konstituieren, dass sie ein Gegenüber hat, von dem sie sich abgrenzen kann – dieses Gegenüber ist die Homosexualität. Ebenso „ist Mann-Sein letztendlich nur identisch mit Nicht-Frau-Sein (und vice versa)" (Villa 2012: 72), aber inhaltlich nicht vollumfänglich bestimmbar (vgl. Kap. 2.1). Ähnlich zeigt sich eine Opposition des Alters: man ist entweder alt oder jung, beides gleichzeitig scheint zunächst nicht möglich. Alte und ältere Menschen kann es nur geben, wenn es auch junge gibt, die man dazu in Bezug setzen kann. Alter ist damit zunächst oppositionell und relational angelegt, ähnlich wie Geschlecht und Begehren. Allerdings – und das scheint mir zunächst der entscheidende Unterschied – finden wir die *Eindeutigkeit* der Abgrenzung von dem, was als jung und alt identifizierbar ist, nicht. Und so wie Heterosexualität als Norm, Homosexualität als Abweichung diskursiv hervorgebracht wird, so findet sich das ‚Richtige' und das ‚Falsche' im Sinne eines ‚Nicht-intelligiblen' in Bezug auf das Alter(n) nicht.

Die Konsequenz der oppositionellen Struktur der Alters-Kategorisierung für Subjektivierungsweisen diskutiere ich zunächst über den Begriff der *Verwerfung*. Der präreflexive Verlust des homosexuellen Anteils im Subjektivationsprozess ist nach Butler eben vorbewusst und letztlich nicht betrauerbar, aber bleibt in Form einer psychisch verhafteten Melancholie gleichzeitig präsent (vgl. Butler 2013, vgl. Kap. 2.1). Dies gelte, so Villa, „für die Geschlechts- ebenso wie für alle anderen Arten der Identität" (dies. 2012: 52). Wenn Älterwerden in irgendeinem Sinne als erfahrbar gilt (und wie ich später aufzeigen werde, ist es das), so zeigt sich in Bezug auf die ‚Umwendung', also die Hereinnahme einer Anrufung als ‚alt' in das Selbstkonzept, dass das Älterwerden durchaus einen wahrnehmbaren Verlust darstellt, nämlich als nicht mehr jung Sein.[24] In dieser Erfahrung zeigt sich die oppositionelle Struktur

---

24 An dieser Stelle zeigt sich, dass das Konzept der Verwerfung an seine Grenzen kommt. Eigentlich sind Verwerfungen sowohl durch Individuen selbst wie auch empirisch nicht mehr nachvollziehbar. Auch im Prozess der Anrufung können Verwerfungen nicht

des Alters, denn so fluide und ungenau die verschiedenartigen Erscheinungsformen und Deutungen des Alter(n)s sein mögen, so beinhalten sie doch genau das nicht (mehr) jung Sein auf jeden Fall. Das Alter(n) kann demnach gekennzeichnet sein von einem deutlich erfahrbaren Verlust, der eine Opposition von Jung und Alt im Selbstverhältnis spürbar werden lässt.

Auch ‚alltagskulturell' zeigt sich sehr wohl eine Binarität von Alt gegen Jung (vgl. van Dyk 2015: 11), die mit einer Wertung im Sinne anerkennbarer und nicht anerkennbarer Subjektpositionen verbunden ist – auch und gerade das Alter(n) kann durchaus als Verlust einer anerkennenswerten Position präsent sein. Die kulturelle Normierung stellt dem Jung oder ‚Jünger'-Sein – ähnlich wie bei der Heterosexualität sowie einer kohärenten, d. h. intelligiblen Geschlechtsdarstellung – die identitäre Anerkennung im Sinne eines Nicht-Alt-Seins deutlicher bereit als dem als alt oder älter identifizierten Subjekt. Das Alter hat zwar durchaus seinen mehr oder weniger legitimen Platz in der Gesellschaftsordnung; aber es ist häufig als „defizitär, als siechend und auf den Tod wartend" (Denninger/Schütze 2015: 512) (auch) so negativ konnotiert, dass die Anrufung nicht ‚spurlos' am betroffenen Subjekt vorübergehen kann. Dabei ist allerdings, wie bereits erwähnt, die Zuordnung von Jung als den hegemonialen Normen entsprechend und von Alt als von Verwerfung bedroht, nicht so eindeutig wie entlang der Gegenüberstellung von Homo- und Heterosexualität. Alt oder älter identifizierte Menschen gelten nicht entlang der diskursiv gesetzten Maßstäbe der Anerkennung als verwerflich, so wie es in Bezug auf Nicht-Heterosexualität von Butler konstatiert wird (vgl. Butler 2009). So zeigt sich in Hinsicht auf Alter nicht das eine per se anerkennenswerte und das andere verworfene Alter. Denn auch dem höheren Alter können positive Attributionen angehängt werden – so etwa Würde, Erfahrung, Weisheit (vgl. Göckenjan 2000; 2007) – sowie dem jüngeren Alter negative wie Unbedarftheit, Unwissenheit, Triebsteuerung. Wie lässt sich diese Binarität und gleichzeitige Unbestimmtheit – im Anschluss an Butler – subjekttheoretisch genauer fassen?

In Abgrenzung zur ontologisierten Stabilität von Geschlecht und Begehren erscheint die *Prozesskategorie* des Alterns hier bemerkenswert: Im Gegensatz zur Selbstbeschreibung als hetero- oder homosexuell, männlich oder weiblich, die sich biographisch stabil bzw. stabilisiert zeigen soll, begleitet das Alter als *Kategorie des Zustands* zwar jeden Menschen ein Leben lang. Sie ändert aber ihren Inhalt – man

---

mehr nachvollzogen werden. Verwerfungen bilden sich also nirgends erfahrbar ab. Sowohl die Möglichkeit, als Abjekt für sich selbst erfahrbar zu sein (vgl. den Schwulen als klassifikatorischen Irrtum in Kapitel 2.1, vgl. hierzu Butler 2003a: 149) wie auch die hier eingeführte These, dass das Älterwerden durchaus als Verwerfung erfahrbar ist, weisen auf diese konzeptuellen Ungenauigkeiten in „Hass spricht" (1998) und „Psyche der Macht" (2013) hin.

hat also nicht lebenslang *ein* Alter, sondern man wechselt durch verschiedene Alter oder – etwas programmatischer – Alters*phasen* hindurch. Alter(n) ist *linear* angelegt, und zugleich in der Polarität von Alt und Jung oppositionell: man *wird* älter und *ist* älter (oder jung, jünger, alt, noch nicht alt). Zwar kann auch Geschlecht im Sinne einer Vergeschlechtlichung einen prozesshaften Charakter haben. Im Sinne eines „doing gender" vergeschlechtlichen sich Menschen permanent und kontextuell unterschiedlich (vgl. West/Zimmerman 1987; Gildemeister 2008a). Auch sind „weiblich" und „männlich" Zuordnungen, die im Lebensverlauf unterschiedlich gedeutet werden: ein Neugeborenes ist zunächst Kind, dann erst vergeschlechtlicht es sich als Junge oder Mädchen, schließlich als Mann oder Frau. Gleiches gilt für Sexualität: Auch wenn Kinder implizit heterosexuell gedacht werden, soll Sexualität erst im Laufe des Erwachsenenwerdens ein wesentlicher Teil ihrer Selbstbezeichnung werden, denn Kinder haben nicht sexuell zu sein: „to be straight, yet not sexual" (Cobb 2005: 120). Trotz dieses immanent uneindeutigen, altersabhängigen (!) Charakters gilt die Geschlechts- wie auch Begehrenszuordnung als stabil; und dies scheint mir ein entscheidender Unterschied zur Kategorisierung Alter(n). In der Linearität des Alter(n)s wird auch deutlich, warum Alter häufig nicht klar abgegrenzt werden können: Wann beginnt das alte Alter, wann hört das junge Alter auf, wie lang ist das „mittlere" Alter? Der Begriff der Linearität vermittelt dabei den Eindruck einer kontinuierlichen Zunahme (oder Abnahme) von etwas. Da es bis auf Lebensjahre keine feste Größe der Zu- oder Abnahme gibt, erscheint mir der Prozesscharakter des Alter(n)s das entscheidendere Merkmal zu sein als der tatsächliche Inhalt des Prozesses.

Heteronormativität → Altersphasennormativität?

Entlang des Begriffs der Heteronormativität kann in Bezug auf Alter(n) gefragt werden, inwiefern normative Konzeptionen von ‚Normalität' und ‚Abweichung' entstehen – also auch Subjekte mit ‚richtigem' und mit ‚weniger gutem' Alter. Das eine intelligible Alter gibt es dabei, wie dargestellt, nicht – vielmehr aber intelligible Subjekte, die sich entlang ihrer (zugeschriebenen) Altersphase verorten lassen. Entsprechend der sozialen Produktion legitimer (und illegitimer) Subjekte durch Heteronormativität bezeichne ich diese Form sozialer Zuordnung als *Altersphasennormativität*. Ich beschreibe damit ein Ordnungssystem, welches für verschiedene Lebensalter Orientierung bietet, aber auch Möglichkeiten der Selbst-Beschreibung begrenzt, indem Regeln dafür bereitgestellt werden, wie Gesellschaftsmitglieder entlang ihres Alters zu handeln haben und in diesem Maße für andere lesbar, also auch anerkennenswert sind oder nicht. Entlang bestimmter Merkmale wird eine vermeintliche Eindeutigkeit der jeweiligen Altersphase hergestellt, die mit bestimmten Anrufungen einhergeht.[25] Dies können äußerliche und körperliche Merkmale sein, die jeweilige zugeordnete Lebensphase (etwa Schulzeit, Ausbildung, Studium, Beruf, Rente) aber auch (soweit bekannt) das kalendarische Alter einer Person. Nehmen wir zur Illustration folgende Begebenheit: Einer am Gehstock in beige gekleideten Person mit Falten und weißem Haar wird mittags um zwölf an der Supermarktkasse vorgeworfen, dass sie „unbedingt jetzt einkaufen gehen muss", wo die „arbeitende Bevölkerung" sich ihr Mittagessen kaufen möchte. Der Person wird damit nicht nur unterstellt, dass sie nicht mehr erwerbstätig ist, sondern auch, dass sie auf die Erwerbstätigen Rücksicht zu nehmen hat. Etwas genereller lässt sich darin die Erwartung erkennen, dass diese Person ‚ihre Zeit' hatte und sich nun nach den anderen zu richten hat (eine Erwartung übrigens, wie sie sich in den strukturfunktionalistischen Alterstheorien – allen voran der Disengagement-Theorie – findet; vgl. Kap. 2.2). Ähnliche Erwartungs- und Zuordnungsmuster finden sich bei Schüler_innen in der Straßenbahn, die ‚viel zu laut sind' oder der 40-Jährigen Frau in Führungsposition, die immer wieder gefragt wird, ob sie eigentlich noch Kinder haben will oder nicht.[26] Die Beispiele machen deutlich, dass Altersphasennormativität deutlich kontextabhängig ist: Die Opposition von Jung und Alt ist relativ und je nach Situation verschiebbar. Einer 30-jährigen Frau mit Baby im Kinderwagen kann der Vorwurf, dass sie gerade mittags einkaufen gehen muss, ebenso begegnen wie der 80-jährigen Frau; einer 30-jährigen im Hosenanzug ohne Begleitung eines Kindes eher seltener. Altersphasennormativität ist damit nicht als eindeutiges, exklusives oder exkludierendes Kategoriensystem zu verstehen; anders als etwa Heteronormativität. Zudem gibt es – wie oben beschrieben – nicht die eine normale und die andere abweichende Altersphase, keine Vorstellung eines „Originals" und einer „Kopie". Wohl aber gibt es Subjekte, die nicht entlang der normierten Erwartungsstrukturen anderer in Bezug auf ihr (zugeschriebenes oder chronologisches) Alter handeln und damit zu ‚Abweichenden' werden. Alter wird

---

25 Ähnlich wie im Konzept des „doing gender" (u. a. West/Zimmerman 1987) wird damit im Sinne eines „doing age" (vgl. Schroeter 2008; 2012) die alte/ältere Person durch „Performanz und Inszenierung" (Schroeter 2012: 160) hergestellt; das Alter(n) wird entworfen „aus der sozialen Vermittlung und ist das Ergebnis sozialer Praxis" (ebd.). Entlang meines Begriffes der Altersphasennormativität möchte ich den Konstruktions- und Interaktionscharakter des Alter(n)s in diesen doing-Ansätzen durch einen subjekttheoretischen Rahmen erweitern. Die Möglichkeit, für sich selbst und für andere intelligibel und damit menschlich anerkennbar zu sein (vgl. zu diesen Begriffen Kap. 2.1) soll über das Moment des doing hinaus mitgedacht werden und den Herrschaftscharakter von Subjektivationen auch im Kontext des Alter(n)s verdeutlichen.

26 Wie bei der Person an der Supermarktkasse – die die Leser_innen vermutlich als ‚Frau' denken – wird auch bei diesem Beispiel deutlich, dass Altersphasennormativität in hohem Maße vergeschlechtlicht ist.

dementsprechend ‚performiert', denn die Anrufung als alte oder ältere Person hat die Inkraftsetzung, die Materialisierung dieses ‚alten' Menschen zur Folge. Ein nicht-altersgemäßes Verhalten oder auch eine Form der Selbst-Beschreibung, die dem Alter nicht entspricht, durchkreuzt die entsprechende Anrufung und verweist dabei wiederum auf das, was ich hier *Altersphasennormativität* nenne. Alternde Personen haben daher in der Auseinandersetzung mit sich selbst mit normativen Setzungen zu kämpfen, die den Spielraum der Selbstgestaltung einschränken (vgl. auch Biggs 2003: 145).[27] Entlang der Regulierungsweisen der Produktion von homosexuellen Subjekten kann auch Alter als solche mühsam immer wieder zu reproduzierende Identitätskategorie gesehen werden, nämlich dann, wenn ein Subjekt als ein altes oder alterndes Subjekt konstituiert wird. Wie kommt es hier dazu, dass auch die Bezeichnung ‚alt' *intelligibel*, „also sinnvoll, verständlich ist" (Villa 2012: 21) und inwiefern ermöglicht und determiniert diese Anrufung Existenzmöglichkeiten? Unmittelbar mit der Anrufung „ältere Dame", „betagter Herr" oder „Seniorin" ist scheinbar klar, welche Eigenschaften dieses alte (und in diesem Moment nur alte!) Subjekt zu einem alten machen – bei genauerer Betrachtung ist aber auch diese Zuordnung relativ diffus – wenn ich jemanden als Senior bezeichne, was weiß ich dann über ihn? Im Rahmen dieser paradox bestimmt-unbestimmten Subjektordnung ist auch die Subjektivation somit zunächst ebenso offen wie determiniert. Welche Konsequenz hat die Subjektordnung ‚alt' für Subjektivierungsweisen? Stefanie Graefe beschreibt in der Untersuchung eines „subjektiven Alter(n)s" (Graefe 2013; vgl. auch Graefe et al. 2011), dass Befragte, unabhängig von ihrem kalendarischen Alter, eine „relative Alterslosigkeit" (Graefe 2013: Abs. 24) zeigen, das heißt, dass das Älterwerden durch verschiedene Strategien aus dem eigenen Selbstkonzept „ausgelagert" (ebd.) werden kann. Dies gilt auch für Befragte, die gemeinhin als durchaus alt oder älter gelten (so etwa für die Altersgruppe 60 bis 80 Jahre, vgl. ebd.: Abs. 20). So wird hier die Unbestimmbarkeit der Kategorie ‚alter Mensch' genauso deutlich wie auch die Diffusität und letztlich inhaltlose Zuordnung als ‚Schwuler' oder als ‚Lesbe' (vgl. Kap. 2.1). „Relative Alterslosigkeit" ist als Reaktion auf die Subjektordnung ‚alt' interpretierbar, da sie die Möglichkeit bietet, der Normierung des Alters zu entgehen, in dem sich Individuen als ‚jung geblieben' beschreiben und darstellen wollen. Gleichzeitig muss auch diese Inszenierung enge Grenzen haben, denn ‚glaubhaft' ist die „relative Alterslosigkeit" für andere

---

27 Gleiches gilt auch für junge und jüngere Subjekte: Ihnen wird Naivität, Unerfahrenheit, Wildheit zugesprochen, sie handeln tollkühn oder triebgesteuert. Gleichzeitig wird der Jugend Schönheit, Dynamik, Unberührtheit, Sauberkeit zugesprochen. Da es hier aber um Alter im Sinne höheren Alters geht, gehe ich auf Subjektpositionen des jugendlichen und mittleren Alters nicht weiter ein.

nur unter bestimmten Bedingungen, solange nämlich eindeutig negative Attribute des Alters nicht sichtbar sind. Dazu gehören vor allem körperliche Dispositionen, die mit dem (höheren) Alter verbunden werden: ‚Tattrigkeit', Einschränkungen des Bewegungsapparates, dementielle Erscheinungen, eingeschränktes Sehen und Hören, Inkontinenz sowie ‚typische' Symbole des Alter(n)s wie der Gehstock, der Rollator, die Bettpfanne u. a. Diese „Aktanten"[28] symbolisieren ‚Hochaltrigkeit' und häufig auch ‚Pflegebedürftigkeit' und machen es unmöglich, sich als jung gebliebenen, aktiven, autonomen Menschen glaubhaft darstellen zu können. Das heißt, auch die Beschreibung als ‚alterslos' folgt grundsätzlich einer Normativität der Altersphasen. Die Auslagerung der Anrufung alt aus dem eigenen Selbstkonzept, wie Graefe et al. sie beschreiben, könnte auch als widerständige Praxis gesehen werden, um sich der pejorativen Subjektdeutung ‚alter Mensch' zu entziehen. Ein subversives Potential im Sinne Butlers sehe ich darin weniger, da nicht die Bedeutung von ‚alt' verschoben, sie also in einem anderen Kontext neu mit Bedeutung beladen wird. Die ‚relative Alterslosigkeit' drückt schließlich genau die zitierende Iteration der wenig anerkennenswerten Position des alt Seins aus, der sich die angerufene Person gerade entziehen will.[29] Die Subjektivierung als ‚relativ alterslos' verweist auf zwei Diskurse, die die Möglichkeit des Selbstentwurfs im Alter determinieren: das Altern als Verfall und als Defizit oder aber der Vollzug eines „erfolgreichen Alterns" (vgl. Sandberg 2013a, zum Konzept des erfolgreichen Alterns vgl. auch Baltes/Baltes 1990; Rowe/Kahn 1997; vgl. Kap. 2.2). Beide beinhalten dabei negative Bezugnahmen auf das Alter(n), denn wo die Akzeptanz des eigenen Alter(n)s als Akzeptanz des eigenen ‚Siechtums' in ein Stadium der ‚Verwerfung' mündet, ist das ‚erfolgreiche' Alter(n) eigentlich der Versuch, den Prozess des Alterns als eine Art Krankheit aufzuhalten bzw. zu behandeln. Beide Diskurse verweisen deutlich auf den *Körper* als wesentliche Oberfläche, auf der das Alter(n) verhandelt und sichtbar wird.

---

28 Aktanten gelten beispielsweise in der Situationsanalyse nach Adele Clarke und in Anlehnung an die Akteur-Netzwerk-Theorie von Bruno Latour (2007) als nicht-menschliche Entitäten, die über eine gewisse „Handlungsmacht verfügen" (Clarke 2012: 102) und Sozialität entscheidend mitgestalten: „Das Nicht-Menschliche und das Menschliche seien ko-konstitutiv" (ebd.: 104).

29 Die zitierte Studie und ihre theoretischen Konsequenzen bleiben dabei implizit heteronormativ – für das vorliegende Projekt ist dementsprechend zu fragen, ob die intersektionale Verschränkung mit Homosexualität einen anderen Blick auf das eigene Alter(n) produziert (vgl. Kap. 5.1).

Alte Körper, alte Menschen

Anders als in Bezug auf die Unbestimmtheit der Alterskategorie generell sind eindeutig alte Körper durchaus *verworfen*: Der alte Mensch kann entsprechend der jeweiligen Altersphasennormativität Anerkennung finden, der alte Körper nicht. So wie Göckenjan das „Alterslob" als Diskurstypen beschreibt, der durchaus legitime Plätze des ‚charakterlichen' alt Seins herausstellt (vgl. Göckenjan 2007)[30], so wird u. a. durch die Biomedikalisierung des Alter(n)s (vgl. Denninger/Schütze 2015; Kondratowitz 2008; Powell 2011) ein deutlich negativer Bezug auf den alternden Körper sichtbar. In diesem Zusammenhang ist für die vorliegende Studie wichtig zu beobachten, inwiefern über den eigenen Körper als einen alten gesprochen wird, welche Wertungen damit verbunden werden und insbesondere, welcher Stellenwert dem Körper als Aspekt der eigenen Alter(n)serfahrung zugesprochen wird. Diesen Aspekt vertiefe ich im Folgenden in Bezug darauf, ob sich grundlegende Diskussionen der queer studies auch auf den (alternden) Körper abbilden lassen. Ist die im Sinne der heterosexuellen Matrix bei Butler aufgezeigte Kohärenz bzw. Kausalität von gender und sex auf das Alter zu übertragen? So wie sich Butler in *Körper von Gewicht* (1997) mit der diskursiven Produktion von materiell-morphologisch ‚realen' Körpern auseinandersetzt, die über die Geschlechtlichkeit von Subjekten in höchstem Maße bestimmen, frage ich danach, inwiefern dieser Zusammenhang auf die Kategorie Alter(n) zu übertragen ist.

Die gerontologische Forschung operiert programmatisch häufig mit einer Trennung des Alter(n)s in ein biologisches, kalendarisches, psychisches und soziales Altern (vgl. van Dyk 2015: 14).[31] Wie diese vier Aspekte ineinander greifen bzw. sich so eindeutig abgrenzen lassen, insbesondere wie sich soziales und biologisches Alter(n) zu einander verhalten, bleibt in der Alternsforschung weitgehend unbeantwortet, bzw. sie enden in der Erkenntnis, dass diese vier Prozesse nicht parallel zueinander fortschreiten müssen (ebd.: 16). Insbesondere der Zusammenhang von biologischem und sozialem Alter(n) bleibt unterbelichtet. Hainz definiert den „biologische[n] Alterungsprozess als nichts anderes als die körperlichen Veränderungen"

---

30 Platon folgend beinhaltet das Alterslob folgende Altersbeschreibung „Die Alten sind (…) erfahren, tugendsam, ehrwürdig, weise, sie sind die idealen Hüter der Gesetze und natürliche Oberhäupter der Staaten" (ebd.: 128). Göckenjan verweist zu Recht darauf, dass auch das Alterslob in gewissem Sinne ‚Verwerfungen' konstituiert, denn Alterslob wird nur bereitgestellt, solange die positiven Attributionen von ‚den' Alten auch dargestellt werden.

31 Diese recht grobe Einteilung lässt sich auf die hohe Interdisziplinarität der Gerontologie zurückführen – in einzelnen Disziplinen sind die Modelle etwas differenzierter. Die Annahme, dass ein biologisches und ein soziales Altern getrennt werden können, ist dennoch verbreitet (vgl. Reimann/Reimann 1994: 4; Schroeter/Künemund 2010: 398).

2.3 Alter(n) queeren

(2015: 33). So „wächst der Mensch heran, durchläuft die Phase der Pubertät bis zur Geschlechtsreife, erreicht (…) den Höhepunkt seiner Leistungsfähigkeit, die nach und nach wieder abnimmt, bis am Ende dieser Entwicklung der Tod steht" (ebd.: 32). Dieser Prozess scheint – wenn auch individuell unterschiedlich schnell und zu verschiedenen chronologischen Zeitpunkten ablaufend – unabänderlich. So wird der Prozess des Alter(n)s – so wie die Unabänderlichkeit der Geschlechtszuordnung – ‚natürlich'. Dieses Verständnis biologischen Alterns hat zur Folge, dass der ‚alte' Mensch auch dadurch ‚alt' ist, dass er einen alten Körper haben muss. Ohne dies weiter zu differenzieren, geht die gerontologische Forschung weitgehend davon aus, dass sich auf diesen nun mal existenten, irgendwie alten Körper, ein soziales Alter(n) draufsattelt – ob Menschen sich und andere als alt oder älter sehen, ist von der ‚Oberfläche' des Körpers mit-ablesbar, wird aber durch ein eigenständiges Verhaltensregelwerk bzw. Ordnungssystem – eben des sozialen Alter(n)s – reguliert. Das biologische Alter(n) bildet den Ausgangspunkt des Alter(n)s und bestimmt die Wahrnehmung des alten Körpers. In diesem Sinne wäre es ein in irgendeiner Form ‚tatsächlich' alternde Körper, der z. B. zum Eintritt in die Rente (als eine Form der sozialen Regulierung des Alters) führt.

Dieser Zusammenhang von urwüchsiger, natürlicher Biologie und veränderbarer Sozialität wird von Butler in Bezug auf Geschlecht hinterfragt: „Tatsächlich wird sich zeigen, dass das Geschlecht (*sex*) definitionsgemäß immer schon Geschlechtsidentität (*gender*) ist" (Butler 1991: 26; Hervorh. i. O.). Auf das Alter(n) übertragen hieße das, dass das Alter(n) des Körpers immer schon Teil des ‚sozialen' Alter(n)s ist. Mit Butler ließe sich damit schlussfolgern, dass sich aus der Wahrnehmung des Alters der alternde Körper ableiten lässt, nicht umgekehrt. So ist es nicht der oben beschriebene alternde Körper, der zum Eintritt in die Rente führt. Vielmehr lässt sich vermuten, dass die Verrentung sozial ‚alte' Körper macht – ein Körper ‚in Rente' muss ein alter Körper sein. Ganz im Sinne des weiter oben eingeführten Begriffs der Altersphasennormativität haben dann Falten, Pigmentflecken, weiße oder graue Haare per se keine Bedeutung – auch für den alternden Menschen nicht. Erst durch ihre diskursive Prägung werden diese Erscheinungen zu Symbolen des Alter(n)s. So erscheint Alter(n) als ‚natürlicher Prozess', und ist zugleich verbunden „with a series of established roles and identities that have to be worked through" (Biggs 2004: 47), denn auch alternde Körper haben sich entsprechend der oben eingeführten *Altersphasennormativität* zu verhalten und werden danach bewertet.

Hier bleibt – wie in Bezug auf diskursiv herstellte Geschlechterdifferenzen – die Frage, inwiefern morphologisch unterscheidbare Körper nur auf diskursive Setzungen zurückgeführt werden können (vgl. Villa 2011: 184). So wie sich Frauen- und Männerkörper anhand bestimmter Maßstäbe identifizieren lassen, so lassen sich auch junge und alte Körper meist problemlos unterscheiden: Hier das volle Haar, der dynamische Gang, die straffe Haut, dort das dünner werdende, graue Haar, die gebeugte Haltung, die Falten. Diese körperlichen Anzeichen werden gemäß Butler über einen performativen Diskurs der Naturalisierung als „angeblich natürliche Sachverhalte" (dies. 1991: 23) stabilisiert. Allerdings bleibt in Bezug auf das Alter(n) dabei ungeklärt, wie die tatsächlich erfahrbare (Ver-)Formung des Körpers während des Lebensverlaufs erklärt werden kann – inwiefern beeinflussen Herzinfarkte, demenzielle Krankheiten und Rheuma „Materie [, die] vollständig erfüllt ist mit abgelagerten Diskursen" (Butler 1997: 55)? Auch in einem weiteren Punkt gerät der Gedanke der Performativität des Alters bzw. des alternden Körpers an seine Grenzen: die Infragestellung aller materiellen Determinationen, die letztlich nur diskursive Grenzen darstellen, funktioniert am Ende des Alterns, nämlich bei Eintritt des Todes nicht mehr (vgl. Biggs 2003: 151f). Butler ist sich dieser ‚Leerstelle' ihrer Ausführungen (in Bezug auf den Geschlechtskörper) bewusst und verneint nicht die grundsätzliche Existenz von Materialität, aber plädiert dafür „sie als Voraussetzung in Frage zu stellen" (Butler 1997: 56). Butler folgend ließe sich für das Alter(n) formulieren, dass Falten, schlechter werdendes Gehör, Impotenz existieren; aber sie stellen für sich genommen keinen irgendwie erfahrbaren Zusammenhang bereit, sie tragen als reine Materie keine Bedeutung. Das ‚biologische' Alter(n) ist demnach nicht einfach ein vom sozialen Alter(n) abgekoppelter Prozess, aber ein alternder Körper ist nicht einfach nur ein diskursives Relikt.

Wie sich später empirisch zeigen wird, werden nicht nur die üblichen Falten als allgemein geteiltes Symbol des Alter(n)s gedeutet, sondern es wird eine Veränderung am Körper wahrgenommen, die spürbar und nicht (nur) sprechbar ist. So wie Villa konstatiert, dass es „etwas geben [muss], das Individuen auf präreflexive, unhinterfragbare und vor allem unmittelbar spürbare Weise mit ihrem Geschlecht verknüpft" (2011: 218), ist auch das Alter(n) abseits performativer Sprechakte körperlich wahrnehmbar. Eine zunehmende Einschränkung des Bewegungsapparates ist nicht nur die Folge eines diskursiven Zugriffs auf Materialität, sondern hat eine eigene Form von Realität für die Deutung des Alter(n)s zur Folge. Diese „subjektiven Empfindungen" (ebd.: 219) können über die Unterscheidung von Leib und Körper theoretisch eingeholt werden. Plessner folgend, ist der Leib von einer „zentrischen Positionalität" (Plessner 1975) gekennzeichnet, die sich im unmittelbaren Spüren von Temperaturunterschieden, Schmerzen, Hungergefühl ausdrückt. In diesen Empfindungen zeigt sich ein „leiblich-affektiver Zustand, der keine Distanzierung ermöglicht" (Villa 2011: 223) und abseits jedes sozialen Zugriffs für das Individuum ‚existiert'.

Der Körper dagegen beschreibt die Ebene des „exzentrischen Umweltbezug[s]" (ebd.) und ermöglicht eine Relation zur Umwelt, über die die Erfahrung etwa von Hunger eingeordnet werden kann: Wenn ich mittags zum Essen gehe und nicht

2.3 Alter(n) queeren

nur Salat, sondern Pizza esse, wird mein Hunger gestillt sein, so wie ich es viele Tage lang schon gemacht habe. Villa beschreibt den Körper damit als „soziales Körper*wissen*", der Leib dagegen „bezeichnet das *subjektive Erleben* dieses Wissens" (ebd., Hervorh. i. O.). In Bezug auf Altern ist damit ein gebeugter Gang als Schmerz im oberen Rücken leiblich erfahrbar, der damit einhergehende verlangsamte Gang als Signum des Alter(n)s dagegen nur über die exzentrische Positionalität. Dieses Beispiel deutet darauf hin, dass eigentlich das Alter(n) selbst nicht leiblich erfahrbar ist, sondern nur bestimmte körperliche Empfindungen, die in der Selbst-Erfahrung erst mit dem Körper-Wissen und in Relation zu Umweltbezügen in einen Kontext zum Altern gesetzt werden. Diese Unterscheidung ist auch für das vorliegende Projekt wesentlich: Schließlich kann es auch ‚leiblich-affektive' Empfindungen geben, die nicht auf das Alter(n) zurückgeführt werden und damit in der Selbstbeschreibung keinen Bezug zu einer Altersthematik aufweisen, auch wenn evtl. andere Individuen dies tun würden. Im Datenmaterial sind also evtl. Beschreibungen körperlichen Erlebens zu finden, die einen subjektiven ‚Eigensinn' entfalten und das Wissen um den eindeutig ‚alten' Körper in Frage stellen und herausfordern. In diesem Rahmen können Menschen auch mit ihren verworfenen alten Körpern leben; denn individuell ist es möglich, körperliche Veränderungen nicht immer in den Kontext eines alten und damit verwerfbaren Körpers zu setzen. Über die exzentrische Positionalität kann der alte Körper von einem (noch nicht so alten) Geist oder einer Persönlichkeit abgekoppelt werden (vgl. auch Kaufman 1986; vgl. Kap. 2.2).

Welchen analytischen Mehrwert hat nun die theoretische Analogie des (diskursiv produzierten) Geschlechts- mit dem ‚Alters'-Körper? Sie macht zunächst deutlich, dass das Altern des Körpers kein (rein) naturwüchsiger Vorgang ist, sondern dass er erst aus der Wahrnehmung und Bewertung desselben performativ hergestellt wird. Im Sprechen über den eigenen Körper können sich Altersbilder als machtvolle Anrufungen manifestieren, auf die die Befragten unterschiedlich reagieren, und die damit in die Selbstdeutung als alt (oder älter, noch nicht alt, nicht alt etc.) mit eingehen. So ist auch der Selbstbezug im Kontext des alternden Körpers interessant: Ist der (alternde) Körper wesentlicher Teil der Selbstbeschreibung?

Die angeführte Körper-Leib-Unterscheidung verweist darauf, dass die Verhandlung des alternden Körpers empirisch variieren kann, d. h. das körperliche Empfindungen nicht nur in Abhängigkeit von (diskursiven) Bedeutungsstrukturen, sondern auch von leiblichen Erfahrungen gedeutet werden. Nicht zuletzt ist relevant, welche Bedeutung der alternde Körper im Kontext von Homosexualität hat. Inwiefern wird der eigene Körper als männlicher, evtl. auch als ‚schwuler' Körper beschrieben und wie ist diese Deutung mit dem Alter(n) verbunden?

In der intersektionalen Betrachtung des Körpers halte ich es für wichtig, seine praxeologische Bedeutung weder zu unter- noch zu überschätzen: Die Körperlichkeit der sozialen Praxis kann nicht einfach als Resultat determinierender sozialer Strukturen und ihrer Ordnungen gesehen werden. Die Praxis der Körperlichkeit leitet sich nicht einfach aus bestimmten vordefinierten Kategorien ab, wie z. B. in meinem Fall Alter(n), Geschlecht und Begehren/Sexualität (vgl. Villa 2013b: 223); der Körper hat damit einen gewissen ‚Eigensinn' (vgl. Villa 2013a) und an und durch ihn spiegeln sich komplexere Praxen der Subjektivierung ab, als sie die vorher definierte Kategorienmatrix suggerieren. Zugleich wird das Alter(n) über weit mehr als den Körper verhandelt: Wie sich empirisch zeigt, sind u. a. strukturelle Altersgrenzen und persönliche Lebensumstände für das Selbstverhältnis zur Kategorisierung als alt oder älter mitbestimmend (vgl. insb. Kap. 5.1).

Der hier vorgenommene Versuch eines ‚queeren' Zugriffs auf die Kategorisierung Alter(n) legt nahe, dass ähnlich wie dem Begehren auch dem Alter(n) eine oppositionelle, relationale Struktur zugrunde liegt. Anders aber als in der heterosexuellen Matrix sind in Bezug auf das Alter(n) keine eindeutig ‚verworfenen' und abweichenden Subjekte zu finden. Über den Begriff der Altersphasennormativität schlage ich eine Perspektive vor, Anrufungen des Alter(n)s in ihrer Vielgestaltigkeit programmatisch fassen zu können. Es zeigt sich, dass Diskurse um Alter(n) auf der einen und um Begehren auf der anderen Seite deutliche ‚Gefahren' der Verwerfung und Nicht-Anerkennung sowie Tendenzen der Ontologisierung beinhalten, die in ihrer Konsequenz empirisch untersucht werden müssen. Nicht zuletzt ist es ein intersektionaler Blick, der das mögliche Zusammenwirken von Altersphasennormativität mit anderen (Nicht-)Anerkennungsstrukturen einfangen muss. Entlang meines Forschungsfokus stellt sich nicht zuletzt die Frage, wie sich der Zusammenhang von Hetero- und Altersphasennormativität subjekt(ivierungs)theoretisch fassen lässt.

Alte schwule (Nicht-)Subjekte

Es bleibt also die Frage, wie nicht nur das nicht-heterosexuelle (vgl. Kap. 2.1) und/oder alte (vgl. Kap. 2.2), sondern auch das nicht-heterosexuelle, alte Subjekt diskursiv erzeugt wird und in einer ‚queeren' Perspektive gedeutet werden kann.

Wie gezeigt, sind Alter(n) und Homosexualität zwei Subjektordnungen, die im Rahmen von Hetero- und Altersphasennormativität als nicht-intelligibel gelten können, aber auf unterschiedliche Weise von Verwerfung bedroht sind. Wenn man alt-schwule Subjekte in ihrer diskursiven Produktion betrachtet, welche Subjektpositionen finden sich in der ‚Intersektion'? Wirken Hetero- und Altersphasennormativität in der Konstitution schwul-alter Subjekte zusammen bzw. *wie* tun sie dies?

Die Genealogie der Sexualität von Foucault weiterführend (vgl. Foucault 1983), kann die Sexualität älterer schwuler Männer als doppelt einer ‚rationalisierten Seelenführung' entgegenstehend gesehen werden. So gilt zum einen der *schwule*

2.3 Alter(n) queeren

Sex als ‚pervers', zumindest aber als nicht-normal. Zudem sind *alte/ältere* Leute, die Sex haben, ‚pervers', denn ihr Sex gilt als nicht mehr fortpflanzungsdienlich. Die Absonderlichkeit einer Sexualität älterer Menschen wird auch über die Vorstellung produziert, dass ältere Menschen einen nicht-mehr funktionierenden Körper haben, einen Körper, der gar nicht mehr in der Lage ist, Geschlechtsverkehr zu haben. Diskursiv werden ältere Leute daher häufig asexualisiert: „Older people are often represented as being sexually inactive, dysfunctional or not having a sexual identity at all" (King 2016: 7). Die Sexualität älterer Menschen bleibt damit häufig unsichtbar, und tritt sie doch zu Tage – etwa in Filmen wie „Wolke 9", „Liebe", „Wie beim ersten Mal" oder „Paradies: Liebe" – wird sie mit Überraschung wahrgenommen.[32] Wenn der „Stern" einen Artikel überschreibt mit „Sex im Alter ist schon lange kein Tabu mehr"[33], verweist dies genau darauf, dass Sex im Alter ein Tabu ist. Des Weiteren gilt für ältere Leute das, was Kathryn Bond Stockton für den kulturell dominierenden Umgang mit *Kindern* beschreibt: „a tendency to treat all children straight while we culturally consider them as asexual" (2004: 283; hier zitiert aus Cobb 2005: 120). Dementsprechend gilt: Zum Beginn und zu Ende des Lebens haben Menschen hetero zu sein, aber nicht sexuell. Dies gilt auch und gerade für ältere *schwule* Männer, deren Sexualität biographisch häufig schon verunsichtbart wurde. Wenn es Sex mit und zwischen älteren Menschen nicht geben soll, dann ist der Sex älterer schwuler Menschen erst recht pervers, wenn nicht gar monströs. Das Monströse kann definiert werden als „eine *entstellende visuelle Abweichung* vom Gewohnten oder Erwarteten, welche von der Umwelt als *das zu Vermeidende* bewertet wird" (Villa/Zimmermann 2008: 174; Hervorh. i. O.). In diesem Sinne können ältere Männer, die nun ihr nicht-heterosexuelles Begehren benennen, zu ‚Monstern' werden: Denn ihre Körper sehen nicht (mehr) aus, wie sexuell aktive Körper auszusehen haben und funktionieren unter Umständen auch nicht mehr dementsprechend; ihre sexuelle Praxis ist biopolitisch unnütz. Diese Position ist äußerst paradox, da zugleich nicht-heterosexuelle Subjekte insbesondere über ihre Sexualität definiert werden. Wenn diese Subjekte aber älter werden, verliert das, wofür sie diskursiv primär angerufen werden, seine Existenzberechtigung, denn ältere Leute haben kein Begehren (zu haben). Entlang von Hetero- *und* Altersphasennormativität kann davon ausgegangen werden, dass über das Begehren älterer

---

32 An dieser diskursiven Position der ‚Unaussprechlichkeit' der Sexualität älterer Menschen untereinander, aber auch mit Jüngeren ändern auch Motive wie die antike Knabenliebe, Pornographien mit als alt ausgewiesenen Menschen oder Sugar-Daddy-Konstellationen nichts. Ihre Verhandlung als Perversion oder historische Episode verweist darauf, dass sie im Mainstream als Ausnahmen wahrgenommen werden.

33 http://www.stern.de/gesundheit/sexualitaet/sex-alter/sex-im-alter-zeit-fuer-zaertlichkeit-3810784.html (zuletzt geprüft am 12.10.2017).

Männer, die mit Männern Sex haben, dementsprechend nicht oder selten gesprochen wird. Und tun sie es selbst, thematisieren sie sich selbst als ‚Super-Perverse': „Ans Licht gebracht werden unsittliche Moral ebenso wie perverse Körper- und Sexualempfindungen oder ungesunde Lebensweise" (Bublitz 2010a: 63). Mehr noch, und das ist hier vielleicht der entscheidende Punkt, ist das Alter selbst unangemessen und eine „ungesunde Lebensweise". In Zeiten der Aktivierung des Alters und der zunehmenden Verbreitung von Anti-Aging-Methoden (Spindler 2007), gilt das Altern selbst als vermeidbare Krankheit (vgl. Denninger/Schütze 2015).

Zugleich gibt es keinen hegemonialen Diskurs des schwulen Alter(n)s, also bestimmte Vorstellungen, die allgemein anerkannt sind und intelligible ‚schwul-alte' Subjekte markieren. Alte Subjekte sind eben alt, schwule Subjekte sind schwul: wo Altersbilder und Altersphasennormativität das Alter(n) formen, bedingt die Zwangsheterosexualität das Sprechen über Schwule – aber alte Schwule?

Die These der „doppelten Stigmatisierung", die sich in der Forschung zu älteren schwulen Männern findet und die ich in 2.5 näher ausführen werde, ist für diese Frage anschlussfähig, wenn man sie folgendermaßen wendet: Wenn ältere schwule Männer mal entlang ihres Alters, mal entlang ihrer Sexualität stigmatisiert werden, so verweist dies im Umkehrschluss darauf, dass es die Stigmatisierung des älteren *und* schwulen Mannes so nicht gibt; also eine damit verbundene (wenn auch verworfene) Subjektposition des alten Schwulen nicht vorausgesetzt werden kann. Verhandlungen eines schwul-alten Subjekts sind, wenn überhaupt, nur in ‚subkulturellen' Diskursen zu finden.[34] So schreiben etwa Slevin und Linnemann (2010), dass insgesamt eine Unsichtbarkeit älterer schwuler Männer besteht, „not only in society in general but also within gay communities themselves" (dies.: 483). Darum stelle ich die These auf, dass es ein (intelligibles) Subjekt des Schwulen Alten so nicht gibt[35] – ‚der' schwule alte Mann also als *Nicht-Subjekt* firmiert (vgl. auch

---

34 Und auch nur im Rahmen einer Institutionalisierung der Forschung zu älteren LGBTs, die sich zum einen immer als den Bedürfnissen der älteren LGBTs zugewendet, aus der „Szene" selbst kommend und äußerst anwendungsorientiert erzählt (vgl. als Überblick Lottmann et al. 2016a und die Ausführungen in 2.5).

35 Bzw. die Frage könnte auch so formuliert werden: wie kommt es zur Verwerfung des schwul-alten Subjekts? Die Frage nach der Subjektkonstitution kann nie in der Antwort enden, dass es ein solches Subjekt ‚tatsächlich' nicht gibt, denn die Suche nach den Verwerfungsstrategien bedeutet schon, dass es etwas sprachlich wahrnehmbares geben muss (nämlich für mich als Suchende), welches aber im Diskurs ‚versteckt' ist, insofern es „ein Gebiet der Undenkbarkeit und Unaussprechlichkeit" (Butler 2003a: 154, s. o.) darstellt. Wenn die Aussagen der Befragten als Gegenposition zu hegemonialen Diskursen gesehen werden können, befinden sie sich doch niemals außerhalb des Diskurses (vgl. Butlers Begriff der „Zwangsdiskursivität" (dies. 1998: 194); vgl. auch Kap. 2.1).

2.3 Alter(n) queeren

Schütze 2016b). Diese (Nicht-)Subjektposition ist im Anschluss an Butler denkbar, die in Bezug auf ‚die' Lesbe formuliert:

> „Wir müssen also anerkennen, dass Unterdrückung nicht nur durch offene Verbotsakte funktioniert, sondern auch verdeckt durch die Konstituierung brauchbarer Subjekte und durch die daraus folgende Konstituierung eines Gebiets unbrauchbarer (Un)Subjekte – Abjekte könnten wir sie nennen –, die innerhalb der Ökonomie des Gesetzes weder beim Namen genannt noch verboten werden. Hier funktioniert Unterdrückung durch die Produktion eines Gebiets der Undenkbarkeit und der Unaussprechlichkeit." (Butler 2003a: 154)

Ältere schwule Männer bewegen sich dementsprechend weniger im Bereich des Sagbaren, als im Bereich der „Unaussprechlichkeit". Stellt man sich den alternden Schwulen als diskursiv erzeugtes Subjekt vor, so kann man weniger von einer (deutlich abgewerteten) Position des ‚Super-Perversen' oder ‚Monsters', als vielmehr von einem Nicht-Subjekt oder „Abjekt" ausgehen. Im Anschluss an Julia Kristeva (1982) sind Abjekte weder Subjekt noch Objekt, sondern Dinge des Ekels und der Scham, „vom Körper Ausgeschiedenes" (Torrado 2014: 8).

Die Situation des Abjekts lässt auf das (Nicht-)Subjekt des älteren schwulen Mannes insofern übertragen, als dieses aufgrund seines Alters und seiner Sexualität als Abjekt firmieren muss, um hegemoniale Deutungen aufrecht zu erhalten. Sowohl über das System der Zwangsheterosexualität wie auch der Nicht-Sexualität des Alter(n)s und dem grundsätzlichen Bestreben, nicht als alt zu gelten, muss das schwul-alte Subjekt gewissermaßen ‚ausgeschieden' werden. Die Unaussprechlichkeit muss darin immer wieder wiederholt werden, denn zugleich erinnert das Abjekt das ausscheidende Subjekt an die Abjektion; das Abjekt ist nicht einfach weg und lässt das Subjekt ‚in Ruhe':

> "Abjection is above all ambiguity. Because, while releasing a hold, it does not radically cut off the subject from what threatens it – on the contrary, abjection acknowledges it to be in perpetual danger." (ebd.: 9)

Im Rückgriff auf Butlers Begriff der Verwerfung kann das schwul-alte Nicht-Subjekt insofern als verworfenes gesehen werden, als seine Abjektion nötig ist, um den Subjektstatus des Ausscheidenden permanent erhalten zu können. Und dieser Subjektstatus produziert sich entlang der Normen, wie wann und von wem welcher Sex zu sein hat. Egal, ob als Abjekt oder Nicht-Subjekt bezeichnet, geht es um das Verständnis dieser Position unter der Bedingung von „Fragilität und Unbestimmtheit" als „Kehrseite des Subjekts" (Pabst 2004: 137). Nehmen wir die These des Abjekts/Nicht-Subjekts in Bezug auf ältere schwule Männer ernst, stellt sich für die vorliegende Studie die Frage, ob und in welcher Form der Abjekt-Status von Menschen erfahren wird, die sich selbst als schwul und älter verstehen. Dazu gehört auch die Frage, ob sich dieser über die Verworfenheit von Alter(n) und/oder Homosexualität oder über die Verworfenheit der *Verbindung* von Alter(n) und Homosexualität abbildet. Wie also erfahren ältere schwule Männer Hetero- und Altersphasennormativität bzw. tun sie dies überhaupt?

In der Analyse diskursiver Spuren und in Aussagen älterer schwuler Männer selbst ist demnach danach zu suchen, ob und inwiefern eine Subjektposition des älteren schwulen Mannes aufscheint, auf welche Anrufungen und Wertungen sie sich bezieht oder ob sie als Unsichtbarkeit erfahren wird. Welche Widerspenstigkeiten zeigen sich gegen sozial produzierte Identitätskategorien des Alters und des Begehrens und möglicherweise weiterer? Welche Techniken der Umwendung zeigen sich, mit einem möglichen Verlust an Intelligibilität umzugehen?

So muss der empirische Blick offen gehalten werden für die Schnittmengen, Überschneidungen, vieldimensionalen Erklärungsmuster, die Subjektivierungen im Rahmen mehrfacher Anrufungen und an der Schnittstelle mehrerer Subjektordnungen produzieren.

2.4 Der Zusammenhang von Anerkennung – Gemeinschaft – Autonomie als Grundstruktur der Analyse

Um die eben gestellten Fragen mit einer Präzisierung der dargestellten theoretischen Begriffe zu verbinden, wird im Folgenden das dargestellt, was in der Grounded Theory gemeinhin als „Schlüssel-" oder „Kernkategorie" beschrieben wird (vgl. Kap. 3.2). Die hier vorgestellte Kernkategorie ist als empirisches Ergebnis verwoben mit den konzeptuellen Überlegungen der vorangegangen Kapitel. Im Sinne des iterativ-zyklischen Forschungsablaufs der Grounded Theory bedingt die herausgearbeitete Schlüsselkategorie den theoretischen Horizont – im Sinne einer seriell zu lesenden Verschriftlichung steht sie an dieser Stelle und bildet sich als Zuspitzung der bisherigen Konzeptualisierungen im Hinblick auf die empirischen Ergebnisse ab. Die Kernkategorie wird als Erklärungszusammenhang für die wesentlichen Ergebnisse der Analyse betrachtet. In diesen beeinflussen die Subjektordnungen Alter(n) und Begehren in verschiedener Weise ein komplexes Zusammenspiel von *Anerkennung – Gemeinschaft – Autonomie*. Der Zusammenhang dieser drei Elemente bildet den übergeordneten Rahmen der Analyse der Selbstbeschreibungen ab.

2.4 Der Zusammenhang von Anerkennung – Gemeinschaft – Autonomie

Anerkennung

Anerkennung ist ein „Ort der Macht" (Butler 2009: 11), an dem bestimmten Individuen Menschlichkeit abgesprochen werden kann. Die Möglichkeit des Selbstbezugs ist, wie im Rahmen des Subjektivierungsbegriffs erläutert, radikal abhängig von der machtvollen Anerkennung des Menschlichen und Nicht-Menschlichen. Dies ist insofern für das vorliegende Projekt anschlussfähig, als im Rahmen einer diskursiv erzeugten „Zwangsheterosexualität" (Butler 1991: 40; vgl. Kap. 2.1) nicht-heterosexuelle Menschen nach besonderen Formen der Anerkennung suchen müssen bzw. mit der Verweigerung desselben konfrontiert werden. Gleichzeitig ist es das Alter(n), welches, für sich genommen sowie in Verbindung mit Nicht-Heterosexualität weitere legitime Plätze der Existenzfähigkeit verweigern oder eventuell auch bereitstellen kann (vgl. Kap. 2.2; 2.3). So sind ältere schwule Männer nicht per se besonders auf der Suche nach Anerkennung, aber die soziale Ordnung von Anerkennungsmustern stellt ihren Subjektivierungsweisen besonders wenig oder keine Anerkennung bereit.

Anerkennung ist mit Gemeinschaft verbunden: Anerkennung wird insbesondere im Rahmen bestimmter sozialer Gruppierungen hergestellt oder versagt; die Befragten formulieren dabei mehr oder weniger konkrete Gegenüber, die sie in ihren Selbstbeschreibungen stützen oder Anerkennung auch absprechen.

Gemeinschaft

Gemeinschaften stellen in der vorliegenden Studie dasjenige Gegenüber dar, das nicht nur Partizipation und Emanzipation ermöglicht oder verhindert, sondern Selbstbildungen überhaupt bedingt.[36] Der hier verwendete Begriff bezieht Gemeinschaften ein, die so etwas wie ein Wir-Gefühl produzieren, und denen man trotzdem aus bestimmtem (rationalem) Kalkül beitreten kann, wie auch solche, zu denen man keine persönliche Beziehung hat, aber trotzdem als mehr oder weniger

---

36 Der Begriff der Gemeinschaft hat eine lange soziologische Tradition. So formuliert z. B. Ferdinand Tönnies 1887 Gemeinschaft in Dialektik zur Gesellschaft. Gemeinschaft wird als „Instanz der Wärme und Geborgenheit" (Gertenbach 2014: 131) gesehen, wohingegen die Anbindung an Gesellschaft eher auf Eigennutz beruht (vgl. Tönnies 2010; Tönnies/Lichtblau 2012). Max Weber hebt einen prozessorientierten Zugang hervor, indem er, der Differenzierung von Tönnies ähnlich, von Vergesellschaftungen und Vergemeinschaftungen spricht. Darin sieht er Vergemeinschaftung als „subjektiv gefühlte […] (affektuelle […] oder traditionale […]) Zusammengehörigkeit" und Vergesellschaftung als „rational (wert- oder zweckrational) motivierten Interessenausgleich" (Weber 1972: 21; Hervorh. i. O.).

begrenzte Gruppe Eigenschaften zuschreibt und sich von ihr abhängig sieht.[37] Zur ersteren Gemeinschaft kann z. B. eine Freizeitgruppe für und von älteren schwulen Männern gerechnet werden, die sich regelmäßig am selben Ort trifft und ein relativ fest umrissenes inhaltliches Programm hat. Man kann annehmen, dass alle Beteiligten dieser Gruppe sich als schwul und älter beschreiben würden – trotzdem muss diese Gruppe nicht mit einem „Wir-Gefühl" oder einer emotionalen Verpflichtung verbunden sein. Zugleich wird in den Interviews ein größerer Rahmen von Gemeinschaft deutlich, der auch als die Gesellschaft als Ganzes gesehen werden kann. Diese Gesellschaft als Ganzes fungiert insofern als relevante Gemeinschaft, als die Befragten sich in ihren Selbstkonzepten unmittelbar abhängig davon sehen und sich immer wieder auf ‚die' Gesellschaft als (imaginiertes) kollektives Ganzes beziehen. Kennzeichnend für den analytischen Begriff der Gemeinschaft ist also, dass in ihr bestimmte Normen bereitgestellt werden, die für die Subjektivierungen der hier Befragten wesentlich sind und die aus- oder eingrenzend wirken können. Die Machteffekte von Diskursen (nämlich festzulegen, was ‚normal', ‚üblich', ‚gut' und auch ‚unnormal' ist) sind meist nicht mehr nachvollziehbar. Das, was den Befragten also als Machteffekt entgegentritt, ist eine allgemein geteilte Deutung von Anerkennbarkeit durch ‚die' Gesellschaft. Auch Gemeinschaften aus dem ‚Nahbereich', bestehend aus konkreten Personen, sind für die Selbstbeschreibungen relevant, insofern sie bestimmte Anrufungen produzieren, zu denen sich die Befragten in ihren Subjektivierungsweisen verhalten müssen. Die Gemeinschaft ist also in der empirischen Analyse derjenige Ausschnitt des Sozialen, aus dem die Befragten sich auf eine bestimmte Weise angerufen sehen bzw. die sie selbst über bestimmte Kategorisierungen ein- und abgrenzen.Teilweise unterscheiden die Befragten die für sie relevanten Gemeinschaften in den „Heterobereich" (Interview 5, Absatz 44) und den entsprechenden „Homobereich" oder in verschiedene „Welten" (z. B. Interview 5, Absatz 31 und 56, vgl. dazu auch Kap. 6.3), also in ‚subkulturelle' Gemeinschaften oder ‚Communities' und in die Hetero-Gesellschaft im Sinne einer ‚Mehrheitsgesellschaft'. Gemeinschaften können sich auch entlang von Subjektordnungen strukturieren lassen: Dort die Gemeinschaft der ‚schwulen' Subjekte; dort der ‚alten' Subjekte (sowie in Unterordnungen davon, z. B. die Gemeinschaft der schwul-älteren Subjekte). In den jeweiligen Gemeinschaften gestalten sich die Subjektpositionen mitunter anders, aber beide sind für die Befragten von wesentlicher Bedeutung. Denn beide verweisen auf die grundsätzliche Bedeutung von Anerkennung innerhalb von Gemeinschaften: sowohl ‚die' Szene wie auch ‚die' Gesellschaft werden als Orte erzählt, an welchen Anerkennung verhandelt wird,

---

37 Der hier verwendete Begriff von Gemeinschaft schließt die von Tönnies als Gegensatz formulierte Gesellschaft (vgl. Tönnies 2010) nicht aus, sondern ein.

2.4 Der Zusammenhang von Anerkennung – Gemeinschaft – Autonomie

und zwar über die Bereitstellung oder Vorenthaltung verschiedener Subjektpositionen, auf die sich die Befragten beziehen können (und müssen). Auf der Suche nach Anerkennung im Rahmen von Gemeinschaften werden sowohl Momente der Anpassung an dort virulente Subjektpositionen deutlich wie auch Handlungsfähigkeiten, die den dort mit Anerkennung verbundenen Anrufungen entgegenstehen. In der Auseinandersetzung um Anerkennung in und gegen Gemeinschaften wird das Moment der Autonomie als weiterer wesentlicher Orientierungspunkt der Selbstbeschreibung deutlich.

Autonomie

Autonomie ist zunächst ein (sozial-)wissenschaftlich schwieriger, da stark normativ aufgeladener Begriff – genau in dieser Aufgeladenheit entspricht er aber am ehesten den Aussagen der Befragten. Für die Befragten stellt Autonomie einen wesentlichen Aspekt der Selbstbeschreibung dar – als die Wahrnehmung, sich unabhängig von Deutungen anderer bestimmen und erleben zu können. Mit diesem Konzept ist auch ein Begriff von Identität verbunden, der die Möglichkeit der Selbst-Fassung als autonomes, individuelles, zeitlich überdauerndes Moment beschreibt. Tatsächlich sind dies zwei Aspekte, die in dem hier genutzten Theoriehintergrund gerade hinterfragt und kritisiert werden, aber sie sind empirisch relevant und erklären, inwiefern Autonomie als Erklärungshintergrund der empirischen Analyse zustande kommt.

Momente der Postsouveränität gestalten sich für die Befragten als Erfahrung tatsächlicher Autonomie. Sie werden dabei mitunter in konkreter, bewusster Auseinandersetzung mit diskursiven Anrufungen (vgl. insb. Kap. 4.1), teilweise auch über ein diffuses Gefühl der „Nicht-Lebbarkeit" erfahren und erreicht (vgl. insb. Kap. 5.1). Der Begriff verweist damit zum einen auf die existenzielle Abhängigkeit von Anerkennungsstrukturen in bestimmten Gemeinschaften, die zum anderen den Wunsch nach Autonomie erst verstehbar werden lässt.

Anerkennung, Gemeinschaft, Autonomie in Bezug auf Alter(n) und Begehren

Wie ich in der Analyse zeigen werde, bewegen sich die Bezüge zu Alter(n) und Begehren im Rahmen der drei dargestellten Begriffe. So suchen die Befragten in ihren Selbstdeutungen nach Anerkennung durch Andere[38], und dies vor dem Hintergrund einer immer möglichen Nicht-Anerkennung durch die Abwertung als schwuler und/oder älterer Mann. Anerkennung suchen schwule ältere Männer dabei insbesondere im Rahmen bestimmter Gemeinschaften, und zwar über verschiedene

---

38 Und auch durch mich als Interviewerin; vgl. Kap. 3.3.

Subjektivierungen entlang diverser Subjektpositionen, die in gemeinschaftlichen Kontexten bereitgestellt werden und die sich auch an den Kategorisierungen Alter(n) und Begehren orientieren. Schließlich erschöpft sich die Suche nach Anerkennung nicht in einer völligen Anpassung an die Vorstellungen verschiedener Gemeinschaften, sondern schwule ältere Männer entwerfen sich auch als widerständige und eigensinnige Subjekte. So werden je nach Kontext unterschiedliche Aspekte von Autonomie über die Lebensgestaltung und das eigene Selbstkonzept sichtbar. Dabei bieten manche Formen von Gemeinschaft auch Autonomie, andere verhindern Autonomie.

Alle Selbstbeschreibungen bewegen sich im Rahmen des Zusammenhangs von *Autonomie – Gemeinschaft – Anerkennung*. Allerdings werden – je nach Kontext, nach Thema und je nach Interviewpartner – unterschiedliche Schwerpunkte innerhalb dieser Trias aufgemacht, die aber immer wieder einen Zusammenhang zu den anderen zwei Elementen herstellen. In diesen jeweiligen Schwerpunkten und thematischen Kontexten wird somit deutlich, wie divergent sich ältere schwule Männer in Deutschland selbst beschreiben können (und wie auch nicht).

In den Ergebniskapiteln 4, 5 und 6 wird daher dieser Zusammenhang als übergeordnete analytische Hilfe immer zum Ende der jeweiligen Thematik hin eingeführt. Die analytische Tragfähigkeit dieser „Kernkategorie" auch in Zusammenhang mit der subjekttheoretischen Rahmung wird in Kapitel 7 und 8 nochmals aufgegriffen.

2.5 Queeres Alter(n) – Forschungen zu ‚gay aging' und konzeptuelle Konsequenzen

In diesem letzten Unterkapitel der konzeptuellen Rahmung meiner Studie werde ich den Forschungsstand zum Zusammenhang Alter(n) und Begehren kursorisch darstellen und vor dem Hintergrund meiner theoretischen Rahmung analysieren. Dabei geht es vor allem darum, den Mehrwert einer intersektionalen und subjekt(i)vierungs)theoretischen Perspektive auf diesen Zusammenhang auszuarbeiten. Die Auswahl der hier rezipierten Untersuchungen erfolgt entlang des Kriteriums, dass im weitesten Sinne Erfahrungen und Deutungen älterer nicht-heterosexueller Menschen Gegenstand der Forschung waren.

In der Forschungslandschaft zeigen sich Schwerpunkte in der eher anwendungsbezogenen Public-Health- und Pflegeforschung sowie ein starker empirischer Fokus. Dort werden Begriffe wie ‚sexuelle Identität' und ‚sexuelle Orientierung' genutzt, aber zu wenig konzeptuell ausbuchstabiert. So wie im Kontext der Forschung zu Altersidentitäten (vgl. Kap. 2.2), zeigen sich auch in der Forschung zur Verbindung von ‚alt/älter' und ‚homosexuell' häufig stark essentialisierende Identitätskonzepte. Der Forschungsstand zu Alter(n) und (männlicher) Homosexualität, bzw. etwas weiter gefasst, zu LGBT und Alter(n) ist dabei keineswegs gering, wie etwa Lottmann/Lautmann (2015) beklagen. Er stellt sich dagegen thematisch und methodisch vielfältig dar.

Ältere LGBTs in der Public-Health Forschung

Eine stark anwendungsorientierte Public Health-Perspektive auf den Zusammenhang von Alter(n), Geschlecht und Sexualität zeigt sich deutlich in Untersuchungen aus den USA und Großbritannien. Darin geht es um den Zugang von LGBT-Personen zu Gesundheitseinrichtungen, zur Pflegeversorgung und zu Potentialen eines auf deren ‚Zielgruppen' zugeschnittenen Wohnens, Arbeitens und Lebens im Alter (zu schwulen und bisexuellen Männern vgl. Grossman 2008; Wolitski et al. 2008; zu LGB bzw. LGBT vgl. Addis et al. 2009; Boxer 1997; Duffy/Healy 2014; Fenge/Hicks 2011; Franks 2004; de Vries 2006 u. v. m.). Alter wird in diesen Studien häufig als Stadium der Pflegebedürftigkeit verhandelt (vgl. neben den oben genannten u. a. Almack et al. 2010; Boggs et al. 2014; Brown 2009). Dies ist m. E. darauf zurückzuführen, dass ältere LGBTs eher dann als Gruppe interessant werden, wenn sie in eine wohlfahrtsstaatliche Infrastruktur integriert werden (müssen) und eine Herausforderung für die *policy* in den entsprechenden Organisationen und für wohlfahrtsstaatliche Politiken darstellen. Ausgangspunkt ist hier meist, dass die konventionelle Gesundheits-, Alters-, und Pflegeversorgung zu wenig bzw. gar nicht auf LGBT-Personen und deren Bedürfnisse zugeschnitten ist.[39] Häufig wird in diesem Fokus auch das Ungleichheitspotential gesundheitlicher Beeinträchtigungen für LGBT-Personen thematisiert: So belegt eine Literaturrecherche an der Uni Cardiff (Addis et al.: 2009), dass „sexuelle Orientierung"[40] eines der größten Risiken für Ungleichheit und Diskriminierung am Ende des Lebens ist (vgl. auch Almack et al. 2010: 910). Dies wird auf häufig fehlende familiäre Netzwerke und Diskriminierungen auf dem Arbeitsmarkt zurückgeführt, die eine pflegerische Versorgung durch Angehörige genauso erschweren wie die Finanzierung eines stationären Pflegeplatzes (vgl. ebd.).

---

39 Auf den Aspekt der Pflege werde ich spezifischer in Kapitel 5.4 eingehen, in dem die Ergebnisse meiner Studie im Kontext von Pflege und Pflegebedürftigkeit dargestellt werden.

40 Der Text Addis et al. 2009 beispielsweise spricht weitestgehend von „LGBT People" oder „LGBT"s, an einigen Stellen wird in Bezug auf lesbische und schwule Ältere von „sexual orientation" gesprochen, sowie von „transgender identity", (vgl. ebd.: 655) und „sexual identity" (ebd.: 651). Der Begriff „LGBT People" impliziert zwar nicht die Idee sexueller Identitäten, ist aber auch relativ ungenau.

Auch wenn sich in den Studien etwas undifferenzierte Begriffe wie sexuelle Orientierung und die Verwendung eines generalisierten LGBT-Subjekts finden, ist damit der Zusammenhang von ‚Altersthemen' im weitesten Sinne und Nicht-Hetero- bzw. Cissexualität zumindest in der englischsprachigen altersbezogenen Public-Health-Forschung relativ sichtbar.

In Deutschland ist ein solcher Fokus in der Versorgungsforschung noch rudimentär: Ausnahmen bilden Projekte in der Anwendungsforschung wie etwa das 2015 abgeschlossene Forschungsprojekt „GLESA" („Gleichgeschlechtliche Lebensweisen und Selbstbestimmung im Alter"; vgl. dazu Lottmann et al. 2016a; zur Wohnsituation von älteren Schwulen und Lesben im Alter vgl. auch Lottmann 2016; Pulver 2015; Schröder/Scheffler 2015). Darin wird die Lebenssituation älterer Schwuler und Lesben „im Bereich der Altenhilfe und Sozialen Arbeit zum Gegenstand gemacht" (Lottmann et al. 2016b: 7) und insbesondere über das Feld der (stationären und ambulanten) Pflege thematisiert. Das Projekt verortet sich dabei im „Themenfeld ‚Altern und Diversität' mit dem Fokus auf sexuelle und geschlechtliche *Identitäten*" (ebd.: 8; Hervorh. L.S.). Auch gibt es vermehrt Ansätze und Institutionen aus der Praxis (vgl. Münchenstift GmbH, rosa Alter in München, Netzwerk ALTERnativen in Köln, Lebensort Vielfalt in Berlin), die das Thema LGBT und Pflege (meist mit Fokus auf Homosexualität) institutionell stärken wollen und Beratungen anbieten. Auch diese Einrichtungen sprechen häufig von Identitäten[41], ohne ihr Begriffsverständnis deutlich zu machen.

In der Forschung zur pflegerischen und gesundheitlichen Versorgung von nicht-heterosexuellen Menschen findet sich also immer wieder ein identitär geprägtes Konzept von Homosexualität. Wie Andrew King und Ann Cronin schreiben, ist dies in der Breite der Sexualitätenforschung nicht nur in Bezug auf Alter(n)sthemen der Fall: „a problem that stems from the conceptual significance afforded sexual identity as the key determining factor of lesbian and gay experience" (dies. 2012: 87).

Diese Studien zeigen aber auch, dass die Thematik eines nicht-heterosexuellen Alter(n)s durchaus wissenschaftlich bearbeitet wird. Auch wenn Alter(n) und Homosexualität weniger als Identitätskategorien hinterfragt werden, bildet sich damit eine erhöhte Sensibilität für nicht-heterosexuelle Formen des Alter(n)s ab, die in Institutionen aus der Praxis und auch in politischen Debatten (vgl. z. B. BMFSFJ 2016; vgl. auch Kap. 4.3) in Deutschland vermehrt aufscheint.

---

41 Vgl. z. B.: http://www.alternativen-koeln.de/HOME.323.0.html: „Die wahre Identität bleibt oft ‚im Schrank'" (zuletzt geprüft am 02.03.17).

Zum Fokus auf Alter(n) in der Forschung zu ‚gay aging'

Neben diesem starken Fokus auf die Public-Health- und Versorgungsforschung wird die Frage nach dem genuinen Verständnis und der subjektiven Deutung der Kategorie *Alter(n)* und ihrer Bedeutung für die Selbstbeschreibung aus Sicht älterer schwuler Männer, wie auch von LGBT-Personen überhaupt, in deutlich geringerem Umfang beleuchtet. Die Frage also, wie ältere schwule Männer das Älterwerden erleben und sich damit auseinandersetzen, wird insgesamt weniger bearbeitet als die der infrastrukturellen und finanziellen Bedingungen der gesundheitlichen und pflegerischen Versorgung älterer schwuler Männer. Eine Ausnahme stellt die 1982 in den USA publizierte qualitative Studie von Raymond Berger „Gay and Gray. The older homosexual man" dar. Hier wird bereits die Heteronormativität der Alterskategorie kritisiert (vgl. Kap. 2.2), die auch in Altenhilfeeinrichtungen deutlich sei: „However, the presumption that all elderly persons are heterosexual leaves these agencies unprepared to deal with the *unique situation* of the older homosexual" (Berger 1982: 14; Hervorh. L.S.). Die politische Relevanz von Bergers Studie zu Beginn der 1980er Jahre ist bemerkenswert, zugleich ist die Annahme einer „unique situation" aller schwulen älteren Männer problematisch. Sie homogenisiert die Gruppe älterer schwuler Männer und ihre Erfahrungen und wiederholt deren vermeintliche Andersartigkeit.[42]

Seit dieser Studie blieben weitere Untersuchungen von nicht-heterosexuellen Formen des Alter(n)s weitgehend aus. Ich vermute, dass mit der sogenannten Aids-Krise in den 1980er Jahren andere Themen die Erforschung von Gesellschaft und Nicht-Heterosexualität bestimmten, in denen ein Fokus auf Alter(n) eher in den Hintergrund rückte. Erst seit den 2000ern, und einhergehend mit einer insgesamt sozialwissenschaftlich stärkeren Zuwendung zur Dimension Alter(n) (vgl. Kap. 2.2) zeigt sich vor allem im englischsprachigen Raum auch eine größere Aufmerksamkeit für Erfahrungen des Alter(n)s von schwulen Männern. So beschreiben Fenkl und Rodgers 2014 in einer grounded-theory-basierten Untersuchung die Alterserfahrung schwuler Männer als Versuch eines „optimistischen Engagierens in der Gegenwart". Die Studie zeigt, dass die befragten schwulen Männer Diskriminierungserfahrungen der Vergangenheit im Nachhinein als Quelle von Resilienz deuten und gegenwärtigen Herausforderungen des Alter(n)s mit deutlichem Optimismus

---

42 In der Diskussion seiner empirischen Ergebnisse holt er aber die Annahme der Homogenität wieder ein: „What does emerge from the case studies is a picture of a group of men with rich and generally rewarding lives. While they share a common interest in other men, they are as different, one from the other, as any group of ten men might be." (Berger 1982:35). Gemeinsam ist den Befragten also die Erfahrung als schwuler und älterer Mann zu leben – daraus folgt aber per se noch keine weitere inhaltliche Gemeinsamkeit.

begegnen. Die genuine Bedeutung der Fremd- und Selbstkategorisierung als alt wird dort jedoch nicht untersucht. Heaphy (2007; Heaphy et al. 2004) untersucht das Alter(n) von LG-Personen in Großbritannien in einem Mixed-Methods-Design insbesondere im Kontext ihrer sozialen und materiellen Ressourcen. Dieser Fokus erklärt sich aus der Erkenntnis, dass ältere schwule Männer häufig als vereinsamte und gewissermaßen traurige Figuren erzählt werden (vgl. auch Hostetler 2004). Die Fokussierung auf die verschiedenen sozialen Ressourcen soll gewissermaßen ein Gegenbild zur Darstellung „of the stereotypical older man" als „lonely, depressed, and without social support" (Hostetler 2004: 146) darstellen. Die Interviewstudie bestätigt dieses stereotype Bild allerdings weitgehend: Während sich ältere Lesben aus der ‚Szene' zurückziehen und zugleich enge private Netzwerke aufbauen, fühlen sich die älteren schwulen Männer aus ihren subkulturellen Zusammenhängen gedrängt und wünschen sich mehr soziale Einbindung (vgl. Heaphy et al. 2004: 898).

Floyd und Bakeman (2006) vergleichen in einer quantitativen Erhebung die Coming-Out-Verläufe von älteren und jüngeren Lesben und schwulen Männern, als einen „process of sexual orientation identity development" (dies: 287). Sie stellen dar, dass ‚Coming-outs' auch deshalb zu verschiedenen Zeitpunkten im Lebenslauf stattfinden, weil sie stark von historischen Gegebenheiten abhängig sind. Während dort sozialer Wandel als wichtiger Aspekt der Möglichkeiten, ‚offen' schwul oder lesbisch zu leben, berücksichtigt wird, unterstreicht die Untersuchung das Coming-out als heteronormiertes Anerkennungsinstrument und beschreibt die Entwicklung einer ‚sexuellen Identität' zwar als prozesshaft, aber logisch und ‚authentisch' erzählbar (vgl. kritisch dazu Kap. 2.1; 3.1).

Slevin und Linnemann (2010) untersuchen in einer qualitativen Interviewstudie den Zusammenhang von Männlichkeit(en) und Körperbildern von älteren schwulen Männern. Dabei sind schwule Männer nach dem Konzept der hegemonialen Männlichkeit (vgl. Connell 2015; vgl. auch Kap. 2.1) doppelt untergeordnet: „old men and gay men are clearly subordinated" (Slevin/Linnemann 2010: 483).[43] Der Körper als wesentlicher Bestandteil der Verhandlung von Altersbildern wie von Männlichkeit wird laut den Autor_innen in den bisherigen Forschungen zu wenig berücksichtigt, spielt er doch eine wesentliche Rolle in der Darstellung von Männlichkeit wie auch im Umgang mit dem Altern. Die Studie verweist zudem darauf, dass in der Literatur zu Homosexualität und Alter(n) der Aspekt des Geschlechts wenig explizit gemacht wird, dass also gleichsam das ‚Mann Sein' der schwulen

---

43 Ich verweise hier wiederholt darauf, dass das Konzept der hegemonialen Männlichkeit keine ausreichende Trennschärfe zwischen Männern und Männlichkeiten bietet (vgl. Kap. 2.1), so dass auch hier von „subordinated men" statt von „masculinites" gesprochen wird.

Männer vorausgesetzt wird und damit implizite Annahmen männlicher Praxen einhergehen, die in Bezug auf das Altern dann nicht näher verfolgt werden.[44]

Im deutschsprachigen Forschungsraum wurde das Thema des ‚schwulen' Älterwerdens zunächst sichtbar von Michael Bochow und der Studie „Ich bin doch schwul und will das immer bleiben. Schwule Männer im dritten Lebensalter" (2005) aufgegriffen. Diese Studie kann als Pionierprojekt der Erforschung des Alter(n)s schwuler Männer gesehen werden. Als erster auf deutschsprachigem Boden untersucht Bochow sowohl die biographischen Erfahrungen als auch die aktuelle Lebenssituation älterer schwuler Männer (vgl. Bochow 2006: 188). Die Untersuchung steht auf einer sehr breiten Datenbasis mit 29 qualitativen Interviews mit homosexuellen Männern zwischen 53 und 78 Jahren. Sehr nah an den Daten beschreibt Bochow in diesen qualitativen Interviews die lebenslangen Auseinandersetzungen mit sozialen Stigmatisierungen, die altersspezifischen Schwierigkeiten in und außerhalb der Szene sowie die gegenwärtigen Bedürfnisse und Wünsche für die Zukunft. Besonders erkenntnisreich scheint mir seine Studie, da er – anders als Berger (1982) – an keiner Stelle von einer generalisierbaren Essenz älterer schwuler Männer ausgeht. Vielmehr stellt er die „Analyse der *Differenzen* in den Bewältigungsstrategien analoger generationsbedingter Erfahrungen" (Bochow 2006: 190; Hervorh. L.S.) in den Vordergrund. Darin wird insbesondere der Umgang mit § 175 StGB (vgl. Kap. 1) als Generationserfahrung deutlich: Ausführlich beschreibt Bochow die Erfahrungen der Befragten in der Adenauerzeit und danach, in denen sich schwules Leben aufgrund der Kriminalisierung häufig – und wenn überhaupt – im Untergrund entwickelte (vgl. Bochow 2005: 21ff). Allerdings gibt es hier keine theoretische Fundierung der untersuchten Dimensionen Alter(n) und Begehren und die Studie bleibt dadurch – wenn auch sehr detail- und facettenreich – eher deskriptiv. Dies ist vor dem Hintergrund überzeugend, dass es die Intention der Studie ist, „dass die Interviewpartner selbst ausführlich zu Wort kommen" (ebd.: 9). In diesem Zuschnitt informiert die Studie daher über die biographischen Erfahrungen, insbesondere über die erlittenen Stigmatisierungen, sowie über die aktuelle Lebenssituation; die Frage nach der Konstruktion und Dekonstruktion von Identitätskategorien bleibt dabei bewusst außen vor (vgl. ebd.: 10f). Die hohe Sensibilität für die Themen und Bedürfnisse schwuler älterer Männer, die bei Bochow deutlich wird, ist für das vorliegende Projekt zwar beispielhaft, zugleich

---

44 Daran anschließend liegt ein empirischer Fokus meiner Studie auf dem Zusammenhang von Geschlecht mit Altern und Begehren. Für das vorliegende Projekt ist die Berücksichtigung vielfältiger Geschlechterbezüge und -praxen für die Untersuchung dahingehend hilfreich, dass im Kontext des Alter(n)s neue Intersektionen von Geschlecht, Alter(n) und Begehren sichtbar werden (vgl. u. a. Kap. 5.2 sowie 2.1).

liegt der Fokus meiner Studie mehr auf den gesellschaftlichen Bedingungen und Kategorisierungen, die zur Ausbildung bestimmter Selbstverhältnisse führen.

2014 publizierte Claudia Krell ihre Untersuchung zu „Alter und Altern bei Homosexuellen", in welcher Schwule und Lesben nach ihren Alter(n)serfahrungen befragt wurden. Krell integrierte darin theoretisch breite Rahmungen (die devianztheoretische Perspektiven auf Homosexualität in den Vordergrund rücken) und beeindruckt mit ihrer Datenbasis von 40 qualitativ-biographischen Interviews in den Altersgruppen 18 bis 30; 30 bis 45; 45 bis 65; 65 und älter. Mit der Befragung auch jüngerer schwuler und lesbischer Menschen wird, und das ist zunächst überzeugend, Altern als wesentliches Element nicht nur der Lebensphase des höheren oder hohen Alters, sondern als lebenslanger Prozess gesehen.

Krell macht in einer differenzierten Analyse z. B. „aktiv-selbstbewusst-reflektierte Lesben" und „schwule Pessimisten" in den Interviewdaten aus und erstellt daraus eine Typologie der Altersidentitäten von Lesben und Schwulen. Eine solche Beschreibung von lesbischen und schwulen Subjekten im Sinne von Idealtypen ließe sich so auf ‚reale' Schwule und Lesben mit ähnlichen biographischen Erfahrungen übertragen. In der vorliegenden Arbeit liegt der Fokus etwas anders: Ich gehe davon aus, dass das Leben unter ähnlichen Strukturen und Diskursen nicht zur Ausbildung homogenisier- bzw. klar unterscheidbarer Identitäten führt. Konsequenterweise gehen die empirischen Selbst-Beschreibungen dieses Projekts nicht in eine Typologie von Subjektivierungsweisen über, sondern fokussieren auf Themen, Subjektordnungen, Kontexte und Diskurse, die bestimmte Subjektivierungen ermöglichen und determinieren.[45]

Auch an den hier genannten Studien wird deutlich, dass nicht davon die Rede sein kann, dass das Alter(n) nicht-heterosexueller Menschen wissenschaftlich nicht bearbeitet wird. Nichtsdestotrotz zeigen sich Aspekte, die bisher zu wenig bearbeitet sind und in der vorliegenden Studie ausgearbeitet werden. Dazu gehören insbesondere die Analyse des Konstruktionscharakters von Begehren und Alter(n), der sich immer unter bestimmten Machtverhältnissen ausbildet, wie auch die Vermeidung eines essentialistischen Identitätsbegriffs, der Selbstbeschreibungen älterer schwuler Männer typisiert und homogenisiert.

---

45 Nichtsdestotrotz sei auch hier nochmal auf das ‚Dilemma' verwiesen, dass bei aller Dekonstruktion trotzdem die dekonstruierten Kategorien benannt und damit auch reifiziert werden.

2.5 Queeres Alter(n)

Die These der doppelten Stigmatisierung älterer schwuler Männer

Abschließend gehe ich auf zwei Elemente ein, die in der Literatur zu ‚gay aging' immer wieder genannt werden und im Sinne theoretischer Sensibilität auch für das vorliegende Projekt wichtig sind.

Ein übergreifender Topos in der Literatur zu nicht-heterosexuellen Formen des Alter(n)s ist die These der „doppelten Stigmatisierung" als typische Problematik schwulen Alter(n)s. Ragan C. Fox (2007) beschreibt, dass ältere schwule Männer in unterschiedlichen Kontexten unterschiedlich diskriminiert werden und konstatiert daher für ältere schwule Männer eine These der „doppelten Stigmatisierung". Diese hat sich in der entsprechenden Literatur relativ verbreitet (vgl. Boggs et al. 2014; Lottmann/Lautmann 2015): Ältere schwule Männer werden demnach entlang ihres Alters in der „Subkultur", entlang ihrer Sexualität „im gesellschaftlichen Mainstream" (Lottmann/Lautmann 2015: 343) stigmatisiert; die Stigmatisierung erfolgt also getrennt und in zwei ‚Lebensbereichen'.

Zunächst einleuchtend, sehe ich an dieser These zwei Dinge kritisch. Zum einen stellt sich die Frage, inwiefern die Bereiche ‚Subkultur' und ‚Mehrheitsgesellschaft'[46] tatsächlich so genau getrennt werden können: Sind es verschiedene Räume oder Menschengruppen, die eindeutig unterschieden werden können? Ist dann das ‚Aufhalten' in der Mehrheitsgesellschaft immer ein ‚Sein' als Schwuler unter Heteros? Gilt die doppelte Stigmatisierung dann nur für ‚geoutete' Menschen? Die Ausführungen bleiben in Bezug auf die ‚Orte' der Stigmatisierung zu vage; wenn nicht expliziert wird, wie ‚Subkultur' und ‚gesellschaftlicher Mainstream' sich unterscheiden, wird eine vermeintliche Polarität und Ausschließlichkeit von Hetero- und Homosexualität reproduziert, die sich nicht nur auf Identitätskategorien, sondern auch auf

---

46   Der Begriff der Mehrheitsgesellschaft ist zwar kritisch zu sehen, da er erstens von einer eindeutigen Trennung, Binarität und Polarität von Mehrheit und Minderheit ausgeht, die es immer nur aufgrund der Trennung selbst gibt. Zweitens reproduziert der Begriff die Vorstellung von einer Normalität der Mehrheit und einer Besonder- oder Andersheit der Minderheit. Nur die Minderheit muss darin klassifiziert und ‚behandelt' werden, nur sie stellt damit ein Problem dar. Ich nutze ihn im Weiteren und insbesondere in der späteren Ergebnisdarstellung den Begriff trotzdem, um genau diese Klassifikation des ‚Anderen' und die Deutungshoheit der ‚Mehrheit' sichtbar zu machen. Wie sich dort zeigt, wird *die* Gesellschaft im Sinne einer Mehrheit von den Befragten meiner Studie als so machtvoll entworfen, dass sie die Deutungen des ‚richtigen' Seins bestimmt. Die Mehrheitsgesellschaft ist also der Ausschnitt des sozialen, in dem das, was als hegemonial, nämlich als gemeinhin normal gesehen wird, die diskursiv bestimmende Deutung der Mehrheit darstellt, mit der auch das, was als Minderheit wahrgenommen wird, als nicht-normal gesehen werden kann. Der Begriff der Mehrheitsgesellschaft drückt demnach nicht so sehr eine quantitative Dominanz aus, als vielmehr die Zuschreibung, dass sie bestimmen kann, was richtig, gut, wertvoll oder normal ist und was nicht.

Räume (im geographischen wie sozialen Sinn) und auf soziale Gruppen bezieht. Zum anderen ist die Annahme einer Addition zwar dahingehend wesentlich, als sie darauf verweist, dass ältere schwule Männer überhaupt spezifische Ausgrenzungserfahrungen machen (können). Für die Erfahrung der ‚doppelt Stigmatisierten' selbst ist sie aber zu unterkomplex. Sie impliziert, dass sich ältere schwule Männer mal entlang des Alters, mal entlang ihres Begehrens stigmatisiert oder ‚verworfen' sehen, dass sie also die Erfahrungen auch selbst eindeutig trennen. Ich gehe – ganz im Sinne einer intersektionalen Perspektive – davon aus, dass beide Dimensionen (sowie einige mehr) in der Selbstbeschreibung in verschiedenen Konstellationen (bzw. intersektional-programmatischer gesprochen: in verschiedenen Interdependenzen) und je nach Kontext deutlich werden. Und diese Kontexte sind dabei – so eine weitere Annahme – etwas vielfältiger und differenzierter als ‚Subkultur' und ‚gesellschaftlicher Mainstream' (vgl. dazu Kap. 4.1 und 4.2). Nichtsdestotrotz führt die These der „doppelten Stigmatisierung" zu der empirisch interessanten Frage, ob und wie auch die von mir Befragten eine Unterscheidung von verschiedenen ‚Bereichen' möglicher Stigmatisierung vornehmen, wie sie sie begründen und welche Konsequenzen für den Selbstentwurf dies hat. Trotz der genannten Kritikpunkte werde ich diese These als Vergleichsfolie, im Sinne theoretischer Sensibilität (vgl. Strauss 1994: 50; vgl. Kap. 3.2) an das Material heranführen.

Die in dieser These enthaltene Beobachtung, dass insbesondere in schwulen ‚Szenen' eine starke Altersdiskriminierung erfahren wird, wird wiederum in vielen Studien aufgegriffen (für den englischsprachigen Kontext siehe z. B. Brown 2009; Cronin/King 2014; Heaphy 2007; Simpson 2013; vgl. für den deutschen Forschungskontext: Bochow 2005; 2006; Lottmann/Lautmann 2015). So herrsche in schwulen Szenen bzw. Subkulturen häufig ein besonders ausgeprägter Jugend- und Körperkult (vgl. Bochow 1998; 2005; Reimann 2008) vor. Heaphy, Yip und Thompson formulieren dies als ein Spezifikum der schwulen ‚Kultur': „[M]any men (but few women) indicated that youthoriented non-hetero-sexual cultures made them particularly conscious of their age" (dies. 2004: 885). Der konkrete Bezugspunkt der Verhandlung des Alter(n)s ist dabei der Körper, welchem im Kontext des Alter(n)s nicht nur (sexuelle) Attraktivität abgesprochen wird, sondern auch eine zunehmende (sexuelle) Funktionslosigkeit. Ein relevanter Aspekt für die vorliegende Studie ist dementsprechend, inwiefern der eigene Körper nicht nur in Bezug zum Alter(n), sondern auch zum Begehren gesetzt wird. Empirisch stellt sich in Bezug auf (männliche) Homosexualität die Frage, welche Rolle der Körper als ‚Lesezeichen' des Alters im Kontext von Homosexualität spielt. Da auch heterosexuelle Männer das Altern durchaus als Verlust an Attraktivität auf der einen und einer Einschränkung körperlicher Sexualfunktionen auf der anderen Seite erleben können (vgl. Sandberg 2013b), ist es für die vorliegende Studie we-

2.5 Queeres Alter(n)

sentlich herauszuarbeiten, ob ältere schwule Männer mögliche Erfahrungen von Abwertungen aufgrund des Alters überhaupt in Bezug zu ihrem Begehren setzen. Insgesamt sind die dargestellten Forschungen zu LGBT und Alter(n) zumeist sehr erkenntnisreich und wesentliche Ergebnisse dieser Studien fließen als „sensitizing concepts" (Blumer 1954) in die vorliegende Studie hinein. Die aufgeführten Studien thematisieren Aspekte des Wohnens und Pflegens im Alter, Coming-Out-Verläufe, Einsamkeitserfahrungen und soziale Netzwerke. Gleichzeitig wird darin ein schwules, lesbisches, bisexuelles oder trans*-Subjekt gebildet, welches eine bestimmte sexuelle Orientierung oder Identität hat, ohne diese Begrifflichkeiten weiter auszudeuten. Daher halte ich es für wesentlich, sie konzeptuell zu erweitern: Wenn diese Studien biographische Erfahrungen, Körperbilder, Männlichkeitsentwürfe bzw. ganz allgemein „Experiences of Aging" (Fenkl/Rodgers 2014) untersuchen, fehlt eine kritische Auseinandersetzung dazu, *wo* gewissermaßen sich ältere schwule Männer mit diesen Aspekten auseinandersetzen: nämlich in ihren Selbstentwürfen. Sexualität wird in diesen Studien häufig als feste, stabile Größe, als ein Sein gedacht, das auch im Alter in ähnlicher Weise das Selbst formt. Dies drückt sich in der immer wiederkehrenden Nutzung von Begriffen wie sexueller Identität oder sexueller Orientierung (vgl. etwa besonders paradigmatisch in Reimann/Lasch 2006) aus. Wie King treffenderweise herausstellt, wird das Begehren darin als primäre Identifikations-Folie gedacht, insofern „sexuality as a master status through which other identities are framed" (King 2016: 7) gesehen wird. Während das Alter sich also ändert, bliebe Sexualität als identitätsbildende Dimension gleich.

Die vorliegende Studie versteht sich in dieser Forschungslandschaft insofern als Erweiterung, als die angeklungene Vielgestaltigkeit der Subjektivierungsweisen älterer schwuler Männer vor dem Hintergrund einer identitätskritischen Theorieperspektive einen latent essentialisierenden Selbst-Begriff anders ausbuchstabieren soll. Die Konzeption des Selbst als Resultat von Subjektivierungen entlang von performativ produzierten Anrufungen soll für die vorliegende Untersuchung die beschriebene Leerstelle schließen.

Dass das ‚schwule Alter(n)' wissenschaftlich zu wenig thematisiert wird, wie häufig beklagt wird, davon kann im Angesicht der aufgezählten Studien und der Vielzahl ihrer Forschungsaspekte nicht die Rede sein, auch wenn sich teilweise starke Verkürzungen zeigen. Diese werden in Begriffen wie „Identität" oder „sexuellen Orientierung", in einer mangelnden Auseinandersetzung mit der Konstruiertheit der Dimension des Alter(n)s sowie der Vernachlässigung von Geschlecht als wesentliche Kategorisierung im Zusammenhang von Alter(n) und Begehren sichtbar. Allerdings bleibt von der breiten Forschungslandschaft der Umstand unberührt, dass das Alter(n) schwuler Männer in der Alterssoziologie und im weiten Feld der queer studies einen wissenschaftlichen Nischenaspekt darstellt. Wie ich in 2.3

bereits theoretisch abgeleitet habe und wie sich in den Selbstbeschreibungen älterer schwuler Männer auch empirisch zeigen wird, werden das Subjekt des älteren schwulen Mannes ebenso wie Subjektivierungsweisen älterer schwuler Männer als gesellschaftliches Thema nahezu nicht verhandelt.

Methodische Zugänge zu einer Empirie des Selbst

3

Methodologische Debatten stellen in den queer studies gegenüber theoretischen Auseinandersetzungen ein relativ unterbesetztes Feld dar (vgl. Boellstorff 2012). Während das „queer" in queer studies vielfach diskutiert wurde[47], ist die Diskussion um die „studies" weniger entwickelt. Boellstorff argumentiert daher dafür, von „queer studying" zu sprechen, um auf die methodologischen Implikationen einer sich als queer bezeichnenden Forschung aufmerksam zu machen (vgl. ebd.: 215). Das folgende Kapitel erläutert methodologische Implikationen und methodische Entscheidungen, die sich aus dem dargelegten Selbst-Begriff ableiten und zugleich eine dem Untersuchungsgegenstand angemessene Forschungsmethode darstellen. Im Rahmen einer sich queer verortenden Forschung wird hier dargelegt, inwiefern deren Ansätze konkret auf Selbstreflexivität und Subjektivität bezogen werden und bestimmte begriffliche Konzeptualisierungen nahelegen oder andere verweigern. Ebenso werden die verwendeten Forschungsstrategien der Grounded Theory sowie der Situationsanalyse in ihrem queer-methodologischen Gehalt dargestellt.

Wie Christian Klesse konstatiert, ist der häufig diskursanalytisch ausgerichteten Heteronormativitätsforschung insbesondere von Seiten qualitativ-interpretativ arbeitender Sozialforscher_innen der Vorwurf eines „realitätsfernen, abstrakten Theoriefetischismus" (ders. 2007: 37) entgegengebracht worden. In dieser Fokussierung würden zu oft soziale Praxen und Interaktionen ausgeblendet. Das kritische Potential einer Diskursanalyse, mit dem mehr oder weniger subtile Machtsysteme und Durchdringungslinien von Disziplinierung und Normalisierung analysiert werden können, soll hier nicht vernachlässigt werden, der Fokus liegt aber auf einer

---

[47] Häufig mit dem Ergebnis, dass die Bedeutung von queer offengelassen werden muss, da das genau das Ziel von queer ist (vgl. Degele 2008; Hark 2013; Hartmann et al. 2007; vgl. Kap. 2.1).

interpretativ-rekonstruktiven Analyse im qualitativen Forschungsverständnis (vgl. Helfferich 2009; Klesse 2007; Przyborski/Wohlrab-Sahr 2014).

3.1 Selbst-Beschreibungen als Verknüpfung von Biographie, Selbst und Diskurs

Die Beschreibung von Selbsten folgt in dieser Studie einer doppelten Bewegung: So sehe ich die Daten, also die Erzählungen und Aussagen meiner Befragten als Beschreibungen ihrer eigenen Leben und ihrer Selbstkonzepte. Gleichzeitig nehme ich durch die Interpretation und theoretische Anreicherung der Daten eine Formung der Daten vor, die sich in einer Beschreibung, aber eben nicht Wiederholung im Sinne einer genauen Wiedergabe des Erzählten, wiederfinden. Die Erforschung von Selbstbeschreibungen älterer schwuler Männer ist dabei erkenntnistheoretisch geleitet durch die in Kapitel 2 aufgeworfenen Subjekttheorien, die auf den ersten Blick eine Methode aus dem breiten Repertoire der Diskursanalyse sinnvoll erscheinen lassen (vgl. dazu Bublitz 1999; Bührmann/Schneider 2012; Jäger 2012; Keller et al. 2006; Keller 2011).

Mit Bezug auf Keller (2007) formuliert Saša Bosančić eine drohende Einseitigkeit einer diskursanalytischen als „einer ausschließlich an Foucault orientierten empirischen Arbeit". Er sieht das Problem, „dass dem Foucaultschen Werk ein Akteurskonzept fehlt und er selbst nur wenig Hinweise auf eine empirische Umsetzung seines Programms lieferte" (ders. 2014: 104). Meine Studie erweitert in diesem Sinne den Blick von der diskursiven Verhandlung des Forschungsgegenstandes auf die individuelle Verarbeitung von subjektkonstituierenden Diskursen in Form von Subjektivierungsweisen, die sich in Selbstbeschreibungen ausdrücken. Da es mir in dieser Studie um Selbste (als Ergebnis von Subjektivierungen) konkreter sozialer Akteure geht und nicht (nur) um die diskursive Verhandlung von Subjektivierungen, ist das vorliegende Projekt als *Interviewstudie* konzipiert. Qualitative Interviews sind dann methodisch sinnvoll, wenn subjektiver Sinn oder „subjektive Sichtweisen" (Helfferich 2009: 21) im weitesten Sinne rekonstruiert werden sollen.

Im Vordergrund steht daher die Frage, inwiefern mit Interviewdaten Selbstkonzepte vor dem Hintergrund einer poststrukturalistischen Macht- und Subjekttheorie in den Blick genommen werden können. Daher beginnt dieses Kapitel mit der Diskussion, welche methodischen Konsequenzen bestimmte Formen der Datenerhebung in Bezug auf die *(Re-)*Konstruktion von Selbsten haben.

Biographie und Selbst

Soziologisch kann die Herstellung von Kontinuität und Authentizität von sozialer Identität als soziale Praxis verstanden werden: als ständige Leistung eines Individuums in reflexiver Auseinandersetzung mit „gesellschaftlichen Strukturen, unter denen es denkt und handelt" (Abels 2006: 270). Die Möglichkeit einer ständigen Brüchigkeit und Veränderbarkeit der eigenen Identität macht die andauernde Leistung der Identitätsherstellung erst notwendig. Die Fragilität des Selbst verweist wiederum auf den Kontext, in dem sie entsteht: Im Rahmen von (sich verändernden) Diskursen kann und muss das Individuum sein Selbst als autonom und stabil verstehen.

Konzeptionen des *Alters*selbst im Rahmen der critical gerontology (vgl. Kap. 2.2) verweisen auf die biographische Gewordenheit des Selbst. Diese drückt sich zum einen in dem Wunsch aus, den Selbstbezug im Alter wesentlich über biographische Kontinuität herzustellen (Kaufman 1986), und in dem Versuch, das ‚junggebliebene' Selbst vor der alternden Körperhülle zu schützen (Featherstone/Hepworth 1991; Graefe 2013). Auf den ersten Blick erscheint es daher sinnvoll, diese Gewordenheit auch methodisch einzuarbeiten, indem in biographisch-narrativen Interviews (vgl. Schütze 1983 u. a.) vergangene Ereignisse in ihrer subjektiven Verarbeitung einen Einblick in die Selbstkonzepte von Individuen geben sollen. Ein biographischer Fokus in Interviews mit älteren schwulen Männern ermöglicht die Nacherzählung von Geschichten, die im Kanon ‚deutscher' Geschichte, oder genauer, in der Aufarbeitung individueller Einzelschicksale im geteilten Deutschland seit Ende des Zweiten Weltkriegs „aus stigmatisierten Milieus" (Fuchs-Heinritz 2005: 131) allzu oft ungehört und unsichtbar blieben und bleiben. Lebenserzählungen älterer homosexueller Männer könnten, postkolonial-begrifflich gewendet, als „counter-storytelling" (Solórzano/Yosso 2002)[48] verstanden werden. Dabei geht es nicht um die Nacherzählung historischer Ereignisse, denn Selbst-Erzählungen geben keine Auskünfte darüber, ob etwas wirklich passiert ist, sondern nur darüber, „wie der Erzähler seine Identität und Erfahrung heute konstruiert" (Fuchs-Heinritz 2005: 162).

Gegen einen biographischen Fokus ist kritisch einzuwenden, dass mit der Konstituierung eines Subjekts als individueller Einzelfall immer auch schon eine Unterwerfung, eine Disziplinierung eines Subjekts stattfindet (vgl. Schäfer/Völter 2005: 163f). Biographieforschung vermittelt häufig die Idee einer kontinuierlichen, zeitstabilen, und authentischen Identität, die während eines biographischen Interviews auch erzählt werden *kann* – d. h. dass der_die Befragte auch kognitiv in der

---

48 Verstanden als „a method of telling the stories of those people whose experiences are not often told" (ebd.: 26).

Lage ist, ein kohärentes Bild seiner_ihrer Selbst zu entwerfen. Des Weiteren zeigt sich die Disziplinierung des Subjekts darin, dass sich die_der Interviewpartner_in in der Interviewsituation auch als authentische_r Lebenserzähler_in produzieren *muss*. In Interviewsituationen wird demnach durch spezifische Machtwirkungen eine Ordnung von Subjekten produziert (z. B. durch die Anrufungen im Feldzugang, vgl. Kap. 3.3), welcher sich die Befragten in ihren Selbst-Erzählungen verpflichtet fühlen und sich als „Subjekte herbei erzählen" (Bender/Eck 2014: 476). Dies gilt insbesondere für biographische Interviews, in denen die gesamte Biographie bzw. ein Teilaspekt kohärent erzählt werden soll, aber auch für qualitative Interviews mit narrativen Anteilen. Auch wenn für die vorliegende Studie keine klassischen biographischen Interviews, sondern leitfadengestützte Interviews geführt wurden (vgl. später in diesem Unterkapitel), mussten sich die Befragten in ihren Erzählungen als kohärentes Subjekt produzieren. Letztlich ist also jede Interviewsituation davon geprägt, dass Interviewte eine scheinbar stabile Identitätsproduktion zeigen wollen oder müssen (vgl. Bernhard 2014: Abs. 37).

Desweiteren produziert Biographieforschung häufig die Vorstellung sozial-historischer fester Einheiten, deren „Problemlagen, Deutungen und Handlungsorientierung" und „besondere Geschichte als Gruppe" (Fuchs-Heinritz 2005: 137) durch die Analyse von ‚authentischen' Ereigniserzählungen nachempfunden werden können. Für schwule ältere Männer in Deutschland ist diese Kollektivierung problematisch. Was diese auf den ersten Blick gemeinsam haben, ist ihre Homosexualität und ein mehr oder weniger ähnliches Alter – wie in Kapitel 2 beschrieben, ist diese Ähnlichkeit eine begriffliche Zuspitzung dieses Projekts, keine ontologische Eigenschaft.

Die für diese Studie geführten leitfadengestützte Interviews machten es möglich, vorab festgelegte Themenkomplexe anzusprechen und darin die subjektiven Sichtweisen der Befragten zu rekonstruieren; darin waren die Interviews geprägt von biographischen Erzählungen. Wie sich zeigte, wurden zur Plausibilisierung der Gegenwart des Alter(n)s bzw. auch des Alter(n)s als schwuler Mann immer wieder Erzählungen aus der Vergangenheit bemüht. Zum einen waren die Fragen des Leitfadens so konzipiert, dass sie durchaus auch Erzählungen aus der Vergangenheit sinnhaft ermöglichten. Zum anderen gingen die Befragten häufig mit der Idee in das Interview, dort ihre Lebensgeschichte wiederzugeben. Das könnte daran liegen, dass das höhere Alter und die Auseinandersetzung mit dem Komplex „Älter werden/Alt sein" eine Rückschau auf das eigene Leben provoziert und dass die Befragten ihre Biographie aufgrund der lebenszeitlichen Auseinandersetzung mit teils für das Selbst bedrohlichen Anrufungen für besonders erzählenswert halten. Nicht zuletzt provoziert die Begegnung eines älteren Mannes mit einer jüngeren Frau in der Interviewsituation diese Erzählform als eine Form der Weitergabe von Lebenserfahrungen.

3.1 Verknüpfung von Biographie, Selbst und Diskurs

Im Sinne der biographischen Forschung können Erzählungen in Interviews „als biografische Selbstdarstellung im Dienste der aktuellen Identitätsherstellung und der Selbstvergewisserung" gesehen werden (Lucius-Hoene/Deppermann 2002: 10). Wie ich in Kapitel 6 darlegen werde, beeinflusst die biographische Auseinandersetzung mit der eigenen Homosexualität in hohem Maße bestimmte Techniken, mit Stigmatisierungen und Brüchen im Lebensverlauf umzugehen – die biographischen Erzählungen sind darum unmittelbar mit Selbstbeschreibungen im Rahmen der Kategorisierung des Begehrens verknüpft. Diese Umgangsweisen zeigen sich in ähnlicher Form schließlich auch in Bezug auf die Deutung des eigenen Älterwerdens, so dass biographische Exkursionen für die Selbst-Beschreibungen auch im Kontext des (gegenwärtigen) Alter(n)s aufschlussreich sind. Selbst-Beschreibungen wurden in den Interviews also immer wieder im Rahmen biographischer Darstellungen vorgenommen.

Diskursivierte Selbste

Im Hinblick auf die Abhängigkeit des Selbst von Diskursen wird auch in der Rekonstruktion des Selbst im Material Identität nicht als abschließbares und kohärentes Konzept verstanden (vgl. Graefe et al. 2011: 299). Mit Bezug auf die Prämissen der critical gerontology (vgl. Kap. 2.2) konzentriert sich die Analyse vielmehr darauf,

> „wie biographisch gestützte Selbstreflexionen (kurz: Selbstkonzepte) in Auseinandersetzung mit sich ändernden konkreten Lebensumständen und kollektiven Deutungen von Alter(n) modifiziert und stabilisiert werden." (Graefe et al. 2011: 301)

Einer solchen Definition von (Alters-)Selbst werde ich mich hier anschließen. Sie verbindet damit sowohl die vorher beschriebenen *biographischen Erzählungen* wie auch die *alltagsweltlichen Auseinandersetzungen* in der Analyse.

Wie dargestellt, sind Selbstbeschreibungen im Kontext der Dimension des Alter(n)s durch starke Normierungen *und* durch (Frei-)Räume der Selbstpositionierung bestimmt. Die Offenheit, Prozesshaftigkeit und Subjektivität des Alter(n)s (vgl. Kap. 2.2) lässt in Zusammenhang mit je individuellen Relevanzsetzungen eine Vielgestaltigkeit für die Selbstbeschreibungen vermuten. Die Deutungsbedürftigkeit eines ‚schwulen Alter(n)s' ist schließlich dadurch gegeben, dass eine Sozialfigur des älteren schwulen Mannes weder ‚gesamtgesellschaftlich' noch in kollektiven Zusammenhängen queeren Alter(n)s besteht (vgl. Boxer 1997; vgl. Kap. 2.3). Ich gehe davon aus, dass sich in den Interviews (dennoch) regelhafte Deutungen des Alter(n)s finden lassen, die Aufschluss über allgemeine(re) Wissensbestände eines ‚richtigen', ‚guten', ‚gelungenen' oder ‚erwünschten' Alter(n)s geben und (In-)Konsistenzen in Bezug auf Bedingungen, Problemlagen und Normierungen eines nicht-heterosexuellen Altwerdens aufzeigen. Diese Wissensbestände werden – so der theoretische Zugang meiner Studie – in Form von *Anrufungen* an die Befragten herangetragen, zu denen sie sich verhalten müssen (vgl. Kap. 2.1). Die Studie fokussiert also darauf, in welcher Form Erzählungen Hinweise auf diskursiv produzierte Anrufungen geben und welche Form von Subjektivierung sich im Rahmen dieser Anrufung zeigt. Es geht in der Datenanalyse darum, herauszuarbeiten, wie die Verarbeitung von Ereignissen die jetzige Deutung des Alt/Älterseins bestimmt, welche *Umwendungen* auf diskursiv produzierte Subjektpositionen sich zeigen und wie sich diese in einer Form der *Selbstbeschreibung* verdichten.

Der „Bezug auf Diskurse" (Bosančić 2014: 16) ist in der vorliegenden Studie in der Aufarbeitung des Forschungsstands, in der Darlegung der „sensitizing concepts" (Blumer 1954) und in der Einbettung des Forschungsgegenstands in aktuelle Debatten und politisch-gesellschaftliche Zusammenhänge erkennbar. Auch darin werden Diskursinhalte zitiert, die den Forschungsgegenstand (und das Forschungsinteresse) formen. Diese Elemente sind für die vorliegende Forschung bereits als diskursive Resultate zu sehen, die bestimmte Anrufungen produzieren und begrenzte Subjektpositionen ‚anbieten'.

So ist eine Perspektive auf die historisch-kontextuellen Rahmenbedingungen von Subjektivierungen älterer schwuler Männer hilfreich, ohne die entsprechenden Selbstbeschreibungen als reine diskursive Effekte anzusehen, d. h. um Spielräume für widerständige, abseitige und brüchige Handlungsmuster mit hegemonialen Wissensordnungen herauszuarbeiten. Diese Widerspenstigkeiten können schließlich nur identifiziert werden, wenn die entsprechenden Subjektpositionen sichtbar sind. Wie ich in Kapitel 3.2 darstellen werde, wird eine Kombination der Grounded Theory und der Situationsanalyse vorgeschlagen, um dem theoretisch formulierten Zusammenhang von Selbst-Bildungen und diskursiven Subjektproduktionen in der Datenanalyse auf die Schliche zu kommen.

Subjektivierungen eines schwulen Alter(n)s stehen also immer in einem Bezug zu historisch-kulturell spezifischen Deutungsangeboten, insbesondere über die diskursive Markierung der Kategorisierungen ‚alt/älter' und ‚schwul'. Gleichzeitig können sich Formen der Selbstdeutung zeigen, die diese Zuweisungen ablehnen, umdeuten oder ganz andere Relevanzlinien verdeutlichen. Für den Zusammenhang von ‚schwul' und ‚alt' ist in der Selbst-Beschreibung mit Brüchen gegenüber dominanten Altersbildern und heteronormierten (bzw. ‚normalbiographischen'; vgl. Kohli 1985) Lebensweisen und -verläufen zu rechnen – oder aber mit Strategien der Normalisierung, um so erfahrene oder befürchtete (stigmatisierende) Zuschreibungen in ihrer Definitionsmacht zu kippen. Im Datenmaterial ist nach Bedingungen zu suchen, die die Konstitution des Selbst beschränken und gleichzeitig

Handlungsoptionen entstehen lassen.[49] Dass die Subjektordnungen des Alter(n)s und des Begehrens für die Selbstbeschreibungen darin besonders wesentlich sind, ist zunächst eine programmatische Setzung. Wie sich aber zeigen wird, ist gerade die Thematisierung von Alter und Altern und von (männlicher) Homosexualität, sowie deren Zusammenhang nicht nur aufgrund der Forschungssituation der primäre Verhandlungsgegenstand in den Interviews, sondern beide Dimensionen bilden die primären Subjektordnungen, über die die Interviewpartner meiner Studie sich selbst beschreiben.

Selbstbeschreibungen im Leitfadeninterview

Die entsprechenden Interviewsituationen werden dabei als Mikrokosmos der diskursiven Verhandlungen zum Thema Alter(n) und Sexualität gesehen. Das Interview ist der Ort, an dem die Befragten ihre Selbstkonzepte darstellen und plausibel machen (müssen). Die Daten, auf die sich die Analyse der Selbstbeschreibungen bezieht, sind in erster Linie Interviewdaten aus leitfadengestützten Interviews mit Problemzentrierung (vgl. Witzel 1985).

Die gewählte Erhebungsform des Leitfadeninterviews zeichnet sich dabei durch eine offene Fragestellung aus, so dass die Befragten durchaus eigene Schwerpunkte setzen können. Mittels des Leitfadens wird zudem sichergestellt, dass die im Vorhinein gesetzten Forschungsinteressen auch angesprochen werden. So soll (zumindest rudimentär) die Vergleichbarkeit zwischen den Interviews erhöht werden. Gleichzeitig können in Leitfadeninterviews – entgegen einer kongruent wirkenden biographischen Gesamterzählung – Ambivalenzen besser zutage treten, die den Zusammenhang von Alter(n), Geschlecht und Begehren in den Selbstbeschreibungen der Befragten durchaus kennzeichnen.[50]

Das problemzentrierte Interview nach Andreas Witzel zeichnet sich dadurch aus, dass sich die Forscherin an einer „relevanten gesellschaftlichen Problemstellung" orientiert (Witzel 1985: 230), die eine vorhergehende Auseinandersetzung mit den wissenschaftlichen Erkenntnissen zu diesem Thema beinhaltet. Dazu gehören die

---

49 Ebenso nach den Bedingungen, die ich als Forschende in Anrufung eines schwulen und alten Subjekts erst produziere, vgl. Kap. 3.3.

50 Zudem widerspreche ich der Annahme, dass im narrativen Interview die Entscheidung auf Seiten der Befragten, was sie wie erzählen möchten, durch die „offen gehaltene Erzählaufforderung" (Çetin 2014: 192) am besten gegeben scheint. Denn gerade durch den mit einer ausgreifenden, möglichst umfassenden Lebenserzählung verbundenen Detaillierungs-, Kondensierungs- und Gestaltschließungszwang (vgl. Flick 2012: 231; Schütze 1976; 1983) müssen etwa Kontinuitäten produziert werden, wo lebensgeschichtlich keine sind oder es kann zu Erzählungen kommen, die unbeabsichtigt und ungewollt abgegeben werden.

(gesellschaftliche wie wissenschaftliche) Unsichtbarkeit älterer schwuler Männer (vgl. Kap. 2.3), die Identifizierung übergeordneter Themen aus dem Forschungsstand (wie etwa erhöhtes Risiko von Einsamkeit, Jugendorientierte Subkultur, häufig stark von Diskriminierung geprägte Biographien; vgl. Kap. 2.5) oder der Mangel identitätspolitisch sensibler gerontologischer Forschung (vgl. Kap. 2.2). Diese ‚Erkenntnisse' verbessern als „sensitizing concepts" (Blumer 1954) die Wahrnehmung von relevanten ‚Problemen' im Feld, ohne auf eine Hypothesengenerierung und -verifizierung hinaus zu wollen. Die Interviewführung nach Witzel wurde zudem aufgrund ihrer Prozessorientierung genutzt: Sowohl die methodischen Instrumente als auch der Ablauf der Datenerhebung werden flexibel im Forschungsprozess eingesetzt (vgl. Witzel 1985: 228). Priorität vor einer strikten Befolgung des Leitfadens hatten daher in der vorliegenden Erhebung die Relevanzsetzungen der Befragten, die den Ablauf des Interviews (mit-)strukturierten.

Alle Interviews begannen nach nochmaliger Versicherung der Anonymität, nach Wiederholung des informierten Einverständnisses (Helfferich 2009: 190; vgl. dazu Kap. 3.3) sowie der erneuten Möglichkeit, Fragen zum Projekt zu stellen, mit einer Erzählaufforderung, die die folgenden Fragen beinhaltete:

„Was meinen Sie, welche Rolle spielt das Älterwerden für Sie? Was heißt ‚älter' werden in Ihrem Leben?"

Es folgten (bei Bedarf) weitere Fragen zur Verhandlung der Kategorie und zum Umgang mit dem eigenen Alter(n). Anschließend wurde im Komplex *Lebenssituation* danach gefragt, was für die Befragten im Moment wichtig ist – häufig mit dem erklärenden Zusatz „in Ihrem Alltag". Im Laufe der Interviews wurde die Zusatzfrage eingebracht, welche Rolle Geld dabei spielt, da ich vermute, dass die finanzielle Ausstattung nicht nur die Altersdeutungen, sondern auch die alltägliche Lebensführung stark prägt, aber häufig nur am Rande angesprochen wurde (vgl. z. B. Kap. 5.3). Den Komplex *Zukunft und Pflege* leitete ich mit der Frage ein, wo sich die Befragten in den kommenden Jahren sehen. Das Thema Pflege wurde durch Erzählaufforderungen nach bisherigen Pflegeerfahrungen und Wünschen im Falle einer zukünftigen Pflegebedürftigkeit abgedeckt. Der Einsatz der Fragen zu diesem Themenkomplex war relativ unterschiedlich, so schlossen z. B. drei der Befragten an die Frage, wie Alter(n) in ihrem Umfeld thematisiert wird, Erzählungen über pflegebedürftige Verwandte an, so dass das Thema Pflege gleich anschließend bearbeitet wurde und nicht nochmal am Ende des Interviews. Solche thematischen Anschlüsse machen nicht nur deutlich, wie wichtig ein flexibler Leitfadeneinsatz ist, sondern sind inhaltlich interessant: Es zeigt sich, dass das Thema Alter(n) direkt mit dem Thema Pflege verbunden wird, etwa wenn körperliche Einschränkungen und ein Verlust an Autonomie als Anzeichen sowohl des Alterns als auch von Pflegesituationen gekennzeichnet werden (vgl. Kap. 5.4). Die mithilfe des Leitfadens geführten Interviews dauerten zwischen einer und zwei Stunden.

Wenn man Subjektproduktionen durch die Forschungssituation kritisch in den Blick nimmt, wird sichtbar, dass auch ein stärker strukturiertes Interview wie das leitfadengestützte ebenso wie das narrative oder andere qualitative Erhebungsarten als Form der „Selbstbekenntnis" zu sehen sind, in der es immer auch um „Selbstanerkennung und Anerkennung durch andere" (Bublitz 2010a: 58) geht und die darum immer schon sozial gerahmt sind.

Die disziplinierende Wirkung der Aufforderung zur Selbst-Erzählung ist dabei insbesondere bei der Anrufung als ‚schwul' gegeben. Wie in Kapitel 2.1 ausgeführt, besteht in der Zuordnung als homosexuell (sowie als Mann, als alt etc.) immer die Gefahr einer Totalisierung des identitären Konzepts des Gegenübers. Daher waren die Fragen des Leitfadens so formuliert, dass Themen des Alters und Älterwerdens den Rahmen der Erzählungen bilden sollten, d. h. Fragen zur eigenen sexuellen Praxis oder zum ‚Coming-out' waren *nicht* im Leitfaden vorgesehen. Dadurch sollte den Befragten überlassen werden, inwieweit oder ob überhaupt sie im Kontext von Alter und Altern das Begehren ansprechen – damit wurde auch die Annahme der spezifischen Verwobenheit beider Dimensionen nicht „abgefragt", sondern sollte in der Erhebung emergent werden. Zudem steckte im Verzicht auf diese Frage die Idee, die Befragten nicht noch zusätzlich (neben der Rahmung als „Ältere") zu ‚anderen' zu machen.

Der Begehrens-Kontext war allerdings durch den Feldzugang im Interview so präsent, dass es den Befragten logisch erscheinen muss, dieses Element in ihre Antworten einzubauen (vgl. auch Çetin 2014: 196). Anschaulich wird die Bedeutung dieses Settings in folgender Episode, in der ich den befragten Michael Haupt (79 Jahre alt) nach der Deutung von Alter(n) in seinem Umfeld frage:

> I: „(…) ich würd Sie fragen wie Alter in Ihrem Umfeld thematisiert wird also wenn Sie jetzt an Ihren näheren Bekannten- oder Freundeskreis denken?"
> (2)
> M.H.: „Also hmm alt und schwul is=n großes Problem." (Interview 3, Absätze 54- 56)

Interessant ist hier, dass die Frage nach der Alters-Thematisierung im Umfeld mit der Addition „alt und schwul" beantwortet wird. Unklar ist, ob er vermutet, dass ich davon ausgehe, dass ich einen ‚schwulen' Bekannten- oder Freundeskreis anspreche, oder ob er sich tatsächlich hauptsächlich in schwulen Vergemeinschaftungen bewegt bzw. in diesen das Thema Alter besonders intensiv verhandelt wird. Das dezidierte Nicht-Fragen nach Homosexualitätsaspekten schafft damit zum Teil auch eine Unsichtbarkeit für die Analyse: Wird das Begehren im thematischen Kontext der Erzählung als Deutungsfolie relevant oder wird das Begehren bereits durch die Forschungssituation so deutlich ins Zentrum gerückt, dass es erzählt oder zumindest erwähnt werden muss?

Deutlicher wird an der folgenden Aussage von Günter Amann (68 Jahre alt), dass sowohl das Forschungsdesign, welches dezidiert ältere Schwule in den Blick nimmt, als auch das Begehren selbst die Erzählung über das Alter(n) bestimmt:

> „(…) und ähm jetzt grade in diesem Fall is=ses ja so, dass Sie ähm ja auch n n älteren Schwulen fragen." (Interview 5, Absatz 14)

Die soziale Erwartung, das eigene ‚andere' Begehren immer erklären oder gar rechtfertigen zu müssen, wird deutlich erkennbar. Die Selbstthematisierung als „schwul" und „älter" ist offensichtlich mit der gegenüber sitzenden Interviewerin verbunden; auf diesen Aspekt werde ich in 3.3 vertieft eingehen. Diese Episode ist ein anschauliches Beispiel für einen performativen Sprechakt (vgl. Kap. 2.1). So erfolgt für Günter Amann eine Anrufung durch mich bzw. die Interviewsituation insgesamt, die ihn als älteren Schwulen subjektiviert. Er reagiert darauf mit einer Umwendung, die der Anrufung entspricht bzw. diese Anrufung voraussetzt. Im Moment dieser Umwendung wird in der Interviewsituation ein älteres schwules Subjekt performiert, so dass zugleich andere mögliche Kategorisierungen oder Kontexte der Selbstbeschreibung abgeschnitten werden: In diesem Augenblick ist Günter Amann ein älterer schwuler Mann, sonst nichts. Andere Folien des eigenen Selbst wie (ehemaliger) Beruf, Herkunft, Schichtzugehörigkeit u. a. werden in diesem Moment in den Hintergrund gerückt.

Auch wenn die Gefahr von Anrufungen durch die Datenerhebung selbst vermieden werden sollten, wird doch deutlich, dass dies nicht immer möglich ist. In der Darstellung der empirischen Ergebnisse werde ich den Kontext des Interviews an einigen Stellen einfließen lassen, um zu zeigen, dass die Analysen nicht unabhängig von der Situation der Datenerhebung gesehen werden können.

3.2 Grounded Theory und Situationsanalyse: Ein ‚postmodern turn' in der Auswertung

In diesem Unterkapitel werde ich die Auswertungsmethoden meiner Studie vorstellen und begründen, warum genau diese für die Erforschung von Selbst-Beschreibungen älterer schwuler Männer genutzt wurden. Genauer geht es darum, wie der Zusammenhang von theoretisch-diskursiven Subjektpositionen und empirischen Subjektivierungsweisen methodisch eingeholt werden kann. Dieses Unterkapitel folgt der Erkenntnis des vorangegangenen Kapitels 3.1, dass weder eine Diskursanalyse noch eine reine Interviewstudie ausreicht, um diesen Zusammenhang herausarbeiten zu können (vgl. dazu Bosančić 2013; 2014). Daher wurde eine Kombination der Grounded-Theory-Methodologie (Glaser/Strauss 1967; Strauss 1994; Strauss/Corbin 1996; im Folgenden abgekürzt mit GTM bzw. GT) und der Situationsanalyse (Clarke 2003; 2005 [deutsche Übersetzung 2012]; Clarke/Keller 2014) gewählt.

Die Grounded Theory als grundlegendes Forschungsprogramm

Die Grounded Theory als Forschungsprogramm wurde zunächst ausgehend von der Annahme entwickelt, dass die starke Fokussierung der Sozialwissenschaften auf die sogenannten ‚Grand theories' (damit sind insbesondere strukturfunktionalistische und marxistische Ansätze gemeint) in den 1950er und 60er Jahren abgelaufen sein müsse. Die Erfinder der Grounded Theory Barney G. Glaser und Anselm L. Strauss postulierten, dass diese Großtheorien der Komplexität und Spezifität von sozialer Realität sowie des jeweiligen Forschungsgegenstands nicht gerecht würden. In einer primär induktiv, nicht deduktiv orientierten Logik sind grounded theory-basierte Arbeiten dagegen auf der Suche nach den „major kinds of action going on in the situation" (Clarke/Keller 2014: Abs. 87). Ich stelle nun die für die vorliegende Studie vier wesentlichen Aspekte heraus, die für eine Datenanalyse mithilfe der GTM sprechen.

1. Die Grounded Theory zeichnet sich im Wesentlichen durch eine starke *Hinwendung zu den Daten* und eine damit verbundene grundsätzliche Offenheit gegenüber dem Forschungsgegenstand aus; sie wendet sich damit gegen ein zunächst leitendes und zu verifizierendes Theoriekonstrukt. Wichtig in diesem Kontext ist das Konzept der theoretischen Sensibilität von Strauss. Erklärungen hierzu sind relativ vage: „theoretische Sensitivität" (Strauss 1994: 50) meint die Fähigkeit bzw. das „Gespür" eines Forschers, „wie man über Daten in theoretischen Begriffen nachdenkt" (ebd., vgl. auch Kelle 1994: 313ff). Diese Fähigkeit ermöglicht es, „ein förderndes – und nicht die Sicht verdunkelndes – Einsetzen von Erfahrung und Wissen zu ermöglichen" (Strauss/Corbin 1996: 57). Das immer vorhandene Wissen gegenüber einem Phänomen dient als „sensibilisierendes

Konzept" („sensitizing concept") dazu, „tentativ Fragen und Untersuchungsperspektiven zu generieren" (Strübing 2014: 29), aber nicht, um davon Hypothesen abzuleiten. Da die Ergebnisse dieser Studie im Hinblick auf den theoretischen Selbst-Begriff hin aufbereitet werden, ist theoretische Sensibilität immer schon in den Analyseprozess eingespeist bzw. der Begriff des Selbst dient bereits als sensitizing concept.[51]

2. Des Weiteren setzt Strauss erkenntnistheoretisch auf eine am Pragmatismus orientierte *Logik der Prozesshaftigkeit* im Sinne eines Blicks auf soziale Zusammenhänge als Ergebnis von vorausgegangenen Handlungen, auch in Bezug auf die Gewordenheit von Identitäten.[52] So sind nicht nur Handlungsmuster, sondern auch Identitäten durch Prozesshaftigkeit und Historizität gekennzeichnet (vgl. Abels 2006: 339; Strauss 1959). Darin zeigt sich eine dezidierte Abwendung von einer cartesianischen Identitätsvorstellung, wie sie auch Foucault und Butler in Frage stellen (vgl. Kap. 2.1). Während Strauss damit eine deutliche Abhängigkeit sozialer Selbste von ihrer gesellschaftlichen Umwelt propagiert, bleibt der Aspekt der Macht bei ihm unterbelichtet. Auf diesen Aspekt werde ich bei den Ausführungen zur Situationsanalyse näher eingehen.

3. Neben dieser theoretisch-konzeptuellen Passung nutze ich die GT auch aufgrund ihrer konkreten Methodik. Das Vorgehen der GT am Material besteht hauptsächlich im sogenannten *Kodieren*. Damit ist gemeint, den in den Daten beobachteten Phänomenen anschauliche, datenorientierte und später interpretativere Bezeichnungen zu geben (vgl. zum genaueren Vorgehen Strauss 1994; Strauss/Corbin 1996). Dieses Vorgehen ist bestimmt durch die *Methode des ständigen Vergleichens*, durch welches sich die „strukturellen Eigenschaften (...) der durch dieses Konzept repräsentierten empirischen Phänomene ergeben" (Strübing 2014: 15). Die Ergebnisse dieses Vorgangs, die Kodes und Kategorien, werden in verschiedenen Kodierschritten („offenes", „axiales" und „selektives Kodieren": Strauss/Corbin 1996; Strübing 2014) wieder verworfen, neu benannt, wiederentdeckt, mit anderen Kodes zusammengeführt. Schließlich werden die Kategorien zu einer Art Netz verdichtet, das die wesentlichen Erklärungszusammenhänge und sozialen Prozesse im untersuchten Bereich darstellt. Meist gruppieren sich

---

51 Aufgrund der Integration theoretischer Sensibilität in den Forschungsprozess orientiert sich meine Arbeit an der Strauss'schen Version der GTM. Der „naive Induktivismus" (Kelle 1996; hier zitiert aus Strübing/Schnettler 2004: 427; vgl. Glaser 1978; 1992) von Glaser scheint mir wenig angemessen für eine Forschung, die auch die Position der Forscherin und deren soziologisch-theoretisches Wissen immer als Daten mitdenken will.

52 Zum symbolischen Interaktionismus und Pragmatismus als erkenntnistheoretische Grundlagen der GTM vgl. ausführlicher Blumer 1966 und 1973, Kelle 1994, Schütze 2011, Strauss 1994, Strübing 2014 u. v. m.

die Kategorien um eine sogenannte Kernkategorie bzw. Schlüsselkategorie als „das zentrale Phänomen, um das herum alle anderen Kategorien [in die Theorie] integriert sind" (Strauss/Corbin 1996: 94; vgl. Kap. 2.4). Die Vorgehensweise des Kodierens ist in der GT von einem „*iterativ-zyklische[n] Prozessmodell*" (Strübing 2014: 29; Hervorh. L.S.) geleitet. So folgt die Datenanalyse einer nicht stringenten Abfolge von „Induktion, Deduktion und Verifikation" (ebd.: 54), die sich an den Daten orientiert.

4. Das iterativ-zyklische Vorgehen beinhaltet also „ein konstantes Wechselspiel zwischen Aufstellen und Überprüfen" (Strauss/Corbin 1996: 89) von Hypothesen; eine Methode, welche maßgeblich durch das *theoretische Sampling* bestimmt wird. Strauss beschreibt das theoretische Sampling als ein „Verfahren, bei dem sich der Forscher auf einer analytischen Basis entscheidet, welche Daten als nächstes zu erheben sind und wo er diese finden kann" (ders. 1994: 70). Unter diesem Aspekt wurde z. B. eine zweite Erhebung von Interviews (vgl. zum Sample Kap. 3.3) davon geleitet, dass der Aspekt der finanziellen Ausstattung offensichtlich wichtig für die Deutung des Alters ist, aber von den Befragten relativ subtil und am Rande versprachlicht wurde. Im Rahmen des schwierigen Feldzugangs (vgl. Kap. 3.3) wird hier versucht, theoretische Sättigung zudem durch die Einbeziehung von Sekundärmaterial im Rahmen der Situationsanalyse zu erreichen (vgl. weiter unten), des Weiteren zeigt sich das gewonnene Sample relativ heterogen.

Blinde Flecken der Grounded Theory und der ‚postmodern turn'

Neben den methodologisch überzeugenden Rahmungen und methodisch hilfreichen Instrumenten zeigen sich jedoch aus einer subjekt(ivierungs)theoretischen Perspektive Schwierigkeiten in der Arbeit mit der Grounded Theory. Eine mögliche Schwäche der GT liegt daran, dass durch die objektivierte Orientierung auf Daten der Begriff und die Analysen der Selbst-Beschreibung(en) zu sehr simplifiziert werden. Denn zum einen wird damit das Selbst-Konzept nur im Kontext mit den befragten Individuen betrachtet, da sich nach der klassischen GTM von Strauss (und Corbin) alle Kategorien nur auf die verwendeten Daten beziehen. Damit besteht auf einer konzeptionellen Ebene die Gefahr, dass der jeweilige (befragte) Mensch als Träger der einen abgeschlossenen Identität angesehen wird, die er vollkommen überblickt, über die er autonom verfügt und die er im Interview auch erzählen kann. Machteffekte, die das Selbst mitformen, werden außen vor gelassen bzw. geraten nicht in den Blick der Analyse: So wird z. B. Homophobie als Ausdruck einer (negativierten) Anrufung durch Andere im vorliegenden Projekt von einigen Befragten fragmenthaft erwähnt, aber nicht als wesentliche Erfahrung für die eigene Selbstbildung erzählt (vgl. Kap. 4.1). Dies bedeutet keineswegs, dass antihomosexuelle Erfahrungen und deren sozial-historischer Kontext nicht wesentlich sind.

Zum anderen reicht ein Blick auf (erzählte) Handlungen nicht aus: Eine Analyse von Handlungszusammenhängen trägt zur Herausarbeitung von Selbst-Konzepten nur insoweit bei, als sie auch von den Befragten so geäußert (ergo nacherzählt) werden. Eine weitergehende und die Kontexte der Handlungen hinterfragende Untersuchung (z. B. die Suche nach den Diskursen, die von den Befragten fragmenthaft erwähnt werden), ist im Rahmen der GT methodologisch nicht vorgesehen bzw. erkenntnistheoretisch schwierig (vgl. Clarke 2005: 75). In Bezug auf Subjektivierungsweisen und Selbstkonzepte reicht darum die Handlungsperspektive nicht aus, es müssen auch die Bedingungen der Handlungen miteinbezogen werden: „to move beyond a sole focus on action to a more broad and full focus on the entire situation in all of its many complex parts" (Fosket 2014: 93).

Desweiteren werden in der GT häufig Kausalitäten (trotz des Einfangens von Varianz z. B. durch Dimensionalisierung) und „Oversimplifications" (Clarke 2005: 11) als Begründungen für bestimmte Subjektivierungsweisen angenommen, die wiederum die Diskontinuitäten, Widerspenstigkeiten und Multikausalitäten eines dekonstruierten Identitätsbegriffs nicht aufnehmen. Dazu gehört auch, dass im Rahmen der GT als Analyseergebnis ein „basic social process" (Glaser 1978) bzw. eine Kernkategorie als Analyseergebnis stehen soll, „seemingly regardless of how complicated the situation may be" (Clarke 2005: 16). Auch wenn im Rahmen des *Kodierparadigmas* durchaus nach Bedingungen, Interaktionen, Strategien und Konsequenzen von Phänomenen (vgl. Strauss 1994: 57) gesucht wird, so ist diese Suche häufig spekulativ: Insbesondere Bedingungen und Konsequenzen einer Handlung werden häufig in Interviews nicht erzählt – die Forscherin müsste sie sich ‚dazu denken'. Eine weitere Simplifizierung sozialer Realitäten findet sich im Diktum der Offenheit insofern, als dieses impliziert, die Daten – und auch die Befragten – stünden für sich selbst. Sie würden gehört und analysiert, so wie sie selbst sich verstehen; der Forscherin bietet sich dementsprechend ein objektiver Zugang zu den Daten. Die Forscherin ist darin nur ein Werkzeug, sie selbst kommt in ihrer Positionierung nicht zum Tragen, sondern reproduziert in allergrößter Offenheit und Unvoreingenommenheit die Bedeutungen der in den Daten Sprechenden. Reflexivität kommt im Forschungsprozess der GT also häufig zu kurz; sie erschöpft sich nicht im Bemühen um theoretische Sensibilität. Eine daher notwendige Erweiterung der GT versucht die „positivistische" (Clarke 2005: 32; Übers. L.S.) Orientierung der GT zu überwinden. Diesen Anspruch vertritt auch – etwa neben Breuer mit der „Reflexiven Grounded Theory" (2010) oder Charmaz mit der „Constructivist GT" (2014) – die Situationsanalyse nach Adele Clarke, in deren Programm die Grundlagen der GTM aufgenommen und um einen „postmodern turn" (vgl. Clarke 2005) erweitert werden.

Die Situationsanalyse als methodologische Hilfestellung

Neben dem grundlegenden Verständnis, dass es eine objektive Forscherinposition nicht geben kann, verspricht die Situationsanalyse methodologisch einzulösen, was in Kapitel 2 als Theorierahmen entwickelt wurde. So erlaubt das sogenannte ‚mapping' als zentrales Analyseelement die Individuumszentrierung, die vielen Interviewanalysen inne ist, hinter sich zu lassen und die untersuchten Praktiken in einen größeren – eben diskursiven – Gesamtzusammenhang von sozialen Welten zu setzen. Die bei Foucault so entscheidenden Beziehungen von Macht und Wissen werden laut Clarke durch „eine Reihe von Organisationspraktiken" generiert, die wiederum die Regeln produzieren, „durch die Individuen (…) sich selbst zu Subjekten formen" (Clarke 2012: 96f). Wenn Strauss fragt: „Welche Handlung findet statt?" (ebd.: 97), dann fragt er damit auch nach den „Möglichkeitsbedingungen" (ebd.) dieser Praxis bzw. dieser Situation und ist relativ nah an den diskursiven Räumen von Foucault. In der Synopse stellt Clarke für ihr Programm der Situationsanalyse fest, dass diese „Möglichkeitsbedingungen sowie die in ihr enthaltenen Handlungen, Diskurse und Praktiken" (ebd.: 98) in der *Situation* zu finden sind:

> „Die grundlegende Annahme ist, dass alles, was sich in der Situation befindet, so ziemlich alles andere, was sich in der Situation befindet, auf irgendeine (oder auch mehrere) Weise(n) *konstituiert und beeinflusst.*" (ebd.: 114; Hervorh. i. O.)

Subjektivierungen bilden dabei die Situation; die Situation bildet die Subjektivierungen. Die Situation bildet sich im Gesprochenen der Befragten in Form eines Themas ab, welches dabei über die Grenzen des Gesagten hinausweist: Wenn Befragte über ihren Tagesablauf sprechen, zählen sie die konkreten Tätigkeiten auf, evtl. noch deren Bedeutung, wie lang und mit wem und wo sie sich dabei aufhalten. Zugleich verweisen sie auf einen Horizont, in dessen Rahmen diese Tätigkeiten auf eine größere soziale Situation hinweisen: z. B. verorten sie sich damit in oder außerhalb des (hegemonialen) Diskurses der Aktivität und des Beschäftigt-Seins im Alter (vgl. dazu Denninger et al. 2014; van Dyk/Lessenich 2009b; vgl. Kap. 2.2 und 5.1). Das Konzept der Situation beinhaltet dabei auch einen ethnomethodologischen Ansatz: Denn die Einordnung etwa als aktiver Alter passiert praktisch und *in situ* in der Situation der Alltagsgestaltung sowie im Moment der Interviewführung. Auch Selbst-Konzepte sind nicht nur Ergebnisse von Umwendungen, und diese wiederum von Anrufungen, sondern Subjektivierungen müssen praktisch in der Situation nachvollzogen werden. Die entsprechenden Diskurse und Diskursuniversen sind dabei nach Clarke nicht als Kontext im Sinne von Bedingung oder Rahmung, sondern als Teil der Situation selbst zu verstehen (vgl. Clarke 2005: 71f) und müssen daher immer Teil der Analyse sein.

Die konkreten methodischen Instrumente der Situationsanalyse sind verschiedene Formen des *mappings*; ihnen allen ist gemein, dass dort nach der GT kodierte oder noch unkodierte Daten gesammelt, geordnet und zueinander in Beziehung gesetzt werden. Die Kodes können in der map immer wieder neu geordnet werden, um die verschiedenen Beziehungen und die Komplexität der betreffenden Situation in den Blick zu bekommen und gleichzeitig das Stellen weiterer Fragen anzuregen. Das mapping ist daher eine Strategie zur Verdeutlichung von bestimmten Zusammenhängen, ohne zu simplifizieren („representing complexity and range of variation"; Clarke/Keller 2014: Abs. 121). Es gibt drei Formen des mappings: Situationsmaps, Maps von sozialen Welten/Arenen sowie Positionsmaps (ausführlicher vgl. Clarke 2005).

Ein wichtiges Erkenntnisinstrument in allen Mapping-Formen ist die Relationalität von Phänomenen, ohne (wie häufig in der GT) die Relationen zu sehr zu vereinfachen oder von einem simplifizierten Zentrum-Peripherie- oder Ursache-Wirkung-/Unabhängige-Abhänge-Variable-Schema auszugehen (vgl. Clarke 2005). Wesentlich ist dabei, zu jeder map, zu jedem neu in Beziehung gesetzten Code, zu jeder Suche nach weiteren Elementen Memos zu schreiben, um alle analytischen Gedanken, Fragen, Erkenntnisse festzuhalten und um später darauf zurückgreifen zu können (vgl. ebd.: 140).

Wie Clarke selbst herausstellt, hilft das mapping bei „analytischer Lähmung" und um „noch gründlicher zu analysieren" (Clarke 2012: 121). In dieser Funktion nutze ich ganz konkret – neben dem Schwerpunkt auf die Situiertheit der Forschungssituation und auf Selbstreflexivität – die Situationsanalyse als methodisches Instrument. Das mapping wird in dieser Studie daher als *Zwischenstation*, als *Reflexionsmöglichkeit* bisheriger Ergebnisse genutzt, d. h. eher als *methodisches Hilfsmittel* und weniger als eigenständiges (End-)Ergebnis.

Die Daten, die in den verschiedenen Situationsmaps genutzt werden, sind primär die Interviews, bzw. die dort herausgearbeiteten Kodes. Auf der Suche nach der diskursiven Bedingung eines Kodes, die sich allein aus dem Interviewmaterial nicht beantworten lassen, ziehe ich stellenweise weitere Daten heran, wie etwa Artikel und Informationsmaterial zum Themenkomplex Homosexualität und Alter(n). Dazu gehören Reportagen zu Pflegeeinrichtungen für schwule Männer, Flyer von Interessenvertretungen für ältere schwule Männer u. v. m. Dieser Zugriff auf das sekundäre Material leitet sich daraus ab, nach Stichworten und Verweisen aus dem Interviewmaterial in anderen Daten zu suchen und leere Positionen aufzufüllen. Die Einbeziehung ‚diskursiven Materials' ist hilfreich, um ‚schweigende' (siehe dazu weiter unten) Stellen des Interviewmaterials zu füllen und ein kritisches Hinterfragen von aufgeworfenen Positionen und Ergebnissen zu ermöglichen und dem Anspruch zu folgen, Selbst-Beschreibungen als nicht individuell-autonome, sondern diskursiv mitproduzierte Subjektivierungen zu verstehen.

3.2 Grounded Theory und Situationsanalyse

Für die Förderung einer selbstreflexiven Forschungshaltung ist außerdem der von Clarke diskutierte Begriff des *Schweigens* methodisch relevant: er macht darauf aufmerksam, dass es in und durch Diskurse immer Positionen (und Subjekte, die diese Positionen einnehmen) gibt, die schweigen bzw. zum Schweigen gebracht werden. Allein im Interviewmaterial ist das Schweigen als solches schwer auszumachen, eben weil es sich der Artikulation entzieht (vgl. Clarke 2012: 115) oder als Nicht-Normales und Nicht-Erwartetes gar nicht erst erfragt wird.

Die Methode der Datenerhebung, das Interview selbst, produziert durch das Verhältnis von Interviewerin und Befragtem sowohl Geschichten als auch Schweigen: „An interview story is both process and product. How a research participant views the interviewer influences the kind of story told and how the storyteller tells it" (Charmaz 2002: 323). Das Stoßen auf die „*Orte des Schweigens*" (Clarke 2012: 123, Hervorh. i. O.) kann damit häufig auf Lücken im Material oder aber auf tatsächlich (machtvoll) zum Schweigen gebrachte, zugleich für den Diskurs konstitutive Positionen aufmerksam machen. Das Schweigen kann ‚gebrochen' werden, indem im Sinne des theoretischen Samplings (vgl. Strauss 1994; Strauss/Corbin 1996) Daten gesucht werden, die diese Diskursposition füllen oder zumindest Hinweise darauf geben. Nach den ersten Interviewerhebungen für meine Studie wurde deutlich, dass das Thema „finanzielle Ausstattung/Einkommen" für die Verhandlung des Alters relevant war, in den Daten jedoch nur sehr subtil am Rande aufschien. In einer zweiten Erhebungswelle sollte dieses Schweigen durch das Interviewen von Personen mit besonders hohem oder eher niedrigem Haushaltseinkommen gebrochen werden (vgl. dazu Kap. 3.3; empirisch Kap. 5.3).

Häufig finden sich keine Anzeichen für die schweigende Position und das Schweigen der Daten sollte als solches hingenommen werden – häufig kann die Stille selbst ein interessantes Ergebnis darstellen. Die Gefahr, ein gefundenes Schweigen zu füllen, indem man den Daten etwas in den Mund legt, wird auch von Clarke formuliert (2012: 123). Wie in Kap. 2.1 dargestellt, sind Macht und Schweigen (im Sinne von Nicht-Sagen-Dürfen oder von Unaussprechlichkeit) eng miteinander verknüpft, umso wichtiger ist es deshalb, auch analytisch diesem Schweigen nachzuspüren.

Der Einbezug der Situationsanalyse in die Analyse hat, wie gezeigt, eher einen erkenntnistheoretischen als einen instrumentellen Charakter. So waren die Situationsanalysen für die Strukturierung der Gedanken hilfreich, eben als Hilfe bei „analytischer Lähmung" (Clarke 2012: 121); für die Verschriftlichung der Analysen erwies sich das Kodieren und die Schlüsselkategorie der GT als roter Faden als stimmiger (vgl. Strauss/Corbin 1996).

Empirisch sind in dieser Studie nicht *der* schwule alte Mann oder *die* schwulen alten Männer interessant, sondern der Kontext und die Bedingungen, die ihn produzieren und in welchen sie sich selbst entwerfen – oder anders gesagt: die

Situation, die zur Subjektivierung schwuler älterer Männer führt. Die Befragten als Individuen sind dabei weniger im Fokus, als die konkreten Handlungen (vgl. Clarke/Keller 2014: Abs. 81), die zu Selbstkonzepten führen bzw. auf diese hinweisen; ebenso wesentlich ist die Situation, die diese Handlungen ermöglicht und determiniert.[53] Ersteres wird mit der GTM und ihrem Fokus auf die basic social processes herausgearbeitet; zweites mithilfe der Situationsanalyse, die diese diskursiven Komplexitäten aufzufangen versucht. So soll methodisch-analytisch gleichzeitig der Unabgeschlossenheit poststrukturalistischer ‚fluider' Identitätskonzepte (vgl. Browne/Nash 2012b: 1) genauso Rechnung getragen werden wie der historisch-spezifischen Bedingtheit, in die diese Selbste diskursiv eingelassen sind und die häufig in (diskurs-)theoretischen Konzeptualisierungen zum Subjekt wiederum außen vorgelassen wird. Wenn Butler etwa das ontologische Verständnis von Geschlechtsidentitäten de-konstruiert, lässt sie die „komplexe, empirisch rekonstruierbare gesellschaftliche Geschichte" (Villa 2012: 163) derselben aus. Diese Ahistorizität (vgl. ebd.; vgl. Kap. 2.1) von Butlers Subjektverständnis soll in dieser Studie eingeholt und bearbeitet werden.

3.3 „Ich steh einfach nicht auf Frauen, entschuldigen Sie jetzt bitte": Subjektproduktionen durch Intersubjektivität

Standpunkte kritischer Heteronormativitätsforschung, wie das Hinterfragen totalitärer Subjekt- und Identitätskonstruktionen werden von mir nicht nur als theoretische Grundlagen verstanden, sondern so gewendet, dass queeres Denken im Sinne von Selbstreflexivität über die eigene subjektive Positionierung und damit Machtstellung in der Wissensproduktion zu einem sensiblen Umgang mit den ‚Erforschten' beitragen soll (vgl. Çetin 2014; Klesse 2007).

Dieses Projekt *untersucht* nicht nur Subjektproduktionen, sondern *stellt* sie im Forschungsprozess selbst *her*. Darin stellt sich eine *ethische* Problematik, die an den Prozess der Forschung rückgebunden werden soll: Welche Erkenntnisse lassen sich über den Forschungsgegenstand gewinnen, wenn Subjektivitäten der

---

53 Daher geht es nicht um eine vollständige Rekonstruktion aller erzählten Lebensumstände. Es werden darum individuelle spezifische Lebenssituationen der Befragten teilweise abgeschliffen bzw. nicht immer miterzählt. Der Fokus liegt auf dem Allgemein-Verbindenden meiner Daten; Fallstudien bleiben zugunsten einer Themenstrukturierung außen vor (vgl. dagegen die Einzelfallstudie „gay and gray" von Berger 1982, s. a. Kap. 2.5).

3.3 Subjektproduktionen durch Intersubjektivität

Forschungsteilnehmenden nicht als Störungen, sondern als Daten in den Forschungsprozess einbezogen werden? (vgl. Bereswill 2003; Charmaz 2014; Clarke/Keller 2014; von Unger 2014a). Dazu müssen die „Bedingungen, Kontexte und Diskurse (…) im Blick behalten" (Hark 2006: 369) werden, die die jeweiligen Wissensbestände mitbestimmen. Reflexivität bedeutet damit, diese *Subjektivitäten* wie auch die sich daraus ergebenden *Intersubjektivitäten* als datenformende Elemente mitzudenken, die interaktionstheoretisch gewendet, ein „Ausdruck wechselseitiger Interpretationen und Zuschreibungen" (Bereswill 2003: 516) sind.

Die Analyse der Situation werde ich hier von konkretem Datenmaterial auf die Situationen ausweiten, in welchen das Interviewmaterial gesammelt wurde: nämlich vor, während und nach der Datenerhebung. Die Situationen sind von meiner Subjektivität bestimmt, die auf die Subjektivität anderer Personen schaut und damit nie objektiv sein kann, gleichwohl aber in Form von Selbstreflexivität intersubjektive Nachvollziehbarkeit herzustellen versucht (vgl. auch von Unger 2014a: 23f).

Anrufungen im Feldzugang und Samplingstrategien

Im Feldzugang wird besonders deutlich, wie schwierig die Prämisse der Vermeidung von eindeutigen Subjektanrufungen im Rahmen empirischer Forschung durchzusetzen und wie groß die Gefahr der Reifizierung[54] ist. Schließlich sollten nicht alle möglichen Personen befragt werden, sondern bestimmte Merkmalsgrenzen für potentielle Interviewpartner beachtet werden. Die Befragten sollten den Begriff homosexuell bzw. schwul in irgendeiner Form für ihre Selbstbeschreibung für zutreffend halten und ein Mindestalter von 60 Jahren haben. Bereits hier und in den später gestellten Fragen und Erzählstimuli werden bestimmte Subjektpositionen vorgegeben, auf die die Befragten im Rahmen einer sozial anschlussfähigen Selbst-Erzählung im Rahmen legitimierter Sprechakte reagieren müssen (vgl. Bender/Eck 2014: 482; sowie Kap. 2.1 und 3.1). In diesem Sinne bedarf es einer kritischen Reflexion dieser Differenzsetzungen – im Sinne etwa von Butlers Frage: „Was haben denn alle Lesben gemeinsam – wenn es da überhaupt etwas gibt?" (Butler 2003a: 147). Was weiß ich also, wenn ich jemand ‚Schwulen' vor mir sitzen habe und wie kommt es zum Auswahlprozess, durch den ich dann im Interview genau diesen ‚Schwulen' vor mir sitzen habe – auf welche Anrufungen hat der nun vor mir Sitzende reagiert und was bedeuten sie für ihn?

---

54 Damit ist gemeint, dass kategoriale und stereotype Zuschreibungen schon „als Ausgangspunkt der Forschungen gesetzt" werden, womit „zugleich der unsichtbar gewordene Prozess ihrer Institutionalisierung bloß reproduziert wird" (Gildemeister/Wetterer 1992: 243; vgl. auch Hagemann-White 1994; Hark 2006).

Wie also kann im Feldzugang der Reifizierungsgefahr begegnet werden? Die Schwierigkeit, zu bestimmen, wer homosexuell ist, fassen Dannecker und Reiche im sogenannten ‚Homosexuellen-Report' (1974) als Herausforderung für ihre Samplingstrategie zusammen:

> „Offensichtlich gibt es Männer, die – nach welchen Kriterien auch immer – als homosexuell bezeichnet werden, sich aber selbst nicht so bezeichnen. Ebenso gewiss, wenn auch nicht so offen sichtbar, gibt es Männer, die von sich selbst ‚wissen', dass sie homosexuell sind, von denen es aber sonst niemand weiß. Niemand? Haben sie niemals homosexuelle Kontakte gehabt? Oder haben sie nur keine gesellschaftlichen Kontakte zu anderen Homosexuellen? Außerdem gibt es Männer, die eine ausgedehnte homosexuelle und eine ausgedehnte heterosexuelle Praxis haben, einige von ihnen sagen und meinen von sich, sie seien bisexuelle, andere, sie seien homosexuelle oder heterosexuelle. Soll man sie alle – und noch einige mehr – zu der ‚Population' zählen, aus der das Sample zu bilden ist?" (Dannecker/Reiche 1974: 12)

Dannecker und Reiche machen deutlich, dass jede a priori Kategorisierung den komplexeren Selbstbezeichnungen nicht entspricht und dass sexuelle Praxis und Selbstbeschreibung auseinanderfallen können. Eine recht einfache, letztlich aber doch weitgehend zufriedenstellende Lösung für das vorliegende Projekt war es, den Begriff ‚schwul' als Definition des Begehrens zu setzen. Das (mögliche) Feld wurde nicht über Begriffe wie MSM (Männer, die mit Männern Sex haben), über Homophilie oder Homosozialität, sondern über den sehr allgemeinen und bekannten Begriff ‚schwul' im Sinne einer häufig genutzten Selbstbeschreibung erschlossen.[55] Homosexualität wird damit nicht abschließend definiert, aber als Kategorisierung doch immer vorausgesetzt, und zwar bereits im Feldzugang.

So fand sich diese Kategorisierung im Aushang, über den mögliche Befragungspersonen gesucht wurden. Darauf wurde unter der Überschrift „Alt und Anders?" nach „Schwule[n] Männer[n] für Interviewstudie gesucht". Auf dem Aushang wird das Forschungsinteresse mit der mangelnden Verhandlung eines (schwulen) Alterns begründet: „Übers Altern wird viel zu wenig gesprochen, und manche sagen, unter schwulen Männern erst recht". Das Thema der Studie wurde darunter mit der „Sicht von älteren schwulen Männern auf Alter(n) und Pflege" angegeben sowie anschließend die Inhalte des Interviews („Leben, Biographie, Erfahrungen mit dem (Nicht?-)Älterwerden, Vorstellungen über und Erfahrungen mit Pflege") aufgeführt. In größerer Schrift wurden schließlich nach der Zusicherung von Datenanonymität und Vertraulichkeit stichpunktartig die Kriterien der potenziellen Befragten zusammengefasst: „Gesucht werden Männer, die

---

55 Zur Begriffsgeschichte und -verwendung von ‚schwul' und gay vgl. Beljan 2014; Hieber/Villa 2007; Skinner 1997.

3.3 Subjektproduktionen durch Intersubjektivität

- 60 Jahre und älter sind
- Sich selbst als schwul verstehen
- Sich ca. 2 Stunden Zeit nehmen wollen."

Der Flyer schließt mit meinen Kontaktdaten und einem Privatfoto von mir, durch das die institutionelle Rahmung ‚Hochschulforscherin' zugunsten einer informellen Vorstellung meinerseits in den Hintergrund rücken sollte. Aus diesem Grund wurde auch auf ein Layout entlang des universitären Corporate Designs verzichtet. Letztlich wird über das Foto – neben dem ‚weiblichen' Vornamen – nochmals deutlich gemacht, mit wem das Interview stattfindet: Nämlich mit einer weiblichen und jüngeren Person.

Mit der Formulierung „sich selbst als schwul verstehen" sollte die Selbstbezeichnung der Befragten in den Vordergrund gerückt werden. Nichtsdestotrotz wird die Bezeichnung „schwul" damit bereits gesetzt. Wie sich in den Daten zeigt, bezeichnen sich die Befragten selbst als schwul. Dies liegt u. a. daran, dass die Interviewten sich zum Teil stark in den Schwulenbewegungen der 1970er und 80er Jahre engagierten, in denen die Selbstbezeichnung als „schwul" ein „neues, positives Selbstverständnis" vermitteln sollte, in dem eine „neue antibürgerliche Sexualmoral" gelebt und „die eigene Sexualität öffentlich" gemacht werden sollte (Beljan 2014: 85; vgl. Kap. 6.2 und 6.3). Dass das ursprünglich negative Attribut mittlerweile als gängige Selbstbezeichnung funktioniert, wird im Sample deutlich.

Die Suche nach „Männern" folgte der Idee, Personen zu befragen, die sich selbst als Männer bezeichnen. Personen, die sich beispielsweise als ‚schwule Frauen' positionieren, wurden damit ausgeschlossen. Allerdings produziert die Anrufung „Männer" die Vorstellung eines natürlichen (im Sinne eines biologisch abgeleiteten) Mannseins – auch sich selbst als schwul verstehende Trans- oder Interpersonen fühlten sich dadurch vielleicht von der Teilnahme abgeschreckt, dabei wären sie als Signifikant_innen geschlechtlicher Komplexität eventuell aufschlussreiche Interviewpartner_innen gewesen. Die Verwendung des Begriffes „Männer" im Aushang greift daher eher eine alltagssprachliche und allgemein verständliche Nutzung von Geschlechterdifferenzierung auf (nämlich, dass Schwule meist männlich sind). Letztlich muss dann in der Datenanalyse „der Modus der Herstellung und des Unterscheidens selbst zum Gegenstand der Untersuchung" (Hark 2006: 358) werden; wie sich in Kapitel 5.2 und 5.3 zeigen wird, ist die Selbstbeschreibung als Mann mit bestimmten Männlichkeitskonstruktionen verknüpft und wird sowohl im Kontext von Homosexualität als auch von Alter relevant.

Die Altersgrenze von mindestens 60 Jahren folgte der Idee, dass eine Auseinandersetzung mit dem eigenen Älterwerden bereits stattgefunden hat; und zwar sowohl über die alltagsweltliche Beobachtung, dass 60plus gemeinhin als höheres und hohes Alter angesehen wird sowie auch über den Parameter der Verrentung, die entweder bevor steht, gerade vollzogen wird oder schon geschehen ist. Viele andere alterssoziologische Studien wählen 65 Jahre als Grenze; damit allerdings wird Alter mit Renteneintritt quasi gleichgesetzt.[56] Andere Studien legen die Altersgrenze bei 45 Jahren fest, so z. B. „um eine größere Bandbreite an Sichtweisen aufs Älterwerden zu erfassen" (Graefe 2013: Abs. 20). Diese großzügige Altersbegrenzung halte ich nicht für sinnvoll: letztlich kann mit einem so generellen Blick auf Älterwerden die Spezifik eines Alter(n)s nicht eingeholt werden, das sich mit der Fremddeutung als altes oder älteres Subjekt auch wirklich auseinandersetzen muss. Um die Hereinnahme dieser Anrufungen des Alt-/Älter-Seins in das eigene Selbstkonzept möglichst vielgestaltig und im Rahmen mehrerer Kohorten untersuchen zu können, wurde die Altersgrenze nach oben offengelassen.

Über Aushänge in schwulen Veranstaltungszentren in drei deutschen Großstädten, über E-Mails an einige Altenberatungsstellen für schwule Männer sowie durch Weitergabe im Kolleg_innen- und Bekanntenkreis sollten Befragungspersonen rekrutiert werden. Über das „Schneeballprinzip" (vgl. z. B. Przyborski/Wohlrab-Sahr 2014: 59) wurde niemand gefunden.[57] Auf die Aushänge in Veranstaltungszentren meldeten sich acht Personen, über die E-Mail-Verteiler der Altenberatungsstellen zwei. So konnten zwischen dem Zeitraum August 2013 bis April 2015 zehn Interviews geführt werden.

Das Sample

Die Altersspanne der zehn Befragten reicht (jeweils zum Zeitpunkt des Interviews) von 60 bis 90 Jahren; das Durchschnittsalter beträgt 69,8 Jahre; sechs der zehn Befragten sind in ihren Sechzigern. 9 von 10 Befragten befinden sich im sogenannten „dritten" Lebensalter (60 bis 79 Jahre), ein 90-jähriger Befragter vertritt das „vierte" Lebensalter (ab 80 Jahren; vgl. Clemens/Naegele 2004). In der alterssoziologischen Literatur wird das dritte Lebensalter häufig als „junges und gesundes" Lebensalter verhandelt und von einem vierten Alter unterschieden, als einer „stärker durch Krankheit, Abhängigkeit und Pflegebedürftigkeit geprägten Hochaltrigkeit" (Graefe

---

56   Denn zumindest für die zum Zeitpunkt des Interviews Mitte-Sechzigjährigen bzw. darüber hinaus ist immer noch 65 das Alter, in dem Verrentungen in der Regel ohne Abschläge geschehen – die „Rente mit 67" ist für die hier in den Blick genommenen Kohorten nicht von Belang.

57   Anders etwa als bei Dannecker/Reiche 1974, die mit ihrem Prinzip der Kontaktnetze und der Kontaktpersonen gute Erfahrungen in Bezug auf die Rücklaufquoten ihrer Fragebögen machten; allerdings sprechen die Autoren von „unter Druck stehenden" Kontaktpersonen und „ermahnten" Befragten (dies.: 16) – von solchen Verfahren wollte ich hier absehen.

3.3 Subjektproduktionen durch Intersubjektivität

et al. 2011: 300), welches zudem besonders von Ungleichheitslagen betroffen sei (vgl. Clemens/Naegele 2004: 399f). Auch wenn (bzw. gerade weil) das sogenannte dritte Alter derzeit eine „umfassende, gesellschaftliche Neubestimmung erfährt" (Graefe et al. 2011: 300), verweist die Unterscheidung nach wie vor auf wirkmächtige Zuschreibungen des Alters, die je nach Subjektstatus (insb. auch in Verbindung mit Klassen- bzw. Schichtaspekten, vgl. dazu Denninger et al. 2014) stark zwischen positiven und negativen Bildern changieren. Die breite Altersspanne im Sample macht es möglich, auch diese Deutungen des Alter(n)s in den Blick zu nehmen und zu hinterfragen.

Das Sample ist in hohem Maße dadurch bestimmt, dass ich hauptsächlich in Großstädten nach Interviewpartnern suchte. Es finden sich aber auch zwei Befragte, die längere Zeit auf dem Land lebten und von ihren Erfahrungen aus der ‚Provinz' berichten sowie ein Befragter, der gegenwärtig auf dem Land lebt. Die Unterscheidung von Stadt und Land wird in den Interviews sehr häufig bemüht, insbesondere wenn es um Möglichkeiten ‚schwuler' Vergemeinschaftung geht. Wenn Detamore schreibt: „The bulk of research on sexual minorities has a metropolitan bias" (ders. 2012: 168), dann ist dieses Sample sicher kein Gegenentwurf, beinhaltet aber zumindest einige Stimmen, die „sexual minorities in rural contexts" (ebd.) entsprechen.

Die Einkommenshöhe habe ich am Ende des Interviews abgefragt; da die Angaben unterschiedlich spezifisch waren (von 1400 über „ungefähr 3000 €" bis hin zur Angabe „deutlich mehr als das Bruttosozialprodukt von 1500 €" und „mehr als 6000 €"), lässt sich ein Durchschnittseinkommen nicht berechnen. Ich nehme an, dass die Befragten mehrheitlich über ein dem deutschen Durchschnitt entsprechendes Haushaltsnettoeinkommen von 3147 € oder mehr verfügen. Dies lässt sich darauf zurückführen, dass hauptsächlich Personen in Großstädten befragt wurden, die vergleichsweise hoch qualifiziert sind, sowie an der „generelle[n] Problematik, Menschen aus bildungsfernen Schichten für wissenschaftliche Studien zu gewinnen" (Denninger et al. 2014: 52f). Der Mythos, dass (Lesben und) Schwule über ein erhöhtes Einkommen verfügen, da sie keine Familien ernähren müssten („double income, no kids") und in besonders gut bezahlten, kreativen, hochqualifizierten Berufssegmenten arbeiten (vgl. kritisch Laufenberg 2014: 282), bestätigt sich am Sample nicht. Vier der Befragten haben Kinder und im Sample finden sich neben ‚kreativen' Berufen wie Filmkritiker, Schauspieler/Sänger, ‚Galerist', ‚Filmverleiher' auch ein Beamter im Strafvollzug, ein ‚Außendienstler', ein Pharmareferent, ein Lehrer, ein Controller sowie ein Soldat auf Lebenszeit.

Keiner der Befragten berichtet von einem ‚Migrationshintergrund'; auch lässt niemand einen DDR-Hintergrund erkennen. Dass alle Befragten in der BRD aufgewachsen sind und gelebt haben, ist für die Verhandlung von und die Erfahrungen mit dem § 175 StGB von Bedeutung; dieser wurde in der BRD erst deutlich später entschärft als in der DDR (vgl. die Einleitung).

In Bezug auf den Familienstand bzw. die Lebenssituation zeichnet sich das Sample sehr heterogen: die Hälfte der Befragten lebt in einer (Lebens-)Partnerschaft, die andere ist alleinlebend, vier der Befragten sind geschieden, eine Person ist verwitwet (und wieder in Partnerschaft). Diese Vielfältigkeit bildet sich auch in den Interviewinhalten ab, in denen häufig ein heteronormierter Familienbegriff durch vielgestaltige Verständnisse von Familie ersetzt wird, die nicht an Kinder, (Bluts-)Verwandtschaft und Heterosexualität geknüpft sein müssen.

Schließlich zeigt das Sample noch nach Aspekten der Behinderung/Nicht-Behinderung eine bestimmte Diversität; so finden sich zwei Personen, die stärker körperlich eingeschränkt sind und denen, nach eigener Aussage, das längeres Gehen und Stehen schwerfällt. Diese Einschränkungen werden häufig über Körperbilder behandelt und an der entsprechenden Stelle analysiert. Weitere Aspekte von Gesundheit/Krankheit werden im Interviewmaterial vielgestaltig (insbesondere im Lichte des Alternsprozesses und einer möglichen Pflegebedürftigkeit) formuliert und tauchen in den Ergebniskapiteln an einigen Stellen auf (vgl. Kap. 5.1; 5.4).

Interview-Nr.	Anonymisierter Name	Alter	Familienstand/Partnerschaft	Erwerbssituation	Einkommen (mündliche Angabe)
IV 1	Hannes Schneider	64	Geschieden; verpartnert; 2 Kinder	Erwerbstätig, kurz vor der Pensionierung	„Mehr als 6000"
IV 2	Werner Stratmann	72	Verpartnert, getrennt lebend	In Rente	3000
IV 3	Michael Haupt	79	Single	In Rente	1400
IV 4	Uwe Meuser	60	Geschieden, Single, 1 Kind	Erwerbstätig	2800
IV 5	Günter Amann	68	Single	In Rente	3500
IV 6	Peter Martens	70	Geschieden, Single, 2 Kinder	In Pension	2400
IV 7	Rainer Bach	68	In Partnerschaft	In Rente	3000 netto
IV 8	Karl Bubeck	64	In Partnerschaft	Erwerbstätig	3000 netto
IV 9	Dieter Ellwanger	63	Geschieden, in Partnerschaft, 3 Kinder	In Rente	„deutlich mehr als das Bruttosozialprodukt von 1500€"
IV 10	Erich Kranebeck	90	Verwitwet; verpartnert	In Rente	3000

Abb. 1 Sample

3.3 Subjektproduktionen durch Intersubjektivität

Insgesamt zeigt das Sample so interessante Varianzen auf, besonders im Hinblick auf Stadt/Land, Alterskohorten, Familien- und Beziehungsstand sowie Krankheit/ Gesundheit (vgl. Abb. 1).

„...das können Sie jetzt nicht wissen" – Distanz und Nähe

Nicht nur im Rahmen einer Untersuchung, die für Subjektproduktionen sensibel sein will, auch im Kontext einer sich intersektional verortenden Studie erscheint es auch für die Arbeit im Feld wesentlich, den sozialen Positionierungen in der Datenerhebung und ihren Auswirkungen in den Daten auf die Schliche zu kommen. Diese Positionierungen sind interessant, da sie auf *Differenz*setzungen fußen und *Distanzen* der Positionen zwischen der Interviewerin und den Befragten produzieren bzw. darauf verweisen. Zugleich stellt jede Interviewsituation einen intimen Rahmen dar, in dem *Vertrauen* und *Nähe* vorhanden sein müssen, damit das Interview gelingen kann.

Wie in jeder empirischen Erhebung wurden auch in der vorliegenden Differenzsetzungen und Abgrenzungen vorgenommen, die zur (Selbst- und Fremd-)Kategorisierung in Subjektordnungen führen. Die Konstruktion dieser Kategorisierungen spielt sich dabei in der Interviewsituation ab, in welcher ein „Regelwerk sozialer Interaktionssituationen" (Dausien/Kelle 2005: 201) die beteiligten Personen zu ‚alten' und ‚jungen', zu Männern und Frauen *macht* und in dem die damit verbundenen Selbst- und Fremdpositionierungen für die Analyse fruchtbar gemacht werden können (vgl. Ploder 2009). Diese Kategorisierungen können an Subjektpositionen rückgebunden werden, durch welche die Teilnehmer_innen der Interviewsituation in ihrer Selbstdarstellung determiniert werden.

Ich möchte hier gleich zu Beginn einschränken: Auch wenn ich Überlegungen zum Thema Selbst- und Fremdpositionierungen für wichtig halte, dürfen diese nicht die Erforschung eines Themas bremsen; oder anders gesagt: wenn ich als ‚jüngere' Frau ‚ältere' Männer beforsche, sollte ich das zwar mitdenken. Aber die Reflexion darf weder dazu führen, sich in „indifferenten Selbsterfahrungsbemühungen festzufahren" (Bereswill 2003: 512) noch Angst vor der (immer standortgebundenen) Interpretation von Daten zu haben.

Selbst- und Fremdpositionierungen sind schwer zu trennen, mit einer Selbstverortung ist immer eine Zuordnung des Gegenübers verbunden und umgekehrt. Dabei sind privilegierte und weniger privilegierte Positionen in meinem Forschungssetting nicht so eindeutig wie etwa bei Çetin, der sehr plakativ anführt:

> „Die gesellschaftliche Situation einer *schwarzen lesbischen erwerbslosen alten* Frau mit einer chronischen Krankheit kann nicht mit einem reichen weißen heterosexuellen erwachsenen Mann verglichen werden." (Çetin 2013: 370; Hervorh. i. O.)

Im vorliegenden Projekt sind die Positionierungen komplexer: Strukturell bin ich als Wissenschaftlerin in einer machtvollen Position gegenüber den Befragten, als jüngere Frau in einer eher unterprivilegierten Position, auch was Deutungshoheiten und Anerkennung von Leistungen und Wissen angeht. Die jeweiligen gesellschaftlichen Positionierungen sind im Hinblick auf symbolische Hierarchien also uneindeutiger als in Çetins Beispiel. Diese Uneindeutigkeit privilegierter Positionen der Beteiligten verweist wiederum darauf, dass so etwas wie Vulnerabilität, generelle Deprivation bzw. Benachteiligung oder Marginalisierung bei der untersuchten ‚Gruppe' nicht per se vorausgesetzt werden sollte.

Exemplarisch werden im Folgenden Positionierungen anhand des Alters, des Geschlechts, des Begehrens sowie des Berufs der Interviewerin dargestellt; darin zeigen sich komplexe Verhandlungen, die auf Altersdiskriminierungen und Sexismen Bezug nehmen.

In Bezug auf die Dimension des *Alter(n)s* ist interessant, wie der relativ offensichtliche Altersunterschied zwischen mir als Interviewerin und den Befragten thematisiert wurde. Stefanie Graefe etwa beschreibt in ihrer Studie zu subjektiven Altersdeutungen, dass eine beständige Distanzierung von der Kategorie „Alt" in der Selbsterzählung auch

> „durch die Interviewsituation mit herausgefordert wurde. Die Altersdifferenz zwischen Fragender und Befragten lag in unserem Sample zwischen einigen wenigen und mehr als 40 Jahren. Inter- und intragenerationelle Effekte auf den Gesprächsverlauf lassen sich deshalb in praktisch jedem Interview finden oder zumindest vermuten." (Graefe 2013: Abs. 73)

Ähnlich wird die Selbstpositionierung als ‚älter' gegenüber der jüngeren Interviewerin in meinen Daten häufig betont, und zwar entlang verschiedener Themen. Beispielsweise wird das unterschiedliche Alter anhand bestimmter Lebenserfahrungen (z. B. Erfahrungen in der Subkultur der 1970er Jahre) aufgemacht. Die aufgrund der Generationszugehörigkeit unterschiedlichen Erlebnisse thematisiert der Befragte Karl Bubeck im Kontext seiner frühen politischen Sozialisation:

> „und es war ja n Riesenaufbruch damals ja? Studentenrevolte äh Sexualität befreien äh Kindererziehung äh also antiautoritäre Erziehung, ne Jugendzentrumsbewegung, die Friedensbewegung. Also die Empörung reichte in alle Bereiche der Gesellschaft." (Interview 8, Absatz 18)

Es zeigt sich, dass die Wahrnehmung einer unterschiedlichen Positionierung den Befragten dazu animiert, bestimmte Aspekte ausführlicher darzulegen, d. h. dass

3.3 Subjektproduktionen durch Intersubjektivität 99

die Distanz zwischen dem Befragten und mir hilfreich ist für detailliertere Erzählungen. Meine Vermutung ist, dass Karl Bubeck gegenüber einer_m gleichaltrigen Interviewpartner_in diese bewegungsgeschichtliche Aufzählung ausgelassen hätte. Eine weitere Alterspositionierung wird über die Informiertheit über altersrelevante Themen aufgemacht. So stellt Günter Amann (kritische) Informiertheit über staatliche Versorgungsinstitutionen als Zuordnungskriterium zu den Älteren dar:

> „Des mit der Pflegeversicherung is ne Katastrophe (1) totale Katastrophe des macht man sich gar nich klar wenn man damit nichts zu tun hat." (Interview 5, Absatz 26)

Ich als Interviewerin werde vom Befragten Günter Amann eindeutig als jung positioniert, da ich mit der Pflegeversicherung (noch) „nichts zu tun habe"; gleichzeitig schwingt implizit die Beurteilung mit, dass mich dieses Thema nicht beschäftigt („macht man sich nicht klar"). Hier wird deutlich, dass aufgrund einer wahrgenommenen Distanz zwar bestimmte Anrufungen (an die Interviewerin) vorgenommen werden, die aber inhaltlich aufschlussreich und für die Qualität des Datenmaterials vorteilhaft sind. Die Aussage zeigt zugleich, dass ohne expliziten Verweis ein Altersunterschied in der Interviewsituation wahrgenommen wird, der das Gesagte mitstrukturiert. Die Äußerung von Günter Amann führt außerdem dazu, dass ich mich selbst anschließend als „junge Person" entsprechend seiner Anrufung thematisiere:

> I: „Ja allerdings auch schon für mich als junge Person is des sehr erschreckend." (Interview 5, Absatz 28)

So nehme ich zwar die Anrufung als „junge Person" auf, wende sie aber anders, indem ich ein persönliches „Erschrecken" über das Pflegesystem anzeige, über dass ich mich sehr wohl als informiertes und meinungsstarkes Subjekt positioniere. Es ist sicherlich nicht selten die Eitelkeit des_r Forschers_in, die bestimmte Positionierungen (mit-)bestimmt.

In den Interviews wird eine Distanzierung zwischen den Beteiligten zudem über *Geschlecht* vorgenommen; diese Positionierungen sind häufig direkt mit *Begehren*sformen verbunden. So entschuldigt sich der Befragte Werner Stratmann bei mir dafür, dass er keine Frauen begehrt: „da hab ich gemerkt, ne also für Frauen, entschuldigen Sie jetzt, also guckste dich mal nach Männern um" (Interview 2, Absatz 51). Die gleiche Form einer *Entschuldigung* findet sich in Interview 3 bei Michael Haupt:

> „Ich hatte m:: ja des Gegenteil nie vorstellen können, ich kann mir etwas nicht vorstellen was ich nich empfinde. (1) Also mit andern Worten Geschlechtsverkehr mit ner Frau //mhm// gell? Also des is des is nich drin! Des hab ich mir, ich hab mir des oft vorgestellt und hab gesacht nee des- s- es tut mir leid s-, entschuldigen Sie wenn ich Ihnen das entgegen s- Sie sind ja ne Frau."
> (Interview 3, Absatz 124)

Ich als Interviewerin werde als Repräsentatorin des Kollektivs Frau positioniert, das sich in einem heteronormierten System dadurch auszeichnet, dass es von Männern begehrt wird. Offenbar nehmen die Befragten an, ich könnte mich als Frau gekränkt fühlen, wenn sie nicht auf mich ‚stehen'.

Vielfach zeigen sich Positionierungen nicht nur über das *Alter* oder das *Geschlecht*, sondern gerade im Zusammenhang von *Alter(n) und Geschlecht* und häufig verbunden mit Begehren. Im Vor- oder Nachgang des Interviews wurde oft betont, wie ungewöhnlich es ist, dass eine „so junge Dame" (Werner Stratmann/ Feldnotizen) sich für dieses Thema interessiert. Hier zeigt sich, dass die Fremd- und Selbstpositionierungen als älter oder jünger/alt oder jung selten getrennt vom Geschlecht der Forscherin und der Beforschten vorgenommen wurden.

Das Forschungsinteresse (der jungen Frau) wurde durchgehend als positiv bewertet, gerade weil nicht „der alte Sack aus dem Schwulencafè" (Dieter Ellwanger/ Feldnotizen) gegenübersitzt.

Neben der (auch impliziten) Bezugnahme auf Alter und Geschlecht der Interviewpartner erfolgt häufig Selbstpositionierung der Befragten als wissend und gut informiert, die wiederum auf die Stellung meinerseits als *Wissenschaftlerin* verweist. Unerwartet oft sprechen die Befragten wissenschaftliche Untersuchungen und Literatur an, die sie kennen – und die ich auch kennen sollte:

> „Aber es gibt ja Untersuchungen, des wissen Sie ja auch, wo man sagt also diese Beziehungen, die da entstehen sind genauso haltbar oder können genauso haltbar sein wie Beziehungen die in der Realität sich anbahnen."
> (Interview 5, Absatz 41)

> „Es gibt ja diese Activity-Theorie und hab schon auch die Lehrbücher von Ihrem Studium gelesen und Soziologie des Alterns und sich einbringen."
> (Interview 8, Absatz 55)

Die Befragten legitimieren hier bestimmte Verhaltensweisen (Kontaktsuche über das Internet sowie Engagement und Aktivität in der Lebensgestaltung im Alter), indem sie auf „soziologische" Forschungsergebnisse rekurrieren, die diese Ver-

3.3 Subjektproduktionen durch Intersubjektivität

haltensweisen als vorteilhaft darstellen. Über die Selbstbeschreibung als ebenso informiert und kenntnisreich versuchen die Befragten, den (angenommenen) Wissensvorsprung meinerseits abzumildern und Deutungshoheiten im Interview für sich zu reklamieren

Die Dimension des *Begehrens* wurde – wie bereits beschrieben – von den Befragten häufig zur Selbstpositionierung genutzt, mich fragten sie nicht (direkt) nach meinem Begehren. Dagegen wurde ich auf Tagungen und anderen wissenschaftlichen Zusammenkünften, von Wissenschaftskolleg_innen oder auch betreuten Studierenden mehr oder weniger direkt dazu gedrängt, mich als lesbisch, hetera o. a. zu positionieren, also mich zu ‚outen'. Während etwa Jackmann darauf eingeht, dass für schwule und lesbische Forscher_innen „the managment of identity an ongoing aspect" (2012: 121) in der Feldforschung darstellt, behaupte ich, dass Forschung zu Sexualität_en immer ein Publikum mit hetero- oder ‚homo'-normativen Vorstellungen des richtigen Begehrens produziert. Beispielhaft hierfür war auf einem wissenschaftlichen Kongress die Frage aus dem Publikum nach Ende meines Vortrags, ob ich denn als offensichtlich „junge Frau, die wahrscheinlich nicht schwul ist" (allgemeines Gelächter) überhaupt „das Recht" habe, mich mit alten schwulen Männern zu beschäftigen. Häufig wurde ich angegriffen, weil ich mich mit männlicher und nicht mit weiblicher Homosexualität beschäftige.[58] Darin wurde mir entgegengebracht, dass ich lesbisches Älterwerden besser verstehen, besser nachvollziehen könne als schwules. Die Vorstellung, dass nur ‚Betroffene' etwas über andere ‚Betroffene' sagen können und v. a. dürfen, war hier besonders virulent. Interessant ist die hinter diesem Vorwurf stehende Annahme, dass ein unterschiedliches Begehren eher Distanz erzeugt als ein unterschiedliches Lebensalter. Macht das Teilen des Begehrens von Forscherin und Beforschten Wissenschaft besser, tiefer, ehrlicher?

Ich vermute, dass junge männliche, schwul gelesene Kollegen zwar nicht unbedingt bessere oder schlechtere, aber andere Daten produziert hätten und dass die von den Befragten getroffene Annahme der Fremdheit und ein fehlendes ‚Mitspielwissen' besonders reichhaltige, detaillierte Daten eher *förderten*. So beschreiben Dannecker und Reiche in Bezug auf eine Eingelassenheit der Forschenden in der Subkultur auch Erkenntnisgrenzen:

---

58 Den Vorwurf der damit verbundenen Reproduktion lesbischer Unsichtbarkeit halte ich für wichtig und sehe diese Leerstelle im Projekt als Problem an (Argumente für die Fokussierung auf ‚schwules' Älterwerden vgl. in der Einleitung). Letztlich halte ich das gegeneinander Ausspielen dieser (auch in sich sehr heterogenen) Gruppen für nicht sehr zielführend.

„Man muss die homosexuelle Subkultur ‚von innen' erfassen, wenn man ihren inneren Aufbau erfassen will, aber das ‚In'-Sein, die Verhaftung an die unmittelbare Erfahrung, bildet gleichzeitig die stärkste Mauer gegen die Durchdringung dieses Aufbaus." (Dannecker/Reiche 1974: 20)

Insofern sehe ich mich als weibliche, ‚junge' Wissenschaftlerin nicht als grundsätzliches Problem, auch und gerade, weil ich nicht ‚In' bin, jedoch als wesentliches Instrument der Datenerhebung, das mitgedacht werden muss.

Grundsätzlich halte ich distinkte Positionierungen für die Qualität der Daten also nicht für problematisch, solange man sie im Blick hat. Çetin dagegen formuliert, dass die Identifikation einer gleichen Positionierung (in diesem Falle vor dem Hintergrund mehrdimensionaler Diskriminierungslagen) von Interviewer und Befragten ein Vorteil sei: „Diese Situation erleichtert zum einen den Zugang zum Forschungsfeld, zum anderen den Informationsgewinn" (2013: 370). Sicherlich kann Vertrauen in der Forschungssituation dadurch geschaffen werden, dass Interviewte sich bei dem_der Interviewer_in wohl fühlen und keine Angst vor Diskriminierungen haben. Die Annahme, dass durch einen gemeinsamen Erfahrungsraum Verletzungen durch die Forschung a priori ausgeschlossen werden, sollte nicht getroffen werden.

Des Weiteren ist es wahrscheinlich, dass die Annahme einer ähnlichen Positionierung dazu führt, dass bestimmte Aspekte für so selbstverständlich gehalten werden, dass sie nicht mehr erzählt werden. Genau diese Selbstverständlichkeiten gab es in der Gesprächssituation zwischen dem älteren Mann und der jüngeren Frau nicht. Wie dargestellt, hatte ich meist den Eindruck, dass bestimmte Ausführungen besonders detailreich wurden, um für mich verständlich zu werden. Es gibt sicherlich Inhalte, die mir aufgrund einer lebensweltlichen Distanzannahme nicht erzählt wurden; hierzu zähle ich etwa Sexualpraxen sowie verschiedene Abgrenzungen zu lesbischen Szenen. So hat die starke Differenz in der Positionierung sowohl Vorteile als auch Nachteile für die Datenqualität, sie ist aber nicht grundsätzlich negativ.

Sichtbarmachen und Schweigen – Forschungsethische Grundlagen

Die Aufgabe von Forschenden, so Strübing, sei es, die Daten „‚zum Sprechen' zu bringen" (2013: 47). Richtigerweise wird darin angenommen, dass das Material nicht von selbst und aus sich heraus spricht, sondern dass durch die vermittelnde Rolle der Wissenschaftlerin, durch das Anlegen erkenntnistheoretischer Maßstäbe und die Verwendung bestimmter methodischer Werkzeuge Daten in einer sehr spezifischen Weise zum Sprechen gebracht werden und nicht einfach *da* sind. Über etwas Sprechen meint – performativ gewendet – etwas ans Licht bringen, in die Welt setzen (vgl. Kap. 2.1). Das Wissen, das ich mit diesem Projekt in die Welt

3.3 Subjektproduktionen durch Intersubjektivität

setze, ist dabei niemals neutral. Bei der Produktion von Daten gilt es nicht nur zu reflektieren, wie das Gesprochene in die Welt kam, sondern was gesprochen wurde und was nicht. Es geht um die Reflexion darüber, dass die Forscherin einiges nicht zur Sprache bringen sollte und anderes nicht zum Sprechen bringen kann. Im Folgenden werden forschungsethische Standards erläutert, die den Daten ein teilweises Schweigen auferlegen und gleichzeitig ein Sprechen über die Daten erst ermöglichen.

Zu den ‚klassischen' Forschungsethischen Instrumenten gehören das *informierte Einverständnis* und das Prinzip der *Nichtschädigung* (vgl. Hopf 2009; von Unger 2014a). Forschungsethik beinhaltet einen sensiblen Umgang mit Informationen, die zum einen eindeutig sichtbar sein müssen (wie etwa eine angemessene Information der Forschungsteilnehmenden) oder zum anderen Informationen zurückhalten müssen (etwa wenn es um Anonymisierung und Datensicherung geht). Diese Informationspolitik kann unmittelbar als ethisches Prinzip verstanden werden, die Verletzbarkeit (vgl. Butler 2003b) von Personen zumindest nicht zu erhöhen.

Das *informierte Einverständnis* (vgl. dazu Çetin 2014; Hopf 2009) soll sicherstellen, dass die Teilnahme an Interviews, Gruppendiskussionen oder anderen Datenerhebungen auf Grundlage einer ausreichenden Information über „Ziele, Inhalte, gesellschaftliche und wissenschaftliche Relevanz" (Çetin 2014: 184) erfolgt. Es wurde hier umgesetzt, indem bereits im Aushang auf das grundlegende Thema[59] sowie den Verwendungszweck der Daten hingewiesen wurde. In der ersten Kontaktaufnahme per E-Mail oder Telefon fragten einige Befragungspersonen nach weiteren Informationen oder baten sogleich ihre Gesprächsbereitschaft an und wurden von mir näher über Inhalte des Interviews, Datensicherung, Anonymisierung und Weiterverwendung informiert. Da die letztendliche Fragestellung zum Zeitpunkt der Erhebungen nicht feststand, informierte ich auch über die offene Richtung meiner Forschung.

Ein weiterer wesentlicher Bezugspunkt des reflektierten Einsatzes des informierten Einverständnisses ist meiner Ansicht nach die Form der Datenerhebung: so war mein Leitfaden so gestaltet, dass alle Themen abgedeckt wurden, die in den Vorgesprächen als Inhalt des Interviews schon benannt wurden. Auf die Frage *nach* dem Interview, ob die Fragen und angesprochenen Aspekte in Ordnung waren, antworteten die Befragten häufig, dass die Themen so erwartet wurden:

> „So im Großen und Ganzen kann ich wirklich sagen ich hab pf: eigentlich über die Aspekte geredet die ich mir auch vorstellte oder wo ich mir vorstellte dass man darüber reden könnte." (Interview 4, Absatz 171)

---

59 „Sicht von älteren schwulen Männern auf Alter(n) und Pflege".

„Fiel mir heut morgen noch was ein? Nee aber ich glaube ich hab relativ umfassend so erzählt." (Interview 5, Absatz 99)

Deshalb trägt neben einer ausreichenden Vorab-Information die Wahl der Datenerhebung dazu bei, dass das informierte Einverständnis über alle Phasen des Forschungsprozesses ernst genommen wurde.[60] Trotzdem sind die Interviewdaten reich an spontanen Erzählungen; es wurden Umwege, neue Richtungen eingenommen und (für die Befragten) überraschende Erkenntnisse und für mich spannende Nebenschauplätze offenbar. Die relativ genaue Information über die Interviewthemen im Vorhinein hinderte nicht die spontane Erzählung oder führte dazu, dass die Befragten nur erzählten, was sie sich vorher schon vorgenommen hatten. Sie äußerten zum Beispiel:

„Och ich hab eigentlich relativ frei oder ziemlich viel erzählt also (1) glaub ich." (Interview 4, Absatz 99)

„Jetzt sind wir n bisschen davon abgekommen. Sie wollten wissen wie ich den Tag oder ähm." (Interview 3, Absatz 96)

Während einzelner Interviews war der Gesprächsverlauf flexibel und der Leitfadeneinsatz je nach Atmosphäre und Antwortverhalten unterschiedlich gehandhabt worden. Eine sich anpassende Gesprächsführung halte ich auch für forschungsethisch relevant: So wollte etwa der Befragte Amann nicht detaillierter über Diskriminierungserfahrungen an öffentlichen Orten berichten (vgl. Kap. 4.1); ich habe daher hier nicht weiter gefragt.

Das Prinzip der *Nichtschädigung* verweist auf die Relevanz von Datensicherung und Anonymisierung, da Forschungsteilnehmenden „ein möglicher Schaden (…) durch den Verlust ihrer Privatsphäre entstehen" kann (von Unger 2014a: 24). Dieses Prinzip galt es in der vorliegenden Studie insbesondere vor dem Hintergrund unfreiwilliger ‚Outings' zu gewährleisten und es wurde durch eine gewissenhafte und mehrmals kontrollierte Anonymisierung sowie eine ausreichende Sicherung der Daten garantiert. Die Interviewaufnahme mit Diktiergerät wurde telefonisch oder per E-Mail vorher besprochen; während des Gesprächs habe ich darauf hingewiesen, dass ich das Gerät jetzt ein- bzw. ausschalte. Für die Befragten schien

---

60 Etwa beim biographisch-narrativen Interview ist es schwieriger einzuhalten, „umfassende Informationen über die geplanten oder erwarteten Themen" (Çetin 2014: 196) zu geben, um die freie Erzählung über die eigene Lebensgeschichte nicht im Vorhinein zu strukturieren.

3.3 Subjektproduktionen durch Intersubjektivität

die Aufnahme kein Problem darzustellen. Ein Interviewpartner stellte Fragen zur Funktion des Geräts, ein anderer begrüßte das Diktiergerät sogar: „Hallo Gerät ((längeres Lachen)), Grüß Gott!" (Interview 5, Absatz 9), ansonsten wurde die Aufnahme nicht weiter kommentiert.[61]

Die Transkription richtete sich nach den im Anhang dargestellten Transkriptionsregeln, die sich im Wesentlichen auf Küsters 2009 und Przyborski/Wohlrab-Sahr 2014 beziehen.[62] In der Transkription sind die Interviews so anonymisiert worden, dass Eigennamen, Orte, Unternehmen, Vereine und andere ‚namhafte' Einrichtungen durch Pseudonyme ([Sabine]) oder Überbegriffe ([Stadtivertel]; [Park]) in eckigen Klammern ersetzt wurden.

Im Anschluss an die Interviews besprach ich jeweils, wie der Kontakt weitergestaltet werden sollte. Ein Befragter wollte die anonymisierte Abschrift seines Interviews zugesendet bekommen. Alle anderen wollten über zukünftige Vorträge und Publikationen informiert werden. Kontaktaufnahmen bezüglich der Veröffentlichung meiner Ergebnisse bildeten daher die einzige kontinuierliche Kommunikation mit den Befragten. Diese Form von Kooperation führte – ohne ein partizipatives Forschungsdesign umzusetzen (vgl. von Unger 2014b) – dazu, dass ich mich angehalten sah, nicht an den Befragten vorbei zu interpretieren und zu schreiben, ohne mich aber von ihren Meinungen und Ansichten ständig beeinflusst zu sehen. Die Interviewpartner kamen erst wieder zum ‚Sprechen', wenn sie fertige Datenanalysen zugesandt bekommen haben – umso wichtiger erscheint es mir, die bisher beschriebenen Grundsätze selbstreflexiver Forschung ernst zu nehmen, um ihnen nicht zu sehr etwas in den Mund zu legen oder etwas anderes zum Schweigen zu bringen.

---

61 Die Audioaufnahmen wurden ebenso wie die Feldnotizen auf einem separaten Ordner gespeichert bzw. abgeheftet (vgl. Helfferich 2009: 191f). Die Audioaufnahmen wurden nach Abschluss der Analyse gelöscht.

62 Besonderer Wert wurde hier auf eine detaillierte Abbildung von Sprechpausen, nonverbalen Äußerungen (Lachen, Nebengeräusche) und von dialektalen Einfärbungen gelegt. Auf eine grammatikalische und orthographische Korrektur wurde verzichtet. So ist Transkription zwar immer schon Interpretation (vgl. Baumgartinger 2014; Helfferich 2009; Hopf 2009; Przyborski/Wohlrab-Sahr 2014; zur Praxis der Anonymisierung vgl. Saunders et al. 2014; Tilley/Woodthorpe 2011), trotzdem sollten die Ereignisse und Besonderheiten der Audioaufnahme möglichst detailgetreu wiedergegeben werden.

3.4 Aufbau und Darstellung der Ergebnisse

In den nachfolgenden Ergebniskapiteln werde ich die übergeordnete Forschungsfrage beantworten (vgl. auch die Einleitung): Wie integrieren ältere schwule Männer die Kategorisierungen Alter(n) und Homosexualität in ihr Selbstkonzept? Diese Modi der Integration und Verarbeitung werden entlang von Umwendungen (Kap. 4), Abgrenzungen (Kap. 5) und biographischen Verarbeitungen (Kap. 6) dargestellt.

Genauer beantworten die Ergebniskapitel die folgenden Fragen: Welche Umwendungen finden sich im empirischen Material? Auf welche diskursiv erzeugten Subjektpositionen reagieren die Befragten? Auf welche Anrufungen reagieren sie also und welche Möglichkeiten der Selbstbeschreibung zeigen sich darin? (Kapitel 4) Wie setzen sich die Befragten zu anderen in Bezug und inwiefern werden bestimmten Positionierungen, Ein- und Abgrenzungen zu und in andere Gruppen sichtbar? (Kapitel 5) Welche Rolle spielt die biographische Verhandlung der eigenen Homosexualität, in der der immanente Prozesscharakter des Alter(n)s immer mitverhandelt werden muss? (Kapitel 6) Die Darstellung der empirischen Analysen folgt dabei keiner Logik der Typologisierung. Am Ende der Analysen steht daher keine Schematisierung von Selbsten. Dies würde zum einen der Komplexität der Selbstbeschreibungen nicht gerecht: empirisch zeigen sich keine eindeutigen Selbstkonzepte, die weder klar zu anderen abgegrenzt noch einem befragten ‚Individuum' zugeordnet werden können. Zum anderen entspräche eine solche Typologisierung der Annahme, dass Individuen einen definierbaren, stabilen Kern von Identität oder Selbst in sich tragen, der mithilfe wissenschaftlicher Methoden auch authentisch nacherzählt werden kann (vgl. Kap. 2.5; 3.1).

Selbstbeschreibungen werden hier, wie in Kapitel 2 dargelegt, als Resultate von Subjektivierungen verstanden; diese geschehen als Umwendungen in Abhängigkeit von Anrufungen. Diese Anrufungen wie auch die entsprechenden Umwendungen sind entlang von Subjektordnungen strukturierbar, so etwa Geschlecht, Begehren, Alter(n), Klasse u. a. Verbindungen dieser Subjektordnungen zeigen sich im Rahmen bestimmter Thematiken, so z. B. Vorstellungen von Männlichkeit, Attraktivität, Sichtbarkeit, Widerständigkeit. Diese stellen nach meiner Analyse Schauplätze spezifischer Verbindungen der Kategorisierungen Alter(n) und Begehren dar. Die Darstellung der folgenden Kapitel folgt dementsprechend diesen thematischen ‚Orten', auf denen die Selbstbeschreibungen verankert werden. Der innere Zusammenhang dieser verschiedenen Orte, an denen sich Fragmente der Selbstbeschreibung erkennen lassen, folgt schließlich über den Zusammenhang von Anerkennung – Autonomie – Gemeinschaft (vgl. Kap. 2.4). Auch diese Kategorisierung dient keiner Typologisierung, sondern ist im komplizierten Miteinander von Anrufung, Subjektordnung und Umwendung für die Einordnung und letztlich

3.4 Aufbau und Darstellung der Ergebnisse

die Lesbarkeit der Selbstbeschreibungen hilfreich. Im Sinne der Situationsanalyse soll so die Empirie nicht künstlich simplifiziert (vgl. Clarke 2005), und zugleich im Sinne der Grounded Theory ein ‚roter Faden' angeboten und eine nachvollziehbare Geschichte (vgl. Strauss/Corbin 1996) erzählt werden.

In der Darstellung der Ergebnisse der Interviewstudie liegt der Schwerpunkt darauf, sowohl die Daten sprechen zu lassen, als auch die Interpretationen immer schon einfließen zu lassen. Eine längere Darstellung des Interviewmaterials und eine nachgestellte übergeordnete Interpretation halte ich nicht für sinnvoll, um den inhärenten Fokus auf Daten *und* den Theoriecharakter einer grounded-theory-geleiteten Analyse abzubilden. Daher sind im Folgenden Interviewzitate bereits mit den Analyseergebnissen zusammen ausgeführt. Theoretische Bezüge und Begriffe, die im Rahmen der „theoretischen Sensibilität" (Strauss 1994: 50; Blumer 1954) unabdingbar für ein tieferes, soziologisch anspruchsvolles und an den Forschungsstand anschlussfähiges Verständnis der empirischen Analyse sind, werden an den jeweiligen Textstellen immer mit eingeflochten und nicht erst am Ende zusammengefasst.

Die Interviewausschnitte sind mit dem Kürzel IV 1 – 10 (IV steht für Interview) sowie der Absatznummer aus dem Originaltranskript versehen. Codes und Kategorien im Sinne der Grounded Theory sind kursiv gesetzt, In-Vivo-Codes (vgl. Strauss/Corbin 1996: 50) werden dementsprechend gekennzeichnet. An den Stellen, an denen es für das Verständnis wichtig ist (insb. in Kap. 6), sind biographische Informationen angeführt. Dort, wo die individuelle Lebenssituation nicht relevant ist, werden die Interviewausschnitte nur mit dem Namen des Sprechers angeführt.

Die gewählte Form der Ergebnisdarstellung soll damit insgesamt deutlich machen, dass die Erkenntnisse in den Daten ‚begründet' sind und gleichzeitig an soziologische Erkenntnisse und Fragestellungen anschlussfähig gemacht wurden.

4 Situationen der Verwerfung: Doppelte Stigmatisierung oder Nicht-Subjekt?

Dieses Kapitel steigt in die Analyse der Selbstbeschreibungen ein, indem zunächst diejenigen Zusammenhänge dargestellt werden, durch welche die Befragten sich in unterschiedlicher Weise angerufen sehen. Es geht hier daher zunächst um die Subjektpositionen, die die Selbstverhältnisse älterer schwuler Männer in starkem Maße determinieren und zugleich ermöglichen. Da diese Positionierungen in den meisten Fällen als einschränkend und als deutlich negativ empfunden werden, ist interessant, inwiefern sie eine Form der *Verwerfung* oder *Stigmatisierung* (vgl. Kap. 2.1; 2.5) darstellen. Die Fragen, die ich beantworte, sind demnach (vgl. Kap. 3.4): Welche *Umwendungen* finden sich im empirischen Material? Auf welche diskursiv erzeugten Subjektpositionen reagieren die Befragten? Auf welche Anrufungen reagieren sie also und welche Möglichkeiten der Selbstbeschreibung zeigen sich darin?

4.1 „Provokation", „Beschämung" und „Ausklammerung": Subjektpositionierungen als das Andere

Inwiefern sehen sich die Befragten aufgrund ihres Begehrens positioniert? Von wem, und wie wird überhaupt die Unterscheidung von Homo- und Heterosexualität bemüht? Wie gehen diese Subjektpositionen in Selbstbeschreibungen ein?

In den Interviews habe ich weder um eine Coming-Out-Erzählung gebeten noch nach dem Konzept der eigenen Homosexualität gefragt, oder generell nach Erfahrungen antihomosexueller Diskriminierung. Die Befragten berichten von sich aus und ohne dezidierte Nachfragen im Kontext unterschiedlicher Themen von Diskriminierungserfahrungen. Dabei zeigt sich, dass die ‚Nicht-Geouteten' bzw. die Männer, die sich später outeten, homophoben Handlungen und Äußerungen eher in ihrem direkten Umfeld begegnen bzw. begegneten, die ‚Geouteten' eher über öffentliche Diskurse oder über generalisierte Kollektivgruppen von Homophobie tangiert werden. Dies spricht zunächst dafür, dass die Befragten keine Diskriminierungen mehr aus dem direkten Umfeld erfahren, wenn dieses um ihre Sexualität weiß. Andererseits deutet dieser Befund darauf hin, dass antihomosexuelle Ressentiments nach wie vor bestehen, aber sich für die Befragten subtiler zeigen als über direkte Herabsetzungen aus der unmittelbaren Lebenswelt.

Als deutliche Gefahr für die Selbstbeschreibung als schwuler Mann wird von allen Befragten im biographischen Rückblick der § 175 StGB erzählt.[63] Der Paragraph bleibt dabei trotz seiner Abmilderung 1969 (bzw. 1973) und seiner Abschaffung 1994 ein wesentlicher Bezugspunkt der Subjektivierungen als schwuler Mann.

§ 175 und das Nicht-Sagbare

Häufig wird § 175 StGB als Referenz einer als bedrohlich empfundenen gesamtgesellschaftlichen *Stimmung* der Antihomosexualität genannt. Exemplarisch dafür steht die Aussage von Werner Stratmann, nach welcher die Zeit bis 1969[64] als eine Zeit beschrieben wird, die vor allem durch *Nicht-Thematisierung* von Homosexualität geprägt war:

> „Da war ja praktisch auch noch ne Verklemmtheit; die alte Hitlerdoktrin und so. Da war ja noch ne Verklemmtheit. (...) Es war immer noch ein Thema an das rührt man nicht //mhm//. Es war immer noch Paragraph 75 [sic!]. Das war ja Konsens." (IV 2/Abs. 54)

Homosexualität wurde gesamtgesellschaftlich laut Werner Stratmann nicht explizit als etwas Schlechtes, Verurteilenswertes gesehen, sondern eher als ein *Tabu*. Der Schilderung zufolge wertete die Gesellschaft nicht unbedingt homosexuelle Handlungen oder schwule Personen ab, sie war aufgrund ihrer „Verklemmtheit" gar nicht fähig, sich damit auseinanderzusetzen. Homosexualität wird in einer solchen Beschreibung nicht explizit abgelehnt, sie wird vielmehr verschwiegen. „Verklemmtheit" hat alltagssprachlich immer auch eine sexuelle Konnotation, im Begriff schwingt *Scham* mit, die aus einer Unbeholfenheit oder Unfähigkeit zum selbstverständlichen Umgang mit Sexualität resultiert; Verklemmtheit und Scham hängen also zusammen. Im Sinne der (von Foucault kritisierten und erweiterten) Repressionshypothese kann die Aussage von Werner Stratmann so verstanden

---

63 Mehr zur biographischen Verarbeitung von § 175 StGB vgl. Kap. 6.
64 § 175 StGB existierte von 1872 bis 1994. Durch die Änderungen 1969 und 1973 waren in der BRD schließlich nur noch sexuelle Handlungen mit (männlichen) Jugendlichen unter 21 bzw. dann 18 Jahren strafbar (Genauer zu § 175 vgl. Beljan 2014; von Bülow 2000; Hauß 2004; Wasmuth 2002; vgl. auch die Einleitung dieser Arbeit).

werden, dass Sexualität durch das Nicht-Sprechen zugleich mühevoll verschwiegen und dadurch immer präsent gehalten wird. Foucault betont, dass der Sex nicht einfach machtvoll unterdrückt und damit ins Private hineinverschoben wird, sondern dass die Macht vielmehr „noch tiefer eindringt, indem sie Begehren schafft, Lust hervorruft und Wissen hervorbringt" (Foucault 2005: 956).

Die von Werner Stratmann beschriebene „*Verklemmtheit*" (In-Vivo) lässt sich genau über diese Machtwirkungen erklären; denn auch ein geteiltes Wissen darüber, was nicht sagbar ist, muss sich ‚verteilen' und ruft schließlich eine allgemeine Verklemmtheit über das hervor, was nicht besprochen werden darf. Der Begriff der Scham wird in Form einer „Beschämung" auch in den Interviews benannt. Auch wenn der § 175 nicht mehr existiert, und – von einigen Befragten konstatiert – auch das gesellschaftliche Klima „viel offener geworden" (IV 1/Abs. 26) sei, so weist Karl Bubeck auf eine nach wie vor wirkende *Beschämung* einzelner schwuler Männer hin: „Aber (.) die meisten die beschämt sind, durch die lange Verfolgung und die nich offen leben" (IV 8/Abs. 20). Für die Lebensgeschichten schwuler Männer hat diese Schamhaftigkeit bestimmte Konsequenzen: Das wovor oder wofür die Gesellschaft sich schämt, muss beschämt werden, um die geteilten Bezüge der kollektiven Scham zu reproduzieren und nicht brüchig werden zu lassen. In Anlehnung an Norbert Elias' Zivilisationstheorie ist die Tabuisierung von Sexualität als ein Merkmal moderner (westlicher) Gesellschaften zu sehen, durch welche die nötige Affektkontrolle zivilisierter Gesellschaften über eine Form des Selbstzwangs gesichert wird (vgl. Elias 2010: 135). Ein als nicht ‚normal' oder nicht ‚konventionell' bezeichnetes Begehren bzw. eine entsprechende Lebensweise muss beschämt werden bzw. die Scham wird gerade über das Ver-Schweigen produziert (vgl. Foucault 2010). Die Annahme der Andersartigkeit geht so auf die ‚Andersartigen' über, die durch das umfassende Schweigen keinen sozialen Zugang zu anderen Bewertungen ihrer Sexualität finden können. Während bis auf Peter Martens (vgl. Kap. 6.2) die Befragten sich nicht selbst als ‚beschämt' bezeichnen, so wird der Begriff doch zur Nutzung anderer schwuler Männer genannt (vgl. auch Kap. 5.3). Die Bezeichnung macht darauf aufmerksam, dass möglicherweise die drohende oder tatsächliche Ausgrenzung und Verfolgung in Form einer verworfenen Deutung eines Subjekts, welches sich für seine Sexualität zu schämen hat, zu einer Internalisierung der Scham führte. Schwule Männer fühlten sich selbst schuldig für ihr Begehren und ‚verstecken' sich statt ‚offen zu leben'. Die Erfahrung der Diskriminierung äußert sich dementsprechend in einem *auferlegten Schweigen* über das eigene Begehren.

Eine Strategie, um in diesem Schweigen als schwuler Mann zu leben und gleichzeitig nicht ‚entdeckt' zu werden, wird mit der Figur der „Sandfrau" umschrieben. Die Sandfrau steht für einen Ausschnitt aus der biographischen Vergangenheit, in der der Umgang mit Homosexualität durch Tabuisierung geprägt war. Der Kontext der folgenden Narration von Michael Haupt ist eine Fernseh-Talksendung, bei der Wilhelm Wieben, ehemaliger Sprecher der „Tagesschau" von der Zeit spricht, als § 175 StGB noch galt:

> „es gibt im WDR, gibt es eine Sendung die ich sehr sehr gerne sehe (.) „Kölntreff." (...) Und äh eingeladen war der Wilhelm Wieben der lange Sprecher bei der Tagesschau gewesen ist. //mhm// Und bei dem eigentlich erst im Nachhinein bekannt geworden ist dass er schwul war. //mhm// (...) Der erzählte dann wie befreit er darauf reagiert hat als erstmal der Paragraf gefallen is. Bis dahin war ja alles alles noch ä:::hm, jede Äußerung konnte und wenn einen jemand beschimpft hatte oder irgendetwas, man konnte eigentlich sich gar nich richtig recht- rechtfertigen. //mhm// Weil m: der hatte ja Recht, man war ja von Haus aus im Unrecht, obwohl man, obwohl man äh überhaupt nichts gemacht hatte. (...) @Und der benutzte@ der Wieben, der benutzte einen Begriff, den die alle nich kapiert haben. Der sagte dann „naja man hatte ja früher diese sog- man hatte ja früher die Sandfrau". Ich hab richtig an den Gesichtern der Leute die da ringsrum in der Gruppe saßen gemerkt, dass keiner kapiert hat was das bedeutet. S wurde auch nich erklärt. //mhm?// Dann hab ich ringsrum bei mir gefragt, habe gesacht „Wisst ihr was ne Sandfrau is?" Wissen Sie was des is?"
> I: „Nein."
> M.H.: „Ja. Also. Um zu verbergen, dass man schwul is musste man natürlich- hatte man eine gute Freundin. //mhm// Die wusste natürlich Bescheid und wenn es darum ging offizielle Anlässe zu haben bei denen es n bisschen schwierig war, nahm man diese Freundin mit. //mhm// Das war die Sandfrau die Leu- die Frau die den Leuten Sand in die Augen streut. //mhm// Desdaher der Name. Der is heute völlig vergessen. //mhm// Weil=s nich mehr notwendig is, nich wahr?" (IV 3/Abs. 36 – 38)[65]

Zunächst beschreibt Michael Haupt entlang der Aussagen Wiebens die Zeit bis § 175 „gefallen ist"[66] als eine, in der schwules Leben dadurch erschwert wurde, dass man das Recht in einem wörtlichen Sinne nicht auf seiner Seite hatte. Dies führte

---

65 Wenn nicht anders angegeben (etwa durch Hervorh. L.S.), verdeutlichen Hervorhebungen in Interviewzitaten die Intonation, Sprechweise und Betonungen der Befragten (vgl. die Transkriptionslegende im Anhang und Kap. 3.3).

66 Aus dem Kontext heraus scheint es mir plausibel, dass Michael Haupt den Zeitraum bis 1969 meint, als § 175 zwar noch nicht völlig abgeschafft, aber deutlich entschärft wurde. Gänzlich „gefallen" ist der Paragraph erst 1994, nachdem er aus dem deutschen Strafgesetzbuch gestrichen wurde (vgl. Kap. 1).

4.1 Subjektpositionierungen als das Andere

dazu, dass man auch kein Recht hatte, auf Diskriminierungen reagieren zu können. Insofern Anti-Homosexualität das Recht auf ihrer Seite hatte, wurde Homosexualität unsagbar und schwule Männer wurden *sprachlos*. Um sich dieser *recht-losen Situation* möglichst wenig auszusetzen, nutzt Wilhelm Wieben, hier vermutlich stellvertretend erwähnt für viele, inzwischen älter gewordene schwule Männer einschließlich Michael Haupt selbst, eine Freundin als Feigenblatt, die „natürlich Bescheid wusste". Die eigene Homosexualität musste über die Inszenierung einer heterosexuellen Partnerschaft verborgen werden: Das Risiko ‚entdeckt' zu werden, war demnach so groß, dass die reine Selbsterzählung als (selbstverständlich) heterosexuell nicht ausreiche, sondern durch eine tatsächlich anwesende und anzusehende Partnerin auch anschaulich bewiesen werden musste. Die Illusion der Heterosexualität wird damit nicht nur in der erzählten Selbstdarstellung, sondern auch im Rahmen sozialer Praxis als Norm materialisiert. Die *Sandfrau* stellte in diesem Sinne eine anscheinend weit verbreitete Technik dar, um in verwerfenden Umwelten intelligibel zu bleiben. Die Passage ist nicht nur in ihrem konkreten Inhalt, sondern auch durch die Interaktion zwischen Michael Haupt und mir aufschlussreich. Seine Frage, was eine Sandfrau ist, sowie meine (von ihm offensichtlich erwartete) Unkenntnis darüber sollen veranschaulichen, wie absurd, wie lange her und wie *vorbei* die beschriebene, vergangene *Nicht-Sagbarkeit* von Homosexualität scheint und wie selbstverständlich und üblich zugleich die Praxis der „Sandfrau" damals war, wollte man als schwuler Mann in einer umfassenden Rechtlosigkeit überleben.

Auch nach der Streichung des § 175 aus dem bundesdeutschen Strafgesetzbuch im Jahr 1994 beschreibt Dieter Ellwanger einen immer noch präsenten Raum des *Nicht-Sagbaren* als wesentliches Element des gesellschaftlichen Umgangs mit Nicht-Heterosexualität. Er verweist auf eine stärkere Akzeptanz gegenüber bestimmten Lebensformen, die homosexuelle Partnerschaften jedoch nicht miteinbezieht:

> „Also wem=ma heute so schaut in welcher Vielfalt (.) des gelebt wird, zum Teil heute noch verborgen, weil=s nich gesagt werden darf. (.) Ja, des is für mich einerseits traurig, weil ich sag, wir sind ne Gesellschaft, die alles akzeptiert, sogar Mord und Totschlag. //mhm// Nur (.) eine Menschlichkeit untereinander, dass ma sagt, der hat eben jetzt einen gleichgeschlechtlichen Partner, des wird immer noch abgelehnt." (IV 9/Abs. 138)

Die „Ablehnung" von Homosexualität bezieht sich auf gleichgeschlechtliche Partnerschaften, nicht auf individuelle homosexuelle Menschen (die evtl. nicht in Partnerschaft leben) und mündet darin, dass bestimmte Dinge (noch immer) nicht sagbar sind. Interessant sind die von Dieter Ellwanger genannten Positionen, von denen aus bestimmte Dinge gesagt werden und andere nicht: Während „wir" als „Gesellschaft" gleichgeschlechtliche Partnerschaften ablehnen, ist er als „traurig" gestimmte Einzelperson in der Lage, Dinge zu erkennen, die nicht sagbar sind. Des Weiteren gibt es etwas, das „nich gesagt werden darf", aber „gelebt wird". Abseits hegemonialer Zurichtungen dessen, was gesagt werden darf oder was nicht, gibt es also auch gegenwärtig Lebensformen, die im Bereich des Nicht-Sagbaren durchaus existieren, aber nicht anerkannt sind.

Die Intelligibilität des Anderen

Neben einem Klima der Recht- und Sprachlosigkeit im Kontext des § 175 werden den Befragten auch in der Gegenwart nur begrenzte Subjektposition angeboten. Eine starke Deutung des gesellschaftlichen Umgangs mit Homosexualität ist die des *Andersseins*: Auch wenn damit keine explizit negativen Subjektpositionen einhergehen müssen, so wird diese Form der Fremdpositionierung als unangemessen empfunden, denn sie produziert das schwule Subjekt immer als das Nicht-normale. Die Erfahrung, anders gemacht zu werden, und die Diskrepanz zur Selbst-Beschreibung zeigen sich in vielfältiger Weise.

Michael Haupt spricht im Vorgang des folgenden Ausschnitts über das Bild des aktiven Alter(n)s (vgl. Kap. 2.2; 5.1), welches er für nicht sehr realitätsnah hält – in diesem Atemzug zählt er auch eine Reihe von ‚typischen' Subjekttypen auf, die mit (männlicher) Homosexualität verbunden werden:

> „Ich würde sagen ähm des is äh dieses Bild ist genauso falsch wie das Bild über die Schwulen was im Allgemeinen verbreitet wird. //mhm// Denn was ähm was die Heteros über die Schwulen wissen, das is die schrillen Schwulen am CSD. //mhm// Nich wahr? Die die in Frauenkleidern oder was weiß ich die Lederkerle und weiß nich und so weiter, das prägt sich bei denen ein." (IV 3/Abs. 27)

Der Christopher Street Day wird von Michael Haupt als Bühne der Sichtbarkeit von Homosexualität bzw. eines Wissens über Homosexualität gedeutet. Für ihn beinhaltet dieses Wissen aber nur den Ausschnitt derjenigen schwulen Subjektpositionen, die als weitgehend intelligibel gesehen werden können, so etwa der Schwule in „Frauenkleidern" und der „Lederkerl". Diese Sozialfiguren eint, dass sie deutlich übersexualisiert werden: Dass Schwule bestimmte Perversionen und Fetische, sowie Sexualität insgesamt nicht nur überdurchschnittlich häufig und stark ausleben, sondern auch in der Selbstdarstellung deutlich nach außen tragen (vgl. Buba/Vaskovics 2001: 344), ist eines der gängigsten Ressentiments gegenüber homosexuellen Männern. Beide Subjekte werden auch deshalb als typisch schwul

4.1 Subjektpositionierungen als das Andere

gedeutet, weil ihnen eine geschlechtliche Verwirrung zugeschrieben wird: Wo die Tunte in Frauenkleidern eigentlich lieber Frau als Mann wäre, muss der Lederkerl seine Maskulinität besonders stark zur Schau stellen, um trotz seines schwulen Begehrens zeigen zu können, dass er ein echter Kerl ist (vgl. auch Woltersdorff 2007). Als „Schrille Schwule" entsprechen sie damit nicht dem Alltäglichen und werden in dieser Außeralltäglichkeit als das Nicht-Normale entworfen – eine Positionierung und Deutung, die dem Bild des ‚normalen' Schwulen laut Michael Haupt nicht entspricht. Er äußert daher den Wunsch nach einer *unaufgeregten* Deutung des schwulen Subjekts:

> „Zur völligen Akzeptanz fehlt m: äh m: die sicherlich nie erreicht wird, fehlt der ganz natürliche Umgang damit. Ganz einfach. Das is nun mal so und da brauch ma gar nich drüber zu diskutieren." (IV 3/Abs. 41)

> „Des Anders sollte nicht als das Anders definiert werden. Sondern das Anders sollte so verstanden werden dass=es Bestandteil des Allgemeinen is. //mhm// Hab ich mich da richtig ausgedrückt?" (IV 3/Abs. 51)

Michael Haupt sieht schließlich eine völlige Akzeptanz erst dann erreicht, wenn schwules Leben nicht in Abgrenzung zum Normalen gedeutet wird. Ein schwuler Mann soll also als solcher angerufen werden dürfen, die Anrufung darf aber nicht zu einer Form des Andersmachens führen, d. h. eigentlich darf die Anrufung keinen spezifischen Inhalt haben, da die Bedeutung dieses Inhalts sofort zu einer Unterscheidung und zu einer anderen Anrufung führen würde. Sich der Paradoxie dieses Wunsches vermutlich bewusst, sieht Michael Haupt diese Form der „völligen Akzeptanz" schließlich auch als nicht erreichbar. Dass sein Verständnis von „anders" und „allgemein" eventuell schwer nachzuvollziehen ist, wird in der Nachfrage deutlich, ob er sich „richtig ausgedrückt" hat, ob ich ihn also verstehen konnte. Ich deute seinen Wunsch so, dass schwule Männer sich durchaus als *anders* subjektivieren können, ohne *nicht-normal* zu werden, also aus dem anerkannten Bereich der Normalität nicht rausfallen.

Ähnlich wünscht sich Karl Bubeck mehr *Selbstverständlichkeit* im Umgang mit Homosexualität, der ohne „Riesenhype" und ohne eine sich ständig wiederholende „Hitzlsperger-Diskussion"[67] (IV 8/Abs. 22) auskommen sollte. Diese *Normalisierung* des Schwulen als Subjektposition könnte im Sinne Butlers als subversiver Akt

---

[67] In einem Interview mit der Wochenzeitung „Die Zeit" ‚outete' sich der ehemalige deutsche Fußballnationalspieler Thomas Hitzlsperger als schwul, auch um die öffentliche „Diskussion über Homosexualität unter Profisportlern" in Gang zu bringen (Zeit online;

verstanden werden (vgl. Kap. 2.1): Indem die Selbstbeschreibung als schwul durch die Integration in verschiedenste Lebensbereiche so oft wiederholt wird, wird sie nicht mehr als besonders wahrgenommen. Die Positionierung von Subjekten als schwul oder nicht-schwul kann dann zwar immer noch vorgenommen werden, und zwar durchaus in einer Polarität zueinander, der Nimbus des Normalen und Nicht-Normalen könnte aber dadurch aufgehoben werden. Die Befragten nehmen also nicht nur solche Diskurse als subjektkonstituierend wahr, die Homosexualität im Sinne einer *Beschämung totschweigen*, sondern auch solche, die das schwule Subjekt durch eine beständige Bezeichnung als *nicht-normal* und als *das Andere* reproduzieren.

Provokante Männlichkeiten

Neben der Ausgrenzung von homosexuellen Personen über *Beschämung, Totschweigen* und das *Anderssein* werden Deutungen von Homosexualität als Form der *Perversion* benannt. Diese reihen sich ein in Diskriminierungspraxen, über die Formen von Männlichkeit verhandelt werden und die laut den Befragten insbesondere in ‚Männergemeinschaften' auftreten. Exemplarisch hierfür steht eine Darstellung von Hannes Schneider, die er in seinem beruflichen Kontext der Bundeswehr und im Nachgang an das öffentliche ‚Outing' des damaligen Außenministers Guido Westerwelle (2004) schildert:

> „Weil man hört auch aus dem Außenministerium dass äh viel gelästert wurde und gesacht: ‚Mensch der Minister kommt, wir müssen uns schnell an die Wand stellen' (1) ((I seufzt)). Das is ja nix freundliches //nein// ja? Sondern da schwingt immer noch eine ganze Menge Negatives mit." (IV 1/Abs. 70)

Die Deutung des Homosexuellen als *Perverser* verläuft hier über die Darstellung des Ministers als triebgesteuert und unkontrolliert. Diese Übersexualisierung homosexuellen Begehrens findet sich nach wie vor in Diskursen über schwule Lebensformen; so schreiben etwa Buba und Vaskovics, dass schwule Männer häufig als „haltlos, triebhaft" gesehen werden und „andere zu Homosexualität [verführen]" wollen (2001: 344).[68]

Artikel vom 8. Januar 2014; http://www.zeit.de/sport/2014-01/thomas-hitzlsperger-homosexualitaet-fussball; zuletzt geprüft am 09.12.2018).

68 Bemerkenswerterweise können ein unkontrollierter und stark ausgeprägter Sexualtrieb als Urmerkmal von Virilität gesehen werden; ein Akt über den die Dominanz des Männlichen über das Weibliche (und den weiblichen Körper) ausgedrückt wird. Bezieht

4.1 Subjektpositionierungen als das Andere

So ist es auch der Interviewpartner Hannes Schneider, der über den Begriff der „*Provokation*" von einem weiteren Modus der Ablehnung und der (Negativ-) Konstruktion schwuler Subjekte erzählt. Er beschreibt drei konkrete Gruppen, von denen negative Anrufungen ausgehen: die „Jungen", die „Ausländer" und die „Soldaten". Die folgende Passage ereignet sich in der Erzählung seines ‚Outings' im beruflichen Kontext des Militärs:

> „Das Arbeitsumfeld Bundeswehr hat schon sowas außergewöhnliches. Weil der Auftrag der Bundeswehr im Grunde is, dass eine überwiegend Männergesellschaft zusammengeführt wird. //mhm// Ne Männergesellschaft, die sehr dominant untereinander reagieren, wo auch viel Gemeinschaftsunterkünfte, Gemeinschaftsanlagen genutzt werden. Man merkt aber bei den jüngeren Soldaten, dass die nicht zwingend offen sind, dass auch die äh anfangen, und in Gemeinschaftsunterkünften untergebracht sind, wo nicht dieser Luxus besteht, dass jeder eine eigene Nasszelle hat sondern wo=s gemeinsame Nasszellen gibt und ähnliches. //mhm// Da merkt man schon dass noch ein bisschen Provokation da is." (IV 1/Abs. 53)

Bei der Gruppe der „jüngeren Soldaten", die „nicht zwingend offen sind" wird die Abwertung von schwulen Männern über das Leben in begrenzten Räumlichkeiten begründet. Hier greift Hannes Schneider auf eine Deutung zurück, die Antihomosexualität bzw. Homophobie mit bestimmten Männlichkeitskonstruktionen erklärt. Der Soziologe Rolf Pohl identifiziert bei Soldaten eine „militarisierte Männlichkeit" (ders. 2012b: 28), die sich als „heterosexuell normierte und destruktiv aufgeladene soldatische Männlichkeit" (2012a: 115) insbesondere über die Herabsetzung des Nicht-dazugehörenden zeigt. Diese ‚Hypermaskulinität' von Soldaten, die insbesondere durch die soziale und räumliche Nähe in Bundeswehranlagen oder auf Auslandseinsätzen verstärkt wird, ist durch den hohen Grad an Gemeinschaftlichkeit gefährdet. Nämlich dann, wenn einer der Soldaten den „tolerierten Normbereich männlicher Sexualäußerungen" (Pohl 2012a: 119) verletzt, indem er sich anderen, wie in Hannes Schneiders Erzählung, während der gemeinsamen Dusche nähert. Um solche Übergriffe auf die genormte Männlichkeit zu vermeiden, muss der potenziell Übergriffige von Vorneherein stark abgewertet werden (eben über „Provokationen"), um sicherzustellen, dass es unter den Soldaten kein solches Subjekt gibt bzw. sich dieses nicht zu handeln traut.

---

sich aber der Trieb auf andere Männer, wird er un-männlich bzw. einer heterosexuellen Männlichkeit gewissermaßen gefährlich.

Die Erzählung von Hannes Schneider schließt an mit weiteren Provokationen, die von einer weiteren Gruppe von Männern ausgehen:

„…da merkt man schon, dass noch ein bisschen Provokation da is, //mhm// wie=s die auf der Straße gibt. Es gibt ja immer wieder Schlägereien. Das sind aber nicht die lebensalten Menschen, sondern das sind die jungen Menschen, die sagen wenn Sie mal auf die Straße gehen und hören: Schwule klatschen. //mhm// Das sind Menschen die sind heute 20 25, sang wa mal eher so um äh 20 herum. //mhm// Ich bin äh da sehr offen und äh eigentlich nich gegen Ausländer aber in äh der Regel oder nich in der Regel, ganz oft sind es Ausländer die diese Provokation ausüben. Grade sang wa mal an diesen Anlagen (…) wo sich Menschen auch außerhalb treffen, abends treffen //mhm// um Kontakte zu kriegen. (…) Die warten ganz gezielt dort bis die Menschen kommen auf die sie einschlagen können." (IV 1/Abs. 53)

Der nächste ‚Provokateur' in Herrn Schneiders Erzählung wird damit von ihm durch eine nicht-deutsche Ethnizität gekennzeichnet: die „Ausländer". Diese warten laut dem Befragten gezielt an Orten, an denen sich „Menschen außerhalb, abends" treffen, um sie zu „klatschen". Hier ist der fließende Übergang von einer Gruppe zur nächsten bemerkenswert: Von den jungen Soldaten in der Bundeswehr über die jungen Menschen auf der Straße, die anschließend nicht nur als junge Menschen, sondern insbesondere als Ausländer identifiziert werden. Auch der Grad der Gewalt unterscheidet sich: Von (etwas unspezifischen) Provokationen hin zu Schlägereien, zurück zu Provokationen, die schließlich wieder in „Einschlagen" münden.

Die Provokation der „Ausländer" geht hier eindeutig über negative Anrufungen und Ausgrenzungen der „Soldaten" hinaus, und mündet in körperlichen Übergriffen, und zwar – so Schneider – nicht nach spontanen Begegnungen, sondern mit Vorsatz. Seine Erzählung erweckt den Eindruck einer sehr starken (Gegen-) Abwertung der kollektivierten Gruppe „Ausländer". Sie findet sich ähnlich auch bei Günter Amann:

„Also ich mein das hat natürlich auch, also ich will jetzt nich irgendwie rassistisch sein, aber des hat natürlich auch mit der Zuwanderung zu tun, nich?" (IV 5/Abs. 73)

Die Abwertung der „Zuwanderer" oder „Ausländer" als kollektiver Gruppe erfolgt bei Schneider wie bei Amann nicht nur über die Zuschreibung als grundsätzlich homophob, sondern auch in der Gegenüberstellung von sich selbst als Nicht-Ausländer zu den Ausländern bzw. den Nicht-Deutschen. Mit dem Einschub „ich will

4.1 Subjektpositionierungen als das Andere

jetzt nich irgendwie rassistisch sein, aber" und dem „nich?" am Ende soll dieser Eindruck nicht nur von mit bestätigt werden, sondern bekommt den Anstrich einer neutralen, objektiven Aussage. Die mit dieser kollektiven Einordnung einhergehende Hierarchisierung ermöglicht es Günter Amann, die zuvor durch die „Zuwanderer" verworfene Subjektposition des Schwulen durch eine zurückgeworfene Abwertung abzumildern.

Mit der Erfahrung der Abwertung als schwuler Mann geht so bei Schneider und Amann eine Verwerfung des diskriminierenden Gegenübers einher, durch die eventuell verlorene Deutungsmacht über die eigene Positionierung im sozialen Gefüge der Männlichkeit (vgl. Connell 1995) zurückerlangt werden kann. Darin wird die *richtige* Geschlechtlichkeit von *richtigen* Männern verhandelt, die homosexuellen Männern (wie auch ethnischen ‚Minderheiten') nicht zuzustehen scheint (vgl. Kap. 2.1). Die Männlichkeit schwuler Männer wirkt demnach deshalb provokant, weil sie nicht die richtige Geschlechtlichkeit haben, sie nicht *normal* männlich sein können. Um diese provokante Männlichkeit herauszufordern und anzugreifen, werden schwule Männer von anderen Männern (etwa Soldaten oder „Ausländern") provoziert.

Dies wird zum einen in der Figur der Tunte und des Lederkerls deutlich, wie sie im vorhergehenden Absatz bereits behandelt wurde (vgl. IV 3/Abs. 27). Diese *unkorrekte* Geschlechterdarstellung ist dabei laut dem Interviewpartner Michael Haupt nicht nur eine Zuschreibung im Rahmen heteronormierter Deutungen von Männlichkeit, sondern wird auch im Rahmen schwuler Subjektivierungsmöglichkeiten selbst deutlich. Laut Michael Haupt erfährt die Geschlechterinszenierung schwuler Männer einen historischen Wandel:

> „Und außerdem hat sich das das Bild gewandelt, die Schwulen waren früher immer ähm immer aus aus eigener Sicht und aus der Sicht der anderen immer als äh feminin definiert, und ich hab immer @ich hab für mich den Satz geprägt@ die Schwulen wollten früher die besseren Frauen sein und heute die besseren Männer. //mhm// Wenn Sie heute in eine schwule Bar kommen dann sehen Sie alle, die sind alle bis zum Unendlichkeit maskulin, das haut Sie manchmal um, Sie denken das darf doch wohl nicht wahr sein." (IV 3/Abs. 63)

Die Geschlechterdarstellung schwuler Männer veränderte sich also laut Michael Haupt; während früher eine feminine Männlichkeit erstrebenswert war, ist es inzwischen eine besonders „maskuline" Selbstdarstellung. Die Geschlechterorientierung ist dabei mit einer Generationszuordnung verknüpft: Er selbst ist mit dem Bild der femininen Schwulen sozialisiert, während inzwischen eine übersteigerte Form von

Männlichkeit das Idealbild darstellt. So oder so stellen sich schwule Männer laut Michael Haupt nicht als *normal männlich* dar; der Wunsch, eine überzeichnete Form von Geschlechtlichkeit einnehmen zu können, kann als Provokation der heterosexuellen ‚Mehrheitsgesellschaft' gelesen werden.

Insgesamt wird Geschlecht hier als eine Quelle der Provokation gesehen: Auf der einen Seite sind es andere Gruppen von Männern, die sich von einem vermeintlichen Bild eines übersexualisierten, übergriffigen, perversen schwulen Mannes provoziert fühlen und schließlich zurückprovozieren. Im Sinne Connells (2015) könnte dies als Versuch gedeutet werden, die eigene marginalisierte und latent bedrohte Männlichkeit über eine Re-Hierarchisierung behaupten zu können. Die deutlich erkennbare Abwertung von Hannes Schneider und Günter Amann gegenüber den „Ausländern" wiederum stellt eine Form der Selbst-Aufwertung durch Fremd-Abwertung dar, die dazu dient, das Selbstverständnis als schwulen Mann vor den homophoben Attacken zu schützen. Auf der anderen Seite wird anhand von Michael Haupts Erzählung über „feminine" und „männliche" Schwule deutlich, dass auch *anderen* schwulen Männern eine übersteigerte Geschlechterinszenierung vorgeworfen wird. Aus beiden Deutungen kann herausgelesen werden, dass die Befragten sich im Rahmen einer von außen kommenden Zuschreibung, und zwar sowohl aus der gesamten Gesellschaft, wie auch von anderen schwulen Männern, nicht in ihrem Selbst-Verständnis als Mann gelesen sehen. Die hier dargestellten Strategien der Abwertung anderer Gruppen von Männern (sowohl die „Ausländer", die jungen Soldaten, als auch die „unendlich maskulinen" schwulen Männer) verweisen damit immer auf den Versuch, die eigene Männlichkeit als eigentlich *normal* wieder herzustellen. Sowohl bei den „Ausländern" als auch bei den „maskulinen" Schwulen wird zudem implizit die Dimension des Alter(n)s mitverhandelt: In beiden Fällen sind es jüngere Gruppen, die bestimmte Vorstellungen von Männlichkeit produzieren, die in beiden Fällen der Selbstbeschreibung nicht entsprechen (zu weiteren Verhandlungen von Männlichkeiten älterer (schwuler) Männer vgl. auch Kap. 5.2).

Verharmlosung und Selbst-Normalisierung

In den bisher dargestellten Erfahrungen wird Antihomosexualität in vielerlei Gestalt als Bedrohung der Selbstdeutung erlebt, sei es in Form des Totschweigens, des Anders-Machens oder der Ausübung verbaler oder physischer Gewalt. In den Interviews finden sich dagegen mindestens ebenso häufig relativ *ungenaue* Erzählungen über erlebte Homophobie. Sie werden so nebenbei, so *ungenau* oder nur *oberflächlich* erzählt, dass sie als *verharmlosend* gelesen werden könnten. Uwe Meuser erzählt, dass er „als schwuler Mann" „jetzt im Alltag nicht unbedingt nur positive Rückmeldungen bekommt" (IV 4/Abs. 129), ohne zu beschreiben, worin diese bestehen. Für Michael Haupt ist klar, dass Antihomosexualität trotz eines

4.1 Subjektpositionierungen als das Andere

gesellschaftlichen Wandels verbreitet ist: „natürlich gibt e- es wird immer n paar Leute geben die mhmhm oder so" (IV 3/Abs. 38). Im wiederholten Anhören der entsprechenden Stelle auf Tonband kann das „mhmhm" als lautmalerisches Bedenken, Abwägen, Zweifeln (von „n paar Leuten" gegenüber Homosexuellen) verstanden werden; es bleibt unklar, worin dieses Bedenken bestehen könnte.

Auch an anderer Stelle werden antihomosexuelle Anrufungen als nicht sehr bedeutend erzählt. Günter Amann erzählt von einem Konflikt mit einem Nachbarn wegen einer „Fahrradgeschichte":

> „Und dann war=s irgendwie mal irgendein Wortwechsel mal. (…) Und dann hat sich das eben irgendwie hochgesteigert und dann kam da irgendwie „Scheißschwuchtel" oder irgend sowas raus. //mhm// Ich hab des aber dann nich weiter verfolgt weil ich dachte also es bringt ja nix. Äh, //mhm// des kommt schon vor." (IV 5/Abs. 69)

Die Beleidigung „Scheißschwuchtel" wird als eher zufälliges Ergebnis eines nachbarschaftlichen Konflikts erzählt und die Person, von der die Beleidigung ausgeht, hier gar nicht mehr konkret benannt. Die deutliche und sehr starke Abwertung scheint für Günter Amann keine große Rolle zu spielen. Eventuell aber wird sie mir gegenüber auch stark verharmlost. Dafür spricht, dass Günter Amann sich an diese Episode und den genauen Wortlaut der Beleidigung erinnern kann. Welche dieser zwei Deutungen nun zutreffender ist, ist aus dem Interviewmaterial nicht herauszulesen und bleibt unklar. Deutlich ist aber, dass es für Günter Amann nicht wichtig ist, antihomosexuelle Anrufungen im Interview als besonders schlimm oder eindrücklich zu erzählen, d. h. eine Selbsterzählung als (in der Gegenwart) diskriminierter Mann findet im Interview nicht statt oder wird möglicherweise auch vermieden.[69]

Umgekehrt erzählen die Befragten häufig von einem scheinbar unproblematischen gesellschaftlichen Umgang mit Homosexualität. In allen Interviews wird auf den starken sozialen Wandel im Sinne einer Öffnung der Gesellschaft gegenüber homosexuellen sowie speziell schwulen Menschen gesprochen. Im nahen sozialen Umfeld erleben die Befragten eher *Akzeptanz* als Abwertung, wie folgende Episoden über die Nachbarschaft von Werner Stratmann und Michael Haupt zeigen:

> „Im Haus hat man ja Freunde also bin ich bin akzeptiert, wir sind hier oben eine richtige Hausgemeinschaft." (IV 2/Abs. 103)

---

69 Einzig Peter Martens erzählt sein direktes soziales Umfeld als deutlich homophob und als Bedrohung für die eigene Selbstbeschreibung (vgl. Kap. 6.2).

„…und da war **nie** ein Problem." (IV 3/Abs. 21)

Dass die *Akzeptanz* und *Problemlosigkeit*, einen schwulen Mann zum Nachbarn zu haben, aber überhaupt erwähnt werden muss, verweist nicht darauf, dass ihre Homosexualität irrelevant ist. In den genannten Aussagen wird immer das Risiko mitgedacht, dass es auch ganz anders sein könnte. Beide sind davon *abhängig*, dass andere das Zusammenleben mit einem schwulen Mann und damit sie selbst als Person akzeptieren; d. h. die Deutungsmacht liegt – insbesondere bei Werner Stratmann (IV 2) erkennbar, deutlich bei den (offensichtlich nicht-homosexuellen) Nachbar_innen. Akzeptanz als Form der Anerkennung ist hier etwas, was von (mehrheitlich heterosexuellen) Gemeinschaften gewährt oder auch verwehrt werden kann, wenn es ein „Problem" gibt.

Eine deutliche Strategie, Abwertungen zu vermeiden, findet sich bei Günter Amann (68) über eine Form der *Selbst-Normalisierung*. Er begründet die Tatsache, dass er selten Opfer homophober Übergriffe wird, folgendermaßen:

„Ähm ich lauf ja jetzt auch nich mi=m Fummel rum oder geschminkt oder irgend sowas nich? Äh ich bin ja relativ unauffällig wenn ich in der Straßenbahn sitze." (IV 5/Abs. 75)

Nicht nur macht er es damit zur eigenen Aufgabe, nicht angegriffen zu werden, zugleich bestätigt er heteronormierte Vorstellungen von Normalität, indem er bestimmte Subjektfiguren stark herabsetzt. Der „mit Fummel" oder der „geschminkte" verweisen auf die Figur der *Tunte*, einer intelligiblen, aber zugleich stets nicht-normalisierten Position im Rahmen schwuler Subjektpositionen (vgl. weiter oben sowie Kap. 2.1).

Im Wunsch nach Anerkennung findet sich dementsprechend nicht nur diese Strategie der *Selbst-Normalisierung,* sondern auch eine Abwertung des nicht-normalen Schwulen, der in gewissem Sinne selbst dafür verantwortlich ist, Anerkennung zu erlangen.

Insgesamt wird die Unterscheidung zwischen hetero- und homosexuellen Menschen häufig anhand der Polarität von ‚normal' und ‚schwul' aufgemacht. Die Anrufung als ‚das Andere' wird damit in bestimmtem Maße übernommen. Zwei Befragte, die in der Vergangenheit verheiratet waren, beschreiben die (vergangene) ‚heterosexuelle' Lebensweise als die Normale; implizit wird damit ihr späteres Leben in einer anderen Lebensweise von dieser Normalität unterschieden:

4.1 Subjektpositionierungen als das Andere

"Hab dann in der Zeit auch geheiratet (.) und hab zwei Kinder und war praktisch ganz normal, hab ganz normal gelebt." (IV 6/Abs. 20)
"Ich hab ein anderes Leben erlebt dadurch dass ich erst normal heterosexuell verbunden war." (IV 1/Abs. 33)

Werner Stratmann macht eine Unterscheidung auf zwischen „den Schwulen" und „normalen Männern" während er über den Verlust von Attraktivität durch das Alter spricht (vgl. dazu auch genauer Kap. 5.2):

"Also äh man es trifft dann schon die Schwulen wenn sie einigermaßen vernünftig gelebt haben (.) trifft es leichter. //mhm// Es sei denn es gibt solche die dann der alten Zeit nachtrauern. (...) Is ja unter normalen Männern auch, die heiraten dann ihre Schönen die se haben wollen nich? Und dann wird am Stammtisch doch darüber geredet über die andre Hübsche nich?" (IV 2/Abs. 87)

Zunächst wird das normale Begehren nicht nur in der Gegenüberstellung zu „den Schwulen" aufgemacht, sondern über das Begehren von den „Schönen" und „andren Hübschen" weiblichen Personen. Paradoxerweise formuliert er hier, dass es in Bezug auf den Verlust von Attraktivität keinen Unterschied zwischen homo- und heterosexuellen Männern gibt, die Unterscheidung beider Gruppen wird aber dennoch anhand von Normalität und Homosexualität aufgemacht. Schwule Männer werden hier implizit kollektiv als das Nicht-Normale gekennzeichnet, denn wenn es normale Männer gibt, gibt es auch nicht-normale Männer.

Viele Bezugnahmen auf Normalität zeigen sich in den Daten auch in Bezug auf Aktivitäten, Orte und Vergemeinschaftungen. So spricht Hannes Schneider beispielsweise über seine wechselnde Teilnahme an „einer normalen Wandergruppe" (IV 1/Abs. 91) und einem schwulen Wanderclub. Ähnlich berichtet er an anderer Stelle von „einer ganz normalen Kneipe" (Abs. 33) in der er vor einiger Zeit eine „Schwulengruppe" gründen wollte.

Eine ähnliche Gegenüberstellung von ‚Schwul' und ‚Normal' findet sich bei Uwe Meuser: „Äh wir gehen ja nicht gezielt zu Schwulenveranstaltungen sondern ähm ganz normal ins Theater ins Konzert" (IV 4/Abs. 123) sowie bei Rainer Bach:

"Ich meine, wir bemühen uns ja äh, des is aber erst später gekommen, sozusagen in normale Kreise zu kommen. Zum beispielsweise würd ich nie in den [Chor für schwule Männer] gehen. **Nie**. //mhm// Des is mir einfach zu homogen." (IV 7/Abs. 60)

Die Interviewstellen beziehen sich auf Formen der Freizeitgestaltung und auf Vergemeinschaftungen. Die Positionierung in ‚normalen' Vergemeinschaftungen erscheint dabei als ein Mittel der Selbst-Normalisierung. In der Verhandlung von Normalität wird damit das *Nicht-Schwule als normal, das Schwule aber nicht als nicht-normal* bezeichnet; an keiner Stelle bezeichnen sich die Befragten so. Die Deutung des Heterosexuellen als das ‚normale' wird allerdings genauso wenig in Frage gestellt.

Der Selbstbezug zur Position des ‚Normalen' macht demnach zweierlei deutlich: Die Befragten machen einen Unterschied zwischen schwulen und nicht-schwulen Subjekten, Lebensweisen, Gruppen und Aktivitäten. Darin wird implizit der Wunsch nach Anerkennung des eigenen irgendwie Nicht-Normal-Seins formuliert, ohne als a-normal pathologisiert zu werden. Ein konkreter Inhalt der Selbstpositionierung als schwul bleibt – außer in dieser Binarität – deutlich unterbestimmt; offenbar richtet sie sich aber gegen eine Fremddeutung, die schwule Subjekte als das A-normale adressiert und damit deutlich außerhalb gesellschaftlicher Anerkennungsstrukturen positioniert.

Einzig der Befragte Erich Kranebeck (IV 10) verschiebt die positive Bezugnahme auf das Normale; nicht nur ist er nach dem Interview deutlich irritiert, dass ich ihn nicht mehr nach „schwulen Themen" frage (Feldnotizen), er erzählt sich auch selbst während des Interviews immer wieder als schwulen Mann mit spezifischen schwulen Eigenheiten. Etwas plakativ wird das in folgendem Satz deutlich: „Ja das Schwule is schon was besonderes, ja?" (IV 10/Abs. 103). Hierin wird keine Abweichung des Schwulen vom Nicht-Normalen deutlich, sondern eine eindeutig positive Wendung von Partikularität sichtbar, ohne dass auf das ‚Universelle' überhaupt eingegangen wird: ‚das' Schwule ist demnach nicht das Andere, sondern das *„Besondere"* (In-Vivo).

Provozieren, Schweigen, Anders Sein

Die befragten Männer erleben die gesellschaftliche Bewertung von (männlicher) Homosexualität auf verschiedene Weise: Während das gesellschaftliche Klima häufig insbesondere durch die *Tabuisierung* und das *Verschweigen* schwulen Begehrens bestimmt war und teilweise immer noch ist, münden konkrete Anrufungen schwuler Subjekte meist in Unterscheidungen von *Normalität* und *Nicht-Normalität*. Dort, wo darüber hinaus Abwertungen oder auch gewaltvolle Übergriffe deutlich werden, benennen die Befragten konkrete Gruppierungen, die dafür verantwortlich sind, so wie oben gezeigt, z. B. die „Ausländer". Diese Gruppen stellen damit einen Spezialfall dar und werden nicht als stellvertretend für den gesamtgesellschaftlichen Umgang mit Homosexualität gesehen. Sie – solche ‚*Spezialgruppen*", – werden als Konstrukte der Andersartigkeit zur Konstruktion des Eigenen, etwa des Deutsch-Seins, genutzt.

4.1 Subjektpositionierungen als das Andere

In Bezug auf die Umwendung der Anrufungen als schwules Subjekt wird insbesondere deutlich, dass die Differenz von Normal/Anders in das eigene Selbstkonzept aufgenommen wird, ohne dass sich die Befragten selbst als a-normal erzählen.

Antihomosexualität wird über Tabuisierung (insbesondere in der Vergangenheit), über Provokationen und über das Andersmachen erfahren. Die Erfahrung der Ausgrenzung konstituiert sich sowohl über die Positionierung des homosexuellen Subjekts als *Nicht-Existent* (vgl. die Erzählungen über die Verborgenen und die Beschämten) sowie als das *Andere* im Sinne von Nicht-Normalität. Die Quelle dieser pejorativen Subjektdeutungen ist dabei sowohl „die Gesellschaft" als ganze, wie auch, in einzelnen Fällen, ein konkretes Gegenüber in Form fest umrissener sozialer Gruppen, die als Quelle der Abwertung formiert werden. Bemerkenswert darin ist die Verhandlung von heterosexueller Männlichkeit als hegemonial, die durch die Abwertung homosexueller Männlichkeit re-stabilisiert werden kann und muss.

Die Erzählungen zeugen dabei insgesamt von der Aberkennung von Intelligibilität; es zeigen sich daraufhin verschiedene Strategien der Selbstbeschreibung im Konnex Anerkennung – Autonomie – Gemeinschaft (vgl. Kap. 2.4). In der uneindeutigen Positionierung zwischen Normalität und Abweichung kann der Wunsch abgelesen werden, trotz vielfältiger Erlebnisse der Abwertung insgesamt *Anerkennung* zu erfahren. So sind z. B. die Sandfrau und das Nicht-Outing hilfreich, um Anerkennung als (vermeintlich) heterosexueller Mann zu erhalten, zugleich sind sie ein Ausweis von *Autonomie*: Nur in der heterosexualisierten Darstellung nach außen bleibt den Männern die Möglichkeit, die Selbstbeschreibung als schwuler Mann autonom zu gestalten und zu leben. In diesem Raum der Selbstbeschreibung zeigen sich zudem häufig sehr differenzierte Deutungen von Normalität, die das Andersmachen der Gesamtgesellschaft in Frage stellen und zugleich die Norm der Normalität reproduzieren. Trotz aller Kritik an dem erfahrenen und häufig diskriminierenden Umgang mit Homosexualität suchen die Befragten z. B. über die ‚Normalität' ihrer Geschlechtlichkeit und ihrer Sexualität nach Anerkennung in heteronormierten Geschlechterdiskursen. In diesem Rahmen lässt sich auch die Selbst-Normalisierung lesen: immer wieder betonen die Befragten, dass sie sich selbst als ‚normal' sehen (und eben keine „Tunten" oder „Lederkerle" sind). Sie formulieren darin den Gedanken, dass sie durchaus den allgemeinen Anerkennungsschemata entsprechen, da sie in „normale Kneipen", „normal ins Theater" gehen, dass sie sich in „normalen Kreisen" aufhalten und mit „normalen Wandergruppen" bergsteigen. Die Teilhabe an „normalen" *Gemeinschaften* ist dabei immer als eine Teilhabe an heteronormierten Gemeinschaften gedacht.

Einzig Erich Kranebeck (und in biographischer Perspektive auch Karl Bubeck, vgl. Kapitel 6.2 und 6.3) formuliert Schwulsein als einen besonderen ‚Zustand', über den er sich auch explizit von heterosexuellen Lebensstilen und Erwartungen abgrenzen will und auch muss, denn Schwulsein ist „was Besonderes". In dieser Bewertung von Andersheit wird *Autonomie* insofern deutlich, als die Deutung der Besonderheit im Gegensatz zum Prozess des Anders-Machens deutlich positiv besetzt wird.

Zu *gesamtgesellschaftlichen* Deutungsmustern setzen sich die Interviewpartner damit als *schwule* Männer in Bezug, d. h. hier ist es insbesondere die Subjektordnung des Begehrens, über die sie sich in vielfältigen Bezügen in der sogenannten ‚Mehrheitsgesellschaft' positioniert sehen. Dagegen wird die Subkultur oder Szene dann thematisiert, wenn sich die Befragten über die Subjektordnung des *Alters* angerufen sehen oder sich auch selbst klassifizieren.

4.2 „Die Jugend, das ist halt das Schöne": Attraktivität, Alter und Ausgrenzung

Während verschiedene Formen der Ent-Normalisierung, des Totschweigens und der Verwerfung von Homosexualität sichtbar werden, sprechen die Befragten auch über eine spezifische Wahrnehmung von Anrufungen aufgrund des Alters. So ist über alle Interviewdaten hinweg zu lesen, dass an Orten der Vergemeinschaftung von schwulen Männern deutliche Positionierungen über das Alter erfahren werden, die mitunter auch diskriminierenden Charakter haben.

Die Annahme, dass die schwule Szene, Subkultur oder Community[70] als besonders ausgrenzend gegenüber Älteren erfahren wird, gilt als „common observation" (Fenkl/Rodgers 2014) im Bereich der Forschung über ‚Homosexualität im Alter' (vgl. Kap. 2.5). Demnach führt die beständige Positionierung als älter zu einem Gefühl der Unerwünschtheit, welches für schwule Männer gravierende Folgen auch in Bezug auf ihr Selbstverständnis haben kann. So formuliert Bochow 1998,

> „daß die in den und durch die verschiedenen Szenen der Subkultur ermöglichten Gesellungsformen schwuler Männer unerläßlich für ihr soziales Leben sind. Ein

---

70 Zur problematischen Verwendung dieser Begriffe vgl. z. B. Vries/Blando 2004: „The use of the term community (…) implicating a homogenous group and providing a political identity comparable to an ethnic subculture" (ebd.: 11). Da ich diese kritischen Begriffe nicht unreflektiert setzen möchte, sie aber zugleich an dieser Stelle nicht angemessen soziologisch ausbuchstabieren kann, nenne ich im Folgenden jeweils den Begriff, den die Befragten selbst nutzen bzw. nutze den Begriff der Szene, wenn die Befragten keinen konkreten Begriff nutzen, da dieser Begriff über die Interviews hinweg am häufigsten genutzt wird.

4.2 Attraktivität, Alter und Ausgrenzung

Ausschluß aus den verschiedenen Szenen der schwulen Subkultur ist für die meisten schwulen Männer gleichbedeutend mit dem Ausschluß aus dem Leben der ‚schwulen Welt'". (ders.: 221)

Vor dem Hintergrund dieser Studien stelle ich mögliche Diskriminierungserfahrungen und damit einhergehende Subjektpositionierungen, die in Szenekontexten bereitgestellt werden, und anschließend die vielfältigen Verhandlungen dieser Subjektpositionen in den Selbstkonzepten älterer schwuler Männer dar. So erzählen alle Befragten von der Erfahrung einer unmittelbaren Anrufung entsprechend ihres Alters in Szenezusammenhängen, unterschiedlich ist aber die Umwendung, also die Hereinnahme der Kategorie Alter(n) in das eigene Selbstkonzept; auch die Deutung dieser Anrufung als diskriminierend fällt dabei unterschiedlich aus.

Das Alter in der Szene

Hannes Schneider spricht von Erfahrungen der Alterssortierung in der Szene, wie sie nicht er selbst, aber Bekannte von ihm gemacht haben:

„Das sind zum Beispiel Menschen, die sagen können: Menschenskind, ich habe Probleme mit dem Altern. Wenn ich jetzt in die Szene geh, wenn ich jetzt in ein Lokal geh, dann bin ich der Alterspräsident." (IV 1/Abs. 134)

In dieser Erzählung wird Alter(n) als wesentlicher Maßstab der Bewertung in der Szene und als Subjektordnung sichtbar: Das alternde Subjekt wird beim Betreten eines „Lokals" (und wie im Kontext der Erzählung sichtbar wird: eines Szene-Lokals), also über den ersten Sichtkontakt performiert, ohne dass bereits eine persönliche Kommunikation stattgefunden hat. Alter(n) wird hier von Hannes Schneider unmittelbar damit in Bezug gesetzt, dass andere Personen jemanden als alt sehen. Die Fremdpositionierung als alter Mensch hat damit Konsequenzen für die Sicht auf das eigene Altern: es wird dann zu einem Problem. Hier ist ein deutlicher Zusammenhang zwischen einer Anrufung und der darauffolgenden Umwendung zu sehen: Andere rufen jemanden als *„Alterspräsident"* (In-Vivo) an, daraufhin wird die Zuordnung in das eigene Selbstkonzept aufgenommen. Wie ich weiter darstellen werde, führen die Befragten solche Positionierungen entlang des Alters auf die ‚schwule Szene' und dort virulente Altersbilder zurück. So wird in Szenekontexten eine Anrufung als älterer Mensch unmittelbar erfahren, welche die Hereinnahme der Kategorie alt/älter in das Selbstkonzept gewissermaßen erzwingt (vgl. Kap. 5.1).

Hannes Schneider erwähnt eine solche Erfahrung, als er auf Kontaktsuche über eine Homepage für schwule Männer ist:

> „Man spielt tatsächlich mal mit ehrlichem Alter, da bekommt man äh sehr oft die Aussage: äh nein also du bist mir deutlich zu alt. //mhm// Da wird einem dann das also vor Augen geführt." (IV 1/Abs. 22)

Nicht nur findet hier eine Positionierung als ‚alt' statt, sondern auch als für etwas „zu alt". Neben anderen möglichen Altersmerkmalen wie dem körperlichen Alter(n) ist es hier das „ehrliche", vermutlich also das kalendarische Alter, dass als klarer Ausweis des ‚wirklichen' Alter(n)s eine Ablehnung provoziert.

Auch Uwe Meuser macht die Erfahrung von zunehmender Ausgrenzung, die als *prozesshafter Vorgang* entsprechend dem eigenen Älterwerden stärker wird:

> „Da tritt natürlich zumindest ähm nach meinem Empfinden irgendwann schon so=n Alterungsprozess ein. Da wird man schneller aussortiert" (IV 4/Abs. 132)

„Irgendwann" fängt es demnach an, dass man bei der Kontaktsuche von anderen zunehmend ‚aussortiert' wird. Je älter man wird, umso öfter geschieht dies. Ähnlich formuliert Werner Stratmann eine deutliche Bewusstwerdung des Alters durch die Gegenüberstellung mit Jüngeren bei der Partnersuche:

> „Und ich glaub und grade **bei Schwulen**. (2) Da wird das Alter akzeptiert notgedrungen und dann wachen die Träume auf, (.) wie schön es war. (…) Du kommst gegen Jungen nich an, //mhm// gegen vieles schöne Jugendliche." (IV 2/Abs. 84)

Die Gegenüberstellung des Älteren gegenüber dem schönen Jugendlichen erfolgt über zwei Seiten: Zum einen ist man als Älterer nicht mehr das schöne jugendliche Begehrte, gleichzeitig wird man vom ‚schönen Jugendlichen' auch nicht mehr begehrt. Irgendwann merke man so anhand von „Selbstreflexion" (ebd.; vgl. auch Kap. 6.1), dass die Träume vorbei sind. Der einzige Weg damit umzugehen, ist laut Werner Stratmann Akzeptanz: „die Zeiten sind vorbei. (…) Da muss man bereit sein, es zu akzeptieren" (IV 2/Abs. 84). Die Fremddeutung als älterer oder alter Mann wird in der Selbstreflexion im Sinne einer *realistischen Selbsteinschätzung* zu einem Element der Selbstbeschreibung.

Die Anrufung als alt/älter hat demnach entlang des eigenen Alterns einen prozesshaften Charakter, und sie bildet sich zudem in einer Opposition von jung gegen alt ab. Damit verbundene Alter(n)sbilder wie *körperliche Unattraktivität* und *Vergänglichkeit* werden von Werner Stratmann nicht nur angedeutet, sondern

4.2 Attraktivität, Alter und Ausgrenzung

müssen im Rahmen eines angemessenen Alter(n)s auch akzeptiert und in die eigene Selbstbeschreibung aufgenommen werden.

Die Positionierung als alt oder älter ist demnach stark von der Einbindung in Szenekontexten abhängig, da man dort mit Jüngeren konfrontiert wird – die Bedeutung für das alternde Selbst ist dabei nicht zu unterschätzen. Wie bei Werner Stratmann ist auch für Uwe Meuser Selbstreflexion und Akzeptanz notwendig, um mit dieser Positionierung umzugehen:

> „Seitdem ich so=n büschen losgelassen habe und Gelassenheit bekommen habe und eigentlich gar nich mehr auf der Suche bin." (IV 4/ Abs. 42)

Die *Selbst-Abgrenzung* von der Szene ist demnach ein geeignetes Mittel, mit der pejorativen Subjektdeutung als nicht mehr attraktiver Partner umzugehen. Die Anrufung als nicht mehr attraktiv muss daher nicht unmittelbar in das Selbstkonzept integriert werden, wenn versucht wird, sich ihr (auch räumlich) zu entziehen. Zugleich eignet sich Uwe Meuser in dieser Selbst-Beschreibung eine (stereo-)typische Eigenschaft des Alter(n)s an: „*Gelassenheit*" (In-Vivo) kann als ‚positive' Begleiterscheinung des Alter(n)s gesehen werden.

Die Szene wird dabei gegenüber nicht-homosexuellen Kontexten als besonders alterssensibel erzählt. Laut Günter Amann hat das Alter „in dem Bereich ne besondere Bedeutung für die Partnerwahl und auch für die Sexualität" (IV 5/Abs. 14). Die Positionierung als älterer Mensch beginnt laut dem Befragten Karl Bubeck in der Szene auch ab einem deutlich früheren kalendarischen Alter:

> „Ja also ich mein, in der schwulen, also in der Szene selber is des ja, gib=s ja dieses alte Klischee, ab 30 is ma alt, da is ma vom Markt weg." (IV 8/Abs. 31)

Nicht nur wird damit die Subjektdeutung des Gegenübers als alt besonders deutlich und unmittelbar formuliert, sie wirkt zudem eindeutig aus bestimmten Vergemeinschaftungskontexten *ausschließend* („dem Markt") und zeigt andere Maßstäbe für die Bewertung des (Zu-)Alt Seins als in anderen sozialen Zusammenhängen. Wenn schwule Männer schon mit 30 zu alt sind, wird der Kreis der Nicht-Alten, Attraktiven kleiner und so noch exklusiver und erstrebenswerter.

Auch Rainer Bach greift den Diskurs auf, dass im Rahmen der schwulen ‚Szene' andere Altersgrenzen gelten:

> „Unsre Stammkneipe, des sind halt, na was heißt Ältere, wenn sie schwul sind, sind sie ja schon alt, wenn sie 30 sind. Aber da geh ich auch nich hin." (IV 7/Abs. 28)

In dieser Aussage wird zum einen die Relativität von Alter(n) sehr deutlich – denn jemanden als älteren Menschen zu sehen ist (wie ich in 5.1 weiter ausführen werde) nicht nur vom kalendarischen Alter, sondern vom Kontext abhängig. Hier ist es ein bestimmter Ort („da"), der über 30-jährige nicht nur zu Älteren, sondern sogar zu Alten macht. Zum anderen wirft die Interviewstelle die Frage auf, wie alt schwule Männer sind, die jenseits der 30 sind. Es bleibt die Vermutung, dass Männer jenseits der 30 so alt sind, dass sie „da", wo sich schwule Männer aufhalten, nicht mehr denkbar sind. Der Befragte identifiziert in der Szene also eine Form von *Undenkbarkeit* des älteren schwulen Mannes. Entsprechend dieser Unmöglichkeit, zu existieren, „geht" Rainer Bach „*da* auch nich hin" (Hervorh. L.S.) – im Gegensatz zu seiner „Stammkneipe", in der offensichtlich andere Altersbewertungen gelten.

Die Begründung für die starke Ausgrenzung Älterer in der Szene wird von Günter Amann über den Zusammenhang von Jugendlichkeit als Signum von sexueller Attraktivität erklärt:

> „Natürlich in der Schwulenszene generell, äh is natürlich äh dadurch, dass sich die Szene über die Sexualität definiert, //mhm// äh is natürlich die Jugend oder die Jugendlichkeit ähm von großer Bedeutung." (IV 5/Abs. 44)

Dieser Zusammenhang von „youth-orientated communities" (Heaphy 2007: 206) und eine damit zusammenhängende Form von Altersdiskriminierung findet sich in der eingangs angeführten Literatur. Im deutschsprachigen Kontext ist es insbesondere der sogenannte „Dannecker/Reiche-Report" (IV 5/Abs. 44; vgl. Dannecker/Reiche 1974), welcher das Älterwerden von schwulen Männern insbesondere durch Ausgrenzungserfahrungen in der ‚Szene' bereits 1974 als problematisch beschreibt:

> „Mit geradezu monströsem Automatismus entfernen sich die älteren unter den Homosexuellen aus dem sexuellen Marktgeschehen und stufen sich selbst als veraltete, nicht mehr attraktive Sexualpartner ein, indem sie sich aus den von ihnen angegebenen Altersspannen ausklammern. So selbstverständlich, wie sie sich bis zum Alter von 30 Jahren als begehrtes Sexualobjekt begreifen, so selbstverständlich nehmen sie sich aus diesem Zusammenhang heraus, haben sie einmal dieses Alter überschritten." (Dannecker/Reiche 1974: 126)

Die Studie „Der gewöhnliche Homosexuelle" des Soziologen Martin Dannecker und des Psychoanalytikers Reimut Reiche gilt als „Klassiker der Schwulenforschung" (Bochow 2005: 15). Bereits 1974, also unter dem Eindruck starker öffentlicher Ausgrenzung und Pathologisierung von (männlicher) Homosexualität sowie dem erst relativ frisch abgemilderten § 175 entstand ein 400 Seiten starkes, quantitativ-empirisches ‚Standardwerk' zu Lebensweisen und ‚Subkultur', verbunden mit

4.2 Attraktivität, Alter und Ausgrenzung

einer psychoanalytischen Diagnostik schwuler Männer. Günter Amann hebt die Relevanz dieser Studie für die Selbstbeschreibung der damals jüngeren schwulen Generation hervor, indem er sie im Kontext von altersdiskriminierenden Szenen erwähnt:

> „es gab diesen Dannecker-Reiche-Report mal „der gewöhnliche Homosexuelle", äh is=n ganz wichtiges Buch für die für meine Generation gewesen. Wo zum ersten Mal ich glaub es war Anfang Ende der 70er Jahre kam das raus, so=n dickes Paperback (.) äh wo die Schwulen auch befragt wurden über ihre Befindlichkeiten, über Wünsche und so weiter. //mhm// (.) Der sagte des damals glaub ich schon, dass also die Schwelle der Attraktivität natürlich äh altersmäßig natürlich immer weiter nach hinten geschoben wird, nich? also war das früher mal 25 oder 30 und danach galtest du als alt oder altes Eisen. (…) Nachher ich glaube bei Dannecker waren=s schon 35. //mhm// Und ich glaube heutzutage muss man sagen, n 40-jähriger Mann in der Szene is noch gut drin. //mhm// Also man- also da hat sich auch einiges getan. Genau wie in der heterosexuellen Szene ja auch. //mhm// Dass des Alter sozusagen dadurch dass man äh viel länger äh aktiv bleibt und auch viel länger am Geseg- am gesellschaftlichen Geschehen teilhat." (IV 5/Abs. 44)

Günter Amann geht – ausgehend von den Ergebnissen bei Dannecker/Reiche – „natürlich" von einer *Verlängerung der Altersphase* aus, in der man noch als attraktiv gelten kann, so dass sich die Altersgrenze der Attraktion nach hinten verschiebt. So kann inzwischen auch ein Vierzigjähriger „in der Szene noch gut drin sein". Günter Amann beschreibt anhand des Buches einen Wandel von Altersdeutungen, der sich aber nicht nur in der schwulen Szene, sondern auch in der „heterosexuellen Szene" zeigt. Die polarisierende Gegenüberstellung einer scheinbar homogenisierten schwulen und einer heterosexuellen Szene wird durch den Verweis auf das „aktive" Altern (vgl. dazu Kap. 5.1) als Möglichkeit einer Selbstpositionierung wieder abgemildert. So bietet sich die Subjektposition des aktiven Alten gleichermaßen in beiden ‚Szenen' an und eröffnet eine Neubewertung älterer Menschen als immer noch attraktiv (allerdings dadurch, dass sie möglichst lange nicht alt aussehen). Er bewertet diese Verschiebung als eindeutig positiv, obwohl er selbst immer noch außerhalb dieser *Altersspanne der Attraktion* zu verorten ist – die Verschiebung des Raumes, innerhalb dessen ein schwules Subjekt zwar als älter, aber immer noch als attraktiv gilt, schließt ihn nicht mit ein. Seine Erzählung wirkt distanziert; er spricht zwar zunächst über sich selbst als Teil der Generation, für die der „Dannecker-Reiche-Report" von Bedeutung war. Aber weder bei der Verschiebung von Altersgrenzen noch in die homosexuelle „Szene" bezieht er sich ein – das

Thema beschreibt er eher als Beobachter, denn als Betroffener. Es bleibt daher unklar, inwiefern er sich in seiner Selbstbeschreibung als schwuler Mann durch die Attraktionsgrenzen gefährdet sieht oder ob die Anerkennung als attraktiver Sexualpartner für ihn keine Bedeutung (mehr) hat. Auch wenn Günter Amann zunächst die Altersgrenzen der Szene als ein Spezifikum beschreibt, verneint er schließlich die These einer besonders diskriminierenden Struktur in schwulen Vergemeinschaftungen, indem er einen gesellschaftlichen Wandel und eine neue Figur des (aktiven) Alter(n)s beschreibt, die von Hetero- wie von Homosexuellen eingenommen werden kann.

Michael Haupt dagegen beschreibt die Community als spezifischen Ort von Altersgrenzen und -ausgrenzungen. Er macht dabei die Erfahrung, dass die „community" im Ganzen durch altersfeindliche Strukturen geprägt ist:

> „Es hat sich da eine Altersphobie aufgebaut. (…) Die Strukturen innerhalb der schwulen community, die sind nicht unbedingt altenfreundlich, also das wäre total übertrieben." (IV 3/Abs. 60)

Demnach scheint die Abneigung in Form einer *Altersphobie* (In-Vivo) gegenüber älteren Communitymitgliedern ein jüngeres Phänomen zu sein; Michael Haupt begründet den ‚Aufbau' der altenfeindlichen Strukturen mit einem *Wandel in der Community*, die sich früher mit einem „Touch den vielleicht mal so die 68er-Bewegung gehabt hatte" (ebd.) deutlich politisierter darstellte und sich nun eher an das jüngere, feiernde Publikum richtet. Die Ausgrenzung aus der Szene wird damit nicht unbedingt über die Zuschreibung an mangelnder Attraktivität erfahren, sondern liegt an einem Generationenwechsel: von den älteren, politisierten, sich stärker gegen gesellschaftliche Diskriminierung auflehnenden, zu denen sich Michael Haupt selbst zählt, hin zu einem ‚hedonistischeren', konsumorientierten Publikum, für das auch der Körper marktkonform eingesetzt werden muss.

Alternde Körper und Attraktivität

Anders als Michael Haupt formuliert der Großteil der Befragten, dass sich die Ausgrenzung zwar deutlich zeigt, aber eben nur in Bezug auf die körperliche Attraktivität. So begründet Uwe Meuser die Ausgrenzung über die Fokussierung der Szene auf „Sexualkontakte und nicht so sehr auf Sozialkontakte" (IV 4/Abs. 132). Wer nicht (nur) auf sexuelle Kontakte aus sei, könne sich laut Hannes Schneider auch als älterer Mann durchaus in der Szene aufhalten:

> „Es gibt sicherlich Bereiche auch in der Szene äh wo das Alter keine Rolle spielt. Wenn man die Vergnügungsszene nimmt äh da denk ich äh da sieht

4.2 Attraktivität, Alter und Ausgrenzung

man ganz bewusst äh und man merkt äh da wird einem das Alter bewusst, da wird einem öfter mal klar äh dass man doch schon äh jenseits von Gut und Böse ist." (IV 1/Abs. 19)

Die Anrufung als alt, die eindeutig eine starke Abwertung beinhaltet, begegnet den Befragten in Kontexten schwuler Vergemeinschaftung nur im Rahmen einer *„Vergnügungsszene"* (in-Vivo). Ich halte diese von den Befragten häufig geäußerte Unterscheidung für wichtig, da damit sowohl die Annahme einer generellen Ausgrenzung von älteren Männern sowie die Annahme einer generellen Sexualisierung der Szene in Frage gestellt werden kann. Umgekehrt kann aus diesen Äußerungen der Schluss gezogen werden, dass große Teile der Szene somit wenig oder gar nicht nach Alter sortieren und damit Vergemeinschaftungen über Altersgrenzen hinweg häufig und problemlos stattfinden – einzig Michael Haupt widerspricht dieser These mit der generellen „Altersphobie".

Möglich ist allerdings auch, dass die herabsetzenden Anrufungen über das Alter hier etwas *verharmlost* erzählt werden. Wenn ähnlich wie im Vorangegangenen (Kap. 4.1) homophobe Anrufungen zwar erzählt, aber gleichzeitig in ihrer Bedeutung für die Selbst-Beschreibung als unwesentlich dargestellt werden, kann es sein, dass die Anrufung als *alterndes* Subjekt in der Szene eventuell doch so problematisch ist, dass die wenigen Räume eines anerkannten Älterseins entsprechend aufgewertet werden müssen. Auch der Befund, dass alle Befragten die Szene sehr selektiv aufsuchen, indem sie etwa zwischen der „Vergnügungsszene" (s.o.) und anderen Bereichen trennen, spricht dafür, dass Altersdiskriminierung in Szenekontexten als Problem erfahren wird.

Einer generellen Ausgrenzung älterer schwuler Männer aus Szenekontexten widerspricht in anderer Form Karl Bubeck. Ein Rückzug aus der Szene sei laut ihm weniger der Diskriminierung aufgrund sinkender sexueller Attraktivität geschuldet, sondern habe andere Gründe:

> „Ich glaub es hat eher was damit zu tun, dass man einfach nich mehr so viel Power hat, //mhm// wenn man älter wird. Also ich kenn jetzt niemanden der sacht, also ich kann mich kaum erinnern, dass jemand gesagt hat ‚ich geh nich mehr daraus weil ich denke ich bin zu alt dafür'. //mhm// (…) Und da hab ich eher das Gefühl, das hat einfach was damit zu tun dass man nich mehr so viel äh, nich mehr so umtriebig is. (…) Ich kenn jetzt, wo ich drüber nachdenke, es gibt natürlich auch welche die einfach zu wenig Geld haben. //mhm// Und sich dann zurückziehen und äh da verliert man leicht den Kontakt (…). Also fällt mir jetzt einer ein zum Beispiel der lange auch mit so in der Kleinkünstlerszene mit unterwegs war und der wirklich abgedrif-

tet is so nach und nach und (.) den seh ich einmal im Jahr auf=m Empfang beim schwulen Netzwerk zum CSD und sonst (1). Und ich vermute, dass=er wirklich kaum Geld hat und deshalb sich zurückgezogen hat. (...) Ich glaub dass es dann eher über die Gebrechlichkeit und über=s Geld geht als über die Attraktivität." (IV 8/Abs. 51)

Der Rückzug aus gesellschaftlichen Kontexten wird laut Bubeck nicht initiiert durch ein soziales Gegenüber, welches einem anzeigt, dass man hier nicht willkommen sei. Die Bekannten, über die Karl Bubeck hier zunächst spricht, werden über ihre körperlichen Veränderungen daran ‚erinnert', dass sie alt sind: „also das hat eher was mit Aktivität und äh Mobilität zu tun //mhm// ob man sich als alt einschätzt" (IV 8/Abs. 31). Eine verminderte *körperliche Fitness* ist dabei ein möglicher Grund, sich aus der Szene zurückzuziehen. Sich aus gesellschaftlichen Zusammenhängen zu lösen ist also laut Karl Bubeck altersbedingt körperlich induziert und nicht auf Ausgrenzungen *von außen* zurückzuführen.

Der andere von Karl Bubeck eingebrachte Faktor ist das *Geld* – ein bestimmtes Einkommen ist dabei der Maßstab dafür, an Veranstaltungen der Szene teilnehmen zu können. Das ausgrenzende Moment ist dabei ebenso wenig wie in Bezug auf sinkende körperliche Leistungsfähigkeit eine Spezifik der schwulen Szene, d. h. das Disengagement (vgl. Kap. 2.2) ist auch hier nicht dem Begehren geschuldet, sondern der Schichtzugehörigkeit. Die soziale Verortung des Alt-Seins findet demnach laut Bubeck – auch in der Szene – nicht direkt über das Begehren statt (und darüber vermittelt über sexuelle Attraktivität), sondern über Körper im Sinne ihrer physischen Leistungsfähigkeit sowie über die Zugehörigkeit zu einer bestimmten Schicht.

Es wird deutlich, dass die Annahme einer insgesamt altersdiskriminierenden schwulen ‚Szene' (vgl. den Forschungsstand in Kap. 2.5) etwas differenzierter zu betrachten ist; so sind es nicht alle Szenezusammenhänge, die als ausgrenzend erfahren werden. Des Weiteren wird der Rückzug aus der ‚community' nicht immer von Anderen an einen herangetragen; wie Karl Bubeck erwähnt, können zunehmende körperliche Einschränkungen entscheidendere Gründe für den Rückzug sein. Soziale Teilhabe an der Szene wird damit nicht nur auf sexuelle Attraktion begrenzt; finanzielle und körperliche Leistungsfähigkeit führen auch abseits schwuler Vergemeinschaftungen zum Rückzug älterer Menschen. So zeigen sich die Gründe des sozialen Rückzugs etwas komplexer als nur aufgrund einer körperbezogenen Altersdiskriminierung in der Szene; denn der von Karl Bubeck erwähnte Kleinkünstler entzieht sich dem Leben in der community aufgrund von „Geld", „Gebrechlichkeit" *und* „Attraktivität".

Neue Möglichkeiten der Selbstbeschreibung in der Szene

In den Daten finden sich auch Selbstbeschreibungen als alt/älter, die als ‚positive' Wendungen bzw. neue Rollen und Selbstbezüge in der Szene aufgegriffen werden. Im Folgenden werde ich zwei dieser Positionierungen darstellen: Die der *Re-Sexualisierung des Körpers über den Fetisch* sowie die Subjektivierung als *schwuler Opa*. Diese Selbstbeschreibungen verweisen darauf, dass die Befragten auch im Rahmen altersdiskriminierender Strukturen Wege finden, sich selbst als schwul *und* alt zu erzählen und in der Szene verhaftet zu bleiben.

Günter Amann thematisiert die Abwertung schwuler älterer Männer bei der Suche nach sexuellen Kontakten während des Interviews; er spricht aber auch über Teile der Szene, in denen das Alter über andere Körperbezüge in den Hintergrund rückt und so sexuelle Attraktion hergestellt werden kann:

> „Im Alter gibt es sehr viel Kontaktmöglichkeiten, die im sexuellen Bereich ne Rolle spielen. (...) **Was noch interessant** is bei denen äh, des empfind ich auch als ganz angenehm, is dass sie in diesen Kreisen nich so diese Altersrestriktion haben. //mhm// Also dadurch kann man sagen find ich, je mehr Fetisch desto weniger Altersrestriktion. Des heißt also dadurch, wenn sich der sexuelle Wunsch auch auf=n Fetisch konzentriert weitgehend, dann verliert sozusagen der Inhalt des Fetisch ähm also der Körper an sich verliert dann sozusagen diese Wichtigkeit. //mhm// Die Wichtigkeit besteht dadurch, dass der Körper den Fetisch hat und nich mehr ob der nun faltenlos is oder nich. //mhm// Des heißt es macht dann nichts aus ob der ne Falte hat oder ob des etwas älter is oder nich. Wenn er den Fetisch trägt dann is das ne Kompensation genug, um ihn erotisch zu finden." (IV 5/Abs. 41)

Auch wenn der alternde Körper hier als negativ verhandelt wird, da er „kompensiert" werden muss, steht er der sexuellen Attraktivität nicht im Wege, wenn der Blick vom faltigen Körper auf das darüber getragene Kleid des jeweiligen Fetisches gerichtet wird. Der hier nicht näher spezifizierte Fetisch gibt dem Körper – der auch hier noch als Träger der sexuellen Begierde fungiert – sozusagen eine neue Oberfläche. Diese *zweite Haut des Körpers* wird schließlich die Trägerin der sexuellen Begierde. Diese Möglichkeit einer stark körperbezogenen Form der sexuellen Attraktion, die aber dennoch den alternden Körper ‚vergessen' machen kann ist damit für Günter Amann eine Möglichkeit des positiven Selbstbezugs zum „sexuellen Bereich" der Szene. In einer Studie von Michael Bochow (1998) wird die ‚Lederszene' als Bereich beschrieben, indem vergleichsweise viele der „häufigen Besucher" älter sind. So seien 8 % von ihnen über 44 Jahre alt und bildeten damit „eine Ausnahme" (ebd.: 225) zu anderen Szenebereichen. Die Selbstverortung als sexuell attraktive Person in diesem

Kontext kann als eine Möglichkeit der positiv besetzten Subjektivierung gesehen werden, die Männern, die sich nicht in schwulen Szenegemeinschaften aufhalten, evtl. nicht in dieser Form offensteht. Der Befragte Erich Kranebeck formuliert, dass die Abwertung des eigenen Körpers bei Begegnungen zwischen Schwulen andere Folgen für das Selbst hat, als er dies für heterosexuelle Menschen annimmt:

> „Wenn ich dann jemanden sage oder von jemanden sagen würde oder ein anderer mir gegenüber sagte, der is mir zu alt, is das noch keine totale Ablehnung. //mhm// Sondern eben nur, naja, netter Typ, aber halt nich meine Generation, wie der eine es mal mir gegenüber so formuliert hat. //mhm// Also insofern ist das Alter-, das Älterwerden glaub ich weniger (1) brisant und ge-, als es vermutlich äh unter Heteros is." (IV10/Abs. 112)

Somit bezieht sich die „Ablehnung" ‚nur' auf das Alter als äußerer Hülle – der in diesem Falle nicht den persönlichen Vorlieben des Gegenübers entspricht – nicht aber auf den ganzen Menschen und ist demnach leichter zu ‚verkraften' als über anders verlaufende Körperbewertungen, wie sie „vermutlich unter Heteros" zu finden sind. Die Abwertung betrifft damit laut Erich Kranebeck *den alternden Körper* als eine (nicht) begehrte Körperform unter vielen. Sie entspricht damit keiner verallgemeinerten negativen Bewertung des Gegenübers oder seiner ‚Persönlichkeit' und muss daher nicht mit dem eigenen Selbstbild ausgehandelt werden oder konform sein. Über den Vergleich zu den „Heteros" kann die immer noch bestehende Abwertung des unattraktiven Äußeren verallgemeinert werden. Da sie nicht nur für schwule Männer ein Problem sei, müssten sich schwule Männer nicht besonders stark damit auseinandersetzen. Dass die Abwertung eventuell doch problematisch für das Selbst-Verhältnis ist, lässt sich daran erkennen, dass Erich Kranebeck zwischen der Anerkennung als „netter Typ" und der Abwertung der (äußeren) Attraktivität unterscheiden muss. Verhandlungen des alternden Körpers – dessen Ablehnung überwunden werden kann (z. B. über den Fetisch) sowie die Ablehnung des Körpers aufgrund persönlicher Vorlieben, die damit nicht mit der Ablehnung der gesamten Person einhergehen muss – werden hier als ‚homosexuelle' Spezifika formuliert und abgrenzend zu nicht-homosexuellen Verhandlungen des Körpers im Kontext von Sexualität dargestellt.

Eine weitere Selbst-Positionierung im Zusammenhang von Szene und Alter zeigt Karl Bubeck als *schwuler Opa* (In-Vivo). Er erzählt sich als der Szene äußerst verbunden, was nicht nur mit seiner biographisch stringenten starken politischen Sozialisation in der Szene zusammenhängt (vgl. Kap. 6.2), sondern auch mit seiner derzeitigen Anstellung in einer Beratungseinrichtung für ältere schwule Männer.

4.2 Attraktivität, Alter und Ausgrenzung

Mit dem Älterwerden bemerkt er, im Kontext des „schwulen Lebens" eine neue Rolle gefunden zu haben:

> „Das <u>dritte</u> was ich merk was mit Alter zusammenhängt is jetzt so, wirklich auch so auf=s schwule Leben bezogen, dass ich so das Gefühl hab ähm ich entwickel mich so=n bisschen zum Schwulen Opa, der seinen Enkeln erzählt, wie=s damals war." (IV 8/Abs. 16)

Die Selbstbeschreibung als *„schwuler Opa"* ermöglicht Karl Bubeck eine Positionierung, die entsprechend seinem höheren Lebensalter legitim ist und ihn gleichzeitig in die für ihn biographisch relevante Gemeinschaft des „schwulen Lebens" re-integriert.

In der Analyse von Altersbildern (vgl. Göckenjan 2000; 2007) stellt der Großvater eine besonders gängige Figur dar, die Autorität, Wissen, Erfahrung symbolisiert und die älteren Menschen als positive Subjektposition zur Verfügung steht.[71] Dieses Bild wird von Karl Bubeck nicht nur über die Positionierung als Opa aufgenommen, sondern verläuft auch über das In-Beziehung-Setzen zu jüngeren Szenemitgliedern als „Enkelgeneration" (IV 8/Abs. 65). In der Selbstinszenierung als schwuler Opa werden zwar heteronormierte Familienbegriffe gewissermaßen kopiert, gleichzeitig muss zur Etablierung einer solchen familiären Beziehung keine (Bluts-)Verwandtschaft bestehen. *Der schwule Opa* ermöglicht Karl Bubeck eine für ihn positiv besetzte Positionierung innerhalb der Szene explizit über die Selbstbeschreibung als älterer wie auch als schwuler Mann. Die heteronormierte Figur des Großvaters ist hier als schwule Subjektfigur umgedeutet.

Die Szene und die Altersdiskriminierung

Der in 2.5 und zu Beginn dieses Kapitels formulierte ‚Ageism' innerhalb schwuler Gemeinschaften wird von den Befragten hier nicht als durchgängige, aber doch wesentliche Erfahrung in der Szene und für die Selbstbeschreibung erzählt. Entlang der verschiedenen Erfahrungen der Anrufung und Ausgrenzung innerhalb und aus schwulen Vergemeinschaftungen wird sichtbar, dass die Ausgrenzung sich häufig (nur) auf den Bereich der *Sexual*kontakte bezieht, zugleich aber die Szene als Raum für *Sozial*kontakte nach wie vor als offen gegenüber Älteren verstanden wird. Zudem erfahren einige Befragte die Positionierung als alt dabei über den alternden, nicht mehr sexuell begehrten Körper und weniger als eine Ablehnung

---

71 Interessanterweise ist die Figur des „Großvaters" als positive Subjektposition dabei eindeutig vergeschlechtlicht. Die Positionierung als weises, achtbares, erfahrenes Familienmitglied oder Familienoberhaupt ist eindeutig patriarchalisiert und steht der ‚Großmutter' nicht in gleichem Maße offen.

der gesamten Person. Nichtsdestotrotz wird, insbesondere für die Befragten Stratmann (IV 2) und Meuser (IV 4) Selbstarbeit in Form von „Selbstreflexion" und „Akzeptanz" nötig, um die Anrufung als alterndes, und weniger begehrtes Subjekt in die eigene Selbstbeschreibung zu integrieren. Bei beiden führt diese Akzeptanz zu einem Rückzug aus der Szene bzw. seinen ‚sexualisierten' Bereichen. Ein Mangel an Anerkennung für den alternden Körper führt also zum Rückzug aus Bereichen, die die Selbstbeschreibung als schwuler Mann in hohem Maße prägen oder geprägt haben. Wie Karl Bubeck anführt, ist die Erfahrung der Unzugänglichkeit der Szene gegenüber Älteren nicht zwingend der sinkenden Attraktivität geschuldet, sondern liegt deutlich auch an selbstinduzierten Formen des Rückzugs aufgrund von sinkender Leistungsfähigkeit wie auch an einer deprivierten finanziellen Situation.[72]

Formen der Umwendung auf die Anrufung als älterer schwuler Mann finden sich schließlich durch die Fetischisierung des Körpers sowie der Subjektivierung als schwuler Opa. Beide sind gerade nicht durch einen Rückzug aus der Szene geprägt, sondern mit einer veränderten Deutung von Begehrensbezügen verbunden. Während sich Günter Amann in der Fetisch-Szene re-sexualisiert, indem der alternde Körper zugunsten einer anderen begehrenswerten Oberfläche in den Hintergrund treten kann, nimmt Karl Bubeck die Selbst-Inszenierung als schwuler Großvater auf, um gerade das Ältersein als neue Selbstpositionierung zu nutzen, wobei er selbst als Subjekt und Objekt sexueller Begierde deutlich in den Hintergrund tritt. Zugleich wandelt sich eine anerkannte Form von Männlichkeit in der Figur des schwulen Opas: Dieser ist nicht sexuell dominant, aktiv, körperlich agil, aber er verkörpert im Hinblick auf Erfahrung, Weisheit und Autorität anerkannte Bilder eines männlichen Alter(n)s. Im Hinblick auf den Zusammenhang von *Anerkennung* und *Gemeinschaft* wird deutlich, dass auch in diesen Selbstdeutungen entweder die eigene Sexualität zugunsten einer Aufwertung der Altersposition (der schwule Opa) oder aber das Alter in Form des alternden Körpers zugunsten einer Aufwertung als begehrtes Objekt in den Hintergrund treten muss (vgl. den „Fetisch-Bereich"). Möglicherweise können in Kontexten schwuler Vergemeinschaftung Alter und Sexualität nicht zu gleichen Teilen in die Subjektivierung eingehen, will man noch ein anerkennenswertes Subjekt verkörpern.

Bemerkenswert an den Erzählungen über Altersdiskriminierungen in der Szene ist, dass sie trotz aller Relativierungen so deutlich artikuliert werden. Ageism ist – im Gegensatz zu Sexismus und Rassismus – keine Dimension der Diskriminierung, die in Deutschland politisch verhandelt und kritisiert wird – es gibt also

---

72 Karl Bubeck spricht im Kontext von Geldarmut nicht über sich selbst, sondern über andere. Aufgrund des Mittelschichtsbias des Samples ist es nicht möglich, diese Position deduktiv in weiteren Interviewdaten zu prüfen (vgl. dazu auch Kap. 3.3; 5.3).

keine starke Sensibilität und Aufmerksamkeit dafür (vgl. Kap. 2.2). Zugleich wird sie von den Befragten auch zuvorderst als Problematik in der Szene thematisiert; außerhalb sehen sich die Befragten zwar als ‚alte' Menschen in vielen Situationen (vgl. Kap. 5.1) angerufen, eine wirkliche Diskriminierungserfahrung verbinden sie jedoch nicht damit. Dies könnte daran liegen, dass die Befragten insbesondere im Rahmen schwuler Gemeinschaften nach Anerkennung suchen, und zwar auch über sexuelle Interaktionen. In diesen Situationen wird der eigene Körper als wesentliche Oberfläche sexueller Attraktion zum entscheidenden Anzeiger des Alter(n)s. Da dieser nicht (mehr) den gängigen Attraktionsmerkmalen entspricht, wird er als alter Körper ausgegrenzt – eine Erfahrung, die sich laut Michael Haupt schließlich als „Altersphobie" (IV 3/Abs. 60) in der gesamten Community niederschlägt. Der These der „doppelten Stigmatisierung" folgend (vgl. Kap. 2.5), wird eine als eher negativ empfundene Anrufung im Kontext der Szene durchaus erfahren und auch explizit auf den Bereich der Szene eingegrenzt. Häufig machen die Befragten die Erfahrung, dass ältere schwule Männer in der Szene eher undenkbar und unmöglich sind als entlang eines konkreten Merkmals stigmatisiert. Das Nicht-Mehr-Jungsein entspricht in dieser Undenkbarkeit einer Verwerfung, die von den Befragten als solche auch erfahren wird (vgl. dazu theoretisch Kap. 2.3). Die Subjektivierungen als schwuler Opa und als Fetisch-Träger sind in diesem Kontext als Strategien anzusehen, sich in der Szene auf anderen Wegen *Anerkennung* als älterer schwuler Mann zu verschaffen und in der *Gemeinschaft* verbleiben zu können. Die Befragten verstehen sich darin durchaus als Individuen, die sich also nicht dem „jugendlichen Lebensstil" (IV 8/Abs. 48) unterordnen, sondern die *Autonomie* über ihre Selbstbeschreibung als durchaus (auch) alt bzw. älter über diese Subjektformierungen behalten wollen.

4.3 „Es gibt keine alten Schwulen": Das Nicht-Subjekt des alten schwulen Mannes

Die vorangegangenen Kapitel greifen die These der doppelten Stigmatisierung (vgl. Kap. 2.5) auf, indem in Kapitel 4.1 zunächst Homosexualität als eine Subjektordnung diskutiert wurde, über die sich die Befragten selbst entwerfen können bzw. müssen. Es zeigt sich, dass in der sogenannten ‚Mehrheitsgesellschaft' eher negative Subjektpositionen ‚des Schwulen' aufgeworfen werden, zu denen sich die Befragten dennoch als Schwule entwerfen, ohne die Positionierung als das „Andere" und „Abweichende" in ihre Selbstbeschreibung zwingend aufzunehmen. Anschließend fragte ich nach einer Verworfenheit des Älteren im Rahmen einer schwulen ‚Subkultur' (4.2). Hier zeigt sich, dass die Befragten sich nicht oder nicht primär als begehrenswerte Subjekte inszenieren, sondern entlang ihres Alters neue Formen der Selbstbeschreibung suchen müssen, wollen sie als Teil schwuler Gemeinschaften anerkannt bleiben.

Die These einer „doppelten Stigmatisierung" ist hier demnach durchaus zutreffend (vgl. Lottmann/Lautmann 2015): die Interviewpartner sehen sich in der ‚Mehrheitsgesellschaft' entlang ihres Begehrens, in der Subkultur entlang ihres Alters nicht immer zwingend stigmatisiert, aber zumindest in irgendeiner Form und zumeist negativ angerufen. Ungeklärt bleibt bis dato, inwiefern sich die Subjektordnungen Alter(n) und Begehren abseits dieser Trennung fassen lassen. Anders gefragt: Auf welche Subjektpositionen des Schwulen *und* Älteren können oder müssen sich die Befragten in ihren Selbstbeschreibungen beziehen? Die Antwort auf diese Frage wird im Folgenden behandelt und sie ist – um sie vorwegzunehmen – relativ kurz: Auf gar keine.

Heteronormierte Altersdiskurse

Sowohl in wissenschaftlichen Studien wie im öffentlichen Diskurs sind wenig bis keine Verhandlungen zu älteren schwulen Männern sichtbar. Im Kontext wissenschaftlicher Studien ist dies sicherlich auf heteronormierte Denkstrukturen zurückzuführen: So ist die deutschsprachige Alterssoziologie deutlich blind gegenüber nicht-heterosexuellen Lebensformen, sogar dort, wo sie sich explizit mit der Verbindung von Alter(n) und Geschlecht beschäftigt (vgl. Backes 2005; 2007; 2010; Backes/Lasch/Reimann 2006; Hartung 2005; Hartung et al. 2007; kritisch vgl. Denninger/Schütze 2017b). Gleiches gilt für Texte, die sich mit Sexualität im Alter beschäftigen. Der Diskurs der Asexualisierung wird hier in Bezug auf ältere Heterosexuelle durchaus ‚aufgedeckt' und behandelt; gleichzeitig vernachlässigt diese Literatur, auch nicht-heterosexuelle Formen von Sexualität in den Blick zu nehmen (vgl. Bach/Böhmer 2011, vgl. Kap. 2.3).

Im Rahmen politischer Verhandlungen ist ein Bild des schwulen Alter(n)s kaum zu finden. Katja Reimann und Vera Lasch benennen eine 2002 durchgeführte Fachtagung mit dem Titel „Anders sein und älter werden – Schwule und Lesben im Alter" und die Aufnahme der „Interessen homosexueller Frauen und Männer" in die seniorenpolitischen Leitlinien des Berliner Senats 2005 als Ausweis einer hohen Aufmerksamkeit (vgl. dies. 2006: 14). Sie konstatieren anhand dieser zwei Ereignisse: „Das Thema alternde Homosexuelle ist also in der eigenen Szene und in der öffentlichen politischen Debatte angekommen" (ebd.). Dass dies so explizit gesagt werden muss, ist vielleicht ein erster Hinweis darauf, dass dem (noch) nicht so ist.

Ausweis eines heteronormierten wissenschaftlichen Diskurses, der starken Einfluss auf die Altenpolitik Deutschlands hat, sind die Altenberichte der Bundesregierung (seit 1993; durchgeführt im Auftrag des BMFSFJ) und die Generali-Alters-

4.3 Das Nicht-Subjekt des alten schwulen Mannes

studie (seit 2013). Beide können als wichtige Akteur_innen und Motoren aktueller Altersdiskurse in Deutschland gesehen werden; ich werde sie stellvertretend für heteronormierte Bilder des Alter(n)s darstellen.

Die „Altenberichte der Bundesregierung" werden von einer wissenschaftlichen Expertenkommission des Deutschen Zentrums für Altersfragen (DZA) verfasst und gemeinsam mit einer Stellungnahme der Bundesregierung dem Bundestag und der Öffentlichkeit vorgelegt. Sie sind laut DZA

> „eine der wichtigsten Quellen für die öffentliche Diskussion zu Fragen der Politik für das Alter. Die bislang erschienenen Altenberichte der Bundesregierung haben darüber hinaus zur allgemeinen Verbreitung des Wissens über Alternsprozesse und die Situation älterer Menschen beigetragen" (dza.de).[73]

Die Schwerpunkte der bisher erschienen Altenberichte sind ein allgemeiner Überblick über „Die Lebenssituation älterer Menschen in Deutschland" (1993), „Wohnen im Alter" (1998), „Altern und Gesellschaft" (2001; hier mit besonderer Beachtung der Lebenslage älterer „Migranten" und Menschen mit Behinderung), „Risiken, Lebensqualität und Versorgung Hochaltriger unter besonderer Berücksichtigung demenzieller Erkrankungen" (2002), „Potenziale des Alters in Wirtschaft und Gesellschaft. Der Beitrag älterer Menschen zum Zusammenhalt der Generationen" (2005; vgl. kritisch dazu Denninger et al. 2014), „Altersbilder in der Gesellschaft" (2010) sowie im 7. Altenbericht von 2016 das Thema „Sorge und Mitverantwortung in der Kommune – Aufbau und Sicherung zukunftsfähiger Gemeinschaften". Im Altenbericht von 2005 wird der Zusammenhang von Alter(n) und Homosexualität das erste Mal und im Kontext von „Beziehungstypen" aufgegriffen.[74] Über Bedarfe und Lebenslagen von Schwulen (und Lesben) wird abseits ihrer sozialen Netzwerke

---

73 https://www.dza.de/politikberatung/geschaeftsstelle-altenbericht/die-bisherigen-altenberichte.html (zuletzt geprüft am 19.04.2017).

74 Dort finden sich Ausführungen zur Qualität gleichgeschlechtlicher Partnerschaften, die immer wieder über den Vergleich zu „gegengeschlechtlichen" Partnerschaften aufgemacht werden: „Trotz dieser Differenzierungen scheinen jene Faktoren, die stabile, lange dauernde Lebenspartnerschaften fördern, bei gleich- und gegengeschlechtlichen Partnerschaften ähnlich zu sein (Blando 2001). ‚Erfolgreiche' Partnerschaften sind durch ein Wechselspiel von Ähnlichkeit und Komplementarität zwischen den Partnerinnen und Partnern, durch Respekt und produktiven Umgang mit Konflikten, durch emotionale Treue, durch sexuelle Fantasie und durch flexiblen Umgang mit geschlechtsrollenspezifischen Einstellungen gekennzeichnet." (ebd.: 297) Neben der Normierung guter, gelingender Zweierbeziehungen als Grundbedingung auch eines erfolgreichen Alter(n)s werden darin starke Tendenzen der Homogenisierung und Essentialisierung von homosexuellen Menschen und ihren Partnerschaften erkennbar.

und ihrer Beziehungsformen nicht gesprochen (vgl. BMFSFJ 2005: 294–300). Im 6. Altenbericht 2010 werden „Homosexuelle" in einem Satz als Beispiel gesellschaftlicher Differenzierung genannt (BMFSFJ 2010: 232). 2016 widmet sich eine eigene Expertise von Heiko Gerlach und Markus Schupp dem Thema „Lebenslagen, Partizipation und gesundheitlich-pflegerische Versorgung älterer Lesben und Schwuler in Deutschland". Davon fließen längere Unterkapitel über homosexuelles Alter(n) in den siebten Altenbericht ein; dort ist etwa von Möglichkeiten der „Identitätsbildung" und „Identitätsentwicklung" im Alter (BMFSFJ 2016: 69) die Rede; die „sexuelle Orientierung" wird „als Identitätsmerkmal" (ebd.: 98) beschrieben. Trotz der unscharfen Verwendung des Identitätsbegriffs werden erstmals in einem Altenbericht umfassendere Informationen zur Lebenslage und zu Gesundheitsaspekten älterer Schwuler und Lesben thematisiert. Auch wenn die Darstellung dieses nicht-heterosexuellen Alter(n)s unter dem Duktus der Andersheit firmiert, zeigt sich darin eine Diskursivierung des schwul-alten Subjekts überhaupt.

Die Generali-Altersstudie wird vom „Generali Zukunftsfond" der gleichnamigen Versicherung gemeinsam mit dem Institut für Demoskopie Allensbach im Abstand von vier Jahren durchgeführt und erschien bisher 2013 und 2017. Laut Internetseite ist diese Längsschnittstudie mit 4.000 Untersuchungspersonen „eine in dieser Form und Tiefe bislang einzigartige Erhebung"[75]. Auch hier wird im Selbstbild eine postulierte Relevanz der Studie für den öffentlichen Diskurs sichtbar. So liefere die Studie

> „eine fundierte Basis, um die gesellschaftliche, wirtschaftliche und politische Diskussion zum Thema Altersbild und Potenziale des Alters anzustoßen und zu beleben. Sie gibt Impulse, die gesellschaftliche Realität der Älteren, aber auch den Umgang mit der demografischen Herausforderung aus neuen Perspektiven zu betrachten."[76]

Die Generali-Altersstudie von 2013 wird im Geleitwort als „Grundlagenuntersuchung" dargestellt, die „bislang erstmalig in dieser Form die Lebensumstände, Einstellungen und Befindlichkeiten dieser Generation [der 65- bis 85-Jährigen, Anm. L.S.] umfassend analysiert" (ebd.: 9). Im Kapitel über Partnerschaft und Familie ist folgender Satz zu lesen: „Vor allem Männer haben bis ins hohe Alter ganz überwiegend eine Partnerin an ihrer Seite, während von den Frauen ab Mitte 70 die Mehrheit ohne Partner lebt" (ebd.: 185). Grafiken werden unterteilt in „Frauen mit Lebenspartner" und ohne, „Männer mit Lebenspartnerin" und ohne (vgl. ebd.: 197). Unter der Überschrift „Vielfalt des Alters" (Köcher/Bruttel 2013) werden schließlich über 140 Seiten hinweg Portraits von 20 Menschen zwischen

---

75 https://altersstudie.generali-deutschland.de/die-studie/ (zuletzt geprüft am 19.04.2017).
76 https://altersstudie.generali-deutschland.de/die-studie/auf-einen-blick/ (zuletzt geprüft am 19.04.2017).

4.3 Das Nicht-Subjekt des alten schwulen Mannes

65 und 85 vorgestellt, unter ihnen keine erkennbar nicht-heterosexuelle Person. Gleiches gilt für die Generali Altersstudie von 2017: Weder in der Darstellung der quantitativen Erhebung noch in dem auch 2017 enthaltenen Kapitel „Vielfalt des Alters" werden gleichgeschlechtliche Lebensweisen, Homosexualität, schwule oder lesbische Menschen angeführt. Nicht-Heterosexualität wird in dieser Studie damit nicht nur nicht erwähnt, sondern Heteronormativität nicht nur implizit, sondern explizit auch in der Wortwahl „Vielfalt" als vermeintlich besonders reflektierte Selbstverständlichkeit reproduziert.

Die weitgehende *(Un-)Sichtbarkeit* älterer schwuler Männer, die in den zwei genannten Studien beispielhaft sichtbar wird, wird auch in der Forschung zu ‚schwulem Alter(n)' behandelt. Der US-amerikanische Psychologe Raymond M. Berger entwirft den älteren schwulen Mann jedoch weniger als unsichtbare, sondern als tragische Figur: „So the elderly homosexual remains a tragic figure, both in the professional literature and in the popular media" (1982: 15). Zur Unterstreichung dieser tragischen Figur zählt er diskursiv produzierte Eigenschaften des schwul-alten Subjekts auf: „he becomes increasingly effeminate with age, (…) he is forced to prey on children and to pursue anonymous sexual contacts in public places (…) He is desperately unhappy" (ebd.). Weder in den Interviews noch im deutschsprachigen Diskurs sind diese Anrufungen wieder zu finden. So werden schwule ältere Männer weniger als tragische Figur abgebildet; vielmehr werden sie – so meine Erkenntnis – in gar keiner Figur abgebildet (vgl. Schütze 2016b). Eher schließe ich mich Andrew Boxer an, welcher eine *diskursive Leerstelle* an der Schnittstelle von Alter(n) und Nicht-Heterosexualität ausmacht: „It should be noted that neither in the movies nor in real life are there yet many models of older self-identified lesbians, gay men, and bisexuals" (1997: 188). Trotz einer medialen Öffnung hin zu (heterosexuellen) Figuren des Alters als sexuell Aktive in Filmen (Wolke 9, Liebe, Vaters Garten) und Werbebildern (vgl. Kühne 2007) und des (auch sexuell) aktiven Alterns (vgl. Denninger et al. 2014; Van Dyk/Lessenich 2009a) hat sich daran nicht viel verändert. Gleichwohl Filme (Beginners) und populäre Serien (Grace & Frankie) auch die Figur des älteren schwulen Mannes zunehmend in Mainstream-Medien einspeisen, werden sie zugleich als Ausweis auf ihre ‚Besonderheit' und als Überraschungsmoment eingesetzt. Sowohl die *mangelnde Subjektposition* als auch die Hoffnung einer zunehmenden Thematisierung schwulen Alter(n)s wird, wie ich im Folgenden darstelle, auch im Interviewmaterial erkennbar.

No country for old (gay) men

Insofern über das Älterwerden von schwulen Männern nicht bzw. im Moment zögerlich gesprochen wird, gibt es auch keine entsprechende intelligible und diskursiv virulente Subjektposition. So wie Butler das Abjekt als Folge einer diskursiven

„Undenkbarkeit und der Unaussprechlichkeit" (Butler 2003a: 154) formuliert, spreche ich auch in Bezug auf schwules Alter(n) von einem *Nicht-Subjekt* oder einem *Abjekt* (vgl. dazu Kap. 2.3).

Wie z. B. in der Generali Altersstudie unter der „Vielfalt" des Alters sichtbar, wird dort eigentlich gar keine Anrufung produziert, auf die die Befragten sich umwenden können. Es bleibt dann die Frage, ob und wie sich die Interviewpartner als schwule Männer überhaupt subjektivieren können und wollen, wenn es keine diskursiv produzierte Position gibt, auf die sie sich beziehen können, wenn sie schwul und alt/älter ‚Sein' als Bestandteil ihrer Selbstbeschreibung sehen.

Eine mangelnde Sichtbarkeit des älteren Schwulen wird von Karl Bubeck angesprochen. So sagt er, dass es vor einigen Jahrzehnten schwule Ältere nicht so häufig „gab":

> „Also als ich in die Szene kam in den Achtzigern, Ende der Siebziger, Anfang der Achtziger Jahre, so in die Kneipenszene auch, gab=s nur <u>ganz wenig</u> Ältere." (IV 8/Abs. 44)

Entsprechend äußert Uwe Meuser die Vermutung, dass sich nicht nur aufgrund der massiven Verfolgung und Abwertung schwule Männer wenig öffentlich zeigten (vgl. Kap. 4.1), sondern auch, dass im Kontext von HIV/Aids in den 1980er und 90er Jahren so viele Menschen starben, dass die Generation der damals und heute Alten und Älteren schlicht dezimiert wurde:

> „Dadurch dass in den Mitte der 80ern eigentlich ne ganze Generation durch Aids äh dahin gerafft worden is, (…) haben wir vor zehn Jahren diese Effekte noch gar nich gehabt. //mhm// Da waren <u>nur wenig alte Schwule</u> da." (IV 4/Abs. 126)

Abseits dieser Aussage sprechen die Befragten HIV/Aids als Grund der *Nicht-Sichtbarkeit* des schwul-alten Subjekts nicht an. Karl Bubeck formuliert vielmehr einen *politischen Wandel*: „und wir verstecken uns nich mehr so wie früher. //mhm// Des is auch, des is auch weniger geworden" (IV 8/Abs. 44). In diesem Sinne steht zu vermuten, dass die Position der Unsichtbarkeit nicht darin begründet ist, dass es schwule Ältere per se nicht gibt (oder gab), sondern eine spezifische Form der Verwerfung zu dieser nicht-besetzten Subjektposition führt. Karl Bubecks Aussage stellt keinen Widerspruch zur These des Nicht-Subjekts dar; wenn „wir" uns weniger „verstecken" als früher, ist dies ein Hinweis darauf, dass die Figur des älteren Schwulen Mannes bereits ‚auftauchte', ohne wirklich intelligibel zu sein.

4.3 Das Nicht-Subjekt des alten schwulen Mannes

Während der Befragte Michael Haupt etwas allgemeiner über typische Altersbilder spricht, kommt er auf folgende Begegnung im Rahmen seiner beruflichen Tätigkeit zu sprechen:

> „Wir hatten auch da Praktikantinnen die frisch von der Uni kamen (.) und da hat die eine Praktikantin gesagt ‚ach ne: der Herr [Haupt] ähm wenn der immer hier so lang in [N-Stadt] is was muss denn dann seine Frau da denken' und so und dann hat mein @Freundin@ gesacht ‚der hat keene Frau der hat nen Mann' und da hat die Praktikantin ganz entsetzt ‚**Wa:s**? //mhm// Der Alte is schwul?' (1) Also alt und schwul passt nicht zusammen. //mhm// In der ihrer Vorstellungswelt waren Schwule nur jung. //mhm// Also das konnte die nich begreifen." (IV 3/Abs. 27)

Diese Erzählung, die Michael Haupts Freundin an ihn weitergegeben haben muss, verbildlicht zwei Dinge: Zunächst wird ein heteronormiertes Denken der Praktikantin sichtbar, anschließend wird deutlich, inwiefern Heteronormativität mit Altersbildern verbunden ist. Dass Herr Haupt schwul sei, wird von der Praktikantin nicht kommentiert mit: „Der ist schwul?", sondern mit „Der Alte is schwul?" Die Überraschung bzw. das „Entsetzen" rührt demnach daher, dass eine ältere Person homosexuell ist, nicht, dass sie es überhaupt ist. Der Begriff der „Vorstellungswelt" verweist – im Sinne einer „doxa" (Bourdieu 1987) – auf das Intervall des selbstverständlichen Wissens der Praktikantin, in dem ein älteres schwules Subjekt nicht vorkommen kann. Die Erzählung über die Praktikantin wird von Michael Haupt stellvertretend für die generelle Erfahrung erzählt, dass ältere schwule Männer keine intelligible Figur darstellen, da sie *undenkbar* ist.[77] Die Kombination „alt und schwul passt nich zusammen" und ist daher – wie Michael Haupt sagt – nicht zu „begreifen". Auch wenn die Praktikantin Michael Haupt zunächst heterosexualisiert, sind nach der ‚Entdeckung' keine antihomosexuellen Abwertungen erkennbar – auch das „Entsetzen" über den alten schwulen Mann ist nicht mit erkennbaren Herabsetzungen verbunden. Es bleibt in dieser Erzählung also offen, ob die Nicht-Figur des schwulen Alten als verworfen, vielmehr noch, von Michael Haupt als Form der Diskriminierung erfahren wird. Problematisch scheint die ‚Unmöglichkeit' für ihn in jedem Falle zu sein, sonst wäre es zu dieser Narration nicht gekommen.

---

77 In diesem Sinne ist die Erzählung hier auch zu lesen: Da Michael Haupt diese Narration aus eigener Perspektive und ‚aus zweiter Hand' wiedergibt, ist nicht wesentlich, was die Praktikantin tatsächlich gesagt hat, sondern dass und mit welchen Schwerpunkten Michael Haupt diese Narration hier einbringt. Die Erzählung kann daher als Beispiel für eine allgemeinere Erfahrung von Michael Haupt gelesen werden, dass ältere schwule Männer als ‚Unmöglichkeit' gedacht werden bzw. eben gar nicht gedacht werden.

In der erzählten Episode ist es deshalb möglich, das Nicht-Subjekt überhaupt sagbar zu machen, indem es zu einem Routinebruch kommt, in dem die diskursiv virulenten Anrufungen, zunächst als fälschlicherweise heterosexuellen, schließlich als schwulen Mann, nicht mehr greifen, sobald die Kategorisierung Alter(n) dazukommt.Im Weiteren verfolgt Michael Haupt die These, dass „alt und schwul nicht zusammenpassen" (s. o.) und erweitert diesen Aspekt von einer Erzählung aus seinem unmittelbaren Umfeld auf eine gesamtgesellschaftliche Bearbeitung dieser Thematik. Er spricht im Nachgang der Erzählung über die Praktikantin über ein Theaterstück des britischen Schriftstellers Charles Dyer, welches 1966 in London uraufgeführt wurde und 1969 in Deutschland Premiere hatte:

> „Es gab vor Jahren ein Theaterstück, des hieß ‚Unter der Treppe'. S war ein ganz berühmtes Stück das spielte über zwei alte Homosexuelle und da kommt eine bestimmte Szene drin vor wo der eine zu dem andern (...) sagt – sie sind beide alt – und er sagt zu ihm ‚Was? Du bist schwul?' und daraufhin sagt der andere ‚nein nein ich war schwul.' Das war natürlich in den ähm sagen wir mal in den 70er Jahren war das Konsens, da ging das nich. //mhm// Ja? Da konnte man nich sagen ((atmet ein)) konsequent bis zum Alter du bist schwul oder so etwas." (IV 3/Abs. 27)

Im englischen Original heißt das Theaterstück „staircase", also „Treppenhaus" oder „Treppenaufgang". Der deutsche Titel verbildlicht deutlicher, um was es Michael Haupt in der Nacherzählung des Stückes geht: Um schwules Alter(n) *unter die Treppe gestellt,* im kleinen, verwinkelten Stauraum *weggeräumt und unsichtbar gemacht* für die Blicke der anderen. Im Sinne eines aus den Augen – aus dem Sinn, wird damit das Alter(n) schwuler Männer dem öffentlichen Blick und dem Blick der schwulen älteren Männer selbst entzogen. Das Theaterstück nimmt zum einen den Diskurs auf, dass Menschen per se asexuell werden, wenn sie altern und zum anderen, dass es nicht möglich ist (bzw. war) sich „bis zum Alter" als schwul zu bezeichnen. „[D]as konnte man nich sagen" verweist darauf, dass es entweder mit negativen Konsequenzen verbunden war, sich als schwul und alt zu bezeichnen, vielmehr aber noch, dass es keinen Sinn ergab und nicht verstehbar war, sich so zu bezeichnen. Schwul und alt war demnach eine nicht mögliche Selbstbeschreibung – und da Michael Haupt diese Erzählung einkleidet mit: „und das hab ich auch öfter wieder festgestellt" (IV 3/Abs. 27) kann angenommen werden, dass dies nicht nur für die entfernte Vergangenheit gilt. Gleichwohl spricht er im weiteren Interviewverlauf über einen gewissen Wandel in Bezug auf diese Nicht-Figur:

4.3 Das Nicht-Subjekt des alten schwulen Mannes

„Na sang wa mal so es hat sich äh m:hm es hat sich n bisschen verschoben. (…) Also ich bin ja nich überzeugt, dass wir akzeptiert sind mal abgesehen davon. //mhm// Aber mit den gehobenen Level einer gewissen Akzeptanz is man natürlich auch geneigt ähm (1) ähm den Schwulen nicht mehr als die schrille Drag Queen oder wie man des immer nennen soll zu sehen. Sondern eben auch dass er älter wird." (IV 3/Abs. 36)

Michael Haupt zeichnet einen gesellschaftlichen Wandel nach, in dem eine „gewisse Akzeptanz" für „uns" bereitgestellt wird. So gebe es für „den Schwulen" bestimmte Anerkennungsformen, auch dann, wenn er sich abseits einer allgemein bekannten, scheinbar intelligiblen Subjektposition der „Drag Queen" bewegt. Die Drag Queen ist dabei in ihrer Schrillheit das Nicht-Normale und auch nur eine Subjektivierungsform schwuler Männer neben vielen anderen, die bisher im öffentlichen Diskurs aber besonders präsent zu sein scheint (neben der Tunte und dem Lederkerl; vgl. auch Kap. 4.1). Je höher das „Level" der gesellschaftlichen „Akzeptanz" nun wird, umso eher ist es möglich, auch weitere Subjektpositionen zu sehen, darunter auch des schwulen Mannes, der „älter wird". Eine steigende Anerkennung schwuler Menschen ist demnach verbunden mit einer Veränderung schwuler Subjektpositionen, die schließlich auch den älteren Schwulen als eine intelligible Subjektposition öffnen kann (vgl. dazu Schütze 2017). Michael Haupt beschreibt also diesen Prozess als Vorgang, der gerade im Entstehen ist und noch weiter vorangetrieben werden muss, bis „wir" (wirklich) akzeptiert sind. Damit verweist diese Interviewstelle zugleich darauf, dass es laut Michael Haupt bisher keine Sichtbarkeit für „den Schwulen" gab, der auch noch „älter wird".

So produziert Michael Haupt in seinen Aussagen die Subjektposition einer Nicht-Figur des schwulen Alten. Für ihn gibt es demnach diese Position durchaus, aber sie zeichnet sich gerade dadurch aus, dass sie nicht formuliert wird bzw. werden kann. Rückbezogen auf die diskursive (Nicht-)Verhandlung eines schwulen Alter(n)s lässt sich über diese Nicht-Figur begründen, warum – etwa in politischen Diskursen zur Altenversorgung oder in Pflegeeinrichtungen (vgl. Kap. 5.4) – eine Beschäftigung mit älteren schwulen Männern (sowie auch lesbischen Frauen) weitgehend ausbleibt: „Und was nicht existiert, braucht auch nicht problematisiert zu werden" (Castro Varela 2016: 55). Diskursgeschichtlich gibt es zwar durchaus Anrufungen des älteren, männerbegehrenden Mannes, die sich meist im Motiv der Liebe zwischen älteren und jüngeren Männern ausdrückt. So etwa in vielerlei Verweisen auf die antike Knabenliebe, in Thomas Manns „Tod in Venedig" und in einer Vielzahl pornographischer Filme.[78] Als intelligible, auch anerkennenswerte Anrufung gibt es – so meine These – die Subjektfigur des (begehrenswerten) älteren schwulen Mannes nicht (vgl. Kap. 2.3). Im Material wird sie insbesondere von Michael Haupt aber klar erkannt und formuliert; eine Anrufung entlang einer bestimmten Subjektformation hat für ihn also stattgefunden, auch wenn sich diese in einem Status der Undenkbarkeit ausdrückt. Wie hier dargestellt, ist es die Erfahrung der Anrufung als ein „Nicht", die als Verwerfung erfahren wird, indem sie ältere schwule Männer „unter der Treppe" positioniert. In diesem Sinne erfahren die Befragten die *diskursive Verschiebung unter die Treppe* als eine Form der *Unsichtbarmachung*, die einen Mangel an Anerkennung und an Vorbildern, aber auch, wie ich im Weiteren darstellen werde, einen Zugewinn an Freiheit für die eigene Selbstbeschreibung bedeuten kann. Umso interessanter scheint mir die Konsequenz dieser diskursiven Leerstelle für ältere schwule Männer – wie reagieren sie auf die Verwerfung?

Das Abjekt und die Selbstbeschreibungen

In einem Beitrag von 2016 schreibe ich dazu, dass der Subjekttypus des ‚Schwulen Alten' „wenig anerkannt, aber auch wenig bekannt [ist]. Daraus könnte die Vermutung abgeleitet werden, dass sie [ältere schwule Männer; Anm. L.S. 2019] als Subjekttypus auch wenig stereotypisiert sind" (Schütze 2016b: 137). Im Aufgreifen dieser These wird deutlich, dass ein diskursives Nicht-Subjekt des schwulen Alten auch die Möglichkeit beinhaltet, sich abseits von gesellschaftlichen Zuschreibungen zu entwerfen.

Diese mögliche Freiheit ist etwa bei Peter Martens darin erkennbar, dass er nach der Pensionierung als Lehrer eine bestimmte „Befreiung" spürt:

> „Ja dass i (.) praktisch nimmer so im öffentlichen Blickpunkt gstanden bin und niemanden mehr verantwortlich bin. //mhm// Des war für mich a <u>regelrechte</u> Befreiung praktisch. //mhm// Kamma scho sagen. //mhm// Grad mit meinem Beruf." (IV 6/Abs. 14)

---

78 Googelt man die Phrasen „Alter Mann liebt jungen Mann", „alter Mann und junger Mann" wird auf den jeweils ersten 20 Plätzen ausschließlich (!) die Thematik ‚Ältere Frau und jüngerer Mann' bzw. ‚Älterer Mann und jüngere Frau' behandelt (Stand 24.04.2017). Ein Hinweis darauf, dass (zumindest online) der Zusammenhang „älterer schwuler Mann liebt jüngeren schwulen Mann" zum einen wenig nachgefragt wird, zum anderen algorithmisch ‚undenkbar' ist.

4.3 Das Nicht-Subjekt des alten schwulen Mannes

So kann er sich mit der Herauslösung aus den beruflichen Strukturen von seinem sozialen Umfeld (zumindest innerlich) distanzieren. Wie ich spezifischer in Kap. 6.2 darstellen werde, ist es das berufliche Umfeld der Schule, der dörflichen Umgebung und ein deutlich homophober Freundeskreis, von welchen er sich im Rahmen der Pensionierung innerlich „befreien" kann. Gleichzeitig bleibt er aber in diese Kreise eingebunden, die deutlich negative Bewertungen von Homosexualität äußern. In diesem Setting entscheidet sich Peter Martens dafür, sich nicht äußerlich, sondern *innerlich* zu ‚outen'. Diese innere „Befreiung" von sozialen Bewertungen ist auch damit verbunden, dass mit dem Älterwerden das Umfeld immer weniger annimmt, dass er schwul sein könnte. Nicht nur sucht er, je älter er wird, immer weniger Kontakt zu anderen schwulen Männern (vgl. IV 6/Abs. 28) und könnte darin *entdeckt* werden; anders als in der Vergangenheit kontrolliert auch das Umfeld weniger, wo und mit wem er sich aufhält. Der „Wohnwagen" kann hier als Symbol dieser neuen Freiheit gesehen werden:

> „Äh hab immer überlegt was kann ich machen, dass=i immer nach R-Stadt fahren kann, ohne dass mei Umgebung des mitkriegt und dann hab i über n Bekannten an Wohnwagen gekauft. (...) Und bin net so ganz in [Heimatstadt] und hab Freiheiten hinzufahren, wo immer ich auch möchte und wann immer ich möchte //mhm// und jeder sagt: ‚ah, fahrsch wieder zum Wohnwagen.'" (IV 6/Abs. 20)

Insofern das Alter in Bezug auf aktive Sexualität eher als ‚unschuldige' Phase gesehen wird, mithin ältere Menschen diskursiv asexualisiert werden, läuft Peter Martens mit seinen Ausflügen mit dem Wohnwagen weniger Gefahr, ‚erwischt' zu werden. Denn das Ausbrechen aus familiären und sonstigen sozialen Verpflichtungen wird im Alter weniger unter den Verdacht gestellt, dass hier jemand etwas ‚anrüchiges' tut. Es könnte also gerade das höhere Alter sein, das Schwulsein im Freundeskreis undenkbar macht und wiederholt auf den Status als Nicht-Subjekt verweist. Auch wenn Peter Martens *Anerkennung* für seine Selbstbeschreibung verweigert wird, hat er so die Möglichkeit, in *Gemeinschaften* eingebunden zu bleiben und gleichzeitig *Autonomie* über seine Selbstbeschreibung zu behalten: So bietet diese ‚leere' Subjektposition auch einen bestimmten Raum, sich selbst *für sich selbst* zu entwerfen.

Der Wunsch nach Vergemeinschaftung im Alter wird von Karl Bubeck über die Einbindung in die Szene erzählt. Auch hier gibt es aber scheinbar keine Subjektposition des schwulen Älteren, die sowohl die Subjektordnung Alter(n) wie auch Begehren in positiver Weise miteinbeziet. So berichtet er von zwei recht unterschiedlichen Verhaltensweisen schwuler älterer Männer:

„Da hab ich so=ne Gruppe von Freunden die ewig jung bleiben wollen also die wirklich noch narzisstisch und wie Jugendliche sind. (...) Die des Alter gar nich auch körperlich an sich ranlassen wollen. (...) Also wo man noch nich da seinen Weg oder seinen Ort im Leben gefunden hat. Die sind wirklich äh (.) ja lassen sich auch operieren und die Fältchen wegmachen und sowas. (...) Und äh dann gibt=s wieder andere die sich wirklich ähm zum Beispiel ein Freundespaar, die ha=m sich so=n Garten jetzt so=n Schrebergarten, also richtig so typische Kleinbürgerliche Idylle hätt ich früher gesagt. (...) Und äh die meisten allerdings hab ich das Gefühl ziehen sich mehr zurück auf=s Private, //mhm// also sind weniger so in der Szene unterwegs in der Community." (IV 8/Abs. 48).

Beide Gruppen können als Vertreter bestimmter Subjektpositionen gesehen werden, die aber jeweils die Subjektordnung des Alter(n)s oder des Begehrens für Karl Bubeck auf unbefriedigende Weise verkörpern. Während die „Ewig Jungen" keinen angemessenen Weg finden, mit dem *Altern* umzugehen, sind es die Freunde in der „Kleinbürgerlichen Idylle", die sich einer „heterosexuellen Normwelt" (IV 8/Abs. 55) annähern und sich daher in Karl Bubecks Augen nicht angemessen als *schwule Männer* darstellen (vgl. auch Kap. 5.3). Diese sind es auch, die überhaupt nicht mehr oder weniger in der „Szene" bzw. „Community" unterwegs sind. Aus dieser Aussage lässt sich schließen, dass es im Rahmen einer Selbstbeschreibung als schwuler älterer Mann offensichtlich auch in der Szene keine anerkennenswerte Subjektivierungsform gibt, auf die sich Karl Bubeck beziehen kann oder möchte. Entweder man entwirft sich stereotyp als viriler, junger bzw. jung aussehender Mann – dann ist man dem eigenen Alter(n) gegenüber *unehrlich* – oder man zieht sich aus der Szene zurück und *verbürgerlicht* – dann schließlich wird das Begehren als politisch wichtige Unterscheidung zu einem heterosexuellen Lebensstil nicht mehr gelebt. Problematisch ist dies laut Karl Bubeck auch, weil hier die „Ewig Jungen" noch nicht ihren Weg gefunden haben – der Mangel einer positiven Subjektdeutung des älteren schwulen Mannes beinhaltet auch, dass positive Vorbilder fehlen. Karl Bubeck sucht daher nach eigenen, individuellen Wegen, mit dem Alter(n) umzugehen (vgl. etwa den „schwulen Opa" in Kap. 4.2) und erlebt diese Leerstelle als eine Möglichkeit und einen Freiraum, sich entsprechend seines ‚eigentlichen' Wesenskerns zu entwerfen:

„Und das is glaub ich n gelungenes Alter wenn man das schafft ähm nicht zu, also nich sich auf die Klischees und Rollenvorbilder oder äh- (...). Sei der du bist, werde der du bist und dann kannst=e ähm also schon mal zumindest auf der gedanklichen Ebene n Leben führen dass du selber gern so leben willst." (IV 8/Abs. 55)

Die Position des diskursiven Nicht-Subjekts beinhaltet damit nicht nur Freiräume, sich abseits gesellschaftlicher Abwertungen als schwuler Mann zu subjektivieren, sondern führt dazu, sich überhaupt mit dem eigenen Selbstverhältnis auseinanderzusetzen zu können oder auch zu müssen. Das ‚Abjekt' des älteren schwulen Mannes wird darum nicht nur in den Interviews von den Befragten deutlich selbst thematisiert, sondern führt auch überhaupt zu einer starken *Selbst-Thematisierung*. Nicht nur die Erfahrung der Diskriminierung sowohl entlang des Alters (4.2) wie auch des Begehrens (4.1) wird von den Befragten als gewissermaßen ‚unpassende', weil immer schon negative oder gar verworfene Position gesehen. Auch der *Mangel* an (insbesondere positiven) nicht-heteronormierten Bildern und Figuren des Alter(n)s führt dazu, dass ‚eigene' Wege der Selbstbeschreibung gesucht werden. Der sozial weitgehenden Unsichtbarkeit muss also mit einer *eigenverantwortlichen* Selbstkonzeptualisierung begegnet werden, die aber immer auch die Möglichkeit eines überwiegend als autonom gefassten Selbstentwurfs bietet, der als Freiheit interpretiert werden kann.

Dieser Modus der Selbst-Thematisierung wird sich im Kontext verschiedener Subjektordnungen immer wieder zeigen. Er verbildlicht damit die besondere Relevanz des Selbst als *selbst-gestaltet* im Rahmen einer beständigen Verweisung *unter die Treppe*.

4.4 Unsichtbar, diskriminiert oder beides? Zu Anrufungen und Verwerfungen

Wie in Kap. 2.5 dargestellt, findet sich im Forschungsstand über ältere schwule Männer die These einer „doppelten Stigmatisierung": „Unerwünscht als ‚Alte' in ihrer Subkultur, und als ‚Schwule' im gesellschaftlichen Mainstream" (Lottmann/ Lautmann 2015: 343; vgl. auch Boggs et al. 2014). Diese These ist missverständlich, wenn sie als Addition von Diskriminierungsdimensionen verstanden wird, anstatt sich – in einer intersektionalen Betrachtungsweise – mit der spezifischen Verbindung und Kontextabhängigkeit beider zu beschäftigen. Es stellt sich die Frage, inwiefern Alter und Homosexualität von älteren schwulen Männern als trennbare Diskriminierungsdimensionen gefasst werden, und, darüber hinaus, ob und inwiefern sich ältere schwule Männer entlang von Alter(n), Geschlecht und

Begehren nun als Nicht-Subjekt oder Abjekt, als stigmatisiert oder als nicht-anerkannt angerufen sehen.

Erfahrungen einer doppelten Stigmatisierung wie auch von Unsichtbarkeit finden sich im Material wieder. So finden sich Stigmatisierungen entlang des Begehrens insbesondere im Rahmen heteronormierter Gemeinschaften und in der Gegenüberstellung zur Gesamtgesellschaft (Kap. 4.1) und entlang des Alter(n)s insbesondere in der Szene bzw. Subkultur (Kap. 4.2). In 4.3 wird die diskursive Produktion des schwulen *und* älteren Subjekts eher im Sinne einer diskursiven ‚Unmöglichkeit' des alten schwulen Mannes nachgezeichnet.

Sowohl Anrufungen entlang des Alter(n)s wie auch des Begehrens verlaufen über die Konstitution des Anders Seins. Auch in einem Klima größerer Toleranz und durch die Integration in Mainstreamdiskurse bleibt Schwulsein immer das Andere als das Nicht-Normale, eine Deutung, die einige der Befragten stark kritisieren. Genauso fühlen sich einige der Befragten in der Szene aufgrund ihres Alter(n)s als unpassend, deplatziert angerufen, als am falschen Ort seiend.

Allerdings gibt es keinen Befragten, der sich im Rahmen des Interviews entlang des Alters ähnlich oder in gleichem Maße stigmatisiert sieht wie aufgrund des Begehrens oder diese Stigmatisierungserfahrungen deutlich trennt bzw. als Doppelung benennt. Das analytische Ergebnis der doppelten Stigmatisierung (vgl. Kap. 2.5), dass Altersdiskriminierung und Homophobie in ähnlicher und ähnlich stigmatisierender Weise erfahren werden, findet sich in der hier vorliegenden Empirie nicht vollumfänglich wieder. In ihrer jetzigen Lebenssituation als ältere schwule Männer sehen sich die Befragten nicht jeweils als ältere oder schwule Männer stigmatisiert. Eine intersektionale Betrachtungsweise verweist demgegenüber auf die immanente Verwobenheit sowie auch Kontextabhängigkeit der Kategorisierungen Alter(n) und Begehren: Denn ob ich primär als älterer oder als schwuler Mann angesprochen werde, hängt zum einen von der Gemeinschaft ab, in der ich mich aufhalte. Darin sind die Befragten aber nie nur schwul oder nur alt/älter, vielmehr suchen sie für sich selbst darin eine Möglichkeit, sich als älterer *und* schwuler Mann zu subjektivieren. Dementsprechend ist es auch die nicht-vorhandene Subjektposition des älteren *und* schwulen Mannes, die, etwa von Michael Haupt „unter der Treppe" als Form der Diskriminierung gesehen wird.

Schließlich findet sich noch eine dritte Perspektive in den vorangegangenen Analysen, die auf die Komplexität der Anrufungen des schwulen Älteren verweist: das *Anders-Machen*. Neben den Zuschreibungen des irgendwie Nicht-normalen zeigen sich im Folgenden auch vermeintlich positivierende Bezüge zum ‚Anderen'.

So wie die Schwulenberatung Berlin das Netzwerk „Anders Altern" ins Leben gerufen hat, so läuft die Fachberatung für ältere Schwule und Lesben des Vereins Rubicon in Köln unter dem Stichwort „Anders leben. Anders Altern". Vielfältige

4.4 Unsichtbar, diskriminiert oder beides?

Publikationen zum Thema LGBT und Alter(n) tragen den Begriff des Andersseins im Titel, etwa Pulver 2015: „Anders Altern"; das Deutsche Zentrum für Altersfragen gab 2016 ein Sonderheft unter demselben Schlagwort heraus, vielfältige Fachtage haben unter diesem Motto stattgefunden.[79] Immer wieder firmiert also das Altern von Nicht-Heterosexuellen unter der Zuschreibung als anders. Die Attraktivität des Ausdrucks liegt vermutlich nicht nur in der Alliteration, sondern auch darin, dass den meisten Leser_innen schnell klar sein dürfte, worum es geht. Mit der Zuschreibung als ‚anders' wird nicht nur eine Gruppe Nicht-heterosexueller von Heterosexuellen differenziert, sondern zugleich auch das Alter(n) als spezifisch schwul oder lesbisch entworfen. Damit wird – nicht (nur) im Rahmen einer gesamtgesellschaftlichen Verhandlung, sondern aus der ‚Subkultur' heraus – in Bezug auf Alter(n) *und* Begehren das *nicht*-andere als das Normale und damit das natürlich Hegemoniale reproduziert, was auf den entsprechenden Internetseiten und Broschüren selten mitreflektiert wird. In dieser Thematisierung zeigt sich also der Wunsch, schwules Alter(n) sichtbar zu machen, und damit explizit auf die Position der Unsichtbarkeit zu reagieren, zugleich zeigt sich darin ein Modus des *Anders-Machens* in Bezug auf Alter(n) *und* Begehren, wie er gesamtgesellschaftlich vor allem in Bezug auf Begehren auftritt (vgl. Kap. 4.1).Inwiefern bildet sich also im Anders-Machen und in der Unsichtbarkeit eine Verwerfung ab? Um die Frage nach den verworfenen Positionen älterer schwuler Männer nochmal aufzugreifen, gehe ich nochmals auf den Begriff der „Verwerfung" nach Butler ein. Wie in 2.1 dargestellt, sind Verwerfungsprozesse eigentlich dem Angerufenen vorbewusst:

> „Erzeugt das nicht eine von Melancholie betroffene Gesellschaftlichkeit, ein Zusammenleben, in dem ein Verlust nicht betrauert werden kann, weil er als Verlust nicht anerkannt werden kann, weil das, was verloren wurde, niemals eine Existenzberechtigung hatte?" (Butler 2013: 28f)

Tatsächlich können Verwerfungen daher streng genommen aus den Erzählungen der Befragten heraus nicht direkt rekonstruiert werden. Dass ich sie hier trotzdem in Form des Nicht-Subjekts des alten schwulen Mannes herausarbeite, hat drei Gründe:[80]

---

79 Vgl. z. B. https://www.schwulenberatungberlin.de/alter; https://www.programm-altersbilder.de/meldungen/anders-leben-anders-altern.html; https://www.dza.de/fileadmin/dza/pdf/Heft_01_2016_Januar_Februar_2016_gesamt.pdf; http://www.intervention-hamburg.de/Lesben-und-Alter/Facharbeitskreis-anders-altern; http://www.mrn-news.de/2016/11/29/heidelberg-anders-altern-fachtag-zum-umgang-mit-lesben-schwulen-und-trans-personen-in-alter-und-pflege-samstag-10-dezember-11-bis-16-uhr-karlstorbahnhof-290454/ (alle zuletzt geprüft am 20.04.2017).

80 Nichtsdestotrotz ist mir bewusst, dass ein solches ‚Finden' von Verwerfungen nach einer strengen Begriffsverwendung von Butler nicht möglich ist. Da sie nicht empirisch

Erstens findet sich *diskursiv* diese Nicht-Position, wie ich in Kapitel 4.3 exemplarisch anhand der altenpolitischen Berichte gezeigt habe. In der Nicht-Ansprache schwuler älterer Subjekte wird diese Positionierung als paradoxe ‚Unmöglichkeit' sichtbar, allerdings nur, weil ich als Forscherin dezidiert nach der (Nicht-)Anrufung suche. Diese Unmöglichkeit ist zweitens einigen Befragten durchaus bewusst: Michael Haupt identifiziert diese diskursive Leerstelle „unter der Treppe" ganz deutlich. Und dies liegt, drittens, an der unterschiedlichen diskursiven Verhandlung der Subjektordnungen Alter(n) und Begehren (und im Rahmen der heterosexuellen Matrix damit zusammenhängend Geschlecht): Denn Alter(n) kann durchaus als verworfener Status erfahren werden, da die Anerkennung des ‚Jung-Seins' bereits früher erfahren wurde und dazu in einen Bezug gestellt werden kann (vgl. Kap. 2.3). Die unterschiedliche Verhandlung von Alter(n) und Begehren führt auch dazu, dass sich die Befragten in unterschiedlichen Kontexten (etwa in der ‚Gesamtgesellschaft' entlang ihres Begehrens, in der ‚Subkultur/Szene/Community' entlang ihres Alters) stigmatisiert sehen. Diese Stigmatisierung erfolgt nicht nur in einer direkten (negativen) Ansprache des alten und/oder schwulen Subjekts, sondern wird für die Befragten auch in Form einer diskursiven ‚Negierung' ihrer damit eigentlich nicht-lebbaren Subjektivierungen deutlich.

Insgesamt werden die diskursiven Linien, über die die Befragten sich stigmatisiert oder verunsichtbart sehen, nach verschiedenen *Gemeinschaften* unterschieden – etwas verkürzt hier die heteronormierte Mehrheitsgesellschaft, dort die altersabweisenden Subkulturen. In beiden „Bereichen" bzw. „Welten" (zu dieser Trennung vgl. Kap. 6.3) wird *Anerkennung* vermittelt und verweigert: Während sich etwa Werner Stratmann und Peter Martens zwar gegenüber sich selbst, aber im Rahmen nicht-schwuler Gemeinschaften (bis auf wenige Ausnahmen) nicht als schwul beschreiben, um ‚Verwerfungen' zu vermeiden, bietet die Subjektivierung als schwuler Opa Karl Bubeck die Möglichkeit, dezidiert entlang des (höheren) Alters *und* als schwules Subjekt eine anerkennenswerte Position in der subkulturellen *Gemeinschaft* einzunehmen. Beide Selbst-Beschreibungen ermöglichen ein gewisses Maß an personaler *Autonomie*. Denn insoweit bestimmte Subjekte diskursiv nicht denkbar sind, bieten diese Leerstellen die Möglichkeit, sich selbst in verschiedener Weise entlang der Subjektordnungen Alter(n) und Begehren zu entwerfen.

Generell wird das Alter(n) vor dem Hintergrund der Abjektposition als ein Auftrag zur *Selbst-Thematisierung* gesehen, als Aufgabe, das eigene Selbst individuell und selbstverantwortlich zu gestalten und dabei einem inneren, authentischen ‚So-Sein' zu folgen und gerecht zu werden. Ganz konkret zeigt sich diese Selbst-Thematisierung

---

arbeitet und keine empirisch-analytischen Anweisungen gibt, kann mein Vorgehen im besten Falle als ‚kreative' Auslegung des Verwerfungsbegriffs gedeutet werden.

4.4 Unsichtbar, diskriminiert oder beides?

in der Subjektivierung als *schwuler Opa*: In der Zitierung der heteronormierten Figur des Großvaters in einem anderen Kontext (nämlich der Szene), wird unter Bedingungen der Nicht-Anerkennung eine ‚neue' Subjektposition geschaffen, die Karl Bubeck eine durchaus lebbare Möglichkeit der souveränen Selbstverortung bietet.

„Schwule Graue" und andere Subjekte: Positionierungen zu anderen ‚Alten' und anderen ‚Schwulen' 5

Wie im vorangegangenen Kapitel gezeigt, wird schwules Begehren von den Befragten als Risiko beschrieben, von Abwertungen, Ausgrenzungen oder Unsichtbarkeit betroffen zu sein. In Verbindung mit der Dimension des Alter(n)s wird auch die Positionierung als älterer schwuler Mann als prekärer Status deutlich. Im Folgenden wird ausgelotet, wie diese Grenz-Erfahrungen in das eigene Selbst integriert werden, d. h. welche Selbstbeschreibungen die soziale Position zwischen, mit und gegen die Dimensionen alt/älter und schwul hervorbringt. Die leitende Frage dieses Kapitels lautet dementsprechend: Wie setzen sich die Befragten zu anderen in Bezug und inwiefern werden bestimmte *Positionierungen, Ein- und Abgrenzungen* zu und in andere Gruppen sichtbar? (vgl. Kap. 3.4)

Diese Frage wird anhand von vier Themen beantwortet, über die sich die Befragten positionieren: Alter(n), Männlichkeit und Mann-Sein, Begehren und Pflege. Es werden darin vier Gruppen thematisiert, über die sie sich in Abgrenzung selbst thematisieren, nämlich (andere) ältere Menschen, heterosexuelle Männer, (andere) ältere schwule Männer und pflegebedürftige alte Menschen. Es zeigt sich, dass die Selbstbeschreibungen insbesondere über das erfolgen, was man *nicht* ist. Darin wird die intersektionale Komplexität der Selbstbeschreibung als alt und schwul deutlich, denn etwa im Sprechen über den Körper werden andere Bezugssysteme des Alter(n)s aufgemacht als in der Gegenüberstellung zu heterosexuellen Älteren oder einer Form von ‚Heteromännlichkeit'.

5.1 Alt Sein und älter Werden: Diffusität und Kontextabhängigkeit der Selbstbeschreibung als alt

Die Befragten bewerten die Begriffe alt, älter, alt Werden, älter Werden, alt Sein und älter Sein ebenso unterschiedlich, wie sie sie als Teil ihrer Selbstbeschreibung nutzen. Im Interview gewährte die Einstiegsfrage „Welche Rolle spielt Älterwerden in Ihrem Leben?" grundsätzlich die Möglichkeit, sich vom Begriff des Alt- bzw. Älterseins auch distanzieren zu können; gleichzeitig mussten sich die Befragten in irgendeiner Form dazu positionieren (vgl. Kap. 3.1).

Die im Interview vollzogenen Selbstpositionierungen zur Kategorie alt/älter sind vor dem Befund spannend, dass das Alter(n) in der subjektiven Deutung in entsprechenden Studien als weitgehend offen und diffus erlebt und beschrieben wird (vgl. insb. Featherstone/Hepworth 1991; Graefe 2013; Kaufman 1986; vgl. genauer dazu Kap. 2.2). Dagegen finden sich im vorliegenden Interviewmaterial häufig relativ deutliche Selbstverortungen als alt oder älter.

Alt und älter als diffuse Selbstbezeichnungen

Die Nutzung von Bezeichnungen wie *alt* und *älter* und von alt und älter *sein* und *werden* ist das augenscheinlichste Element einer Selbstbeschreibung in Bezug auf Alter(n). Das Material zeigt, dass die eigene Positionierung zu den Begriffen *alt* und älter sein bzw. *alt* und älter werden häufig *inkohärent* ist, d. h. die Selbstbezeichnung als alt oder älter bzw. die Erwähnung von Alter und Altern beschränkt sich je Interviewpartner nicht durchgehend auf eine Bezeichnung. Während die Fragen meinerseits durchgehend mit dem Begriff „Älterwerden" oder „Altern" operieren, wechseln die Befragten zwischen verschiedenen Bezeichnungen. Entweder zeigt sich ein beständiger Wechsel zwischen den Begriffen wie bei Werner Stratmann: „wenn man alt-, wenn man älter wird" (IV 2/Abs. 87); oder die Befragten nutzen wie Michael Haupt über das Interview hinweg verschiedene Begrifflichkeiten: „mit dem Alter" (IV 3/Abs. 21) – „ich mein des Älterwerden" (IV 3/Abs. 24). Das Springen zwischen den Begriffen kann sowohl auf die prinzipielle Unbestimmtheit der Kategorie Alter(n) wie auch auf die Unterscheidung von Alter als Zustand und Alter als Prozess zurückgeführt werden.

Die wechselnde Selbstbezeichnung zeigt sich bei Michael Haupt (79 Jahre alt) in Bezug auf eine *zeitliche Dimension*: Er ent-personifiziert das Alter indem er bei einer Erzählung über den Eintritt in den Ruhestand von „wenn Sie dann älter werden" und „mit zunehmendem Alter" (IV 3/Abs. 24) spricht. Später sagt er, dass „man einfach alt [wird]" (Abs. 71). Das Altern ist hier etwas, das einfach passiert und daher auch hingenommen werden muss. Schließlich setzt er die Erkenntnis, dass einem „Dinge nicht mehr so von der Hand gehen" mit dem vollständigen Erreichen

5.1 Alt Sein und älter Werden

des „Alt geworden Seins" in Verbindung: „das hab ich aber erst gemerkt nachdem ich selber alt geworden bin" (IV 3/Abs. 71). Dieses Erreichen ist wiederum nicht kongruent mit dem Stadium des „Alt Seins", welches sich in der Beschreibung des Alters als ein zukünftiges Stadium der Pflegebedürftigkeit zeigt: „das schlimmste ist, wenn man alt ist" (Abs. 85). Die Situationen, auf die sich der Befragte hier bezieht, wechseln von der Erzählung des *Eintritts in den Ruhestand* als Teil des „Älterwerdens" bis hin zum *Zukunftsszenario der Pflege*: erkennbar ist, dass sich Altern verstärkt und das gegenwärtige Ergebnis dieses Älter Werdens schließlich das *Alt Werden* ist. Die Zukunft seines alt geworden Seins liegt darin, *alt zu sein*. In diesem Fall ist das Altern vollendet und hat seinen Abschluss gefunden.[81] Die wechselnden Alter(n)s-Bezeichnungen werden hier sinnhaft und kohärent, insoweit sie sich an einem zeitlichen Verlauf orientieren können. Das Altern beginnt damit zugleich mit dem Alter; denn in der Wortnutzung von Michael Haupt bedingen sich die Lebensphase des Alters und das Älterwerden gegenseitig: Das Altern beginnt im Alter, das Alter beginnt mit dem Altern. Die Vorstellung einer linear verlaufenden *Prozesshaftigkeit* des Alterns findet sich auch an anderer Stelle; hier beginnt das Altern ab einem gewissen Punkt. Diese Deutung findet sich bei Uwe Meuser (60):

> „Das is Thema (1) das is Thema. Also äh nen großer Teil meines Bekanntenkreis is eben auch so in der Spanne von 50 bis 70. //mhm// (2) Und da is natürlich älter werden auch=n Thema. //mhm// Also einige sind es schon, können Tipps geben. (.) Äh die andern sind noch Anfang der 50iger, fangen grade mal so damit an." (IV 4/Abs. 52)

Älterwerden beginnt also plötzlich und in Verbindung mit einem spezifischen kalendarischen Alter, schreitet dann aber voran. Älterwerden ist so auf eine bestimmte Lebensphase beschränkt, nämlich die, in der das *Altern* relevant wird. Er selbst beschäftigt sich mit dem (bald) einsetzenden Älterwerden; es scheint bei ihm noch nicht begonnen zu haben:

> „Klar muss ich mir auch Gedanken machen, was ist mal äh wenn ich älter werde //mhm// und körperlich nich mehr so fit bin. //mhm// Ne?" (IV 4/Abs. 93)

Der Beginn dieses Alterns ist für Uwe Meuser durch körperliche Grenzen markiert; diese sind weniger generell durch eine Zahl an Lebensjahren determiniert als an einer weit verbreiteten Annahme, dass *Altern mit körperlichem Verfall in Verbindung* steht. Alt Sein bedeutet, einen defizitären Körper zu haben – so wie

---

81 Zur Verhandlung dieses ‚letzten' Alters siehe Kapitel 5.4.

auch umgekehrt: Einen defizitären Körper haben bedeutet, alt zu sein. So wird in Uwe Meusers Darstellungen eine Ungenauigkeit der Verwendung von alt/älter Werden/Sein ebenso deutlich wie die Verhandelbarkeit des Alters, das sich nicht an kalendarischen Jahren orientiert; der Körper ist dagegen die Instanz, die eine *Eindeutigkeit des Alters* darstellt.

Die bisher erkennbare Inkohärenz der Begriffsnutzung verweist auf die Unbestimmtheit des Altersbegriffs an sich: was alt oder älter meinen kann, erscheint erst sinnhaft aus und in einem *Kontext*, der die Zuweisung eines gewissen Altersstadiums nachvollziehbar erscheinen lässt. Bei Uwe Meuser zeigt sich, dass die Bezeichnung alt/älter dann konkret wird, wenn sie *in Relation* zu etwas (nämlich dem körperlichen Altern) erzählt wird.

Deutlich wird die kontextabhängige Nutzung der Begriffe Älter Werden – Alt Sein auch, wenn die Zukunft des eigenen Alter(n)s beschrieben wird. Die gegenwärtige Position als mehr oder weniger alter oder älterer Mann wird häufig mit einer Projektion kombiniert, d. h. die Beschreibung des jetzigen (Alters-)Selbst kommt selten aus ohne den Vergleich mit einem zukünftigen Alter. Dabei wird die Zukunft laut Michael Haupt geprägt sein vom Zustand des *Alters* bzw. dem Alt *Sein*:

„Das Schlimmste is, wenn man alt is, es gibt zwei Dinge, vor denen ich mich fürchte: das is auf der einen Seite die Demenz. //mhm// Und auf der andern Seite die Unbeweglichkeit." (IV 3/Abs. 85).

Alt *Sein* beinhaltet demnach das Risiko, dement und unbeweglich zu werden. In diesem Stadium des Altseins werden klassische, deutlich negativierte Momente des Alters als bestimmende Deutungen angesetzt, nämlich der physische und psychische Verfall. Wenn es um eine zukünftig mögliche Pflegebedürftigkeit geht, passiert diese laut Uwe Meuser „im Alter": „das is für mich auch irgendwie so=n Stück, so=n Beispiel so möchte ich nicht im Alter leben" (IV 4/Abs. 114). Wenn über eine mögliche zukünftige Pflegebedürftigkeit gesprochen wird, ist diese Phase das „Alter" (vgl. auch Kapitel 5.4), an anderer Stelle im Interview wird auch der Renteneintritt als das „Alter" angegeben. Das Alter ist demnach eine Phase, die mit einem bestimmten Lebensereignis beginnt (und evtl.) endet – die *Phasenhaftigkeit* des Alter(n)s wird hier als Moment der Einordnung und *Relationierung* erkennbar (vgl. dazu auch Kap. 2.3). Die Rente ist demnach die Phase des gegenwärtigen Alters, die Pflegebedürftigkeit ist die Phase des zukünftigen Alter(n)s.

Die Diffusität der Bedeutungen von alt und älter zeigt sich bei Uwe Meuser zudem im Rückgriff auf ein vergangenes Stadium vor dem Altern: „als ich jung war oder jünger war" (IV 4/Abs. 132). Implizit ist die Unterscheidung von jung und jünger verständlich und macht einen semantischen Unterschied – letztlich ist der

5.1 Alt Sein und älter Werden

genaue Bedeutungsinhalt von jung oder jünger völlig unklar. Diese Unbestimmtheit verweist zugleich auf die Dichotomie der Alterskategorie: So lebt die Polarität von alt und jung im Wesentlichen von der Gegenüberstellung und einem inhärenten „sameness-taboo" (Rubin 1997) nicht von einem konkreten, klar abgrenzbaren Inhalt.

Die Deutungsoffenheit des Alter(n)s schlägt sich nicht nur in wechselnden Selbstbezeichnungen nieder, sondern zeigt sich auch in einem Modus der *Verhandelbarkeit*, der dem Altern innewohnt. Diese Verhandelbarkeit wird beispielsweise bei Karl Bubeck deutlich in dem Begriff der *Rolle* des Älterwerdens. Dieser hat für ihn zwei Seiten, die unabhängig voneinander die Erfahrung des Älterwerdens widerspiegeln und einen *unabänderlichen* sowie einen *gestaltbaren* Aspekt beinhalten:

> „Ah äh des Älterwerden ((pff)) is ja doch ne eigentlich ne ambivalente Rolle. Auf der einen Seite is natürlich merkt man den körperlichen Verfall //mhm// und äh spürt des hier und da. (...) Und auf der andern Seite find ich=s sehr spannend ähm sozusagen ähm sich- mir klar zu machen, eil- doch ich werd dies Jahr 65, ähm was haste bisher gemacht und wo geht=s hin. Also so=n bisschen so äh so mal so=ne Zwischenbilanz zu machen." (IV 8/Abs. 16)

Die Ambivalenz des Älterwerdens besteht demnach in der zunehmenden Einschränkung durch den „körperlichen Verfall" auf der einen und der Möglichkeit auf der anderen Seite, das Leben wie das eigene Selbst durch die Reflexion des bisherigen Lebens (neu) zu entwerfen.[82] Der Begriff der „Rolle" mutet bei Karl Bubeck zunächst etwas unverständlich an, es ist nicht klar, ob er eigentlich den Ausdruck „eine Rolle spielen" meint, dass also das Alter eine „ambivalente Rolle spielt" oder ob er von einer darstellerisch-künstlerischen Rolle spricht. Das Älterwerden als Rolle zu begreifen, verbildlicht die Gestaltungsmöglichkeit des Alterns und verweist zugleich auf die radikale Abhängigkeit des Alters von sozialen Deutungsbezügen, die die Rolle erst intelligibel machen. In den interaktionstheoretischen Ausführungen Erving Goffmans wird Rolle definiert als „[d]as vorherbestimmte Handlungsmuster, das sich während einer Darstellung entfaltet und auch bei anderen Gelegenheiten vorgeführt oder durchgespielt werden kann" (Goffman 2006: 18). Dieser Definition folgend, kann Älterwerden als eine Form der Inszenierung gesehen werden, die auf bereits ‚gespielte' Rollen verweist. Das Spielen einer Rolle ist nach Goffman keine reine Inszenierung für ein Publikum, die die Möglichkeit bietet, Distanz

---

[82] Hier wird zudem deutlich, wie sehr die Antwort des Befragten von der vorher erfolgten Frage bestimmt ist. Die von mir gestellte Einstiegsfrage nutzt den Begriff „Älterwerden", den Karl Bubeck hier übernimmt und der im Weiteren auch die damit einhergehende Prozessdimension des Alterns miteinholt.

zu dieser Rolle herzustellen, sondern es ist interessant „zu untersuchen, wieweit der Einzelne selbst an den Anschein der Wirklichkeit glaubt, den er bei seiner Umgebung hervorzurufen trachtet" (ebd.:19). Das Älterwerden in diesem Sinne bietet ein bestimmtes Repertoire an Handlungsweisen und ist zugleich durch sie begrenzt. Auf der einen Seite ist für Karl Bubeck die Altersrolle determiniert durch das Spüren einer körperlichen Veränderung, die die Rolle des Älterwerdens durch die Einschränkung der Darstellungsmöglichkeiten vor anderen nachhaltig verändert. Das (körperliche) Alter kann dabei als „Fassade" der Darstellung eines Selbst gesehen werden, welches „in starkem Maße fixiert" ist und „sich bei dem Einzelnen nicht von Situation zu Situation [verändert]" (Goffman 2006: 25). In Karl Bubecks Ausführung beinhaltet das Altern auf der anderen Seite eine Rolle, die es erst noch zu füllen gilt, für die es bisher keine fixierten Handlungsschemata gibt – eine Deutung, die sich grundlegend von Goffmans Rollenverständnis unterscheidet. Diese Suche nach einem handlungsleitenden Schema vollzieht sich in Form einer „Zwischenbilanz", die Rückbezuge zu gespielten Rollen herstellt („was haste bisher gemacht") und daraus einen ‚Inszenierungsplan' für die Zukunft („wo geht=s hin") bereitstellt. Neben der Gestaltungsmöglichkeit des Alters verweist die Aussage von Karl Bubeck auf die Verbindung des Alterns mit dem eigenen Selbstkonzept. Das Selbst wird geprägt von der Rolle des Älterwerdens, diese wiederum ist abhängig von Handlungsmustern, die vertreten werden und wurden. Das Altersselbst ist dabei geprägt von der Möglichkeit einer *Neuorientierung und einer gleichzeitigen Bewertung* bisheriger Selbstkonzeptionen. In der „Rolle" wird die grundsätzliche Gestaltbarkeit des Alter(n)s deutlich, die zwar bestimmte Begrenzungen erfährt (z. B. durch körperliche Veränderungen), aber zugleich für die Zukunft noch ausgedeutet werden muss.

Die Deutungsnotwendigkeit des Alter(n)s wird ähnlich von Michael Haupt als ein „Weg" beschrieben:

> „Es gab früher diesen hoch platten Satz ‚Erkenne dich selbst' aber da ist etwas drin äh ich muss für mich selber finden was mein Weg ist um alt zu werden. Ich kann nich einen Pfad nachtrampeln, dem mir vor den mir jemand vorgetrampelt ist. //mhm// Wenn ich danach- werd ich garantiert in die Irre gehen." (IV 3/Abs. 71)

Gestaltbarkeit wird von ihm über die offene Richtung ausgedrückt, in die ein *Weg begangen wird* (In-Vivo). „Erkenne dich selbst" wird als Auftrag gedeutet, das eigene (wahre) Selbst zu erkennen – noch während des Weges als eine Metapher für das Fortschreiten des Alterns. Während andere Lebensphasen stärker sozial ausgedeutet sind, da sie hauptsächlich zur Vorbereitung der Erwerbstätigkeitsphase und schließlich der tatsächlichen Erwerbsphase im sogenannten mittleren Lebensalter dienen (vgl. Kohli 1978; 1985), bleibt in diesem Auftrag zur Gestaltung des Ich im Alter die Leerstelle erkennbar, die sich etwa in der „role-less role" von Burgess (1960) zeigt. Michael Haupt weist zwar auf Pfade (bzw. er spricht später auch von „Patentrezepten" (IV 3/Abs. 71)) hin, die schon „jemand vorgetrampelt ist". Wie diese aussehen, wird aber nicht weiter erklärt, nur, dass diese Pfade in „die Irre" führen und damit für ihn kein guter Weg sind. Altern muss demnach nicht nur gestaltet werden, der ‚gute' Weg des Alterns ist zudem ein *individueller* – anders als bei Karl Bubeck gibt es keinen verallgemeinerbaren Weg des gelungenen Alterns. Eigene Ressourcen und Wünsche sind ausschlaggebend dafür, dass und wie das Alter und nicht zuletzt und damit verbunden, das eigene Selbst gestaltet werden kann und muss. Wenn man im theoretischen Rahmen des Subjektivierungsbegriffs bleibt, kann diese *Selbsterkenntnis* nur erfolgen, indem bereits vorhandene Subjektpositionen in das Individuum hereingenommen werden, zu denen es sich affirmativ oder widerständig verhalten kann und muss. Auch wenn er keinen „vorgetrampelten Pfad" gehen kann, muss sich Michael Haupt auf diese beziehen, um sich selbst (in Abgrenzung) beschreiben zu können. Offensichtlich bietet die Unbestimmtheit des Alter(n)sbegriffs einen Freiraum, das Älterwerden zu gestalten und sich damit als Kategorie der Selbstbezeichnung anzueignen.

In der Deutung von Alt oder Älter Sein bzw. Werden werden somit drei Elemente sichtbar. Erstens wird Alter(n) als phasenhaft gesehen, und so in eine Phase der Gegenwart, die insbesondere über die Subjektivierung als Rentner bestimmt ist, und in eine Phase der Zukunft, in der Pflegebedürftigkeit relevant werden kann, unterschieden. Zweitens wird abseits bereits bemerkter körperlicher Einschränkungen das eigene Selbst als ein spezifisches Altersselbst gesehen: Im Rahmen einer Kontinuität oder eines Neuentwurfs in Form des „Rolle Findens" und „sich selbst Erkennens" wird eine grundsätzliche Offenheit und Gestaltbarkeit der Zu- und Selbstbeschreibung alt/älter erkennbar. Diese speisen sich drittens aus der Diffusität der Kategorie des Alter(s), die in den Selbstbeschreibungen deutlich wird und die durch Kontextualisierung und Relationierung wieder eingefangen werden kann. Über das gesamte Kapitel 5 werden weitere Beispiele beschrieben, wie die Phasenhaftigkeit, die Gestaltbarkeit, die Diffusität und Kontextabhängigkeit der Kategorie Altern durch Relationierungen eingeholt werden, um die Selbstverortung als alt oder älter intersubjektiv nachvollziehbar zu machen.

Alternde Körper und Aktivität

In den Interviewdaten ist Gestaltbarkeit ein zentraler Modus des Selbstbezugs zum Alter, der sich in einer Spannung zwischen Freiheit und Einschränkung bewegt. Der alternde *Körper* determiniert dabei die Gestaltbarkeit deutlich bzw. der

Körper wird als Ko-Konstrukteur des Alters gesehen. Michael Haupt differenziert dementsprechend:

> „Des Älterwerden ist natürlich- es gibt zwei Bereiche: des is der physische Bereich, der andere is das äh das psychische" (IV 3/Abs. 24)

Älterwerden findet demnach in zwei Aspekten statt, die scheinbar eindeutig voneinander zu trennen sind und komplementär zueinanderstehen. Gleichzeitig bleibt opak, worauf sich diese Dichotomisierung bezieht: der Begriff des „Bereiches" bleibt unspezifisch. Etwas genauer geht Dieter Ellwanger auf den physischen Bereich ein, indem er zwischen körperlichen Veränderungen, die zu akzeptieren sind und anderen, an denen man arbeiten kann, trennt.

> „Des Alter kommt irgendwann immer wieder und kommt mi=m großen Finger und sagt: ‚aber das geht heute nicht mehr!' //mhm// Und da muss man sich halt abfinden damit, dass es nich geht. //mhm// Muss ma halt irgendwelche andren Dinge machen. Aber was also dann so diese typischen Alterserscheinungen sind, äh kraftlos, äh ((phh)) wenig Bewegung, ja dem kann ich ja trotzen! //mhm// (.) Dann such ich mir irgendwie an Ansprechpartner, der sich damit auskennt, ich nehm äh Fitnessstudio (.) oder ich nehm mein Hausarzt, wenn ich mich mit dem versteh und sag: ‚**da muss ich irgendwas tun**, des passt mir nich ganz.' Weil, unser Leben hat zwar (.) den Trend, dass die Leute immer älter werden. (.) Aber der Körper hat sich noch nich angepasst." (IV 9/Abs. 60)

Die Zweiteilung von Dieter Ellwanger ermöglicht eine Distanz zum Altern: Über die körperlichen „Alterserscheinungen", mit denen man sich „abfinden" muss, kann das Altern aus der Selbstverantwortung und aus der Selbstkonzeption als noch nicht so alt ausgegrenzt werden. Der alternde Körper ist dann ein eigenständiger Motor und ein Symbol des Alter(n)s, der einen gewissen Eigensinn entfaltet, den es zu respektieren gilt. Auch wenn eine Distanzierung von der Anrufung als „alt" oder „älter" nicht stattfindet, da auch das „psychische" Altern durchaus (an-)erkannt wird, ist die *Externalisierung* des unveränderbaren körperlichen Alter(n)s eine Möglichkeit, das Alter(n) grundsätzlich als gestaltbar anzusehen, und dies in Bezug auf die Alterserscheinungen, denen man noch „trotzen" kann. Das Altern ist dann etwas, was nicht einfach hingenommen werden muss; es ist eine Zuschreibung oder Einschränkung, von der man sich auch frei machen kann, indem das eigene (Alters-)Selbstkonzept vor der alternden Körperhülle geschützt werden kann.

5.1 Alt Sein und älter Werden

In der Aussage von Dieter Ellwanger wird die Spannung zwischen (insb. körperlichen) Grenzen und neuen ‚Freiheiten' des Alter(n)s im Motiv der *Aktivität* deutlich. Durch eine aktive Lebensführung können negative Aspekte und Bewertungen des Alters vermieden werden, die zugleich auf ein Bild des Alterns verweisen, das von Krankheit, Unproduktivität und Abhängigkeit geprägt ist. Aktivität als Bearbeitungsmodus des Alter(n)s findet sich in den Interviews sehr häufig wieder. Beständige Herausforderungen im körperlichen und mentalen Bereich bestimmen darin Umgangsweisen mit dem Alter(n):

> „Ich will etwas für mich tun, ich will für mich selber geistig beweglich bleiben. //mhm// Und äh dadurch kann ich äh aktiv noch am weiteren Leben teilnehmen." (IV 1/Abs. 78)

Aktivität wird von Hannes Schneider in Form von *geistiger Beweglichkeit* (In-Vivo) angezeigt. Damit sind Assoziationen wie Flexibilität, Dynamik und Anpassungsfähigkeit verbunden; Attribute, die nicht traditionellen, defizit-orientierten Altersbildern entsprechen, sondern positiv besetzte Eigenschaften des „unternehmerischen Selbst" (Bröckling 2007), wie Aktivität, Selbstoptimierung und beständige Arbeit am Selbst transportieren. Geistige Beweglichkeit als eine Arbeit *am* Selbst ist für Hannes Schneider etwas, was er *für* sich tut; desweiteren dient die Beweglichkeit dazu, an etwas teilzunehmen, nämlich mit Anderen am *„weiteren* Leben" teilzuhaben. Geistige Beweglichkeit ist daher als eine Aufgabe der *Gegenwart* zu verstehen, die sich auf die Zukunft bezieht bzw. sich in der *Zukunft* ‚auszahlen' wird.

Aktivität als Instrument der sozialen Teilhabe verweist damit auf das *Ziel* des aktiven Alterns, an anderer Stelle wird aktives Altern im Sinne von *Beschäftigung* stärker betont. Eine solche „Ethik des Beschäftigt Seins" (vgl. die „busy ethic" von Ekerdt 1986) zeigt sich sehr bildlich im „Stundenplan" (IV 5/Abs. 53), den sich Günter Amann nach seiner Verrentung angelegt hat. Ähnlich eines Terminkalenders bilden sich im Stundenplan die Tätigkeiten und die Tagesstruktur seines Inhabers ab. Vergleichbar will Peter Martens im Rahmen eines aktiven Alter(n)s die Routinen und Lebensführung des Berufslebens in das Rentenalter transportieren:

> „Wenn ma die Anforderungen, die die Arbeitswelt an einen gestellt hat, net in irgendeiner Form weiterhin an sich selber stellt. //mhm// Dann sinkt ma schnell runter, schnell weit runter. //mhm// Isch mei Überzeugung jetzt in den 10 Jahr. Isch also wichtig, dass ma sich selber wirklich Anforderungen gibt." (IV 6/Abs. 48)

Laut Peter Martens muss man sich selbst „Anforderungen stellen", sonst „sinkt man schnell runter", es stellt sich in irgendeiner Form ein Defizit ein. Das ständige Stellen von Anforderungen an sich selbst hat aber keinen konkreten Gewinn zur Folge, sondern soll den Status Quo beibehalten. Genauere Ziele werden nicht näher begründet; letztlich scheint die Beschäftigung selbst Ziel des aktiven Alterns zu sein.

Älter werden ist im Modus der Aktivität dabei laut der Befragten etwas, was man „üben" (IV 7/Abs. 35) und „lernen" (IV 8/Abs. 58) kann und muss; es bricht nicht unerwartet und unhintergehbar auf einen hinein; das Alter(n) kann damit selbst-bestimmt in die Hand genommen werden. Wie in Kapitel 2.2 ausgeführt, ermöglicht der aktuell prominente Diskurs des aktiven Alterns dabei nur zwei Subjektpositionen: der (anerkennenswerte) aktive Alte auf der einen Seite und der siechende, unproduktive, auf dem Sofa sitzende Alte auf der anderen Seite. Eine demgemäß ambivalente Bezugnahme zum Diskurs des aktiven Alterns zeigt sich bei Werner Stratmann:

> „Obwohl=s mir gut täte oder dem Alter tät=s gut jeden Tag rauszugehen. (…) Man wird fauler auch äh nich nur körperlich, sondern ((atmet tief aus)) generell charakterlich." (IV 2/Abs. 87)

Aktivität in Form des „Rausgehens" (was als körperliche Aktivität wie auch als Teilnehmen ‚am Leben da draußen' verstanden werden kann) wird von Werner Stratmann als eigentlich wünschenswerte Tätigkeit gesehen. Aufgrund einer zunehmenden „Faulheit", die sich nicht nur „körperlich" zeigt, sondern sich auch „generell charakterlich" durchschlägt, wird er mehr und mehr inaktiv. Der aktive Alte wird so als positives Subjekt positioniert, zu dem sich der Befragte verhalten muss, auch wenn er sich selbst nicht dementsprechend subjektiveren kann und sich selbst als ‚passiver' Alter degradiert. Interessant ist die *paradoxe Verantwortungszuschreibung* für diese Selbst-Verwerfung: Es täte nicht zuvorderst ihm, sondern vor allem dem (von ihm scheinbar abgekoppelten) Alter gut, „rauszugehen"; Passivität schlägt sich demnach auf das Alter als vom Ich zunächst unabhängigen Zustand durch. Zu vermuten ist, dass hiermit wiederholt eine Aufteilung von Selbst und Körper einhergeht, wobei Letzterer insbesondere vom Altern betroffen ist. Dies bietet eine Möglichkeit, sich von dem ‚Versagen' vor dem Aktivitätsparadigma zu distanzieren – nicht primär er scheitert, sondern das Alter, und damit der alternde Körper, der so einen gewissen „leiblichen Eigensinn" entfaltet (Gugutzer 2012: 57; vgl. Kap. 2.3). Diese Unterscheidung stützt außerdem der zweite Teil des Ausschnitts. Schließlich ist auch der Charakter – als Ausdruck einer individuellen Beschaffenheit des Selbst – betroffen, wenn Aktivitäten zurückgehen. Der Ausdruck „faul Werden" verstärkt die individuelle Zurechnung in Form persönlicher Selbst-

5.1 Alt Sein und älter Werden

verantwortung, die dem Diskurs des aktiven Alterns inne ist: Faulheit als eindeutig negativer Charaktereigenschaft kann (und muss) begegnet werden; sie stellt sich aus der Perspektive der Aktivierung „als Misserfolg, als eingetretener Scheiternsfall" dar (van Dyk/Graefe 2010: 111). Werner Stratmann verstärkt mit der Bezugnahme auf Aktivität als Eigenverantwortung und mit der Selbstbeschreibung als „faul" die Selbstverständlichkeit der Subjektposition des aktiven Alten als grundsätzlich erstrebenswert. Aufgrund persönlichen Scheiterns an diesem Ziel muss er die Gegenposition des passiven Alten einnehmen, die mit dem negativen Attribut der Faulheit aufgeladen ist. Und faul ist dabei das, was optimierte, leistungsorientierte, fitte, produktive, also ‚gute' Subjekte auf jeden Fall nicht sind – und wie der Diskurs um das aktive Altern zeigt, gerade nicht im Alter.

Das Paradigma des aktiven Alterns ist als einer *der* Gegenwartsdiagnosen der jüngeren Soziologie, welche den Umgang mit dem Alter(n) in der ‚Postmoderne' beschreibt, in meinen Daten äußerst virulent. Als Ausdruck einer neoliberalen Anrufung der beständigen Selbstoptimierung, des Rückzugs des Staates und der damit einhergehenden Übertragung von Verantwortung auf die regierten Subjekte (vgl. Denninger et al. 2014; Denninger/Schütze 2015; van Dyk/Graefe 2010 u. a.) wird der Anspruch der Aktivierung hauptsächlich in einer positivierten Form in den Selbstbeschreibung der Befragten umgewendet. Nur im Scheitern etwa von Werner Stratmann an der eigenen altersbedingten Faulheit wird der ‚blinde Fleck' des vorgeblichen „win-win-Versprechen[s]" (van Dyk et al. 2010: 29) deutlich: Die Anerkennung des alternden Subjekts für Aktivität bedeutet im Umkehrschluss auch Nicht-Anerkennung des Subjekts, welches sich nicht mehr aktiv zeigt.

All die Selbst-Bezugnahmen zum „aktiven Alter(n)" verweisen zum einen auf die Wirkmächtigkeit dieses Diskurses, zum anderen machen sie klar, dass sich die Befragten im Kontext des aktiven Alterns wiederholt selbst als ‚alt' oder ‚älter' bezeichnen und sich damit als Ältere – im Rahmen der (positiven) Subjektposition des aktiven Alten – subjektivieren. Im Sprechen über Aktivität im Alter wird deutlich, dass der alternde Körper vom Selbstkonzept bis zu einem gewissen Grad abgekoppelt werden und aktiv verändert werden kann – ein alternder Körper ist eine ‚natürliche' Begleiterscheinung des Alter(n)s und darf gleichzeitig nicht einfach hingenommen werden. Während Featherstone und Hepworth (1991) den subjektiven Umgang mit dem Alter(n) als Trennung zwischen einem jung gebliebenen Selbst und einem alternden Körper beschreiben, zeigt die Aktivierung des Alters, dass auch der alternder Körper als Teil des Selbstbildes gefasst und modifiziert werden kann (und muss).

Fremd- und Selbstbilder

Während die Psyche unabhängig vom Körper altert oder vor dem Älterwerden ‚geschützt' werden kann, bleibt – trotz häufiger Versuche, durch ‚Aktivität' entgegen zu wirken – der Körper deutlicher Signifikant des Alterns. Werner Stratmann sieht zum Beispiel die *Gehhilfe* als Beweis, dass das Alter(n) körperlich *erkennbar* wird:

> „Freunde sagen mir w- weil das ja jeder Zeit passieren kann äh ‚nimm doch n Stock' //mhm// sag ich ‚von wegen da wär ich ja alt' //@(.)@// äh äh also wo ich ganz **ganz** gezielt drauf hingewiesen wird: ‚nehm doch ein Stock.' Weil ein Stock doch alt für mich is. Wobei ein schöner Krückstock mit nem Sau- mit nem silbernen Knauf //mhm// kann ja noch recht locker sein nich? Ich meine, aber nein, das würd mich würde mich abhalten. Es- hab ich mir hab mir so=n Stock aber n Wanderstock hab ich mir gekauft also den man zusammenschieben kann. Es soll nich nach Krückstock aussehen" (IV 2/Abs. 65).

Die Gehhilfe ist äußerliches Zeichen des Alters, sie hat performatives Potential: Wenn Werner Stratmann einen Krückstock benutzen würde, wäre nicht nur der Stock „alt", sondern dann wäre *er* „ja alt". Der „*Krückstock*" (In-Vivo) ist ein eindeutiges Zeichen des Alterns im Sinne körperlichen Verfalls, welches Werner Stratmann lieber durch einen „*Wanderstock*" (In-Vivo) ersetzt, der für ihn weniger als Symbol des Alters gilt. Ihm ist durchaus bewusst, dass eine Gehhilfe notwendig ist; er gesteht sich so die körperliche Einschränkung als Zeichen des Alterns ein; gleichzeitig darf dieses Alter(n), genauer das „Alt Sein", durch das Symbol des Krückstocks nicht sichtbar werden. Der Krückstock als „nicht-menschliches Objekt" (Clarke 2012: 128) zeigt, dass die Kategorisierung Alter(n) weniger diffus erscheint und an Kontur gewinnt, sobald ein Gegenstand ins Spiel kommt, der den Körper als alten Körper markiert. In diesem Sinne ist der Körper die Verpackung, an der „alte Menschen" erkennbar werden. Der Stock macht ihn damit nach außen sichtbar zum alten Menschen, der dann auch alt *ist*.

Im „psychischen Bereich" (IV 3/Abs. 24) dagegen gibt es laut Werner Stratmann die Möglichkeit, am (inneren) Altern zu arbeiten: „das is doch unwichtig ob du n paar Fältchen hast oder was nich? //mhm// Also man muss mit sich selber klar kommen." (IV 2/Abs. 87). Wenn nun das Alter(n) entweder nicht von außen ‚erkannt' werden darf oder nur als Merkmal des Körpers, nicht aber der eigenen Identität, bzw. eines ‚alten' Charakters gesehen wird, zeigen die Befragten die Integration des Alter(n)s in ihr Selbstkonzept: Dass man ‚irgendwie' älter wird, steht außer Frage. Hier werden nicht nur ein *psychisches* und ein *körperliches*, sondern auch ein *körperlich sichtbares* und *unsichtbares Alter(n)* unterschieden. Diese Differen-

5.1 Alt Sein und älter Werden

zierung ermöglicht einen weiteren Spielraum für die eigene Selbstverortung als alt/älter/(noch) nicht alt.

Der Befragte Rainer Bach (68 Jahre alt) beschreibt sich durchgehend als alt oder älter *seiend*, und zwar in besonderer Weise auch in Gegenüberstellung zum Ausdruck des Alt *Werdens*: „mhm aber alt werden. Joa, sim=ma schon älter oder so" (IV 7/ Absatz 28), „weil ich selber auch alt bin" (IV 7/Abs. 18). Die ‚Nüchternheit' dieser Selbstbeschreibung zieht er aus einer bestimmten *Ehrlichkeit*, die man sich selbst gegenüber haben sollte und die über die Evidenz des alten Körpers ausgemacht wird:

> „Ich mein, es is jetzt sowieso in dem Alter so äh, so, man sollte in den Spiegel gucken und sich klar machen, dass man dann jetzt mal alt is." (IV 7/Abs. 18)

Rainer Bach sieht gerade das äußere Erscheinungsbild als unhintergehbaren Faktor des Alters, dessen Eindeutigkeit nicht zu verhandeln ist: Jetzt *ist* man *alt*, nicht älter. Sowohl die Gehhilfe bei Werner Stratmann als auch das Spiegelbild sind unhintergehbare Anzeichen des Alters, da sie stellvertretend für körperliche Anzeichen wie Einschränkungen im Bewegungsapparat sowie Falten, Tränensäcke oder ein zurückweichender Haaransatz das Alter ‚anzeigen'. Die Ehrlichkeit des Spiegels zeigt sich bei Günter Amann in ähnlicher Weise. Hier sind Reaktionen von anderen ein *Spiegelbild*, die eine ‚Realität' des eigenen Alterns belegen, die vom eigenen Selbstbild abweichen kann.

> „Ja äh des is schon problematisch weil Sie natürlich äh in Ihrem eigenen Altersfortschritt ähm zunächst mal auch von Ihrem Selbstbild-, das is das zweite Bild also einmal das Objekt was man begruckt und was man begehrt. Dann des eigene Bild is dass man äh auch irgendwie in einem gewissen Alterskonstrukt bleibt, dass ich meinetwegen denke „du bist 40 und fühlst dich noch sehr jung" und so und ähm erst dann so Einflüsse von außen sagen einem ja dann „Nee äh". Die stehen dann auf in der Bahn zum Beispiel oder bieten n Platz mal an." (IV 5/ Abs. 41)

Die Differenz vom „Selbstbild" und dem Blick „von außen" erklärt er über das Verharren „in einem gewissen Alterskonstrukt" als ein Lebensalter, welches für die Selbstbeschreibung prägend war und ist; in diesem Fall: „du bist 40". Dieses Alter wird hier in einen Zusammenhang mit Begehren gesetzt, ohne dass dieser Kontext davor und im Weiteren begründet oder expliziert wird: Das Alter des begehrten „Objekts" entspricht im Selbstverhältnis dem Alter, zu dem man sich in Bezug setzt. Unklar bleibt darin, ob man begehrt so zu sein wie das begehrte Objekt oder ob es um sexuelles Verlangen geht. Wäre letzteres der Fall, bleibt opak, ob das Begehren eines jüngeren „Objekts" das eigene (höhere) Alter irrelevant macht oder auf eine wahrgenommene Diskrepanz zwischen dem Selbstbild und dem Bild des Begehrten verweist.

Während diese Narration als Beispiel der Diskrepanz von Fremd- und Selbstbild *schweigend* (vgl. Kap. 3.2) bleibt, schildert Günter Amanns Erzählung „in der Bahn" zum Ende des Interviewausschnitts eine geradezu klassische Situation der Alterszuweisung. Sie findet sich auch bei Werner Stratmann (IV 2/Abs. 68) und ist eine typische Erzählung der Differenz von Alters-Fremd- und Selbstbild. In diesem gängigen Motiv des ‚Platz-Anbietens' wird der Körper zum entscheidenden Anzeiger des Alter(n)s: Das Erkennen eines alten Menschen in der Bahn erfolgt in der Regel nur über seinen Anblick, also seine äußerlichen Merkmale, wie graues Haar, Falten, ein bestimmter Kleidungsstil. Es müssen nicht körperliche Attribute sein, die zum Platz-Anbieten führen, wie ein gebeugter Gang, eine Gehhilfe oder ähnliches, die ein Platz-Nehmen tatsächlich nötig machen. Im Auge der_s Betrachter_s_in wird alles ‚alte' als Merkmal von Hinfälligkeit, Gebrechlichkeit, Unbeweglichkeit eingeschätzt, ohne dass der als alt positionierte Mensch tatsächlich diese Attribute verkörpert, geschweige denn in der Selbstbeschreibung nutzen würde. Dass ein alter Körper sich setzen sollte, wird nicht unbedingt über einen tatsächlichen körperlichen Bedarf eingeschätzt, sondern über die An-Erkennung eines irgendwie alten Körpers. Die Bahn-Narration verweist auf ein immanent ambivalentes Altersbild: Es ist der Respekt vor dem Alter(n), der andere Leute aufstehen lässt und zugleich die Annahme eines immanenten körperlichen Verfalls, der das Sitzen nötig macht. Das Platz-*Anbieten* kommuniziert damit in gewissem Sinne einen Platz-*Verweis*, nämlich von der sozialen Anerkennung des fitten, jungen, leistungsfähigen Körpers. Daraus erklärt sich nicht nur die ‚Überraschung', die die Narration des Platz-Anbietens „in der Bahn" als Ausweis einer Diskrepanz von Fremd- und Selbstbild bei Günter Amann auslöst, sondern auch der Versuch von Werner Stratmann, sichtbare Anzeichen des Alters wie den Krückstock möglichst nicht zu zeigen.

Strukturierungen des Alter(n)s: Altersgrenzen, Lebensjahre und Lebenserwartung

Um die beschriebene Uneindeutigkeit der Kategorie Alter(n) für und in der Selbstbeschreibung durch Kontextualisierungen einzufangen, gehen die Befragten auf allgemein anerkannte Dimensionen der Alterszuordnung ein. Damit setzen sie der Diffusität der Kategorie Alter(n) einen generellen Bezugsrahmen entgegen und versuchen, ihre Erläuterungen plausibel und verständlich zu machen. Als Mittel der Vereindeutigung des Alters werden insbesondere die bereits gelebten Jahre genannt, die in der Bewertung von vergangener und zukünftiger Zeit als sozial bedeutsamen Faktor, über strukturierte Altersgrenzen wie die Rente und

5.1 Alt Sein und älter Werden

im konkreten kalendarischen Alter deutlich werden. In den Interviews zeigt sich jedoch, dass trotz dieser Kontextualisierungen die Selbstbeschreibungen in Bezug auf Alter teilweise diffus bleiben.

Das *kalendarische Alter*, d. h. die vergangene Anzahl an Lebensjahren, wird als Ausdruck eines *wirklichen* Alters verstanden. So spricht Hannes Schneider von einem „ehrlichen Alter" (IV 1/Abs. 22), eines, welches nicht durch Kleidung oder Verhalten überspielt werden kann. Das Geständnis des ‚*wahren*' Alters wird damit zum unhintergehbaren Faktor für das *Einordnen des Gegenübers*. Ähnlich wird das Erreichen von *runden Geburtstagen* als eindeutige und *nicht* verhandelbare Grenzziehung *zwischen* und Einordnung *in* Altersgruppen betrachtet:

> „Die nächste Null die wir bekommen das empfinden wir mit über 60 äh genauso wenn wir die nächste Null erreichen, sind wir 70. //mhm// Dann sind wir ja richtig alt." (IV 1/Abs. 75)

Auch bei anderen Befragten werden runde Geburtstage als wichtige Marker des Alter(n)s aufgefasst, in dem einem das Alter „bewusst" wird:

> „Jetzt wird=s mir schon bewusst jetzt wird=s mir echt bewusst ich werde in zwei Monaten 80 und äh früher wurde mit 80 das wurde ja immer das Greisenalter den- definiert." (IV 3/Abs. 10)

Hier spricht der Befragte Michael Haupt ein gesellschaftliches Bild des Alters an, welches direkt mit den gelebten Jahren in Verbindung steht. Das Bild des „Greisenalters" ist aber laut ihm keine gängige bedeutungsgebende Praxis mehr; umso mehr betont er wiederholt die prinzipielle Offenheit der Kategorie Alter.

Das kalendarische Alter ist weiterhin ein wichtiger Gradmesser dafür, wie viel Lebenszeit noch bleiben *könnte*. Die Erwartungen an die noch verbleibende Lebenszeit werden etwa bei Günter Amann und Peter Martens formuliert:

> „Äh wenn man jetzt also gegen die 70 läuft dann dann weiß man also, aha des is dann na gut ähm lass=es nochmal 20 Jahre sein, positiv gerechnet. // mhm// Aber des is sehr überschaubar nich? Können 15 Jahre sein, es können 10 Jahre sein." (IV 5/Abs. 17)

> „Natürlich wär ich a weng freier, aber jetzt mit 70, is des au nimmer so, dass ma (.) da groß äh Leben in Partnerschaft anfangen muss." (IV 6/Abs. 28)

Die eigentliche Ungewissheit über die noch bleibende Zeit bis zum Tod wird dabei durch ein *allgemeines Wissen über Lebenserwartungen* kompensiert, das eine gewisse Form der *Erwartbarkeit für die eigene Lebensplanung* verspricht. Obwohl die Ungenauigkeit dieser Vorhersage bekannt ist, wird die Rechnung der eigenen Lebenserwartung von beiden Interviewpartnern relativ genau vorgenommen. Die Lebenserwartung wird dabei direkt mit einer angenommenen Sterbewahrscheinlichkeit verknüpft. Das Moment der ‚Todesnähe' als klassisches Altersbild wird in den Daten aber nicht sehr deutlich – das ist vermutlich auch auf die Tabuisierung von Tod und Sterben zurückzuführen (vgl. Nassehi/Weber 1989), die sich im Datenmaterial über ein weitgehendes Schweigen darüber zeigt.[83] Einige Befragte haben durchaus einen ‚rationalen' und ironischen Blick auf einen möglichen baldigen Tod, der genau dieses Motiv der Todesnähe und seine gleichzeitige Tabuisierung anspricht, so etwa Michael Haupt in der folgenden Schilderung:

> „Also ich habe neulich zu meinem Zahnarzt gesagt, der hatte der wollte mir großartige m: Implantate und dann hab ich gesacht ‚wissen Se was also m also nach der Statistik werden Männer, (.) wenn sie Glück haben 83 bis 85 Jahre alt, also Sie machen nichts was über diese Zeit drüber hinausgeht.' Da hat er mich- daneben stand die Assistentin die @wurde leicht grün@." (IV 3/Abs. 101)

Er macht die durchschnittliche Lebenserwartung von Männern und die bereits gelebten Jahre zum Orientierungsrahmen für die Zukunft des Alterns, zugleich wird die eigentliche Unsicherheit dieser ‚Rechnung' deutlich. Michael Haupt präsentiert sich hier als illusionslos über ein mögliches baldiges Ende; parallel dazu bildet die Zahnarztassistentin die generelle Tabuisierung des Sterbens ab.

Auch wenn das kalendarische Alter gewisse Standards der Lebensführung, der Lebenserwartung und des „angemessenen" Alterns setzt, unterliegt auch dieses, ähnlich wie der Begriff des Alter(n)s selbst, einer gewissen Verhandelbarkeit. So sagt Werner Stratmann (72 Jahre alt): „Mensch 70 is doch heut kein Alter! Heut werden die Leute hundert Jahre alt" (IV 2/Abs. 65). Damit ist es ihm möglich, trotz der Bezugnahme auf das eigentlich eindeutige kalendarische Alter eine Zuweisung als alt für sich selbst auszulagern. Weitere Orientierungspunkte für das eigene Alter(n) bilden Zeitabstände oder die *Einordnung in bestimmte Lebensphasen*. Bestimmte

---

[83] Dieses Schweigen ist ein Indiz für die Tabuisierung, aber kein Beleg. Sie kann deswegen aus dem Schweigen allein nicht geschlussfolgert werden, sondern müsste in weiteren Erhebungen im Sinne des theoretical samplings (Strauss 1994: 49) verfolgt werden.

5.1 Alt Sein und älter Werden

Ereignisse, die mit einer Anzahl an Lebensjahren verbunden sind, beschreibt Günter Amann als „Demarkationslinien" und als „Zeitschranken" (IV 5/Abs. 41), so z. B.

> „Ab wann darf man zur Wahl, ja ab wann darf man den Führerschein machen, //mhm// äh in Rente gehen, is auch äh n großes äh Thema dann natürlich, is ja auch n Bruch." (IV 5/ Abs. 53)

Die genannten Ereignisse geben dem eigenen Lebenslauf *eine äußere Struktur*, die durch eigene Relevanzsetzungen noch weiter hervorgehoben werden kann, indem man „besonders heftig Geburtstag feiert oder eine besonders schöne Reise" (IV 5/ Abs. 41) macht.

Insbesondere für die jüngeren Befragten zwischen 60 und 70 ist das Element der *Verrentung* ein wesentlicher Faktor in der Deutung des eigenen Älterwerdens. So erzählen Hannes Schneider (64 Jahre alt) und Günter Amann (68 Jahre alt):

> „Das Älterwerden äh wird dadurch etwas thematisiert äh das wird einem dadurch bewusst, dass all die Leute die mit mir gemeinsam alt geworden sind äh jetzt alle kurz vor der Rente stehen." (IV 1/Abs. 75)

> „Oder auch äh das Ende des des Berufslebens, //mhm// denk ich is auch n ganz äh bedeutsames Datum. Und ich bin ja jetzt ähm 68 und äh //mhm// äh stehe also jenseits meines äh Berufslebens seit einigen Jahren. Des heißt also ja, des Alter spielt schon eine Rolle äh äh, kehrt immer wieder in verschiedenen Dimensionen und verschiedener Bedeutung." (IV 5/Abs. 14)

Die Verrentung wird als unabwendbares Schicksal des Alters formuliert, das andere Gesellschaftsmitglieder genauso teilen und sozial mit dem Eintritt in das Leben der „älteren" bzw. „alten" Menschen gleichgesetzt wird. Wie Günter Amann formuliert, tritt man mit der Verrentung in den „letzten Lebensabschnitt" (IV 5/ Abs. 57) ein. Uwe Meuser spricht von einer „neuen Situation" des Älterwerdens im Kontext der Verrentung:

> „Wenn Sie dann älter werden is das anders äh äh n die Situation is auch ne ganz andere. Ich hab ja mein Leben ähm sehr stark an meinen Beruf gekoppelt." (IV 4/Abs. 24)

Erwerbsarbeit als zentraler Strukturgeber des Lebens fällt mit der Verrentung weg, so dass die gesamte Lebenssituation sich anders gestaltet. Das Älterwerden wird in eine Abfolge von Lebensphasen geteilt und in ein (soziologisch gesprochen) „Lebenslaufregime" (Kohli 1987) eingeordnet, das sich (insbesondere) über Erwerbsarbeit strukturiert. Die Orientierung am kalendarischen Alter und an der bereits vergangenen und noch vor einem liegenden Zeit verweist auf „Verzeitlichung" und „Chronologisierung" als generelle Strukturmerkmale des Alters im Rahmen eines „institutionalisierten Lebenslaufs" (Kohli 1985: 2; vgl. auch Kohli 1978; 1978; 1992). „Verzeitlichung" meint den „Ablauf der Lebenszeit", der aufgrund einer inzwischen längeren und erwartbaren Lebensdauer ein „zentrales Strukturprinzip" in modernen, westlichen Gesellschaften darstellt (Kohli 1985: 2); in der Orientierung an einem „(chronologischen) Lebensalter" kommt es im Sinne der „Chronologisierung" zu einem „standardisierten ‚Normallebenslauf'" (ebd.)

Die Befragten „verzeitlichen" und „chronologisieren" ihr kalendarisches Alter in diesem Sinne. Damit können sie eine allgemeinere Aussage über Individuen und Gruppen eines gewissen Alters – und damit auch über sich selbst – treffen und die Deutung des alternden Selbst in einen kollektiven Deutungsrahmen einspeisen. Dieser ist implizit vergeschlechtlicht; denn die Vorstellung der lebenslangen, kontinuierlichen Erwerbsarbeit und das damit zusammenhänge Erleben der Verrentung als „krisenhafte Statuspassage" (Gildemeister 2008b: 202) sind strukturell eng geknüpft an eine männliche „Normalbiographie" (Kohli 1987). Interessanterweise ist der institutionalisierte Lebenslauf als klar erkennbares Strukturierungsmoment des eigenen Alter(n)sverständnisses ein deutlich heteronormiertes Konzept: Die Dreiteilung des Lebenslaufs in Ausbildung, Beruf, Rente verweist auf das „männliche Familienernährermodell" und darin auf Vorstellungen eines männlichen, heterosexuellen Standardlebenslaufs (vgl. dazu insb. Kap. 5.2).

Die dargestellten Bezüge zu generellen Altersgrenzen und Lebensphasen bieten den Befragten eine weitere Möglichkeit, ihre Selbstbeschreibung als alt oder älter für sich selbst und für andere (also auch für mich als Interviewerin) plausibel und nachvollziehbar zu machen. Das kalendarische Alter(n) und eine mehr oder weniger berechenbare Lebenserwartung sind – neben der Phasenhaftigkeit des Alter(n)s im Rahmen eines Lebenslaufregimes – Mittel, die Selbstbeschreibung als alt oder älter durch Relationierung zu konkretisieren, die zugleich immer wieder auf die Instabilität und Deutungsoffenheit der Kategorisierung als alt oder älter hinweist.

Diffusität des subjektiven Alter(n)s oder klare Altersbezüge?

Die beschriebenen Analyseergebnisse zeigen, dass das Alter(n) subjektiv als so diffus erlebt wird, dass die Selbstbezeichnungen „alt" und „älter" ebenso wie ein prozesshafter oder zustandsbezogener Alter(n)sbegriff während des Interviews beständig wechseln und dass andere Referenzpunkte bemüht werden müssen, um die eigene Selbstbezeichnung im Kontext des Alter(n)s plausibel zu machen. Im Wesentlichen ist das Sprechen über das Alter(n) durch eine *Konkretisierung* des

5.1 Alt Sein und älter Werden

Alters durch *Relationierung* sowie die deutliche Trennung eines körperlichen und geistigen Alter(n)s gekennzeichnet. In dem die Befragten das Alter(n) beständig in einen *Kontext* zu etwas anderem setzen, gewinnt die Kategorisierung im Vergleich zu anderen Lebensphasen, zu jüngeren Menschen, in Relation zum Status der Verrentung oder von Pflegebedürftigkeit an Konkretion.

Subjektivierungen im Rahmen des Alters zeigen in besonderem Maße Abgrenzungen zu negativen Anrufungen des Alters in Form von Gebrechlichkeit und Hinfälligkeit. Die zahlreichen Narrationen der Umwendung auf die Subjektposition des „aktiven Alten" verweisen auf die Wirkmächtigkeit dieses Diskurses und bieten die Möglichkeit, sich selbst in einer positiven Form als alt und zugleich fit, agil und beweglich zu positionieren. Der Modus der Aktivität ist damit in der Auseinandersetzung mit der Kategorie Alter eine wesentliche Quelle von *Anerkennung*; wer sich nicht aktiviert, dem wird, wie Werner Stratmann, die Anerkennung auch verweigert (bzw. mehr noch, er verweigert sie sich selbst). Die Bewertung des Ruhestands als wesentliches Bezugssystem des Alters verweist implizit auf die Selbst-Einordnung in typisch männliche Standard-Lebensläufe – unterschwellig ist damit die Kategorie Geschlecht ein wesentlicher Faktor in der Selbstbeschreibung als alt oder älter. In diesem Kontext ist es sowohl eine (imaginierte) *Gemeinschaft*, die sich primär über Erwerbstätigkeit definiert, zu der sich die Befragten beziehen sowie eine spezifische *Generation*, für die der standardisierte (männliche) Normallebenslauf das leitende biographische Strukturmerkmal darstellt.[84] Die kontinuierlich wechselnde Positionierung der Befragten zur Selbstbezeichnung als alt oder älter, werdend und seiend ist dabei weniger als ‚Flucht' vor einem möglichen Stigma des Alters zu sehen, sondern vielmehr Ausdruck des opaken Begriffs Alter. Da es keinen gesellschaftlich anerkannten Code gibt, der alt oder älter werden oder sein eindeutig erkennbar macht, kann das eigene Alter(n) unterschiedlich gedeutet werden, ohne unplausibel zu werden. Diese Erkenntnisse decken sich ebenso mit der These des „ageless self" nach Kaufman (1994) wie der „mask of ageing" von Featherstone und Hepworth (1991) sowie der „relativen Alterslosigkeit" (Graefe 2013; vgl. Kap. 2.2 und 2.3). Eine eindeutige und kohärente Beschreibung als alt oder älter fällt auch in meinem Material aufgrund der „Komplexität und Diffusität des Forschungsgegenstandes ‚subjektives Alter(n)'" (Graefe 2013: Abs. 8) schwer, da ein normativer Horizont kaum

---

84 Erfahrungen einer solchen De-Stabilisierung, De-Institutionalisierung und Prekarisierung von Erwerbsverläufen (vgl. u. a. Brinkmann et al. 2006; Dörre 2007; Mückenberger 2010) werden in den Interviews nicht kommuniziert, was ein Hinweis darauf sein kann, dass die Befragten (auch aufgrund des starken Mittelschichtsbias im Sample) diese Tendenzen nicht (mehr) selber zu spüren bekommen.

zu konkretisieren, aber doch implizit immer vorhanden ist, genauso wenig wie ein konkretes Ereignis oder eine Erfahrung, die unhintergehbar alt oder älter macht.

Graefes These der „relativen Alterslosigkeit" ist von der Erkenntnis geprägt, dass Befragte ein (Alters-)Selbstkonzept zeigen, das von einer beständigen „Dethematisierung des Alter(n)s" (ebd.: Abs. 25; Hervorh. i. O.), durch „[d]ie (gegenwartsbezogene und retrospektive) Decodierung von Alter(n)srelevanzen" und der „Auslagerung des ‚eigentlichen' Alters aus der aktuellen, ‚erwachsenen' Gegenwart und seine Projektion in die Zukunft" (ebd.) geprägt ist. Der Soziologe Simon Biggs stellt den Befund der Alterslosigkeit in den Kontext einer gesamtgesellschaftlichen Semantik kapitalistischer Systeme, durch die das Alter als unproduktive, damit nutzlose Lebensphase gefasst wird. Die Aneignung des Alters in das eigene Identitätskonzept muss daher vermieden werden, weil diese Identität keinen Inhalt bietet, bedeutungslos ist: „It follows that one can take on any identity except aging because aging itself is construed as an absence" (Biggs 2003: 148).

Dass die Zuschreibung als alt oder älter erst mit Inhalt gefüllt werden muss, um verständlich zu werden, zeigt sich entprechend in der subjektiven Verarbeitung der Befragten. Nicht nur die wechselnden Selbstbezeichnungen als alt oder älter, auch die Suche nach einem eigenen „Weg" bei Michael Haupt und nach der „Rolle" bei Karl Bubeck verweist darauf, dass eine solche prinzipielle Offenheit und Gestaltbarkeit des Selbstbezugs im Alter sich durchaus im Datenmaterial widerspiegelt.

Gleichzeitig zeigen sich im vorliegenden Material deutliche Abgrenzungen zu den Befunden der „agelessness" oder einer „absence of aging": Eine Selbstbezeichnung als alt oder älter findet durchaus statt (wenn auch nicht kohärent). Die eigene Positionierung als alt wird im vorliegenden Material nicht – wie etwa Graefe beschreibt – als „relativ ‚weiche' soziale Kategorie [verstanden], die es selbst hochbetagten Menschen erlaubt, sich von ihr zu distanzieren, ohne dass sie damit als *Kategorie* an Plausibilität verliert" (Graefe 2013: Abs. 15; Hervorh. i. O.). Stattdessen werden die beschriebenen Erfahrungen und Erkenntnisse in ein Bedeutungssystem eingespeist, das Alter(n) als permanenten Orientierungsrahmen verdeutlicht. Die Hereinnahme der Kategorie des Alter(n)s in die Selbstkonzepte ist klar erkennbar, auch wenn die Ausprägungen, die Begründungen und die Kontexte stark differieren. Alter(n) wird als solches klar benannt und als Teil des Selbstverhältnisses durch die Relationierung zu anderen Lebensaltern, zu Strukturen des Alters wie dem Renteneintritt und zum Diskurs der Aktivität plausibilisiert. In dieser Kontextabhängigkeit offenbart sich die Instabilität des Alters im Sinne einer Identitätskategorie; das Alter(n) an sich bietet keinen Orientierungsraum, sondern wird in der Selbstbeschreibung dadurch intelligibel, dass es durch andere Dimensionen ‚gefüllt' ist. Von einem kohärenten, zeitstabilen, genuinen *Alters*selbst kann daher nicht gesprochen werden (vgl. Kap. 2.2).

Der Befund, dass sich die Befragten trotz dieser prinzipiellen Bedeutungsoffenheit der Kategorie Alter durchaus selbst als alt oder älter bezeichnen, ist sicher dem Interviewsetting und der damit verbundenen Anrufung als älterer Mensch (vgl. Kapitel 3.3) geschuldet. Allerdings ist auch in anderen Untersuchungen zur subjektiven Deutung des Alter(n)s das Alter als Interviewthema und in den unterschiedlichen Lebensaltern der Interviewteilnehmenden präsent (vgl. Denninger et al. 2014: 54). Die stärkere Selbstverortung als alt/älter kann ein Hinweis auf die Subjektordnung des Begehrens sein, bzw. etwas spezifischer, sie kann mit der (auch biographischen) Selbst-Erzählung als schwuler Mann zusammenhängen. Sie liegt an einer biographisch erlernten Form der Selbst-Auseinandersetzung in stark abweisenden und ausgrenzenden Umwelten und Diskursen, die über eine beständige *Selbst-Thematisierung* in und gegen gesellschaftliche Verhältnisse den Anspruch zur Selbst-Thematisierung in sich trägt. Die Selbst-Thematisierung als alt oder älter kann als Versuch der *Autonomie* gelesen werden, nämlich gewissermaßen ‚trotzig' eine unabhängige oder widerständige Stellung in mitunter altersdiskriminierenden Strukturen (vgl. Kap. 4.2) zu finden.

Im Folgenden zeigen sich weitere Beispiele für die Kontextabhängigkeit des Alter(n)s: Über die Dimensionen Geschlecht, Bildung, Krankheit, über Pflegebedürftigkeit und die Einsicht über die eigene Endlichkeit wird die Deutungsoffenheit und Kontextabhängigkeit der Selbstbeschreibung als alt, älter, noch nicht so alt über verschiedene Vergleichsdimensionen wiederholt deutlich. Dass auch die Dimension des Begehrens als Abgrenzungs- oder Zuordnungsmerkmal genutzt wird, verweist nicht nur auf die starke Verbundenheit der Subjektordnungen Alter(n) und Begehren in Selbstbeschreibungen, sondern auf die prinzipielle Deutungsoffenheit und Kontextnotwendigkeit nicht nur des Alter(n)s, sondern auch des Begehrens.

5.2 „Der hat halt Angst, dass die Frau wegstirbt": (Hetero-)Männer und das Alter(n)

Insbesondere das Geschlecht bzw. Bezüge zu Geschlechterverhältnissen und Selbstzuordnungen zu Genusgruppen stehen in engem Zusammenhang zu Alter(n) und Begehren. Männer wie auch Männlichkeiten werden als Bezugspunkte der eigenen Selbstverortung in vielfältigen Kontexten deutlich. Dabei macht die Situiertheit in männlichen Subjektordnungen für die Befragten spezifische Erfahrungsräume aus, die durch Alter(n) und Homosexualität in unterschiedlicher Weise markiert sind. So wie die Selbstbeschreibung als alt (bzw. älter) immer einen Kontext braucht, um verständlich zu werden, braucht auch die Selbstbeschreibung als schwul und als Mann eine solche Unterscheidung.

Während die „mens & masculinity studies" weitgehend auf die Verhandlung von Männlichkeit im jungen oder mittleren Erwachsenenalter eingehen, etabliert sich aktuell eine breitere Forschungslandschaft zu Männlichkeiten bzw. Männern im Alter (vgl. zu einem Überblick Leontowitsch 2017). Die entsprechende Literatur ist davon geleitet, die vielfältigen Zusammenhänge von Alter(n) und Geschlecht (vgl. dazu Denninger/Schütze 2017a) nicht nur als Forschung über (ältere und alternde) Frauen zu begreifen (kritisch u. a. Backes 2007; Gildemeister 2008b; Gildemeister/Robert 2008) und Konzepte von Männlichkeit nicht nur in der Adoleszenz und im mittleren Lebensalter zu untersuchen.

Die Relevanz einer Untersuchung von Männlichkeit im Alter leitet sich daraus ab, dass im Altern verschiedene Prozesse ablaufen, die auf Vorstellungen von Männlichkeit einwirken: Insbesondere die Verrentung, körperliche Veränderungen und die „Rollenlosigkeit" (vgl. Burgess 1960; vgl. Kap. 2.2) des Alters können für Männlichkeitsvorstellungen eine Herausforderung darstellen, die auch im Folgenden deutlich aufscheint.

Männlichkeit und Sexualität

Als altersbedingte körperliche Veränderungen werden in den Interviews u. a. Einschränkungen der Sexualfunktion beschrieben. Günter Amann beschreibt diese Prozesse als generelle Alters-„Probleme":

> „ja im Alter des is- da kommen natürlich die gesundheitlichen Probleme, die wollen wir nich außen vorlassen //mhm// dazu, (.) nich? Die sich natürlich auch auf die Sexualität (.) übertragen. //mhm// Also des is ja aber auch nich nur ne schwule Geschichte, sondern auch ja bei bei heterosexuellen Männern. //mhm// Is einfach dann das Problem da, dass sie äh halt bei Frauen ja auch, dass sie ihre Wechseljahre haben die Frauen und die Männer halt auch. Ähm wie soll ich sagen ähm in der Sexualität äh äh äh sich einiges verändert. Allein ja auch durch die durch die äh Krank- durch die möglichen Krankheiten der Prostata und was weiß ich alles. //mhm// Ähm erektile Dysfunktion und so weiter. Die häufen sich ja dann doch weiter im Alter n bisschen mehr durch andere Krankheiten, durch Medikamente die Sie nehmen müssen //mhm// nich? Also wenn Sie n Antidepressivum halt nehmen n falsches dann äh haben Sie eben keine Erektionen mehr oder so was nich? //mhm// Also des sind einfach Dinge die dann des sexuelle Leben extrem beeindrucken, //mhm// spielen dann ne große Rolle." (IV 5/Abs. 41)

Einschränkungen der Sexualfunktion werden zwar als „das sexuelle Leben extrem beeindruckend" beschrieben, sie werden aber nicht als Problem schwuler Männer gesehen. Denn diese „gesundheitlichen Probleme" betreffen nicht nur ihn, sondern auch *heterosexuelle Männer*, ebenso wie prinzipiell auch Frauen. Zudem sind Veränderungen „in der Sexualität" nicht nur durch Krankheiten und Medikamente verursacht, und damit nicht ‚Schuld' des einzelnen, sondern scheinen zum Alterungsprozess dazu zu gehören. Diese „Dinge" spielen für Günter Amann eine „große Rolle", d. h. sie stellen in irgendeiner Form ein Problem für ihn dar, allerdings nicht im Kontext seiner Homosexualität, denn das ist ja „nich nur ne schwule Geschichte". Sexuelle Aktivität wird hier wesentlich als von einer Erektion abhängig erzählt – insofern kann *Männlichkeit* als ‚Potenz' und ‚sexuelle Dominanz' durch diese körperliche Einschränkung als bedroht gesehen werden. Das körperliche Altern schränkt damit die eigene sexuelle Praxis ein, da die zentrale Ver-Körperung der Männlichkeit, nämlich die Erektion, nicht mehr praktiziert werden kann.

An anderer Stelle schwächt Günter Amann die Bedeutung im Alter „Sexualität zu leben" ab, ohne dass sie über körperliche Einschränkungen erklärt wird: „also find ich auch es hat nich mehr den Stellenwert wie wie 30 Jahre vorher. Das verliert sich auch n bisschen" (IV 5/Abs. 65). Die *Bedeutung sexueller Aktivität* für das eigene Selbstkonzept wird deutlich abgemildert.

Werner Stratmann sieht die Zeit der sexuellen Interaktion für beendet:

> „Oder natürlich die ganz engen Beziehungen, man is dann losgegangen, vielleicht findet man noch=n Freund oder noch ne Nacht-, ne Sexbeziehung, obwohl ich da nie nie groß aus war. //mhm// Weil ich immer der Meinung war wenn Sex dann soll=s schon jemand sein dem man auch in die Augen schauen kann nich? Und aber das war halt immer n schöner Ansporn doch wieder rauszugehen äh, das is vorbei. //mhm// Rein körperlich. //mhm// Da gib=s einfach Grenzen, die man gar nich so spürt." (IV 2/Abs. 87)

Sexuelle Begegnungen waren für Werner Stratmann nie nur primärer Zweck, sondern stellten immer auch eine Möglichkeit der persönlichen Begegnung dar. Der Wunsch nach einem Sexualpartner auf ‚Augenhöhe' und die damit verbundene Möglichkeit „rauszugehen", können als allgemeineres Bedürfnis gelesen werden, Menschen kennen zu lernen. Diese Zeiten sind nun „vorbei", was in besonderem Maße an den „körperlichen Grenzen" liegt, die nicht genauer benannt werden. So ist der Wunsch nach Interaktion, auch sexueller, nach wie vor vorhanden, nur der Körper stellt sich gewissermaßen quer. Zugleich bleibt die Erfahrung des alternden Körpers in Werner Stratmanns Beschreibung opak: Es gibt offensichtlich „einfach

Grenzen", die die Möglichkeiten sexueller Erlebnisse sehr eingrenzen, zugleich „spürt" man diese nicht. Es bleibt offen, ob er von körperlichen Grenzen spricht, die keine leiblich-spürbaren Konsequenzen haben (vgl. zu dieser Unterscheidung Plessner 1975; Villa 2011; Kap. 2.3), oder ob es um den Körper als sozialen Produzenten des Alters geht, der für andere, mögliche Interaktionspartner nicht mehr bzw. eben ‚begrenzt' begehrenswert ist. Dies wäre eine Grenze, die Werner Stratmann selbst nicht spürt, die aber die sexuellen Möglichkeiten stark *eingrenzt*. In diesem Sinne wäre es die Erfahrung einer *Altersphasennormativität* (vgl. Kap. 2.3), die seinen alternden Körper zu einem asexuellen Körper macht, denn Männer ‚in seinem Alter' haben nicht sexuell aktiv zu sein, auch wenn sie trotzdem begehren oder begehrt werden.

Dass das Sprechen über den Sex an dieser Stelle und in den anderen Interviews so ungenau bleibt, liegt an einer möglich wirkenden Altersphasennormativität im Interview selbst: Ich habe entlang des Leitfadens nicht nach sexueller Praxis und sexuellen Wünschen gefragt, daher wurde dieses Thema in den Interviews selten thematisiert und wenig expliziert. Den Männern wurde im Interview also nicht die Möglichkeit gegeben, sexuelle Praxis als denkbare wichtige Arena ihrer Selbstbeschreibung entsprechend darzustellen. Das dadurch eingeschränkte Sprechen über den Sex deutet deshalb nicht darauf hin, dass die Befragten auch eingeschränkt Sex haben, sondern vielmehr auf den asexualisierenden Diskurs älterer, insbesondere nicht-heterosexueller Menschen (vgl. Kap. 2.3), der während der Interviews durch ein beiderseitiges Schweigen über den Sex reproduziert wurde. Gleichwohl Sexualität im Alter als Element eines „successful aging" (Rowe/Kahn 1997, vgl. Kap. 2.2) aktuell diskursiv an Bedeutung gewinnt (vgl. Sandberg 2013a) und im Rahmen der Biomedikalisierung des Alters (vgl. Denninger/Schütze 2015) auch Störungen der „erektilen Dysfunktion beim erwachsenen Mann"[85], als prinzipiell behandelbar gelten, wird die Begrenzung sexueller Aktivität sowohl von Günter Amann wie auch von Werner Stratmann hingenommen: dass es körperlich nicht mehr so geht, ist irgendwie in Ordnung. *Die körperlichen Veränderungen zu akzeptieren*, scheint wesentliches Element der Auseinandersetzung mit dem Altern zu sein, ohne dass dieser *Verlust an ‚Virilität'* als *wesentlicher Verlust der eigenen Männlichkeit* dargestellt wird. Dies ist ein Hinweis darauf, dass Vorstellungen hegemonialer Männlichkeit auch im Alter als Referenzfolie dienen, aber mit einer gewissen Distanz beobachtet werden. Weder beschreiben sich die Befragten als besonders sexuell aktiv noch als asexuell: Es wird erkennbar, dass zwischen einem

---

85 https://www.pfizer.de/medikamente-produkte/rezeptpflichtige-medikamente/pfizer-produkte/detailansicht/sildenafil-pfizerR/ (zuletzt geprüft am 13.03.2017).

auch sexuell „erfolgreichen Altern" und der Aufgabe jeder sexuellen Aktivität und Begierde auch Zwischenpositionen möglich sind (vgl. auch Sandberg 2013b: 263).

Der „Pensionsschock" der Männer und Frauen als das Andere

Die meisten Befragten berichten von der Erfahrung, mit der Verrentung die bisherige Lebensgestaltung und -struktur zu verlieren (vgl. Kap. 5.1). In der alterssoziologischen Literatur wird dies häufig mit dem sogenannten „Pensionsschock" beschrieben. Die Verrentung als deutlicher Umbruch im Leben kann als typisches „Männerschicksal" gesehen werden, da der „Pensionsschock" eher Männer betrifft, die – im Gegensatz zu Frauen – lebenslang gearbeitet haben (vgl. kritisch dazu Gildemeister 2008b: 202). So sind mit dem Eintritt in den Ruhestand typische Formen „männlicher Vergesellschaftung" (Backes 2010: 454) bedroht. Männer müssen sich nach Beendigung der Erwerbsarbeit alltagspraktisch und in der Selbstkonzeption neu orientieren, da

> „weibliche Vergesellschaftungsformen das Leben im Alter zu bestimmen scheinen. Männern wird sogar eine Angleichung an weibliche Vergesellschaftungsformen im Alter zugeschrieben, da ihre geschlechtstypische Vergesellschaftungsform über Erwerbsarbeit mit dem Eintritt ins Alter beendet sei" (ebd.: 455; vgl. auch Backes et al. 2006: 18).

Auch wenn die These einer „Angleichung" (auch von Backes selbst) stark kritisiert wird, da sie sehr simple Geschlechterdifferenzierungen und mehr noch, typische Geschlechtscharaktere, propagiert, verweist sie doch auf die Problematik, dass mit der Verrentung nicht nur bestimmte Freiheiten in der Lebensgestaltung eröffnet werden, sondern Möglichkeiten der Selbstbeschreibung als ‚normaler' Mann verloren gehen.

In der Thematik des Pensionsschocks zeigt sich eine inhärente Verbindung von Erwerbsarbeit mit Männlichkeit im Sinne von „Bedeutendheit" (Gildemeister 2008b: 202), die schließlich durch die Verrentung anders ausgedeutet werden muss: „‚Männlichkeit' ist als solche öffentlich bedroht, wenn Präsenz und Einfluss schwinden, Männer aus der aktiven Männergesellschaft entlassen werden" (ebd.).

Günter Amann beschreibt die Rente als gemeinhin eher positiv konnotierte Phase, die für ihn aber ein *krisenhaftes Erlebnis* darstellte:

> „Heute is also so=n großer Aufmacher in der [Zeitung] äh in ‚Ab sofort in Rente' oder irgend sowas steht da drin wo die dann immer den Leuten sagen: ‚wann können Sie in Rente gehen' und und äh also als große Fata Morgana des des Paradieses, //mhm// endlich bin ich in Rente. Also äh davon bin ich ja fleißig abgekommen, äh weil ich denke also jeder, der das mal miterlebt

hat äh merkt dass das im Grunde ja schon auch ne andre Seite hat. (.) Kommt auch drauf an wie man sich im Leben definiert, also ob man sich sehr stark auch über den Beruf definiert. Des hab ich gemacht und insofern is dann so=n so=n äh so=n Ende einer einer für einen wichtigen Tätigkeit schon große äh Belastung, äh also des war glaub ich mit die größte Belastung." (IV 5/Abs. 53)

Die Selbstbeschreibung als Erwerbstätiger führt dazu, dass die Rente als „Belastung" erlebt wird, und zugleich reiht er sich in die Gruppe ein, die auch die ‚Verrentung' erlebt hat und ähnliche Erfahrungen macht wie er. Insbesondere diejenigen, die sich sehr über den Beruf definieren, spüren diese *„Demarkationslinie"* (IV 5/ebd.; In-Vivo) im Leben.

Für das vorliegende Feld stellt sich der oben beschriebene „Pensionsschock" nicht im Rahmen einer „Feminisierung" im Sinne einer Angleichung an das Leben der (Ehe-)Frau dar, sondern über einen *Mangel an Tätigkeiten in der Rente*, die als sinnvoll erachtet werden. Dementsprechend zieht Rainer Bach (68) einen Vergleich zu typischen Frauentätigkeiten, zu denen er sich in der Rente neu positionieren muss:

„Also ich mach=s dann halt und dann kann ich arbeiten und so was weiß ich, Kartoffel schälen, (…) so. Und des halt wirklich Sachen, die, ja, früher die Frauen waren halt so abgerichtet, ja? //mhm// Und denen macht des ja bis heute auch weniger aus. Weiß nich genau, also meine Schwester, die hat des immer gemacht. Also ohne Klagen, des geht doch. Die denken da nich drüber nach, die ham=n fixes Händchen, während bei mir is=ses immer, dass man des selbst erlernt." (IV 7/Abs. 46)

Im Rahmen der Rente gibt es demnach Tätigkeiten, die Herr Bach neu erlernen muss, und zwar ganz explizit in Abgrenzung zu *den* Frauen. Frauen seien typische Aufgaben im Haushalt gewohnt, ein Tätigkeitsbereich, den Rainer Bach sich nach der Verrentung erst mühsam aneignen muss. Das Verständnis der Verrentung als krisenhafte Phase verweist auf Erwerbsarbeit als wichtiges Element für die Produktion von Männlichkeit. Soweit im Kontext von männlicher Homosexualität eher von einer „untergeordneten" Männlichkeit gesprochen werden kann, verweist der „Pensionsschock" zugleich auf eine „komplizenhafte" Männlichkeit (vgl. u. a. Connell 2015; vgl. Kap. 2.1): Denn dass auch die Befragten zumeist in höheren, situierten Stellungen arbeiten bzw. größtenteils arbeiteten, gut verdienten (vgl. zum Sample in Kap. 3.3) und Anerkennung gefunden haben, haben sie der hierarchischen Relation zu Frauen zu verdanken. Die Rente kehrt diese Form der Privilegierung in den Augen von Rainer Bach um: Die Frauen haben nun Vorteile, denn sie sind so „abgerichtet", dass die Rente nicht im selben Maße eine Herausforderung darstellt.

5.2 (Hetero-)Männer und das Alter(n)

In gewissem Sinne bestätigt Rainer Bach das, was Tews (1990) und andere mit einer „Feminisierung" des Alters beschreiben: Insofern eine „Angleichung an weibliche Vergesellschaftungsformen" (Backes 2010: 455) stattfindet, fühlt sich Rainer Bach in seiner bisherigen Selbstbeschreibung als erwerbstätiger *Mann* in Frage gestellt. Sein Widerstand gegen die *Verweisung auf den Haushalt* macht deutlich, wie stark die Verrentung an der gewohnten Aufteilung von typisch männlichen und typisch weiblichen Bereichen kratzt und das *Selbstverständnis als Mann* in Frage stellt. Diese Sichtweise ist – da er sich nicht in Bezug zu einer Ehefrau setzt – sehr davon geprägt, dass Rainer Bach sich direkt mit seinem noch arbeitenden Partner vergleichen kann und muss, der im Haushalt „nichts macht", während er putzt und Kartoffeln schält.

Dass der „Pensionsschock" eine unmittelbare Wirkung auf die Männer hat, liegt nicht nur daran, dass bestimmte Aspekte anerkannter, kulturell dominanter Männlichkeit damit verloren gehen können, sondern geht auch mit einem *Verlust an Tagesstruktur* einher. Schließlich bietet die biographische Konzentration auf eine Vollzeiterwerbstätigkeit nicht nur Anerkennung und „Bedeutendheit" (Gildemeister 2008b: 202), sondern füllt das Leben ganz konkret mit Aufgaben und Tätigkeiten, die mit der Verrentung verloren gehen. In diesem Kontext beginnt Rainer Bach in der Rente deshalb mit dem Kartoffel schälen, damit er „arbeiten kann". Die geschlechtliche Komponente des Pensionsschocks ist zwar hier deutlich zu erkennen; es ist dennoch weniger eine Form von Männlichkeit, die im Alter verloren geht, sondern ein typisch männlich strukturierter Lebenslauf, der eine Neuorientierung zwingend macht. Der mit der Rente einhergehende „Strukturverlust" wird von Rainer Bach eindrücklich beschrieben:

> „Und des is ja so=n gewisser Strukturverlust. (…) ja. Also ich hatte dann ne Gürtelrose. Des äh is ja auch irgendso=n Stress- äh Symptom und dann wurde ich, ja depressiv is übertrieben, auf jeden Fall ja, mhm, war die gute Laune nich unbedingt da. Und ich hab dann auch so so=ne Art vielleicht Empfindsamkeit, also ma reagiert dann auf diese ähm quasi Wertlosigkeit, die man zwar nich vermittelt kriegt, aber irgendwie wird mer dann (1) ja was heißt benutzt? Irgendwie- also mein Lieblingssatz ist immer ‚du hast doch Zeit, du kannst doch machen.' Ja? //mhm// Und dann is des n Grad der Freiheit aber des is gleichzeitig n Freiheitsverlust und des äh macht mir bis jetzt eigentlich zu schaffen." (IV 7/Abs. 8)

Der „Strukturverlust" wirkt sich nicht nur auf die alltägliche Lebensführung, sondern auch auf das Selbstverständnis aus. Die von anderen vermittelte „Wertlosigkeit" macht ihn „empfindsam", zugleich fühlt er sich „benützt", weil andere ihm Aufgaben auftragen. Die Rentenphase ist von einer Diskrepanz zwischen neuer Freiheit, die er selbst nicht zu nutzen weiß und einem gleichzeitigen Freiheitsverlust durch andere geprägt. Sie ist demnach von einer neuen *Autonomie* über die eigene Zeit bestimmt, die zugleich über die Erwartung von anderen stark begrenzt wird. Diese anderen verweigern unmittelbar *Anerkennung*, wenn man den Erwartungen an die Zeitnutzung nicht entspricht.

Die von Burgess formulierte „roleless role" (1960; vgl. Kap. 2.2) im Alter wird hier deutlich erkennbar, und dies unmittelbar in einer vergeschlechtlichten Weise. Während Erwerbsarbeit zugleich Status und Gestaltungsfreiräume als wesentliche Arena der Konstruktion anerkannter Männlichkeit bietet, ist die Rente von *neuen Abhängigkeiten* und von *gefühlter Nutzlosigkeit* geformt. Sowohl der Verlust an Tagesstruktur als auch an erwerbsbezogener Anerkennung ist eine Herausforderung für das eigene Ich. Darüber wird implizit die Zugehörigkeit zur Genusgruppe Mann und die Relevanz von Erwerbstätigkeit deutlich gemacht, die sowohl Anerkennung vermittelt als auch in Rainer Bachs Augen mehr Autonomie über die eigenen Tätigkeiten bietet als die Rentenphase.

An dieser Stelle halte ich es für wesentlich, die strukturelle Privilegiertheit der befragten Männer trotz des Struktur- und Statusverlust in der Rente zu betonen: Nicht nur sind die Interviewpartner auch in der Rentenphase materiell abgesichert (vgl. Kap. 3.3), sie sind auch Teil einer Kohorte, die von der Prekarisierung männlicher „Normalbiographien" noch wenig berührt wird (vgl. Backes 2007: 160). Nicht zuletzt sind sie darum, trotz möglicher biographischer Brüche und Schwierigkeiten aufgrund ihrer Homosexualität (vgl. dazu Kap. 6), ein Teil derjenigen Gesellschaftsgruppe, die von der normativ immer noch prägenden Verweisung von Männern auf Erwerbs-, und Frauen auf Hausarbeit, auch im Alter profitiert.

Heterosexuelle Männer als das Andere

Insofern Rainer Bach, wie im vorangegangenen Abschnitt beschrieben, ‚die' Frauen als Abgrenzungsfolie und damit zugleich zur Selbstpositionierung als ‚typischer' Mann nutzt, werden *Unabhängigkeit* und *Gestaltungsfreiheit* als wichtige Elemente der Selbstbeschreibung als Mann dargestellt, was durch die Bedeutung der Erwerbstätigkeit biographisch gestützt wird. Während im Vorangegangenen Frauen als das Andere positioniert werden und Geschlecht die primäre Kategorisierung der Selbstverortung darstellt, wird im Folgenden über den Vergleich zu heterosexuellen (älteren) Männern Begehren als weitere Abgrenzungsdimension eingeführt.

Auch Werner Stratmann greift die Verweisung von Männern auf Erwerbs- und von Frauen auf Haushaltsarbeit auf, allerdings explizit als heterosexuelle Konstruktion. Diese Aufteilung birgt laut ihm für heterosexuelle Männer die Gefahr einer

5.2 (Hetero-)Männer und das Alter(n)

Abhängigkeit von Frauen und hat dementsprechend bestimmte Auswirkungen auf das Alter(n):

> „N Mann der **alleine** alt geworden ist hat es vielleicht etwas leichter. // mhm// Als wie einer der eingebunden war in die Familie, wo sich vieles um ihn gekümmert hatte, wo er sich nicht kümmern musste, in welchem Bereich auch immer. Als wie einer der das ewig machen musste für sich. So seh ich das //mhm// also äh man- es trifft dann schon die Schwulen, wenn sie einigermaßen vernünftig gelebt haben (.) trifft es leichter" (IV 2/Abs. 87)

Das Alter wird hier generell als *Phase des Alleine-Seins* beschrieben. Mit dieser Einsamkeit können „die Schwulen" besser umgehen als „einer, der eingebunden war in die Familie". Schwule Männer hätten demnach gelernt, ihr Leben selbstständig zu gestalten, eine Kompetenz, die nicht-schwule Männer nie lernen mussten.[86] Ein relativ klassisches Bild geschlechtsspezifischer Arbeitsteilung wird ebenso deutlich wie bereits bei den „abgerichteten Frauen" (Rainer Bach): Der Mann geht arbeiten, die Frau kümmert sich zuhause um die Wiederherstellung der Arbeitskraft. Heterosexuelle Männer leben laut Werner Stratmann in *Abhängigkeit* von ihren Familien, was zum Problem werden kann, wenn die Familien nicht mehr da sind. Insofern ist nicht nur der Pensionsschock als typisch heterosexuelles Problem zu benennen, sondern das Altern insgesamt ist schwieriger, wenn man nicht gelernt hat, *es selbstständig zu gestalten*. Ähnlich äußert sich Peter Martens über sein heterosexuelles Umfeld:

> „Von einem hat die Frau jetzt Krebs. Die sind knappe 60. (1) Und der hat also große Angst, dass er allein bleibt, allein is und der kommt bestimmt net zurecht //mhm// weil der sehr an seiner Frau hängt, gell? Und der wird sich, der hat Angst vorm Älterwerden." (IV 6/Abs. 40)

Während Werner Stratmann und Peter Martens eher die alltägliche Selbst-Organisation und Lebensführung als Herausforderung im Alter benennen, weitet Dieter Ellwanger die Annahme einer strukturellen Abhängigkeit älterer Heteromänner auf die *Arbeit am Selbst* aus:

> „Die meisten sind eben dann in Familien //mhm// sprich also irgendwie verheiratet oder eben äh in der Familie selber immer noch wohnhaft und

---

86 Zur biographischen Relevanz dieser erlernten Selbstständigkeit bei Werner Stratmann vgl. Kap. 6.1.

die passen sich halt dem dem an sich gelebten (.) anerzogenen konservativen Stil an. //mhm// Da wird dann, ja, sehr viel Fernsehen geschaut, mal weggegangen, mal schön Essen gegangen, aber im Endeffekt bewegt sich relativ wenig, was äh, ja, sein eigenes Ich betrifft. //mhm// (.) //mhm// Also ich bin davon überzeugt, dass viele aus diesen Bereichen, ähm, noch gar nich überlegt haben, dass sie vielleicht auch a Ich haben, was sie in ihrer, sang wa mal, Lebensabschlussphase, leben können." (IV 9/Abs. 46)

Das Leben nach der Verrentung bezieht Dieter Ellwanger nicht nur auf die *Tagesgestaltung,* sondern auch auf das „Ich". In der Kontinuität eines „anerzogenen konservativen Stils" findet laut ihm keine Arbeit mehr am eigenen „Ich" statt, welches im Alter durch eine neue Lebensweise abseits der Arbeitsstruktur prinzipiell möglich (und in Dieter Ellwangers Sicht unbedingt positiv) wäre. Diese *Auseinandersetzung mit dem eigenen Ich* ist notwendig, wenn man nicht in vorgegebenen (familiären) Strukturen lebt, so wie es laut dem Befragten eher für homosexuelle als heterosexuelle Männer der Fall ist. Das Altern heterosexueller Männer scheint demnach stark determiniert und wird von Dieter Ellwanger zugleich homogenisiert, wohingegen er in seiner „Lebensabschlussphase" die Möglichkeit hat, *sich mit sich selbst neu auseinanderzusetzen.* Diese *Gestaltungsfreiheit* eines nicht-heterosexuellen Alter(n)s steht offenbar damit in Verbindung, dass es für schwule Männer im Alter keinen solchen vorgegebenen Lebensstil gibt. Zugleich ist es notwendig, sich mit seinem Selbst auseinanderzusetzen. Offensichtlich scheint es für ihn keine fixierte Vorstellung eines schwulen Alterns zu geben, was als weiterer Hinweis auf das „Nicht-Subjekt" des schwulen alten Mannes gelesen werden kann (vgl. Kap. 2.3; 5.3). Ebenso wird implizit ein Aufruf zur beständigen *Selbst-Thematisierung* erkennbar, der unmittelbar mit dem Mangel einer vorgegebenen Subjektposition des schwulen Alter(n)s zusammenhängt (vgl. 5.4). Dies ist, wie ich im Weiteren argumentieren werde, ein wiederkehrendes Motiv des Umgangs mit dem Älterwerden.

Werner Stratmann trifft in der Differenzierung des alleine lebenden (schwulen) Mannes und des in der Familie umsorgten (heterosexuellen) Mannes auf einen weiteren Unterschied: nämlich ob man über den Tod hinaus Bedeutung für andere haben wird.

„Denn grade wir alleinstehenden Männer wenn wir sterben, dann is=ses aus. Das das tut mich manchmal auch noch so etwas- Mensch wenn ich mal tot bin. (.) Vo- von der Verwandtschaft, meine Schwester, mein Bruder, wenn die tot sind, mein Alter, etwa von den Nachfolgenden °denkt keiner mehr an einen.° //mhm// Familienvater, Mutter mit Kindern, die Kinder denken noch an mich und da- dann gibt man sein Leben, sein- dann gibt man sein

Ich weiter. //mhm// Wird man unsterblich in den Nachfolgenden. Wir al- wir schwule, das=äh die Gedanken mach ich mir schon. //mhm// Dann is aus dann denkt keiner mehr dran." (IV 2/Abs. 87)

Von Werner Stratmann, wie von anderen „alleinstehenden Männern" wird es, so seine Befürchtung, kein Gedenken geben. In diesem Zuge kann er kein *Vermächtnis* seiner selbst in dieser Welt lassen; ein Umstand, der ihn sichtbar traurig stimmt. Diese Thematik verweist subtil auf eine Dimension, die ich als Mitkonstrukteurin von Männlichkeit deute, da sie implizit mit der Figur des Patriarchen verknüpft ist – eine Figur, die Werner Stratmann nicht verkörpern kann. Dass man etwas von sich weitergeben kann, gewissermaßen Fußspuren auf dieser Welt hinterlässt, kann als Ausdruck von „Bedeutendheit" (Gildemeister 2008b: 202) gelesen werden. Der *Patriarch* stellt eine solch typische Figur männlicher Bedeutendheit dar, der über den Tod hinaus für die Familie maßgebliche Werte und errungene Leistungen und Erfolge hinterlässt; eine eindeutig heteronormierte Figur und eine Subjektposition, die Werner Stratmann nicht offensteht.

Werner Stratmanns Narration verweist inhärent auf die *unterschiedliche Betrauerbarkeit* menschlichen Lebens, die stets mit diskursiven Mustern der Anerkennung zusammenhängt (vgl. Butler 2010; Kap. 2.1). Während ein heterosexueller Mann ein Leben als Familienvater geführt haben kann, bleibt vom schwulen (kinderlosen) Mann nichts oder niemand zurück, was oder wer seinen Tod betrauerbar macht. Die Nicht-Betrauerbarkeit als ein weiterer Bereich der *Nicht-Anerkennung* stellt ein Indiz dafür da, in Bezug auf ältere schwule Männer von einer nicht-intelligiblen Figur, vielmehr noch von einem *Nicht-Subjekt* zu sprechen.

Während sich viele der Befragten zu heterosexuellen älteren Männern abgrenzen, zeigen die zwei folgenden Aussagen, dass vermeintliche Unterschiede zwischen homo- und heterosexuellen Männern auch verweigert oder anders relationiert werden. Die folgende Narration von Peter Martens entstand im Kontext der Thematik, dass insbesondere schwule Männer das Älterwerden als Problem erleben, weil in der Szene besonders stark Attraktivität mit Jugendlichkeit gleichgesetzt wird (vgl. Kap. 4.2). Peter Martens erläutert dagegen, dass das Altern *alle* älteren Männer weniger begehrenswert macht:

„I kenn scho a paar äh Alleinstehende (1) die wahrscheinlich Heteros sind oder verheiratet waren und verwitwet sind oder geschieden sind. Die laufen halt auch den jungen Mädchen nach und versuchen da genauso wie=s anderscht isch. //mhm// Und die leiden unter dem Älterwerden mindestens genauso." (IV 6/Abs. 135)

Das Älterwerden zeichnet sich demnach durch eine *Abnahme an Attraktivität* oder sexuellem Selbstbewusstsein aus – das jüngere Gegenüber signalisiert, dass man nicht mehr begehrenswert ist – und dies gilt für „Heteros" genauso „wie=s anderscht isch". In diesem Sinne relativiert das Alter(n) im Bereich der äußerlichen Attraktivität das Begehren, zugleich scheint sexuelle Aktivität weiterhin für die Selbstbeschreibung als Mann wesentlich. Die Annahme einer gewandelten Form von Männlichkeit im Alter, die sich weniger durch sexuellen Druck auszeichnet (vgl. Sandberg 2013b: 264) ist hier nicht erkennbar; vielmehr ist das Altern für den begehrenswerten Mann eine Bedrohung und mindert seine Chancen auf sexuelle Aktivität. In diesem Sinne ließe sich davon sprechen, dass alle älteren Männer aus der „heterosexuellen Matrix" fallen (vgl. Kap. 2.1): Die eigene Geschlechtsidentität konstituiert sich auch im Begehren und Begehrt-Werden des gegengeschlechtlichen Gegenübers: Wenn Personen aufgrund ihres Alters nicht mehr begehrt werden, nimmt die Eindeutigkeit einer männlich gelesenen Geschlechtsidentität ab.

Eine auffallend abweichende Erläuterung zum Zusammenhang von Alter(n), Begehren und Geschlecht findet sich bei Erich Kranebeck (90):

„Soweit ich das beurteilen kann, ich bin ja kein Hetero, ist der Begriff der Alters-, eine alte Frau wesentlich schneidender, abwertender, (.) ab-, ja abwertender und (1) anmaßender als äh ein Schwuler sacht, uh, der is mir zu alt. //mhm// (2) Wenn ich dann jemanden sage oder von jemanden sagen würde oder ein anderer mir gegenüber sagte, der is mir zu alt, is das noch <u>keine totale</u> Ablehnung. //mhm// Sondern eben nur, naja, netter Typ, aber halt nich meine Generation, wie der eine es mal mir gegenüber so formuliert hat. //mhm// Also insofern ist das Alter-, das Älterwerden glaub ich weniger (1) brisant als es vermutlich äh unter Heteros is. //mhm// (2) Wobei es (1) wahrscheinlich auch so is, dass schwule Männer, weil sie Männer sind, sich leichter in Gruppen wieder zusammenschließen können als es bei Frauen der Fall is. //mhm// Aber das müssen Sie jetzt selbst beurteilen, (.) oder können es eher beurteilen, ob ältere Frauen sich eher zusammenschließen können, um etwas zu unternehmen, können sie im Prinzip, tun sie wahrscheinlich im Einzelfall auch." (IV 10/Abs. 112)

Überraschenderweise sind hier nicht heterosexuelle Männer, sondern Frauen die Abgrenzungsfolie, und zwar auch, weil er „ja kein Hetero" ist. Was ihn und (heterosexuelle) Frauen eint, ist, dass sich das Begehren auf Männer richtet. Wenn man nicht begehrenswert ist, ist das aber laut Erich Kranebeck für schwule Männer weniger „schneidend" und „abwertend" als für Frauen. Diese Deutung entspricht dem „double standard of aging" (Sontag 1972), welcher das Altern als für Frauen

5.2 (Hetero-)Männer und das Alter(n)

deshalb bedrohlicher ansieht, weil Weiblichkeit über äußere Attraktivität, und diese über Jugendlichkeit definiert wird. Für schwule Männer ist die Ablehnung deshalb nicht „total", weil das Gegenüber den alternden Mann entlang seines Körpers zwar nicht begehrt, aber nicht den Mann als Persönlichkeit ablehnt. Diese Unterscheidung geht bei Erich Kranebeck einher mit einer Selbstkollektivierung zur Gruppe der Männer sowie einer Homogenisierung älterer Frauen. Mit der Charakterisierung von Männern als eher gruppenbezogen und Frauen als eher vereinzelt lebend widerspricht Erich Kranebeck gängigen Geschlechterklischees: In der Alltagsdeutung sind Frauen eher ‚Herdentiere', während Männer ‚einsame Wölfe' sind.

Schließlich findet sich in der Aussage eine Anrufung, die durch die Interviewsituation selbst produziert ist: Ich werde als Interviewpartnerin als „Frau", die das besser beurteilen kann, aufgerufen, und zugleich als Person, die über „ältere Frauen" besser urteilen kann. Auch wenn ich diese Fremdpositionierung nicht plausibel analysieren kann, so verweist sie doch darauf, dass es die Interviewsituation ist, die bestimmte vergeschlechtlichte Selbstkollektivierungen sinnhaft macht: Dass hier Frauen und nicht primär oder nicht nur andere (heterosexuelle) Männer als Abgrenzungsfolie aufgemacht werden, liegt sicherlich daran, dass ein Mann und eine Frau in der Interviewsituation anwesend waren (vgl. auch Kap. 3.3).

Alte Männer und schwule Männlichkeiten

In der Verhandlung von Männern und Männlichkeiten wird insgesamt sichtbar, dass sich die Befragten im Hinblick auf ihre *Männlichkeit* nicht als von heterosexuellen Männern unterschieden erzählen: der „Pensionsschock" als Verlust von Bedeutendheit und der Verlust an körperlich-sexueller Leistungsfähigkeit verweisen auf generelle Normierungen von Männlichkeit im Sinne dessen „wie Männer sein sollten" (Connell 2015: 122). Das Alter kann dieser Deutung von Männlichkeit gefährlich werden – in diesem Kontext beschreiben sich die Befragten primär als Männer, nicht als schwule Männer.

Geht es allerdings um konkrete *andere* Männer, zu denen sich die Befragten in Bezug setzen, wird das Begehren zu einer deutlichen Abgrenzungsfolie; hier ist es das Begehren, welches die Erfahrung des Alter(n)s von schwulen und heterosexuellen Männern laut den Befragten unterschiedlich strukturiert. Interessanterweise werden alle Versuche der Befragten, das Schwulsein und die Gruppe der schwulen Männer zu individualisieren und auf ihre Heterogenität hinzuweisen (vgl. Kap. 4.1 und 4.2) obsolet. Denn im direkten Abgleich werden alle nicht-homosexuellen Männer genauso homogenisiert wie ‚die' Schwulen: Wo die Heteromänner alle Ehefrau und Familie haben, von denen sie abhängig sind, werden die Schwulen selbstständig alt und arbeiten beständig an ihrem Selbst. Die Reproduktion sehr klischeehafter Geschlechterbilder zeigt sich zudem in der klaren Abgrenzung einer männlichen und weiblichen Tätigkeitssphäre: Die Frauen sind es gewohnt Kartoffeln zu schälen, die Männer gehen selbstverständlich alle einer (bezahlten) Erwerbsarbeit nach.

Dass nicht nur das Mann-Sein, sondern auch Männlichkeit thematisiert wird, kann aus einer geschlechtertheoretischen Perspektive damit erklärt werden, dass „die partriarchale Kultur eine sehr simple Erklärung für schwule Männer [hat]: es fehlt ihnen an Männlichkeit" (Connell 2015: 203). Ohne dass die Männer einen solchen Mangel konkret beschreiben, sind es doch zentrale Muster einer kulturell dominanten Männlichkeit, die für die Selbstbeschreibung einen wesentlichen Orientierungspunkt darstellen. Eine hegemoniale, und damit immer heterosexuell gedachte Männlichkeit ist im Kontext des Alter(n)s gegenwärtig; auch wenn sie hier primär über Verlust beschrieben wird.[87]

Ein eindeutiges Muster von Praxen der Männlichkeit oder *eine* Form schwuler Männlichkeit ist in den Interviewdaten weder erkenn- noch analysierbar. Das liegt zum einen daran, dass die Rekonstruktion spezifischer Männlichkeiten kein Untersuchungsgegenstand dieser Studie ist, die theoretisch und methodisch gar nicht dazu ausgerüstet wäre. Schon darüber lassen sich die Selbstbeschreibungen der Befragten nicht auf einen ‚Kern' an Männlichkeitsvorstellungen reduzieren. Zudem hat es erkenntnistheoretische Gründe, dass es eine ‚schwule Männlichkeit' im Sinne eines fixierten Sets konkreter Praxen genauso wenig geben kann wie eine ‚schwule Identität'. Aus der Perspektive einer hegemonialen Männlichkeit kann so etwas wie schwule Männlichkeit nur über das beschrieben werden, was sie nicht ist: nämlich männlich im Sinne von ‚normal männlich'. Schwule Männer werden diskursiv häufig feminisiert (z. B. über das Subjekt der Tunte) oder über die Zuschreibung einer übersteigerten Form von Männlichkeit lächerlich gemacht (der Lederkerl oder auch der Bär) (vgl. auch Kap. 2.1; 4.1). In dieser Perspektive können schwule Männer niemals eine ‚normale' Männlichkeit verkörpern; die hier beschriebenen Strategien der Selbsterzählung als Mann mit typischen Altersproblemen (etwa der Pensionsschock oder das Abnehmen sexueller Attraktivität) können vorsichtig als ein Versuch gelesen werden, sich selbst als ‚richtigen' Mann zu re-normalisieren und sich in die *Gemeinschaft* alternder Männer einzureihen. Dass ihnen eine ‚richtige' Männlichkeit mitunter abgesprochen wird, bedeutet nicht, dass sie selbst so etwas wie eine ‚schwule' Männlichkeit praktizieren.

---

87 Wie Leontowitsch (2017) richtig darstellt, muss das Älterwerden nicht mit einem Verlust an Männlichkeit gleichgesetzt werden, vielmehr können sich Männlichkeiten auch verändern. In den vorliegenden Interviews wird dennoch primär eine Geschichte des Verlusts erzählt.

In der potenziell immer gegenwärtigen Herabsetzung sehen sich die Befragten zugleich als Angehörige der Genusgruppe Mann; daher scheint es logisch, dass sie sich häufig mit anderen Männern vergleichen. Interessanterweise de-sexualisiert das Alter(n) die getroffene Unterscheidung anhand des Begehrens: Dass sie sich durch das Alter(n) weniger auf typischen Arenen der kulturell-dominanten Männlichkeit aufhalten, scheint für homo- wie heterosexuelle Männer gleichermaßen zu gelten. In diesem Verlust einer dominanten Stellung gegenüber Frauen liegt die Erklärung, warum sich im Interviewmaterial Abgrenzungen zu und deutliche Abwertungen von Frauen finden: So ist für die eigene Selbstbeschreibung – je nach Kontext – sowohl die Abgrenzung zu (älteren) heterosexuellen Männern wie auch zu (älteren) Frauen wesentlich.

5.3 „Ganz ganz schlicht das Niveau": Abgrenzungen zu anderen älteren Schwulen

Wenn die Befragten sich als *Männer* beschreiben, subjektivieren sie sich selbst als *schwule* Männer nicht nur im Vergleich zu heterosexuellen Männern. Auch in der Abgrenzung zu *anderen* älteren schwulen Männern wird Begehren auf verschiedene Weise als Identifikationsfolie genutzt.

Die Bezugnahmen bilden sich in den Selbstbeschreibungen über drei Elemente ab: materielle und soziokulturelle Unterschiede, das Eingelassen-Sein in verschiedene soziale Netze und Beziehungsstatus sowie der Modus der Selbst-Ehrlichkeit. Während damit eine Verschiedenheit zu anderen älteren schwulen Männern artikuliert wird, bleibt doch eine gemeinsame Positionierung als älter und schwul im Hintergrund immer präsent.

Privilegien, Geld und Bildung

Ein wesentlicher Aspekt der Selbstbeschreibung im Vergleich zu anderen älteren schwulen Männern ist die Zuordnung in verschiedene Schichten oder Milieus. Wie in Kapitel 3.3 beschrieben, zeigt sich im Sample ein starker Mittelschichtsbias, der sich u. a. über ein relativ hohes Durchschnittseinkommen abzeichnet. Auch die generell hohe formale Bildung sowie die (zuletzt) ausgeübten Berufe verweisen darauf, dass die befragten Männer eher der Mittelschicht zuzuordnen sind. Zudem ist es auch eine Form der Selbstbeschreibung, die diese sozialstrukturelle Zuordnung zulässt.

Über die Erzählung über andere positioniert sich etwa Günter Amann als gut abgesichert:

> „Und ich seh bei vielen ähm ähm in meinem Umfeld, denen geht=s ähnlich gut. //mhm// Ähm aber ich seh natürlich auch ähm durch die Kontakte im [Schwulen Veranstaltungszentrum] äh viele prekäre Situationen auch ne? // mhm// Die dann ja Beratung suchen und äh wo=s dann einfach wirklich schwierig is. (.) Also des seh ich schon auch, aber insofern denk ich bin ich natürlich irgendwie privilegiert." (IV 5/Abs. 59)

Während er sich und sein Umfeld als „*privilegiert*" (In-Vivo) sieht, scheinen an Orten schwuler Vergemeinschaftung auch Personen auf, die in „prekären Situation leben" und für die es „dann einfach wirklich schwierig ist". Die eigene Privilegierung begründet sich hier über die finanzielle Ausstattung. Die Männer, über die Günter Amann berichtet, scheinen sich zumindest partiell an Orten schwuler Vergemeinschaftung aufzuhalten (z. B. um Beratung zu suchen). Karl Bubeck berichtet über dezidiert ältere schwule Männer, die auch an Szene-Gemeinschaften aus mehreren Gründen nicht mehr teilhaben:

> „Also ich glaub das is ja das allerschwierigste, dass man ähm so durch entweder weil man kein Geld hat oder nich mehr so beweglich is, so beschämt is dass man sich zurückzieht und das sehe ich auch schon bei einigen Bekannten also bei Freunden nich, aber einigen Bekannten. (.) Wo ich denke boah, die kommen gar nich mehr vor die Tür und des hat nix mit=m Willen zu tun sondern weil se halt denken, oh ich hab kein Geld oder bin so, bin so verfallen das möcht ich keinem also sozusagen zeigen." (IV 8/Abs. 37)

Die Zuschreibung des „beschämt" Seins erfolgt (anders als in Kap. 4.1 in Bezug auf eine gesamtgesellschaftliche Verworfenheit schwulen Begehrens) über finanzielle Deprivation und ein fortschreitendes körperliches Altern. Das körperliche Altern bildet sich über *Unbeweglichkeit* ab, also eine *eingeschränkte Mobilität* sowie über ein „Verfallen Sein". Letzteres bildet zusammen mit den *geringen ökonomischen Mitteln* den Grund ab, warum einige „Bekannte" von Karl Bubeck nicht mehr an Szene-Gemeinschaften teilhaben. Die Szene wird darin als ein Ort konstruiert, in dem nicht nur jugendliches Aussehen (vgl. Kap. 4.2), sondern auch ein bestimmtes sozioökonomisches Niveau zum (Selbst-)Ausschluss älterer Menschen führt. Zugleich positioniert sich Karl Bubeck als nicht zu dieser Gruppe gehörig, denn er spricht hier eindeutig über *andere* ältere schwule Männer. Die Beziehung zu den erwähnten anderen schwulen Männern ist bei Günter Amann wie auch bei Karl Bubeck eher über eine *empathische* als eine *abwertende* Perspektive gekennzeichnet. An anderer Stelle findet eine Abgrenzung von anderen (älteren) schwulen Männern statt, die nicht über finanzielle Prekarität, sondern über Statuszuweisungen funktioniert:

5.3 Abgrenzungen zu anderen älteren Schwulen

> „Es gibt auch Leute die wollen nur auf=m Land leben und freuen sich an den Blumen die sie züchten. Des is ja auch völlig wunderbar und schön (.) aber wenn man halt Lust hat auf Museum oder mal ins Theater zu gehen dann äh, soll=s also nich irgendwie einmal im Jahr sein mi=m Bus. (.) Sondern einfach, dass man da auch häufiger mal hin kann. //mhm// Das find ich auch wichtig, also das Kulturgeschehen um einen herum." (IV 5/Abs. 65)

Im Sprechen über die Anderen ist hier im Vergleich zur letzten Aussage der Wunsch nach *Distinktion* sichtbarer. Andere schwule Männer, auf die Günter Amann in der Szene trifft, werden nicht über ihren ökonomischen Status, sondern anhand ihres *Lebensstils* eingeordnet. Das sind – soziologisch gesprochen – bestimmte „Verhaltens- und Meinungsroutinen", über die sich Menschen gruppieren lassen, weil sie „ähnliche Sinnvorstellungen haben und sich bei der Gestaltung ihres Lebens an Vorbilder anlehnen" (Hradil 2001: 46). Diese unterschiedliche Lebensgestaltung und Sinngebung zeigt sich bei Günter Amann bei der Unterscheidung von ‚Städtern' zu ‚Landleuten', die sich an ihren Blumen freuen. Diese „Leute" scheinen sich zudem nicht daran zu stören, dass sie nicht auf so viel „Kulturgeschehen" um sie herum zugreifen können. Die Beschreibung dieser Leute vermittelt das Bild eines genügsamen, traditionellen, vielleicht *kleinbürgerlichen* Lebens auf dem Land; eine Abgrenzungsfolie, über die sich Günter Amann als urban und *kulturinteressiert* positionieren kann.

Zwar ist der Wunsch nach Abgrenzung erkennbarer; es zeigt sich aber noch keine starke Abwertung. Eine solche *deutliche Herabsetzung* anderer älterer schwuler Männer findet sich in der folgenden Passage. Michael Haupt beschreibt hier seine Erfahrungen in einer sich regelmäßig treffenden Gruppe für ältere schwule Männer:

> „Und so bin ich dann eben auch zu diesem [Gruppentreff für ältere schwule Männer] gekommen. //mhm// (…) Also ich äh geh da manchmal n bisschen mit zusammen gebissenen Zähnen hin weil es nicht so, m: (1) s hört sich jetzt nicht gut an. °S möcht ich eigentlich nich so sagen.° Ja also wie soll ich sagen? Ganz ganz schlicht. Das Niveau is manchmal n bisschen sehr- das wird geprägt- es kommen ja die Leute ganz unterschiedlicher äh (.) Herkunft, Bestimmung mh Dings und so weiter zusammen. //mhm// Und ähm äh leider is=ses so, Sie müssen dann eben, man muss eben den Level weit nach unten. Sonst äh erreichen Sie die Leute nich. //mhm// Ganz einfach." (IV 3/Abs. 19)

Michael Haupt scheint es sichtlich schwer zu fallen, sich über die anderen Teilnehmer zu äußern; er ringt zunächst mit sich, seine ‚ehrliche' Meinung zu sagen. Dies ist nicht nur am leisen Sprechen erkennbar („°s möcht ich eigentlich nich so sagen°"), sondern auch an den ungenauen Begriffen. Da Leute „ganz unterschiedlicher Herkunft, Bestimmung mh Dings" zusammenkommen, begründet er, dass „man" „den Level weit nach unten" [ziehen] muss, um alle zu erreichen.

In der Aussage wird klar, dass Michael Haupt die Gruppe als heterogen wahrnimmt: Aufgrund unterschiedlicher „Herkünfte" ist es wichtig, ein gemeinsames Kommunikationslevel zu finden, über das alle partizipieren können. Unter einem intersektionalen Blickwinkel verweist diese Narration zunächst auf die Vielgestaltigkeit älterer schwuler Männer, die sich in dieser Gruppe treffen. Anhand welcher Dimensionen er nun die Unterschiede in der Gruppe thematisiert, wird nicht eindeutig benannt. Zumindest scheint er die anderen für so „schlicht" zu halten, dass – wie im weiteren Verlauf offensichtlich wird – gemeinsame „Gesprächsthemen" (IV 3/Abs. 21) schwer zu finden sind. Michael Haupt bleibt so ungenau, damit ihm keine Ressentiments vorgeworfen werden können. Zugleich wird deutlich, dass er sich sowohl abgrenzt wie auch im Hinblick auf sein *intellektuelles Niveau* merklich über den anderen einordnet. Auch im Rahmen von Vergemeinschaftungsformen älterer schwuler Männer ist es also wichtig, sowohl die Heterogenität der Gruppe als auch die Bestrebungen einzelner, sich als individuelle, autonome Einzelperson zu sehen, wahr zu nehmen und, noch viel mehr, dass in diesen Gruppierungen wiederum nicht nur Unterschiede, sondern auch Hierarchien eingezogen und Momente der Abwertung erkennbar werden.

In diesem Kontext erscheint ein Sprechen von *dem* schwulen Alter(n) oder *dem* schwulen Alten auch empirisch wenig begründbar; nicht nur sind es mögliche sozialstrukturelle Unterschiede, die die *Heterogenität* eines ‚schwulen Alter(n)s' ausmachen, sondern die *Differenzierungen*, die die Befragten auch untereinander ausmachen. Dabei findet eine Selbstpositionierung weniger explizit, sondern implizit über die Abgrenzung zu anderen statt. Eine sozioökonomische Unterscheidung zu anderen älteren schwulen Männern findet sich entlang der materiellen Ausstattung ebenso wie entlang einer Stadt-/Land-Unterscheidung. Weiter ist eine soziokulturelle Nivellierung für die Selbstpositionierung offenbar wichtig: Als kulturell interessierte und höher gebildete grenzen sie sich damit ‚nach unten' ab, während sich Vergleiche ‚nach oben' im Interviewmaterial nicht zeigen.

Um den Mittelschichtsbias im Sinne des theoretischen samplings aufzulösen, habe ich in der zweiten Erhebungswelle und nach acht Interviews u. a. die bereits befragten Personen nochmals kontaktiert, um über das Schneeballprinzip weitere Interviews zu generieren. In der erneuten Kontaktaufnahme habe ich geschrieben, dass ich insbesondere „Männer suche, die besonders viel oder besonders wenig Geld zur Verfügung haben" (E-Mail vom 01.04.2015). Dieser Zugang blieb in dem Sinne erfolglos, dass die zwei Männer, die sich daraufhin zur Verfügung stellten, ebenfalls der Mittelschicht zuzuordnen sind und eine höhere formale Bildung

5.3 Abgrenzungen zu anderen älteren Schwulen

aufweisen (Dieter Ellwanger und Erich Kranebeck, vgl. genauer Kap. 3.3). Eine Erklärung für diese Selbstselektion findet sich in der Antwortmail von Michael Haupt (IV 3), die sehr anschaulich mögliche Gründe schildert:

> „Tatsache ist, dass es wahrscheinlich viele schwule alte Männer gibt, die rechnen müssen. Das mag auch einer der Gründe sein, daß Sie kaum alte Schwule in Altenheimen finden. Die sind einfach zu teuer und auch Schwule haben ein soziales Gewissen und wollen dem Staat nicht zur Last fallen. Das ist ein schwieriges Terrain. Denken Sie an die Frauen, die mit erheblich weniger Rente auskommen müssen als die Männer. Die alten Schwulen dürften da so mittenn drin liegen, denn viele von ihne haben gebrochene Erwerbsbiografien, aus welchen Gründen auch immer. Ausserdem gehören sie noch zu einer Generation, die sich nicht outet. (…) Natürlich gibt es auch eine ganze Anzahl vermögender Schwuler, doch an die heranzukommen, dürfte noch schwieriger sein." (Michael Haupt, E-Mail vom 02.04.2015).

Michael Haupt beschreibt, dass es sehr wohl „schwule alte Männer gibt, die rechnen müssen". Allerdings bleiben sie unsichtbar, etwa weil sie sich „nicht outen" oder „dem Staat nicht zur Last fallen" wollen. Dass Michael Haupt überhaupt betonen muss, dass es Männer mit einem geringeren finanziellen Niveau gibt, kann daran liegen, dass Schwule im Sinne eines „double income, no kids" häufig als bessergestellt gesehen werden (vgl. auch Kap. 3.3). Michael Haupt widerspricht diesem Eindruck und parallelisiert die Biographien schwuler Männer mit denen von Frauen, da beide von „gebrochenen Erwerbsbiographien" gezeichnet sein können, wenn auch aus unterschiedlichen Gründen. Die im Vorangegangenen beschriebene Einschätzung, dass ältere schwule Männer von der „patriarchalen Dividende" (Connell 2015: 133) insofern profitieren, als sie durch den biographischen Schwerpunkt auf Erwerbsarbeit auch ökonomisch als Männer privilegiert sind, gilt somit nur unter bestimmten Voraussetzungen: Von der grundsätzlichen Hierarchisierung von Männern über Frauen zu profitieren beinhaltet, Mann zu sein *und* einer gewissen Schicht anzugehören. Homosexualität kann zu einer sozioökonomischen Deprivation führen: Als schwuler Mann ‚offen' zu leben kann das Risiko mitführen, sozial abzusteigen, etwa weil bestimmte Ausbildungs- oder Arbeitsplätze, mitunter ganze Branchen als sehr diskriminierend erlebt werden. In den Interviews finden sich keine Erzählungen dazu, dass die Befragten aufgrund eines ‚Outings' ihre Arbeitsplätze verlassen mussten oder in ihrer Berufskarriere stark beschnitten wurden. Zwar berichtet etwa Dieter Ellwanger von „Mobbing" (IV 9/Abs. 66), nachdem er sich als schwul ‚outet'; Günter Amann erzählt, dass er sich bewusst für einen ‚kreativen'

Berufszweig entschieden hat, weil dort schwule Mitarbeiter üblicher wären, aber von einer direkten finanziellen Schlechterstellung berichtet niemand.

In Michael Haupts E-Mail und im Schreiben über andere ältere schwule Männer wird erkennbar, dass er sich weder zu denen zählt, „die rechnen müssen", noch zu den „vermögenden Schwulen". In der Selbstbeschreibung von Günter Amann als *privilegiert* wird eine gewisse Bewusstheit oder auch Demut um die eigene soziale Position vermittelt. Beide verweisen auf eine Selbstpositionierung *in der Mitte*. Dies bedeutet das Eingelassensein in ein rechtmäßiges, verhältnismäßiges, *angemessenes* finanzielles und soziokulturelles Niveau, in dem *weder ein Zuviel noch ein Zuwenig* ein Problem darstellt.

Partnerschaft, Gemeinschaft und Einsamkeit

Neben der Einordnung über strukturelle Dimensionen wie Milieu oder Bildung wird der Beziehungsstatus der Befragten als wesentliches Unterscheidungsmerkmal zu anderen älteren schwulen Männern deutlich. Die Hälfte der zehn Befragten beschreibt sich als in Partnerschaft lebend, die andere Hälfte ist ohne Partner. Während sich einige der Partnerlosen als glückliche Singles bezeichnen, wünschen sich andere eine Partnerschaft. Paradigmatisch für diese beiden Positionen stehen Uwe Meuser (IV 4) und Peter Martens (IV 6).

> „Also als ich ihn [seinen Ex-Partner; Anm. L.S.] kennenlernte, so mit Mitte 40 Anfang Mitte 40 war für mich eigentlich der größte Traum: ich will in=ner Zweisamkeit leben. //mhm// (1) Heute äh leb ich allein und bin glücklich und zufrieden damit. //mhm// (2) Ähm vielleicht auch=n Stück Prozess des Alterns, //mhm// der Erfahrung ne? Äh (1) ich kann jetzt selbst bestimmen mit wem ich wann Kontakt habe ja? Mit w- wie ich meine Freizeit gestalte." (IV 4/Abs. 42)

> „Da fühl ich jetzt also des des Alleinsein wirklich mehr und immer mehr als äh Belastung, Schmerz a bissl. //mhm// Jetzt hab i mein Hund nimmer, der hat mi also auch 14 Jahr lang getröstet immer. //mhm// Und dann hat ich zwei Freunde, mit denen konnt ich sehr viel und sehr gut telefonieren. (…) Hab i au nimmer. //mhm// Der is gestorben. (.) Und der andre, mit dem hab ich viel telefoniert und ne? Ma war sehr ähnlich und hat sich halt ausgetauscht. Und der isch vor drei Jahren gestorben. //mhm// Und seitdem ich ichs- mein Hund und die zwei nimmer //mhm// hab=i eigentlich niemand mehr mit dem i vernünftig reden könnte, //mhm// über die Sache." (IV 6/Abs. 31)

5.3 Abgrenzungen zu anderen älteren Schwulen

In der Gegenüberstellung der zwei Aussagen kann man sehen, wie unterschiedlich Partnerlosigkeit im Kontext des Alter(n)s gefasst werden kann. Uwe Meuser versteht das Älterwerden als Prozess der Akkumulation von Erfahrung über die eigenen Wünsche und Bedarfe. In diesem Sinne bringt das Altern die Erkenntnis mit sich, dass Selbstbestimmtheit für ihn sehr wesentlich ist, die in einer Partnerschaft möglicherweise wieder eingeschränkt werden könnte. Bei Peter Martens dagegen wird der Status der Partnerlosigkeit während des Alterns zu *Einsamkeit*, weil neben seinem Hund auch vertraute Freunde wegstarben. Die Einsamkeit drückt sich insbesondere darüber aus, dass ihm Kommunikationspartner fehlen, mit denen er „über die Sache" reden könnte. Der Status der Partnerlosigkeit wird von beiden als ‚geworden' und als wichtiger Parameter der aktuellen Lebenssituation als älterer Mensch erzählt. Sehr unterschiedlich ist allerdings die *Freiwilligkeit* dieser Situation; während Uwe Meuser seine *Autonomie* betont, ohne dass er auf ein soziales Netz verzichten muss, fehlt Peter Martens in der *Einsamkeit* der Anschluss an *Gemeinschaftlichkeit*. Dieses unterschiedliche Verständnis ist mitunter auf die Lebenswege der Befragten zurückzuführen: Während Uwe Meuser sich nach einer Ehe und einem Kind scheiden ließ und „selbstbewusst" (IV 4/Abs. 120) schwul lebt, ist Peter Martens der einzige Befragte im Sample, der in keinem Lebenskontext als schwuler Mann ‚offen' lebt.[88]

Der Status der Einsamkeit wird von nahezu allen Männern angesprochen, allerdings nicht – wie bei Peter Martens – in Bezug auf sich selbst, sondern im Sprechen über andere ältere schwule Männer. In bemerkenswerter Ähnlichkeit formulieren Michael Haupt (IV 3) und Hannes Schneider (IV 1) diese Einschätzung folgendermaßen:

„Und dann gib=s wieder welche die ha=m sich total zurückgezogen. Die leben völlig vereinsamt //mhm// und ähm ha=m praktisch überhaupt keinen Kontakt mehr. Die sitzen von früh bis Abend am Fernseher. Das merk ich deshalb, wenn ich da anrufe, dann denk ich immer, was is=n das für=n Krach im Hintergrund was is denn das?" (IV 3/Abs. 56)

„Dadurch entscheiden sich die äh die Lebenswege; man merkt jetzt äh dass äh ich kenn hier in W-Stadt einige, die sehr vereinsamt sind, die mit ihrem äh Leben nur schwierig zurechtkommen. //mhm// Äh merkt man auch dadurch, äh dass man manchmal so anderthalb zwei drei Stunden miteinander

---

88 Auf die biographische Verarbeitung dieser Selbsterzählung als ‚nicht-geoutet' gehe ich dezidierter in 6.2 ein.

telefonieren kann, äh da merkt man einfach nur äh da is die Sehnsucht nach Kommunikation //mhm// äh schon da." (IV 1/Abs. 134)

Beide sprechen über *Einsamkeit als übergeordnetes Merkmal* einer Gruppe von Männern in ihrem Bekanntenkreis. Nicht nur sind sie einsam, sondern sie kommen mit ihrem ganzen „Leben nur schwierig zurecht". Einsamkeit wird insbesondere über Passivität begründet: Michael Haupts (IV 3) Bekannte sitzen den ganzen Tag vor dem Fernseher. Diese Darstellung bedient die klassischen Altersbilder der Einsamkeit und Nutzlosigkeit insofern, als die Bekannten zu unproduktiven, allmählich verfallenden Subjekten werden, die nicht im Sinne der Aktivierungslogik (vgl. Kap. 5.1) dem Altern aktiv, agil und selbstbestimmt entgegentreten. Die Einsamkeit der Anderen wird als ein *Scheitern* am Prozess des Alterns erzählt, die Vereinsamung wirkt *selbstverschuldet*. Bei Hannes Schneider (IV 1) wird erkennbar, dass die Bekannten eine „Sehnsucht nach Kommunikation" zu haben scheinen, aber nicht in der Lage sind, diese in ihr Leben zu integrieren. In beiden Aussagen fungieren die einsamen Bekannten wiederum als Abgrenzungsfolie: Im Sprechen über die Anderen beschreiben sich Hannes Schneider und Michael Haupt implizit als nicht-einsam und in dieser Konsequenz ihr Alter(n) als (besser) gelingend.

In dieser Erzählung über andere wird Begehren als Begründungsfolie auf zweierlei Arten emergent: Zum einen wird überhaupt Einsamkeit im Alter als für schwule Männer besonders bedeutendes Thema aufgemacht. Zum anderen unterscheidet Hannes Schneider im zweiten Zitat die Gruppe nach unterschiedlichen „Lebenswegen": Im Vorgang zum hier gezeigten Interviewausschnitt unterscheidet er zwischen den „Partygängern" (IV 1/Abs. 134), die sich lebenslang viel in der Szene aufhielten und der Gruppe, die aufgrund von Kindern und einer stabilen Partnerschaft eher ein gesetzteres Leben führen. Zu dieser letzten Gruppe zählt er sich selbst. Einsamkeit als wesentliche Begleiterscheinung des Alter(n)s liegt laut Hannes Schneider an einem *Mangel an Aktivität* und *selbstbestimmtem Engagement* im Alter, und darin, dass man es verpasst hätte, sich für das Alter ein ‚angemessenes' soziales, enges Netz zu schaffen. Einsam Sein deckt sich dabei nicht mit partnerlos Sein: Auch Michael Haupt lebt nicht in Partnerschaft, also *alleine*, dennoch ist er nicht *einsam*, weil er die Herausforderungen des Alter(n)s im Gegensatz zu den fernsehenden Bekannten *aktiv* angeht.

In der Forschungsliteratur über das Altern schwuler Männer wird häufig Einsamkeit als generelles Problem thematisiert (vgl. Heaphy 2007). Ältere schwule Männer würden in der Vorstellung vieler, vor allem jüngerer Homosexueller „synonymous with being alone" gedacht (Hostetler 2004: 143; vgl. Kap. 2.5). Während in der Forschungsliteratur häufig heteronormierte soziale Ausgrenzungsmechanismen dafür verantwortlich gemacht werden, dass ältere schwule Männer „lonely, depressed, and without social support" (ebd.: 146) sind, machen die von mir Befragten die Einsamen selbst verantwortlich. Sich selbst als selbstbewussten schwulen Mann und als aktiven Alternden zu beschreiben, der an Partnerschaften und Gemeinschaften teilhat, stellt damit eine Möglichkeit der Abgrenzung zu anderen älteren schwulen Männern dar. In dieser Differenzierung werden nicht ausgrenzende Strukturen einer ‚Mehrheitsgesellschaft' für deprivierte Lebenslagen älterer schwuler Männer verantwortlich gemacht, sondern eine *individualisierte Selbstverantwortung* wird zur Voraussetzung für ein ‚zufriedenes' Altern; eine Deutung, die sich im Weiteren wiederholt.

Ehrlich alt zwischen anderen schwulen Männern

Die Selbstbeschreibungen erfolgen über Abgrenzungen zu anderen älteren schwulen Männern auch über den Modus der *Ehrlichkeit*. Damit implizieren die Befragten, dass sie selbst – im Gegensatz zu anderen – in einer bestimmten Weise ‚gut' oder ‚erfolgreich' altern, weil sie sich selbst gegenüber ehrlich sind. So fordert Rainer Bach mit der generellen Aufforderung „ich mein, es is jetzt sowieso in dem Alter so äh, so, man sollte in den Spiegel gucken und sich klar machen, dass man dann jetzt mal alt is" (IV 7/Abs. 18; vgl. Kap. 5.1) eine Ehrlichkeit gegenüber dem eigenen Alter(n)s ein, die, wie ich im Weiteren darstelle, auch mit dem eigenen Begehren verbunden wird.

Michael Haupt beschreibt das Alter(n) aufgrund einer prinzipiellen Unehrlichkeit als Problem für schwule Männer:

> „Also m:: alt und schwul is=n großes Problem. (.) Schwule untereinander m:: sind überhaupt nicht geneigt sich mit alt irgendwie in irgendeiner Form auseinanderzusetzen oder so zu definieren. //mhm// Ähm (1) die sind sehr und sind ähm in der Beziehung sehr egoistisch also ‚die andern sind alt aber ich nich'. //mhm// (.) Und äh m: und es wird auch viel im in diesem Kreis wird auch viel so hinter der vorgehaltenen Hand gelästert: ‚hast de mal den gesehen haste mal das gesehen?' Und so (.) und ähm m: (1) is schwer, is=n schwieriges Thema." (IV 3/Abs. 56)

Das Alter wird für „Schwule untereinander" dann problematisch, wenn sie sich nicht damit auseinandersetzen wollen, mithin also nicht ehrlich, sondern „egoistisch" sind. Die Unehrlichkeit bezieht sich sowohl auf den *Umgang mit sich selbst als auch mit anderen* – in dem nämlich andere als „alt" bezeichnet werden, um sich selbst als jünger darzustellen. Während Michael Haupt den Zusammenhang von „alt und schwul" als generelles Problem für „Schwule untereinander" ausmacht, nimmt er sich selbst aus dieser Darstellung heraus: er selbst scheint sehr wohl in der Lage, sich „mit alt in irgendeiner Form auseinanderzusetzen" und sich auch *ehrlich* selbst so definieren zu können.

Die Ehrlichkeit des eigenen Alter(n)s bezieht sich demnach bei Michael Haupt auf das eigene *Alter*, während Günter Amann eine Ehrlichkeit gegenüber dem eigenen gegenwärtigen Ich auch aus einem ehrlichen Umgang mit der *Homosexualität* bezieht. Er berichtet über einen Bekannten, der, inzwischen pflegebedürftig, immer noch mit seiner Frau und Kindern zusammenlebt und gelegentlich Besuch von einem „Wanderfreund" (IV 5/Abs. 49) bekommt:

> „Hier äh Brokeback Mountain sowas um den Dreh und ähm es is mir einfach- s find ich zu mies eigentlich." (ebd.)

Der Verweis auf die Kurzgeschichte bzw. den Film „*Brokeback Mountain*" (In-Vivo) verdeutlicht nicht nur die Intensität der Beziehung zwischen dem Bekannten und seinem „Wanderfreund", sondern auch die Tragik. Anscheinend ist es dem Bekannten nicht möglich, Frau (und Kind_ern) von dieser Beziehung zu erzählen. Die Bewertung von Günter Amann ist dabei erkennbar von Unverständnis statt Empathie gekennzeichnet: Ihm ist das „zu mies"; für ihn selbst wäre ihm das „zu mies". Dass der Bekannte so lebt, scheint für Günter Amann nicht nachvollziehbar. Der Mann ist gewissermaßen selbst daran schuld, im Alter in dieser Situation leben zu müssen, da er sich selbst und anderen gegenüber bezüglich seiner Homosexualität nicht ‚ehrlich' ist.[89] Während Michael Haupt und Günter Amann Unehrlichkeit gegenüber dem Alter(n) *oder* in Bezug auf die eigene Homosexualität kritisieren, beschreibt Karl Bubeck ein richtiges Altern über eine ehrliche Umgangsweise gegenüber beiden Dimensionen. Er berichtet über zwei Gruppen älterer schwuler Männer in seinem Umfeld, die sehr unterschiedlich mit dem Altern umgehen:

> „Also es gibt äh einmal die, die, da hab ich so=ne Gruppe von Freunden die ewig jung bleiben wollen also die wirklich noch narzisstisch und wie Jugendliche sind, die auch ständig auf Achse sind und sich unbedingt jugendlich kleiden müssen, die des Alter gar nich auch körperlich an sich ranlassen wollen. (.) Die sind wirklich äh die sind auch immer noch auf der Jagd und müssen immer noch ihre Erfolgserlebnisse in der Sauna haben und so. //mhm// Also wirklich so da was ich auch unter=m jugendlichen Lebensstil, also wo man

---

[89] Die Selbstbeschreibungen der Befragten sind ganz wesentlich davon geprägt, ob sie sich als ‚geoutet' oder ‚nicht-geoutet' erzählen. In Kapitel 6.3 werden daher die biographische Verarbeitung der (Nicht-)‚Outings' sowie die damit verbundenen Subjektivierungsräume detaillierter aufgearbeitet.

5.3 Abgrenzungen zu anderen älteren Schwulen

noch nich da seinen Weg oder seinen Ort im Leben gefunden hat. (.) Und äh das is die eine Gruppe, die sind wirklich äh (.) ja lassen sich auch operieren und die Fältchen wegmachen und sowas schon relativ früh manche. (.) Um sozusagen immer auszusehen wie 40. Und äh dann gibt=s wieder andere die sich wirklich ähm zum Beispiel ein Freundespaar die ha=m sich so=n Garten jetzt so=n Schrebergarten, also richtig so typische Kleinbürgerliche Idylle hätt ich früher gesagt. Aber die sozusagen so=n Ort haben, da fahren wir dann ab und zu sonntags hin zum Kaffeetrinken." (IV 8/Abs. 48)

Karl Bubeck macht zwei Extreme aus, sich als schwuler (älterer) Mann darzustellen: Zum einen gibt es die Gruppe der Freunde, die „ewig jung bleiben wollen", sich kosmetischen Operationen unterziehen und „auf der Jagd sind". Diese Freunde werden als „narzisstisch" bezeichnet, ganz ähnlich wie von Michael Haupt zuvor als „egoistisch". Sich nicht mit dem Altern auseinandersetzen zu wollen, es nicht akzeptieren zu können, beinhaltet also eine übersteigerte Form der *Selbstbezogenheit*. Zum anderen zeichnet sich diese Gruppe dadurch aus, dass sie ihren „Weg" oder „Ort im Leben [noch nicht] gefunden hat". Geradezu irrlichternd scheinen diese Männer auf der Suche nach Sex durch die Saunen zu taumeln, anstatt sich mit sich selbst auseinanderzusetzen.

Das Alter hingegen sollte laut Karl Bubeck als Phase gesehen werden, in der das eigene Selbst, die eigene Existenz mit einer gewissen *Genügsamkeit* betrachtet wird bzw. betrachtet werden sollte. Diese Genügsamkeit bezieht sich sowohl auf die sexuelle Aktivität wie auch auf das Selbstverhältnis als Ganzes. Ein normativer Zuschnitt des Alters wird hier im Sinne von *Akzeptanz* und einer *realistischen Selbstsicht* deutlich, und diese wird von Karl Bubeck (und zuvor von Michael Haupt) gerade für (alternde) schwule Männer zum Maßstab gemacht. Die zweite von Karl Bubeck angesprochene Gruppe ist die der „Kleinbürgerlichen": Freunde, die vor allem über ihre Freizeitgestaltung und – wie an anderer Stelle deutlich wird – über ihr „traditionelles" Beziehungsmodell heterosexuelle, konservative Altersbilder verkörpern – eine Folie, von der sich Karl Bubeck deutlich distanziert. Während diese Freunde das Altern akzeptiert zu haben scheinen, entsprechen auch sie nicht den Vorstellungen Karl Bubecks, wie Schwule zu sein haben.[90] Karl Bubeck positioniert sich zwischen diesen beiden für ihn extremen Gruppen: Hier die Männer,

---

90 In Kapitel 6.2 gehe ich darauf ein, dass Karl Bubeck sich deutlich und über den Lebenslauf hinweg als *politischen* Schwulen erzählt. Diese Politisierung bezieht er darauf, dass es für ihn, wie für alle Schwulen nicht möglich ist, in eine „heterosexuelle Normwelt" (IV 8/Abs. 55) überzugehen. Schwule Männer würden demnach ihrer selbst nicht gerecht, wenn sie konventionelle (im Sinne von heteronormierten) Beziehungs-, Familien- und Arbeitsstrukturen einfach reproduzieren würden.

die das Altern nicht akzeptieren und in der Szene nach sexuellen Erfolgen suchen, dort die Freunde, die sich quasi ‚heterosexualisieren' und damit Karl Bubecks (auch politischem) Anspruch nicht gerecht werden. Die Selbstpositionierung erfolgt nicht explizit, sondern nur implizit über die Abgrenzung zu *anderen* älteren schwulen Männern aus seinem Umfeld. Entlang der Abwertung der relativ klischeehaft aufgeworfenen Bilder über sex-orientierte, körperverliebte Schwule auf der einen und in Schrebergärten kaffeetrinkende ältere Menschen auf der anderen Seite entwirft sich Karl Bubeck in einem Raum *dazwischen* als *angemessen alternden* schwulen Mann, ohne sich selbst konkret zu thematisieren. Die *Angemessenheit* bezieht sich darin sowohl auf sein Selbstverständnis als älterer wie auch als schwuler Mann.

In der Selbstbeschreibung als ‚ehrlich' durch die Abgrenzung zu anderen älteren schwulen Männern werden verschiedene normative Aspekte des Alterns wie des Begehrens deutlich. Altersphasennormativität (vgl. Kap. 2.3) wird insbesondere über eine *Ehrlichkeit* gegenüber sich selbst sowie über *Bescheidenheit* deutlich. Bei Karl Bubeck zeichnet sich diese Altersphasennormativität darüber ab, dass zu akzeptieren sei, dass bestimmte Dinge der Vergangenheit angehören. Das Alter macht es nötig, sich mit sich selbst auseinanderzusetzen, einen für einen individuell richtigen „Ort" und „Weg" im Leben zu suchen und zu finden, der dem Selbst einen Halt gibt (vgl. auch Kap. 5.1).

Das Altern zeichnet sich für Karl Bubeck, wie auch für Günter Amann und Michael Haupt unmittelbar mit einer deutlichen Aufforderung zur Auseinandersetzung mit sich selbst; *zur Arbeit am Selbst*, aus. Arbeit am Selbst ist das, was die Selbstbeschreibungen der drei hier zitierten besonders prägt und in ihren Augen die Selbstverhältnisse anderer schwuler älterer Männer prägen sollte. Wie bereits an anderer Stelle (vgl. Kap. 4.3; 5.1; 5.2) ist auffällig, dass *Selbst-Thematisierung* als wesentlicher normativer Bezugspunkt der Selbstbeschreibungen dient.

Angemessenheit als Modus der Abgrenzung

Im Zusammenhang von Anerkennung – Gemeinschaft – Autonomie wird die Bedeutung von *Anerkennung* durch Andere, durch die Befragten selbst, und von (vermeintlicher) *Autonomie* im Modus der angemessenen, ehrlichen Selbst-Thematisierung und -konzeptualisierung sichtbar. Die Forderung nach einer Arbeit am Selbst findet dabei im Rahmen der (imaginierten) *Gemeinschaft* älterer schwuler Männer statt, indem man sich positiv zu anderen abgrenzen kann und für die damit Normen eines ‚guten' Alterns produziert werden. Anerkennung wird demnach *den* älteren schwulen Männern verweigert, die sich ihrem Altern nicht stellen wollen oder einen traditionellen und damit implizit heterosexuellen Lebensstil zeigen. Die *Angemessenheit* der eigenen Selbstkonzeption als schwuler Mann zeigt sich in einer *Ehrlichkeit* gegenüber sich selbst und in einem angemessenen Umgang mit den Herausforderungen des Alterns, in denen durch Aktivität in vielerlei Gestalt dem körperlichem Verfall und der Einsamkeit begegnet werden sollte. In diesem Rahmen werden *Selbstverantwortung* und *Selbstthematisierung* als Motive deutlich, die nicht nur den Umgang mit dem eigenen Alter(n) bestimmen, sondern auch ein Abgrenzungsmerkmal zu anderen älteren (schwulen) Männern darstellen. Die Möglichkeit, sich abseits heteronormierter Bilder des Alter(n)s zu entwerfen, wird von den Befragten als Autonomie über die Selbstbeschreibung gefasst. Zugleich ist dieser Auftrag zur Selbstthematisierung mit eng umrissenen Normierungen verknüpft, die eben in Selbstverantwortung, Angemessenheit und Ehrlichkeit ausbuchstabiert werden.

In dieser Form der Selbstbeschreibung als Abgrenzung zu anderen sind soziokulturelle und ökonomische Differenzierungen auch als Abgrenzungsparameter sichtbar, die eigenverantwortliche, individuelle Selbstkonzeption wird in der Beurteilung (anderer) schwuler Männer jedoch eindeutig stärker gewichtet als die strukturelle Position. Diese vieldimensionalen Abgrenzungen zeigen die *Heterogenität* und die *normative Aufgeladenheit* dessen, was als ‚schwules Alter(n)' bezeichnet werden kann. Die Wahrnehmung von Heterogenität bezieht sich weniger auf die strukturelle Deprivation und die diskursive Abwertung, die ältere schwule Männer erfahren können, als auf den unterschiedlichen Modus, sich selbst als älteren schwulen Mann *angemessen* zu entwerfen und entwerfen zu müssen.

5.4 „Der wird dann gepflegt wie ein Hetero": Begehren, Alter und Pflegebedürftigkeit

Ursprünglich war dieses Projekt so geplant, dass ein explorativer Ansatz die Trias Pflege, Alter(n) und Begehren in den Blick nehmen sollte. Im Laufe der Untersuchung wurde deutlich, dass Pflege im Gegensatz zum Alter(n) im Kontext von LGBT in der Public Health-Forschung relativ gut erforscht ist (vgl. Kap. 2.5). Zum anderen ist Pflege insofern keine weitere ‚Dimension' in den Selbstbeschreibungen, als sie weder in einem intersektionalen Paradigma noch in der Datenanalyse auf der gleichen Ebene verhandelt wird wie Alter(n) und Begehren. Vielmehr ist Pflege ein weiteres Feld, über das Subjektivierungen im Rahmen der Subjektordnungen Alter(n) und Homosexualität thematisiert werden. *Pflege* wird, wie zu zeigen ist, als *genuines Thema des Alters* verhandelt, insofern als das Stadium der Pflegebedürftigkeit als letzte Lebens- und Altersphase gesehen wird. Die Verweisung von Pflege auf das Ende des Alterns bzw. der Lebensphase Alter wie auch des Lebens selbst hängt damit zusammen, dass keiner der Befragten zum Zeitpunkt der Interviews tatsächlich pflegebedürftig war.[91] Das Sprechen über die Pflege ist damit immer ein Sprechen im Konjunktiv. Nichtsdestotrotz werden gerade im Sprechen über das, was sein könnte und wie man es gerne hätte, Deutungsmuster des Alterns wie auch des Begehrens besonders erkennbar.

Alltagssprachlich wird Pflege häufig mit Altenpflege gleichgesetzt, auch diese Deutung findet sich in den Interviews.[92] Das ist ein weiterer Grund dafür, dass während des Interviewverlaufs häufig an Narrationen über das eigene Alter(n) das Thema Pflegebedürftigkeit unmittelbar angehängt wurde (z. B. in IV 5/Abs. 14), ohne dass ich nach dem Begriff gefragt hätte (im Leitfaden waren Alter(n) und Pflege als zwei getrennte Frageblöcke angelegt; vgl. Kap. 3.3). Alter(n) ist damit immer auch ein Pflegethema; Pflege ist immer auch ein Altersthema. Beispielhaft dafür ist folgende Interviewstelle:

> „Pflege, das is natürlich für viele das, das hab ich jetzt auch im beruflichen Zusammenhang häufig als Thema weil wem=ma des Thema Alter anspricht ist ja die erste Reaktion, wo werd ich wohnen und was is, wenn ich in=s Heim muss." (IV 8/Abs. 80)

Die Thematisierung von Alter(n) triggert laut Karl Bubeck die Auseinandersetzung mit Pflege hauptsächlich in Bezug auf den Ort, an dem man gepflegt (werden) wird.

Zugleich wird das Thema Pflege inhärent mit Begehren verbunden. Dies liegt nicht nur an der Interviewsituation und den darin enthaltenen entsprechenden Anrufungen entlang der Subjektordnungen Alter(n) und Begehren. Die Befragten stellen Pflege vielmehr als ein Thema dar, über das biographisch relevante Erfahrungen wie *(Un-)Sichtbarkeit* und *Unabhängigkeit* als schwuler Mann wieder neu verhandelt werden müssen. Dies liegt daran, dass Pflege im Großteil der Interviews als institutionalisierte Pflege gedacht wird: Da neun der zehn Befragten davon ausgehen, dass sie im Fall der Fälle stationär, nicht ambulant oder von Angehörigen gepflegt werden, wird über Pflege in Pflege- bzw. Altenheimen gesprochen. Dieses Setting birgt ganz andere Voraussetzungen für die Verhandlung von Intimität, Sexualität und Abhängigkeit als eine Pflege zu Hause und/oder durch Angehörige.

---

91   Erich Kranebeck (90 Jahre alt, IV 10) lebt zwar in einer Altenwohneinrichtung, dort gibt es aber unterschiedliche Versorgungsstufen. Da er nur sein Zimmer reinigen und die Wäsche waschen lässt und keine (körper-)pflegerische Versorgung bezieht, bezeichnet er sich nicht als pflegebedürftig.

92   Dies übrigens vor dem Hintergrund, dass durch Aids/HIV insb. in den 1980er und 90er Jahren viele Menschen schon lange vor Erreichen eines höheren oder hohen Lebensalters pflegebedürftig wurden.

5.4 Begehren, Alter und Pflegebedürftigkeit

Im Folgenden wird das Thema Pflege über die Frage nach Formen des Zusammenlebens, der Anerkennung von Homosexualität sowie über die Spannung zwischen Autonomie und Abhängigkeit im Pflegefall erörtert. Allen drei Aspekten ist gemein, dass in ihnen immer wieder die Auseinandersetzung darüber aufscheint, inwiefern das schwule Subjekt als solches angerufen wird bzw. werden sollte und welche Möglichkeiten und Risiken der Subjektivierung als älterer schwuler Mann sich im Kontext von (möglicher) Pflegebedürftigkeit ergeben. Abhängigkeit ist damit in den Interviewdaten ein übergeordnetes Thema; es berührt in unmittelbarer Weise die drei Aspekte Anerkennung, Autonomie und Gemeinschaft.

Pflegeheime als Orte von Gemeinschaft

Diskurse um Pflege sind in Deutschland in besonderem Maße heteronormiert: Dies zeigt sich nicht nur in der politisch bevorzugten ambulanten Pflege, in der Angehörigenpflege als Pflege von (blutsverwandten) Familienangehörigen gedacht wird, sondern auch in der Ausrichtung von Pflegeheimen, in denen „kultur- und biografiesensible Hilfestrukturen" (Lottmann/Lautmann 2015: 346f) noch am Anfang stehen. Im Kontext einer verstärkten Thematisierung von „Queer und Pflege" (vgl. Gerlach 2004; Gerlach/Szillat 2017; Lottmann 2016; Nordt/Kugler 2006) wird betont, wie wichtig eine Öffnung der Pflegeheimträger für eine „bedarfsgerechte" Pflege von LGBT-Personen sei und das hier erhöhter „Handlungsbedarf" bestehe (Gerlach 2004: 41). Eine besondere Sensibilität im Pflegefall sei gegenüber dieser Personengruppe auch deshalb geboten, weil die Pflegesituation für die Betroffenen ein neues „Abhängigkeitsverhältnis" (ebd.: 42) darstellen kann. Diese Verhandlungen sprechen insbesondere den *Ort* der Pflege an, an dem Professionalisierung und Sensibilisierung stattfinden müssen.

In den Interviews wird Pflege als zukünftiges Risiko häufig ebenso über den Ort erzählt, an dem man gepflegt würde. Ob zu Haus oder in einer stationären Einrichtung ist zumeist die erste Unterscheidung, die die Befragten zum Thema Pflegebedürftigkeit treffen. Die meisten Befragten sprechen davon, in ein Pflegeheim zu gehen, „wenn dann nachher die Gebrechen so stark sind (...), dass Sie dann sich entscheiden müssen: Ja es geht nicht anders ich muss irgendwo anders hin" (IV 5/Abs. 19). Dies liegt daran, dass sie entweder ihren Angehörigen „nicht zur Last fallen" (IV 1/Abs. 117) wollen oder nicht auf soziale Netzwerke zugreifen können.[93] Der Vorteil stationärer Einrichtung ist laut den Befragten, dass man dort

---

93 Im Datenmaterial finden sich auch Wünsche, in einem Mehrgenerationenhaus, einer Altenwohngemeinschaft oder zu Hause gepflegt zu werden. Alle Befragten geben jedoch an, dass sie Pflege in einer konventionellen Pflegeeinrichtung aus finanziellen und organisatorischen Gründen für wahrscheinlicher halten. Dies ist vor dem Hintergrund

mit anderen *zusammenleben, also nicht alleine leben* müsste, „denn" wie Werner Stratmann sagt, „so ganz isoliert sein wollt ich nicht" (IV 2/Abs. 138). Ähnlich argumentiert Uwe Meuser:

> „Möglicherweise würde ich dann eher in ein ins Pflegeheim gehen. //mhm// Das is jetzt so meine Vorstellung. Weil äh (2) ich dann auch sehe, ähm dass eben wenn ich d- d- wenn ich pflegebedürftig bin und kaum noch aus=m Haus komme und ähm hier in dieser Umgebung lebe, die ja nun mal doch äh ähm JWD is janz weit draußen. (…) Dann:: kann ich mir eher vorstellen dass=es ne sehr einsame Phase wäre. //mhm// Wenn ich dann alleine in meiner Wohnung hocke und zwei Mal täglich kommt=n ambulanter Pflegedienst ja? //mhm// (…) °Da hab ich gar nix von.° //mhm// Da könnte ich glaub ich äh eher äh f: kann ich mir eher vorstellen ähm mich in ein Heim zu begeben (.) wo eben Sozialkontakte da sind //mhm// ja? Selbst wenn ich 50 Prozent der Leute nich leiden mag." (IV 4/Abs. 104)

Genau dieser Anschluss an die Gemeinschaft der anderen Pflegebedürftigen steht in einem Spannungsfeld mit den Wünschen nach *autonomer Lebensgestaltung*:

> „Sondern ich möchte mein Eigenleben führen können und trotzdem die Möglichkeit haben äh mit anderen zusammen was machen zu können." (IV 1/Abs. 127)

So äußern viele Befragte, dass sie sich ein Einzelzimmer wünschen würden und zugleich einen „Gemeinschaftsraum" (IV 1/Abs. 120), in dem sich alle Bewohner_innen treffen können. Ob in Pflegekontexten die Möglichkeit besteht, ein gewisses „Eigenleben" führen zu können, bleibt dahingestellt; so zeichnen sich Pflegeheime eher dadurch aus, dass individuelle Tagesgestaltungen den zeitlichen Abläufen auf Station unterworfen sind (zudem sind Einzelzimmer nicht die Regel). Diese Form äußerer Kontrolle kann auch ein Vorteil sein:

> „Wo=s sehr wohl eine Kontrolle gibt, wo man sehr wohl merkt äh jeden Tag einmal muss irgendein Kontakt da sein. Dass nich einer drei Monate lang tot im Bett liegen kann und das merkt keiner." (IV 1/Abs. 117)

überraschend, dass stationäre Pflegeplätze etwa im Gegensatz zu einer ambulanten Pflegebetreuung relativ teuer sind und die Kosten für einen Pflegeplatz vielfach die (Renten-)Einkommen und die Zahlungen aus der Pflegeversicherung übersteigen. In diesem Fall müssen Kinder oder andere in erster Linie Verwandte die Kosten übernehmen.

Das Pflegeheim verhindert somit laut Hannes Schneider nicht nur ein einsames Leben, sondern auch ein *einsames Sterben*. Herr Schneider ist verpartnert, hat Kinder und ein (laut ihm) belastbares soziales Netzwerk. Er wäre also aus dem Sample eher einer derjenigen, der nicht fürchten müsste, unbemerkt zu sterben. Dass er dieses Schreckensbild reproduziert, verweist auf die immanente Bedrohlichkeit des Bildes vom einsamen Alten.

Während Anschluss an Gemeinschaftlichkeit generell als Wunsch formuliert wird, wird immer wieder auch die *Zusammensetzung der Gemeinschaften* thematisiert. Die folgenden Aussagen schließen dabei meist an eine Erzählung darüber an, dass es inzwischen vermehrt Diskussionen zu Altenwohnprojekten und Pflegeeinrichtungen gibt, die sich speziell an LGBT-Personen richten. Dies scheint für die Befragten eine allgemeine Beobachtung innerhalb ihrer nicht-heterosexuellen Vergemeinschaftungsformen zu sein, an die sie nun anschließen, um eine eigene Position dazu beziehen:

> „Was ich allerdings **nicht** möchte, ist wie es einige von unsern Leutchen die äh jetzt so diskutieren, dass ich mal in ein Altenheim einziehen möchte in dem ausschließlich schwule Männer leben. //mhm// Das wäre mir zu einseitig." (IV 4/Abs.120)

Uwe Meuser sucht zwar Anerkennung als schwuler Mann, er möchte aber nicht in einer Einrichtung leben, in der das Begehren die übergeordnete Bedingung für das Zusammenleben wäre. Worauf sich die damit verbundene *„Einseitigkeit"* (In-Vivo) bezieht, bleibt hier unklar. An anderer Stelle bezeichnet er Einrichtungen für (nur) ältere schwule Männer als „Ghetto" (IV 4/Abs. 123); ein abgegrenzter Raum, an dem Menschen aufgrund eines zugeschriebenen Merkmals gruppiert und segregiert werden. Der Widerstand gegen eine Wohnform, die sich ausschließlich an schwule Männer richtet, kann als historische Referenz daran gelesen werden, nie wieder im Rahmen staatlicher Institutionen aufgrund eines bestimmten Merkmals mit anderen Merkmalsträgern räumlich geordnet zu werden, insbesondere nicht in einer Pflegeeinrichtung, in der Autonomie und Unabhängigkeit durch institutionelle Zwänge und Fremdbestimmung ersetzt worden sein könnten. Der von Uwe Meuser genutzte Begriff des *„Ghettos"* (In-Vivo) unterstreicht diese Interpretation.[94]

---

94 Auf die anzunehmende Parallele zum Begriff des jüdischen Ghettos kann hier nicht angemessen eingegangen werden, da Uwe Meuser den Begriff im Weiteren nicht expliziert oder wiederholt darauf eingeht.

Etwas klarer formuliert Peter Martens, dass er aufgrund spezifischer Eigenheiten schwuler Männer (auch im Kontext der Pflegebedürftigkeit) nicht nur mit schwulen Männern zusammenleben möchte:

> „Des wär mir net so wichtig, dass ich (.) dass ich nur mit Schwulen beinander leb, des möcht i net. //mhm// Wär a weng einseitig und mit Schwulen wird=s schnell so a weng sexistisch, //mhm// also der Sex im Vordergrund, i denk au mit alten Schwulen wird=s so sein. //mhm// Die ham ja a Leben lang so glebt und (.) obwohl=s da scho au sehr herzliche und nette Menschen gibt gell? Aber des isch halt irgendwie so a weng der Grundtenor." (IV 6/Abs. 96)

Wie zuvor erfolgt auch hier der Begriff der „Einseitigkeit", der von ihm mit einem spezifischen „Sexismus" unter Schwulen erklärt wird. *Sexistisch* wird dabei als Sex-Bezogenheit oder Sex-Orientierung definiert; eine häufige Anrufung schwuler Männer, die sie übersexualisiert (vgl. Kap. 4.1) und welche von Peter Martens auch in Bezug auf das schwul-alte Subjekt reproduziert wird. In dieser sehr starken Homogenisierung älterer schwuler Männer (auch wenn es unter ihnen „nette" und „herzliche Menschen" gibt), bleibt Peter Martens eigene Position relativ uneindeutig. Auf der einen Seite zählt er sich scheinbar nicht zur Gruppe schwuler Männer, denn „mit Schwulen", „die" ja lebenslang so gelebt haben, scheint er wenig gemein zu haben. Auf der anderen Seite formuliert er damit ein gewisses ‚Insiderwissen'. Die Überlegung anzustellen, dass er in einer Wohneinrichtung mit anderen Schwulen zusammenleben könnte, verweist auf eine Zwischenposition in der Selbstbeschreibung: Weder ‚richtig' schwul, noch eindeutig nicht-schwul *verweigert* sich diese Selbstpositionierung einer *gewissen Eindeutigkeit*.

In den communitynahen Verhandlungen zu queerer Pflege wird dagegen eine Selbstbeschreibung als schwul immer wieder als *Selbstverständlichkeit* reproduziert. So wird dort die Möglichkeit zum ‚Outing' als wichtigster Parameter einer Öffnung von Pflegeeinrichtungen gegenüber LGBT-Personen gesehen (vgl. etwa Gerlach 2004; Lottmann/Lautmann 2015 u. a.; vgl. zum Thema ‚Coming-out' Kap. 2.1; 6.3). Die Konstruktion bestimmter Gemeinschaften mit bestimmtem Pflegebedarf bezieht sich also nur auf solche Personen, die sich *eindeutig* entlang bestimmter ‚sexueller Identitäten' selbst erzählen, subjektivieren lassen und *sichtbar* sein wollen. Entsprechend wird auch die Position einer eindeutigen Selbstbeschreibung als schwul, aber ohne den Wunsch nach Sichtbarkeit im Pflegefall, in der Literatur nicht abgebildet. Dies mag u. U. daran liegen, dass dieser Wunsch als ‚unproblematisch' gesehen wird. Damit wird ignoriert, dass Pflegeheime (so wie alle Orte gesellschaftlicher Interaktion) ein Ort sind, an dem sich Personen selbst als Geschlechts- oder Begehrenssubjekte erzählen müssen, um entsprechend „Menschlichkeit" (Butler 2009) zugesprochen zu bekommen. Sich gar nicht als Träger einer sexuellen ‚Identität' thematisieren zu wollen, ist weder in gesamtgesellschaftlichen Subjektivierungsstrukturen, noch in der Forschung zu LGBT und (Alten-)Pflege vorgesehen. Vielmehr unterscheidet die Literatur beständig zwischen schwulen und heterosexuellen Subjekten und geht zugleich davon aus, dass sich erstere auch als schwule Subjekte erzählen wollen, aber es oftmals nicht könnten, weshalb ja ein besonderer Bedarf für „Angebote für ältere Lesben und Schwulen" (Gerlach 2004: 41) bestünde.

In der Forderung einer entsprechenden Sensibilisierung für Bedarfe von LGBT* steckt die Gefahr, schwule Männer, aber auch LGBT*s insgesamt als homogene Gruppe zu markieren. Eine solche Andersbehandlung zementiert die Abgrenzung zu den ‚anderen', den ‚normalen'. Als falsch verstandene Sonder- oder Besserbehandlung könnte sie weitere Ressentiments hervorrufen. Zugleich wird sie offensichtlich den Selbstbeschreibungen der Befragten nicht immer gerecht, denn eine Andersbehandlung fordert eine *Eindeutigkeit der Selbstbeschreibung* als schwuler Mann, der etwa Peter Martens nicht entspricht. Das Sprechen über die Pflege ist damit einer der Kontexte, über den verschiedene Modi der Integration der Begehrensdimension in das eigene Selbstkonzept stattfinden, die sich der diskursiven Verhandlung zum Teil entziehen können.

Sichtbarkeit und Anerkennung in der Pflege

Während es bisher um die grundsätzliche Frage ging, mit welchen Gruppen die Befragten im Pflegefall gerne zusammenwohnen würden, geht es nun darum, ob die Befragten in Pflegeheimen ihr Begehren thematisieren würden und welche Problematiken der (Nicht-)*Anerkennung* damit verbunden werden.

Nicht alle Befragten wünschen sich ein dezidiert ‚schwulen'-sensibles Einrichtungskonzept. Vielmehr ist es ihnen teilweise wichtiger, dass dort Anerkennung *ohne* Erkennung des ‚abweichenden' Begehrens bzw. auch *trotz* eines abweichenden Begehrens vermittelt wird. Paradigmatisch steht dafür folgende Aussage von Karl Bubeck:

„Also die ham jetzt die Kultursensibilität für Menschen mit Migrationshintergrund grade durch und jetzt kommen die Schwulen und Lesben auch noch, wollen auch noch wat, ne besondere Wurst gebraten haben. Äh und das nich und das jedes Mal als ne neue Gruppe sehen, die da kommt statt sich klar zu machen, es geht um ne Grundhaltung gegenüber den Menschen, die zu uns kommen." (IV 8/Abs. 80)

In Analogie zur vermehrten Aufmerksamkeit gegenüber pflegebedürftigen Menschen mit Migrationshintergrund (vgl. dazu Fuchs 2015; Kohls 2012) wendet sich Karl

Bubeck gegen eine Spezialbehandlung bestimmter Gruppen. Ihm geht es nicht um die *Anerkennung des Besonderen*, sondern um *Anerkennung des Individuellen*. Diese Sichtweise ist bei ihm verbunden mit einem Fokus auf „Biographiearbeit" (IV 8/ Abs. 75) im Rahmen der Pflege und einer Besinnung auf „das Mitmenschliche" (IV 8/Abs. 80), nicht auf das „Braten der besonderen Wurst". Er befürchtet, dass damit „Schwule und Lesben" als „ne neue Gruppe gesehen" werden, die nicht nur besondere, sondern auch jeweils scheinbar gleiche Wünsche und Bedürfnisse haben. Mit dem Wenden gegen die Gruppierung älterer Schwuler und Lesben ist der Versuch erkennbar, das schwule (und lesbische) Subjekt in der Pflege zu de-essentialisieren.

Ähnlich äußert sich Günter Amann in Bezug auf den Umgang mit homosexuellen Pflegebedürftigen:

> „Wenn Sie das dann ne Ausbildung haben, //mhm// ähm denk ich lernen Sie des auch wie man damit umgehen kann und trotzdem irgendwie menschlich und freundlich bleibt. //mhm// Ähm also des wünsch ich mir natürlich, wenn ich mal in so=ne Situation komm, dass ich auf jemanden treffe oder Leute treffe die mit mir respektvoll umgehen, is ja ganz wichtig ne?" (IV 5/Abs. 80)

Das lässt den Wunsch erkennen, die Anerkennung des Anderen auf ein grundsätzliches Verständnis von *Respekt* zu gründen. *Menschlichkeit* als Grundprinzip pflegerischer Versorgung ist ein Moment, welches in diskursiven Verhandlungen von Pflege in Deutschland häufig als normatives Ideal ausgerufen wird.[95] Kritiker_innen des Pflegesystems bemängeln, dass Pflege realiter wenig menschlich gestaltet wird, häufig ist von einem „Pflegenotstand"[96] und von Pflegeheimen als „Aufbewahrungsanstalten"[97] die Rede. So könnten gängige Standards einer angemessenen körperlichen Pflege und individuellen Zuwendung aufgrund des Personalmangels und des hohen Zeitdrucks nicht eingehalten werden; Pflege bleibt so „nicht selten auf das Notwendigste reduziert" (Eylmann 2015: 27). In der Pflegesoziologie (vgl. Backes/Wolfinger/Amrhein 2011; Schroeter/Rosenthal 2005b)

---

95 Vgl. dazu z. B. folgende Selbstdarstellungen von Pflegeanbietenden, in denen der Begriff „Menschlichkeit" als Leitbild der Pflegearbeit genutzt wird: http://www.samariterstiftung. de/fileadmin/pdf/Publikationen/Mitten_Drin_10.pdf; http://www.altenhilfe-caritas. de/altenheime/altenheime; http://www.perfekta-pflege.com/wp-content/uploads/PERFEKTAPflege_Amelinghausen_Flyer_web.pdf (alle zuletzt geprüft am 19.05.2017).

96 https://www.welt.de/print/die_welt/wirtschaft/article155273109/Deutscher-Pflegenotstand.html, Artikel veröffentlicht am 12.05.2016 (zuletzt geprüft am 28.03.2017).

97 http://www.zeit.de/kultur/literatur/2016-10/pflegeheime-demez-romane-frederic-zwicker-hier-koennen-sie-im-kreis-gehen, Artikel veröffentlicht am 19.10.2016 (zuletzt geprüft am 28.03.2017).

5.4 Begehren, Alter und Pflegebedürftigkeit

wird dementsprechend die Frage diskutiert, ob Pflegeheime überhaupt noch als „angemessener Ort für die Pflege und Begleitung von Menschen im hohen Alter" (Koch-Straube 2005: 211) gesehen werden können. Pflegeheime werden dort als „totale Institutionen" (Goffman 1973) konstituiert, in denen die Bewohner_innen bestimmten Abläufen und Autoritäten streng unterworfen sind und die pflegerische Versorgung eher auf Verwahrung denn auf individuelle Hilfestellung ausgelegt ist (vgl. Amrhein 2005). Dieses pejorative Bild der stationären Pflege nehmen Karl Bubeck und Günter Amann hier auf und sehen daher eine *Kultur der Menschlichkeit* als wichtigstes Ziel in der Altenpflege; in diesem Zugang schließlich könnte man auch möglicher spezieller Bedürfnisse älterer Schwulen und Lesben besser gerecht werden. Sich selbst als schwulen Mann zu erzählen, soll dort möglich sein, ohne dadurch in eine bestimmte Kategorie sortiert zu werden. Während Karl Bubeck aus einer professionellen Perspektive und primär für andere spricht (er arbeitet in einer Beratungseinrichtung für ältere LGBTs), formuliert Rainer Bach den Wunsch nach *Anerkennung ohne Überbetonung* des Begehrens in Bezug auf sich selbst:

> I: „Ähm wär des irgendwie wichtig, dass da ne Sensibilität für nich-heterosexuelle Lebensweisen da is oder die Pflegerinnen und Pfleger selber schwul oder lesbisch sind?"
> R.B.: „Nee, des muss nich sein, sie müssen halt nur (.) professionell sein in dem Sinn, dass sie eben damit umgehen können." (IV 7/Abs. 69–70)

Die Anerkennung wird von ihm als ein Kenntnis nehmen von der Sexualität der Gepflegten beschrieben, ohne den Pflegeablauf selbst darauf ausrichten zu müssen; dieses Verständnis sieht Anerkennung eher in einen Kontext von *professioneller Neutralität* als in einem *humanitär-ideologischen Konzept* der Anerkennung von Verschiedenheit. Davon abweichend fordert Uwe Meuser in einer starken Subjektivierung als schwuler Mann in Bezug auf sich selbst den Wunsch nach Sichtbarkeit, der mit einer eindeutigen Sichtbarkeit schwuler Männer in der Pflegesituation auch einen politischen Zusammenhang transportiert:

> „Ich lauf nur nich unbedingt mit nem Schild vor der Brust über die [XX-Straße] ähm auf dem drauf steht „ich bin schwul" //mhm// ja? Ähm aber (.) es ist für mich wichtig auch im äh im Alter dass ich weiterhin mein selbstbewusstes schwules Leben dass ich mir erkämpft habe in diesen ähm ganzen Jahren in denen ich, oder nicht umsonst war ich in in schwulen Gruppen in äh äh engagiert in der Aidshilfe, habe im im [Schwulen- und Lesbenorganisation] mitgearbeitet, ich hab für unsere Rechte gekämpft. Ich äh habe mit dafür ähm demonstriert, dass die ähm sch- ähäh eingetragene Lebenspartnerschaft

ähm in Kraft treten konnte //mhm// ja? Bin, lauf auch heute noch auf ähm im im äh äh in der CSD-Parade mit ich äh hab mir dieses Leben **nicht auch erkämpft** ja? Ähm um mich im <u>Alter</u> im Altenheim wieder verstecken zu müssen. //mhm// Das tu ich nich." (IV 4/Abs. 117)

Die Selbsterzählung als politischer schwuler Mann ist getragen von einem jahrelangen *Kampf* um „unsere Rechte" über verschiedene Themen (Aids, eingetragene Lebenspartnerschaft) und an verschiedenen Orten der Vergemeinschaftung (Aidshilfe, CSD-Parade). Das Altenheim hingegen wird als ein Ort erzählt, an dem eine bereits erreichte Form öffentlicher Sichtbarkeit wieder zunichte gemacht werden kann, ein Ort also, an dem Anerkennung und Sichtbarkeit keine bereits erreichten politischen Ziele darstellen. Sich auch in der Pflegesituation nicht „verstecken zu müssen" wird damit zu einer Verlängerung bereits gefochtener Kämpfe für Uwe Meusers „selbstbewusstes schwules Leben". Während er im Alltag nicht „mit nem Schild vor der Brust über die Straße" geht, wird die Pflegesituation zum Ort, an dem es wichtig ist, sich selbst dezidiert als schwul zu erzählen. Die Aussage drückt aus, dass Anerkennung schwul positionierter Subjekte nicht selbstverständlich ist, und zugleich, dass Uwe Meuser diese *selbstbestimmt einfordert*. Die Notwendigkeit politischer Sichtbarkeit zeigt sich vergleichbar bei Günter Amann; er hegt ein gewisses Unverständnis dafür, sich in der Pflegesituation nicht als schwulen Mann sichtbar zu machen, als er über einen Bekannten redet, der sich im Rahmen der Pflegebedürftigkeit nicht ‚outet':

„also es wird dann wahrscheinlich äh ähm äh vielleicht nie rauskommen was da los war und der wird dann halt gepflegt wie=n Hetero halt. //mhm// (…) Also des find ich also nee für mich nich akzeptabel. //mhm// @(.)@ °Ja des is so° aber des gibt=s viel. //mhm// Ich bin erstaunt manchmal wie viele es gibt." (IV 5/Abs. 49)

Der in Kapitel 5.3 angesprochene Vorwurf der *Unehrlichkeit* gegenüber dem eigenen Begehren ist auch hier erkennbar. In der Pflegesituation wird dieses ‚Verbergen' nochmals bedrohlicher für die eigene Selbstbeschreibung, denn der Mensch „wird gepflegt wie=n Hetero". Die Bedeutung von Begehren bezieht sich damit nicht nur auf die Kommunikation zwischen pflegender und gepflegter Person, sondern die *Praxis der Pflege* insgesamt. Worin diese Praxis sich unterscheidet von einer Pflege von Nicht-Heteros, wird nicht erläutert. Sichtbarkeit schwulen Lebens im Pflegekontext ist also nicht nur verbunden mit individueller Anerkennung, sondern mit der Form der Pflege insgesamt. Einer dieser „vielen", die so leben, ist Peter

Martens; er wäre genau so einer, der gepflegt würde „wie=n Hetero". Er begründet den Wunsch nach Unsichtbarkeit folgendermaßen:

> „Also im Altersheim möcht i au net als der schwule Graue dahinten rumlaufen, gell? Des möcht i au net. Und i glaub, solche Gemeinschaften sind dann schnell so, dass sie äh, dass sie einen da in a Schublade stecken und des geht dann darum: des weisch von dem. //mhm// (1) Des glaub i scho." (IV 6/Abs. 114).

Während Günter Amann die Position des vermeintlichen Heteros als inakzeptabel für sich selbst formuliert, ist es bei Peter Martens der *„Schwule Graue dahinten"* (In-Vivo). Ein Subjekt, welches entlang des Alterns („grau") und des Begehrens klassifiziert und zugleich symbolisch an den Rand der „Gemeinschaft" gestellt wird. Auch hier wird nicht klar, welchen Inhalt die „Schubladen" haben, in die man gesteckt wurde; aber sie sind auf jeden Fall zu vermeiden. Schwul *und* grau scheint eine Subjektbeschreibung zu sein, die über die Verwerfungsgefahr des Begehrens hinausgeht. Das Altersheim wird als Ort gesehen, an dem die (erzwungene) Nähe zwischen den Bewohner_innen zu einer besonderen Form der Ausgrenzung führen kann; in der spezifischen „Gemeinschaft" führt vermeintliches Wissen über den „Schwulen Grauen" zur Marginalisierung desselben. Diese Gemeinschaft wirkt demnach inkludierend nach innen, indem andere deutlich exkludiert werden. Im Pflegeheim werden spezifische Formen der Abgrenzung zu allen „nicht dazu gehörenden" als besonders großes Risiko gesehen, ein Risiko, dem sich Peter Martens nicht aussetzen möchte.⁹⁸

Gepflegte Körper: Abhängigkeit und Autonomie

Während Peter Martens die mangelnde Anerkennung schwuler Subjekte in Abhängigkeit von anderen Bewohner_innen beschreibt, wird die Möglichkeit, als schwuler Mann im Pflegeheim leben zu können, auch vom Pflegepersonal abhängig gemacht. Hier wird der unmittelbare Gegenstand der Pflege, nämlich der eigene *Körper*, zur Verhandlungsfläche, über die *Autonomie* als wesentlicher Aspekt der Selbstbeschreibung angesprochen wird.

---

98 Gleiches gilt auch für andere Kontexte: Peter Martens erzählt sich in seinem sozialen Umfeld nicht als schwul und ist Teil eines Freundeskreises, der sich abwertend gegenüber schwulen Männern äußert. In 6.2 werde ich dies vertiefen, mit welchen Begründungen sich Peter Martens nicht nur in einem möglichen zukünftigen Stadium der Pflegebedürftigkeit, sondern auch in Vergangenheit und Gegenwart nicht als schwuler Mann erzählt.

Der Begriff der Pflege muss nicht zwangsläufig als institutionelle Pflege (vgl. Schroeter/Rosenthal 2005a: 9) und damit als Pflege von und durch andere verstanden werden; im Alltagsverständnis wird Pflege auch als Pflege des eigenen Körpers verstanden.[99] Jemand, der ‚gepflegt ist', vermittelt erhöhte Achtsamkeit nicht nur für das eigene Erscheinungsbild, sondern für das ganze Ich. In der institutionellen Pflege werden diese Praxen *von anderen* übernommen; sie dienen hier nicht primär einem „gepflegten" Äußeren, sondern dienen der Lebenserhaltung und einem Mindestmaß an gesellschaftlicher Teilhabe. In einem körpertheoretischen Sinne ließe sich folgendes konstatieren: Während die Selbst-Pflege einen körperzentrierten Fokus in dem Sinne hat, dass nach außen ein angemessener Körper auftreten kann, dient die Pflege durch Andere primär auf der Leib-Ebene (zu dieser Unterscheidung vgl. Kap. 2.3) zur Erfüllung leiblicher Bedürfnisse, wie das Stillen von Hunger und Durst, dem Toilettengang, dem Verhindern von Wundliegen u. a. Ein solches Verständnis von Pflege greift zu kurz, um die Wünsche an und Bedenken über eine institutionelle Pflege durch Andere adäquat nachvollziehen zu können. Körper und Körperpflege sind auch im Kontext einer institutionalisierten Pflege ein Mittel, über das wesentliche Aspekte der Selbstbeschreibungen sichtbar gemacht und zugleich bedroht sein können.

Bisherige Besuche in Pflegeheimen (sei es im Rahmen eines Ehrenamts, um Bekannte zu besuchen oder sich über Pflegeangebote zu informieren) werden in den Interviewdaten als besonders eindrückliche Erlebnisse beschrieben:

„Also die Pflegeheime die ich gesehen habe, da war=n die meisten wirklich so (.) hinfällig dass die kaum noch am Leben teilnehmen konnten." (IV 8/Abs. 91)

„Also so nett wie die alle sind, ins, in diesem Heim aber ich fand die Atmosphäre beklemmend, ähm so viele alte gebrechliche Menschen auf einem Haufen sozusagen zu sehen." (IV 8/Abs. 80)

„Da war dann, ich mein, wenn man da schon reinkommt, <u>des riecht</u> dann so anders, unter uns gesagt: nach Tod und Scheiße oder so was ähnliches.

---

99 Vor diesem Hintergrund ist es überraschend, dass Schroeter und Rosenthal (2005) ihren Sammelband „Soziologie der Pflege", sowie Schroeter seine Monographie „Das soziale Feld der Pflege. Eine Einführung in Strukturen, Deutungen und Handlungen" (2006) auf einen medizin- und gesundheitssoziologischen Fokus eingrenzen, anstatt Pflege im Sinne von Körperbehandlung im weitesten Sinne auch als breiteres Handlungsfeld aufzufassen. Zugleich wird Pflege als Selbst-Pflege als Aspekt von „Schönheitshandeln" in der entsprechenden Literatur nicht bzw. nicht unter diesem Begriff thematisiert (vgl. Degele 2004; 2006 u. a.).

5.4 Begehren, Alter und Pflegebedürftigkeit

(...) Es war furchtbar und da ham wir gesagt: ‚da, da gehen wir nie mehr hin'. (...) Also irgendwie diese Eindeutigkeit die macht mir zu schaffen, also wenn=s wirklich nur Alte sind." (IV 7/Abs. 64)

„Hinfälligkeit" und „Gebrechlichkeit" werden als die primären Merkmale der Menschen in Pflegeheimen benannt, eine Atmosphäre, die „Beklemmung" hervorruft. Zugleich werden die beobachteten Gepflegten als alt deklariert. So zeichnet sich im Pflegeheim laut Rainer Bach (IV 7) eine „Eindeutigkeit" des Alters ab. *Pflegebedürftigkeit wird damit nicht nur als eindeutiges Alt-Sein* beschrieben, sondern wird in der *Hinfälligkeit zu einem Zwischenstadium zwischen Leben und Tod*, da man kaum noch am Leben teilnehmen kann und es nach „Tod und Scheiße" riecht. Die „vielen alten gebrechlichen Menschen" werden als Subjekte konstituiert, die mehr dahindämmern und den Status des Menschseins hinter sich gelassen haben.

Vor dem Hintergrund des so konstituierten pflegebedürftigen Subjekts betonen die Befragten, dass sie genau *so* nicht enden wollen. Im Sprechen über eine mögliche zukünftige Pflegebedürftigkeit werden darum im Folgenden immer wieder Aspekte hervorgehoben, in denen die eigenen Wünsche, Bedarfe, die individuelle Persönlichkeit und die biographischen Erfahrungen noch berücksichtigt werden sollen, so dass die Befragten *für sich selbst als autonome, selbstbestimmte Subjekte bestehen* bleiben können.

Die Pflege als Behandlung des Körpers verweist auf eine Diskrepanz in Bezug auf den Körper, auf dem einerseits bestimmte biographische gewordene Formen der Selbstkonzeptualisierung eingeschrieben sind und der sich andererseits mit dem Älterwerden der eigenen Verfügung mehr und mehr entzieht. Anschaulich wird dies in der Ausführung von Dieter Ellwanger:

„Ja beispielsweise, also ich könnt ma vorstellen, was halt des des Problem is, ich bin also äh, ja, immer so a bissal körperbezogen. Und wenn=s dann damit losgeht, dass ich nich mehr richtig waschen kann, nich mehr richtig duschen kann, dann würd ich also schon auch wünschen, an Pflegedienst zu haben, äh, der der halt sich dann, naja, aus der Szene, aus der Duschszene ja so in Gänsefüßchen Happiness machen kann. //mhm// Da kam=ma ja dann trotzdem noch die unmöglichsten Spielchen machen. //mhm// Ja, das man sagt, ja ok, jetzt werd ich mal wieder richtig schön geduscht. //mhm// (.) Also des glaub ich wär mit des Hauptproblem, was ich dann hätte, wär in dem Fall die Hygiene. //mhm// Also wem=ma des so sieht, wie die dann zum Teil nur mit Waschlappen gewaschen werden. (.) Angst und Bang für mich. //mhm// Also des wäre für mich nicht, des wär für mich keine richtige Hygiene. //mhm// Also da würd ich schon sehr viel Wert drauf legen." (IV 9/Abs. 119)

In der Körperhygiene ist für Dieter Ellwanger nicht nur das Ziel wesentlich, nämlich ‚Sauber Sein', sondern auch der Weg dorthin. Nicht nur mit dem Waschlappen behandelt zu werden, sondern aus dem Sauberwerden eine Situation zu machen, die Spaß macht, ist für ihn wichtig. Die Beschreibung, während des Duschvorgangs „unmöglichste Spielchen" machen zu können, hat zum einen eine sehr kindliche Konnotation: mit dem Kind Spaß zu machen, während es in der Badewanne sitzt, anstatt den Vorgang auf die reine Praxis des Reinigens zu reduzieren. Zum anderen kann die Beschreibung der „Duschszene", die „Happiness" bringen soll, als sexualisierter Vorgang gelesen werden; der Begriff des Spielchens und seine „Unmöglichkeit" ließe diese Deutung zu. In dem Wunsch nach einer „richtigen Hygiene" wird jedenfalls der Wunsch nach einer *zugewandten, individuell zugeschnittenen* und gewissermaßen fürsorglichen Pflege des Körpers sichtbar, wenn Dieter Ellwanger nicht mehr in der Lage ist, dies selbst zu machen. Er beschreibt sich damit selbst als spielerisch, begeisterungsfähig, „happy", eine Beschreibung, die sich ebenso an anderen Stellen im Interview findet und die für den zukünftigen Fall einer Pflegebedürftigkeit weiter wesentlich für die Selbstkonzeption sein soll. Der Körper spielt deshalb eine wesentliche Rolle, als er die Oberfläche ist, über die sich diese positive, lebensbejahende Selbstbeschreibung ausleben und vermitteln lässt. Dies soll im Pflegefall so bleiben, auch wenn dann andere die Oberfläche des Körpers bearbeiten, und nicht er selbst.

In Dieter Ellwangers Beschreibung wird zwar ein Ausgeliefertsein des Körpers an jemanden anderen deutlich, aber nicht in Bezug auf die Überschreitung bestimmter Grenzen von Intimität; er wünscht sich geradezu eine umfassende, lustvolle Behandlung des Körpers. Anders zeigt Michael Haupt, dass das *Eindringen in die Intimsphäre* durchaus ein Problem darstellen kann:

> „Ich würde sagen die Schw- m- die Schamschwelle, wenn mir auf Deutsch gesacht jemand den Hintern abwischt, ob das jetzt ne Frau is oder=n Mann die is bei mir gleich hoch das is mir eg- das wäre in diesem Falle ich würde mehr äh ich würde mehr darunter leiden äh dass mir jemand den Hintern abwischt." (IV 3/Abs. 107)

Die Pflege des Körpers ist bei ihm ebenfalls kein rein leiblicher Vorgang, da sie bestimmte gesetzte Grenzen der Scham und der Intimsphäre verletzt. Das Beispiel des „Hintern Abwischens", welches sowohl ein Körperteil als auch einen körperlichen Vorgang anspricht, die weitgehend aus gängigen Interaktionsformen herausgehalten werden und deutlich schambesetzt sind, zeigt, dass es um besonders intime körperliche Vorgänge geht.

5.4 Begehren, Alter und Pflegebedürftigkeit

Entsprechend wünscht sich Peter Martens ein Einzelzimmer, so dass wenn schon das Pflegepersonal, doch zumindest andere Bewohner_innen auch eine räumlich gedachte Intimsphäre nicht verletzen können:

> „Also bissel Intimität möcht ich grad im Alter no wahren. Man hat da manche Dinge, die ma gar niemanden andern zeigen möchte."[100] (IV 6/Abs. 11)

Pflege wird von ihm als Risiko gesehen, die Autonomie darüber abgeben zu müssen, wann man anderen was von seinem Körper zeigen muss, während es bei Dieter Ellwanger in der Dusche eher um die Autonomie über die Gestaltung der Pflege selbst geht. Pflege wird dann zum Problem, wenn sie zu *zuviel Sichtbarkeit* und zu Grenzüberschreitungen führt. Die damit zusammenhängende Problematik eines immanenten *Abhängigkeitsverhältnisses* spricht Werner Stratmann an:

> „Wer dann hier mich betreut, dem ich dann praktisch ausgeliefert bin gewissermaßen, da müsste- wär ich schon sehr empfindlich und würde genau gewisse Kriterien anlegen." (IV 2/Abs. 117)

Pflege wird als Form des *„Ausgeliefertseins"* (In-Vivo) verstanden; eine Deutung, die durch das Wort der „Betreuung" noch verstärkt wird. Dementsprechend könnte betreute Pflege zu einem umfassenden Zustand der Abhängigkeit von anderen führen, in Bezug auf körperliche Vorgänge und Verrichtungen genauso wie auf Entscheidungen der eigenen Lebensgestaltung. Gegenüber diesem Zustand des Ausgeliefert-Seins zeigt sich Werner Stratmann „empfindlich". Er möchte Kontrolle zurückerhalten, indem er selbst auswählen möchte, wer ihn pflegen soll. In einem konventionellen Pflegeheim ist es nicht vorgesehen, dass sich die Gepflegten die Pfleger_innen aussuchen können; vielmehr ist es der Dienstplan, der bestimmt, wann wer von wem gepflegt wird. Deshalb präferiert Werner Stratmann eine „private äh Altenpflege (...) als wie vielleicht einer von einer äh staatlichen oder konfessionell" (IV 2/Abs. 117), was mit dem Gedanken verbunden ist, dass dort stärker auf die Bedarfe der Gepflegten geachtet wird; ein Wunsch, der unter dem Aspekt des Personalmangels und des im deutschen Pflegefinanzierungssystem immanenten Zeitdrucks fraglich erscheint.

---

100 Hier wie an anderen Interviewstellen zum Thema Pflege wird offensichtlich, dass die Phase einer (zukünftigen) Pflegebedürftigkeit häufig prospektiv als „im Alter" beschrieben wird. Auch in dieser Gleichsetzung wird deutlich, dass Pflegebedürftigkeit mit Alter gleichgesetzt bzw. als „das" Alter gesehen wird (vgl. auch Kap. 5.1).

Das Sprechen über die Pflege ist davon geprägt, dass die Befragten ein gewisses Maß an Autonomie behalten wollen und zugleich große Angst vor dem Verlust derselben haben. Der Körper spielt bezüglich des möglichen Risikos der Abhängigkeit von anderen eine große Rolle: Während Dieter Ellwanger eine auf ihn zugeschnittene Behandlung des Körpers wünscht, sehen die anderen jede Körperpflege als Eingriff in ihre Intimsphäre. Bei keinem der Befragten wird der Umgang mit dem Körper in der Pflegesituation nur auf einer leiblichen Ebene verhandelt, die Behandlung des Körpers ist verbunden mit Aspekten wie (Un-)Abhängigkeit und Sichtbarkeit, die für die Selbstbeschreibungen der Befragten insgesamt wesentlich sind. Der Körper als Kampfplatz schwuler Sichtbarkeit (oder gewünschter Unsichtbarkeit) verweist in der imaginierten letzten Altersphase der Pflegebedürftigkeit auf seine wesentliche Rolle für die Selbstkonzepte auch in der Gegenwart.

Alt, schwul und im Pflegeheim: Das dreifach verworfene Subjekt?

Im Sprechen über die Pflege als drastische Form der Abhängigkeit und des Ausgeliefert-Seins wird eine zukünftig mögliche Pflegebedürftigkeit als dreifaches Risiko der Verworfenheit betrachtet, sowohl in Bezug auf den Status der Pflege selbst, auf das Begehren wie auch auf das Alter. Wie eingangs zu 6.4 dargestellt, wird Pflege als Altenpflege und als mögliche Begleiterscheinung des Alter(n)s betrachtet. Pflegebedürftigkeit als Zustand und Pflegeheime als Orte dieses Zustands werden als letzte Station des Alters vor dem Tod betrachtet: „da weiß man ganz genau: es gibt kein Zurück." (IV 3/Abs. 107). Im Pflegeheim (im Gegensatz zum konventionellen Altenheim bzw. einer Seniorenwohneinrichtung) halten sich Ältere „quasi die letzten zwei, drei Jahre wenn=s hochkommt" (IV 8/Abs. 80) auf. In diesem Kontext spricht Karl Bubeck von Pflegeheimen als „Turbohospize" (ebd.). Im Pflegeheim befinden sich demnach die älteren Menschen, die ein verworfenes Alterssubjekt verkörpern: die verfallenen, gebrechlichen, auf den Tod wartenden Alten, die häufig auch durch Demenzerkrankungen[101] nicht mehr Herr ihrer Selbst sind, bilden das Bild eines verworfenen Alters geradezu paradigmatisch ab. Zugleich ist das Objekt der Pflege, der zu pflegende Körper eng verbunden mit Formen des Abjekts (vgl. Kristeva 1982, vgl. auch Kap. 2.3): Krankheiten, Ausscheidungen, Blut des oder der zu Pflegenden rufen Ekel hervor (vgl. auch Uschok 2005: 323). Der Status als ein solches *Abjekt* kann dadurch gefördert werden, dass der Gepflegte selbst, insbesondere bei schwerer Demenz, nicht mehr als Subjekt im humanistischen und rechtlichen Sinne gilt.

So wie Pflege, und ganz konkret die Praxis der (Körper-)Pflege als ein Zustand von Abhängigkeit beschrieben wird, sind es die Pflegeheime, in denen der Status

---

101 Alzheimer und Demenz werden in der Zukunftsprojektion als besonders große Ängste thematisiert. Beide Krankheitsbilder werden als Verlust von Autonomie gelesen.

5.4 Begehren, Alter und Pflegebedürftigkeit

des Ausgeliefert-Seins besonders bedrohlich wird. Karl Bubeck beschreibt sie als „Sonderinseln" (IV 8/Abs. 80) der Gesellschaft, in denen, abgekoppelt von der Außenwelt, eigene Gesetzmäßigkeiten und Zwänge auftreten und das Leiden und Sterben der Bewohner_innen weitgehend ohne Aufmerksamkeit und Kontrolle von außen vonstattengeht. Die von einigen Befragten geäußerte Befürchtung, im Pflegeheim homophoben Zuschreibungen und Übergriffen ausgesetzt zu sein, bezieht sich auch auf die Deutung des Pflegeheims als „totale Institution" (s. o.; vgl. Goffman 1973), das sich bereits erreichten ethischen und politischen Standards der Mitmenschlichkeit weitgehend entziehen kann. Die Anerkennung als menschliches Subjekt wird in dieser Institution als gefährdet gesehen.

Dass Pflege in Deutschland als „marodes System"[102] gilt, findet sich auch in den Interviews wieder. Ein mangelndes Eingehen auf die individuellen Bedürfnisse wird in besonderem Maße dort zum Problem, wo sich die (zukünftig) zu Pflegenden in ihrer körperlichen und psychischen Autonomie eingeschränkt sehen. Die damit verbundenen Ängste sind nicht primär auf das Begehren bezogen; dass Pflegebedürftigkeit Selbstbestimmtheit erheblich einschränkt, ist ein gängiges Bild im Sprechen über die Pflege. Die Ablehnung konventioneller Pflegestrukturen könnte allerdings bei schwulen Männern dadurch besonders ausgeprägt sein, dass zentrale Prämissen der biographischen Selbstbeschreibung verletzt oder eingeschränkt werden: Dazu gehört ein erkämpfter Ort der Sichtbarkeit und Anerkennung, die Selbstbestimmtheit in Bezug auf Tagesablauf und soziales Netzwerk und ein hohes Maß an (auch erzwungenermaßen) gelebter Selbstständigkeit.

Eine in begrenztem und unterschiedlichem Maße erreichte Form von *Autonomie* gilt im Pflegekontext in doppelter Weise bedroht: Und zwar durch heteronormierte Strukturen und homophobe Übergriffe seitens der Bewohner_innen und Pfleger_innen, sowie durch den alternden, verfallenden Körper selbst. Die „Körperbezogenheit", wie sie Dieter Ellwanger als wesentlichen Begriff der Selbst-Konzeptualisierung nutzt, ist insofern ein wichtiges Element im Kontext des Begehrens, als schwule Männer aufgrund ihrer körperlichen Praxen und Inszenierungen als schwule Männer subjektiviert, damit zugleich anerkannt und verworfen werden und selbst die Oberfläche des Körpers als wesentlicher Teil der Selbst-Thematisierung als schwuler Mann nutzen. Die drohende Pflegebedürftigkeit kann in diesem Kontext als besonderes Risiko für die Selbstbeschreibung als schwuler Mann gesehen werden: Sie führt zum (erzwungenen) Aufenthalt in ‚heterosexualisierten' Räumen, und sie mindert direkt die Deutungshoheit über den eigenen Körper, sowohl durch

---

[102] http://www.die-pflegebibel.de/verbesserungen-fuers-marode-pflegesystem/, Artikel publiziert am 10.07.2016; http://www.taz.de/!375772/, Artikel publiziert am 22.03.2014 (beide zuletzt geprüft am 29.03.2017).

Abhängigkeit von anderen (etwa dem Pflegepersonal) wie auch vom Körper selbst, der einem immer weniger gehorchen mag.

Pflegebedürftigkeit stellt daher für die Interviewpartner eine Thematik dar, über welche sie in dreifacher Weise als verworfen konstituiert werden können: als Verkörperung deutlich negativer Altersbilder, aufgrund der Eingelassenheit in ein stark heteronormiertes Umfeld und über die Grenzüberschreitung körperlicher und psychologischer Selbstbestimmtheit und die unmittelbare Abhängigkeit von anderen. Der Wunsch nach Anerkennung, nach gemeinschaftlichem Anschluss *und* nach einem Mindestmaß an Autonomie ist daher für eine (zukünftige) Pflegesituation und vor allem in der Pflege im Pflegeheim besonders ausgeprägt und zugleich besonders bedroht.

5.5 Das Eigene und das Andere – Selbstbeschreibung durch Abgrenzung

In diesem Kapitel ging es um die Frage, wie sich die Befragten zu anderen in Bezug setzen und wie bestimmte *Positionierungen, Ein- und Abgrenzungen* zu und in andere Gruppen sichtbar werden. Es zeigt sich, dass die Befragten ihre Selbstbeschreibungen über Relationierungen verankern. Durch den Bezug zu den Subjektordnungen Alter(n), Geschlecht und (Homo-)Sexualität können die jeweiligen Selbstbezeichnungen sinnhaft gemacht werden.

Die dargestellten Relationierungen zu anderen drücken insbesondere aus, wie sich die Befragten selbst *nicht* sehen und machen deutlich, dass auch in der Abgrenzung die Vergleichsdimensionen zunächst aufgrund einer wahrgenommenen Nähe gesucht werden. Über Bewertungen anderer älterer Menschen werden stets auch Bewertungen des eigenen Alterns sichtbar. Durch den Bezug zu „Heteromännern" ordnen sich die Befragten grundsätzlich der Genusgruppe Mann zu und positionieren sich auf vielfältige Weise zu anderen (älteren) Männern. In der Gegenüberstellung zu prekären, einsamen und sich selbst gegenüber unehrlichen älteren schwulen Männern bildet die Zuordnung eines geteilten Lebensalters und Begehrens die Grundlage. Im Sprechen über die Pflege werden alle drei Dimensionen nochmals zusammengeführt und neu verhandelt.

Dass ein intersektionaler Zugang hilfreich ist, wird in diesen Positionierungen und Abgrenzungen besonders deutlich. Wie in 5.1 beschrieben, gewinnt die Selbstbeschreibung als alt oder älter erst dann an Kontur, wenn sie in einen Kontext zu etwas gesetzt werden kann. Durch Verhandlungen über den eigenen alternden Körper, ein In Bezug-Setzen zu strukturellen Altersgrenzen wie der Rente, zu

5.5 Das Eigene und das Andere

runden Geburtstagen und einer statistischen Lebenserwartung, ebenso wie zu dominanten Altersdiskursen wie dem aktiven Alter(n) wird die eigene Selbstbeschreibung sinnhaft und soll für sich selbst und andere nachvollziehbar werden. Dass die Befragten sich trotz der prinzipiellen Diffusität der Kategorisierung des Alter(n)s durchweg als älter oder alt beschreiben, scheint mir erklärbar durch die szenespezifische Umwelt, in der sich die Befragten zumeist verorten oder verortet haben. Hier zeigt sich eine deutliche Verknüpfung der Dimensionen Alter(n) und Homosexualität in den Selbstbeschreibungen. Die hohe Bedeutung der Community (vgl. Kap. 4.2) produziert eine Bewertung des Alt- und Jung-Seins, die so stark ist, dass sich die Befragten ihr nicht entziehen können, ohne (vor mir, vor anderen und vor sich selbst) unglaubwürdig zu werden. Der in Kap. 5.3 dargestellte normative Rahmen der Ehrlichkeit gegenüber sich selbst ist ein weiterer Grund für eine dezidierte Selbstbeschreibung als älterer Mann.

Die prinzipielle Diffusität der Kategorisierung des Alter(n)s wird auch dort begrenzt und mit Bedeutung aufgeladen, wo die Befragten sich zu anderen Männern abgrenzen (vgl. Kap. 5.2). Prinzipiell der Genusgruppe Mann angehörend, werden im Sprechen über alternde heterosexuelle Männer Möglichkeitsräume dafür aufgemacht, sich abseits einer hegemonialen Deutung von Männlichkeit, die durch Heterosexualität und ein junges bzw. jüngeres Altern determiniert ist, zu entwerfen. Grundsätzlich ist dabei das Geschlecht im Sinne des Mann-Seins ein wesentlicher Aspekt der Selbstbeschreibung, und dies sowohl in der Selbst-Thematisierung als Mann wie auch in der Gegenüberstellung zu heterosexuellen Männern. Denn als Männer sind sie ebenfalls von einem Verlust an sexueller Funktionsfähigkeit sowie der gewohnten Anerkennung und des Status durch die Erwerbstätigkeit betroffen. An anderer Stelle erzählen sich die Befragten klar unterscheidbar von ‚Heteros', etwa dort wo sie sich als selbstständig und unabhängig von einengenden heterosexuell gedachten Familienformen erzählen, was für das Alter(n) einen gewissen Vorteil darstellt. In dieser Differenzierung ist so etwas wie eine ‚schwule' Männlichkeit zwar nicht auszumachen. Im Sinne eines heteronormativitätstheoretischen wie -kritischen Paradigmas wird aber erkennbar, dass Begehren und Geschlecht nicht voneinander zu trennen sind. Wo sich Personen als schwul (lesbisch, bi-, hetero-, pansexuell) thematisieren, müssen sie sich auch in Bezug zu anerkannten Geschlechtsidentitäten setzen. Zugleich macht die Selbstthematisierung als Mann darauf aufmerksam, dass die Selbstverständlichkeit des Mann-Seins weder durch das Alter(n), noch durch das Begehren tatsächlich in Frage gestellt wird.

Dies zeigt sich auch in der selbstverständlichen Bezugnahme auf *andere* ältere schwule Männer (Kap. 5.3). Da bei diesen ähnliche Positionierungen in Bezug auf Altern, Geschlecht und Begehren vorausgesetzt werden, betonen die Befragten besonders die Unterschiede zwischen sich und den anderen. Im gesamten Interviewmaterial finden sich vielerlei Bezugnahmen zu anderen schwulen Männern, die den Gesundheitszustand, den Wohnort (insbesondere in einer Stadt-Land-Unterscheidung) oder die Religionszugehörigkeit als Differenzierungsmerkmal unterstreichen. Sie finden sich aber nur vereinzelt und werden kaum unter dem Dach der Verbindung von Alter(n) und (Homo-)Sexualität verhandelt. Nachdrücklich treten dagegen Milieuzugehörigkeit, der Partnerschaftsstatus und der ‚ehrliche' Umgang mit dem Altern zutage. Der deutliche Mittelschichtsbias im Sample macht sich in den Interviews inhaltlich bemerkbar, und zwar dort, wo die Befragten andere schwule Männer über die Höhe des verfügbaren Einkommens als „prekär" einordnen und dort, wo sie sich selbst als gebildet und kulturinteressiert erzählen und zu anderen abgrenzen. Die Abgrenzung ist dabei im ersten Fall eher von Besorgnis und Empathie geprägt, bei der zweiten eher durch eine klare Abwertung. Mit dieser Abwertung wird nicht nur betont, wie heterogen die Gruppe derer ist, die generell unter das Label ‚alt und schwul' subsumiert werden können, sondern dass, ganz im Sinne einer intersektionalen Perspektive, z. B. die Selbstdeutung als ‚gebildet' in manchen Kontexten relevanter für die Selbstpositionierung sein kann als schwul und/oder älter zu sein. Ähnlich starke Grenzziehungen finden sich auch zum Thema Partnerschaft bzw. zum Anschluss an soziale Netzwerke im Alter. Hier wird ein Leben in „Einsamkeit" als selbstverschuldet insofern beschrieben, als schwule Männer mitunter einsam wären, weil sie den Herausforderungen des Alter(n)s nicht aktiv entgegentreten oder bzw. und nicht selbstbewusst mit ihrem Begehren leben. Einen Partner und ein funktionierendes soziales Netz zu haben, ist ein Signum für ein gelingendes Alter(n), und sollte selbstbestimmt und aktiv verfolgt werden. Ähnlich wie in diesem Modus der Selbstzurechnung wird ‚Ehrlichkeit' gegenüber sich selbst als Bedingung dafür konzipiert, als älterer schwuler Mann trotz möglicher Herausforderungen und sozialer Stigmatisierung zufriedenstellend zu altern. Es ist anzunehmen, dass ein Leben in potentiell ausgrenzenden und stigmatisierten Umwelten zur verstärkten Auseinandersetzung mit der Frage führt, wer man sein will und kann und verpflichtet laut den Befragten gewissermaßen dazu, in der Selbstarbeit ‚ehrlich' zu sein. Sie leitet sich weiter daraus ab, dass das Altern für schwule Männer (und anders als für heterosexuelle Männer, vgl. Kap. 5.2) als besonders frei von (heteronormierten) gängigen Alterserwartungen erzählt wird. Es sind allerdings die Befragten selbst, die mit ihrem Sprechen über andere eindeutige Erwartungen darüber produzieren, wie ältere schwule Männer zu sein und sich zu verhalten haben.

Schließlich werden Subjektivierungsformen entlang des Alter(n)s wie auch des Begehrens über den Kontext Pflege nochmals anders verhandelt (Kap. 5.4); im Sprechen über die Pflege werden riskante und nicht anerkennenswerte Subjektpositionen deutlich. In der Pflegesituation wird Alter in besonderem Maße

5.5 Das Eigene und das Andere

als Stadium körperlicher Gebrechlichkeit und zunehmender Einschränkung und darin als dezidiert negativer Aspekt verhandelt. Die Anrufung als pflegebedürftiges Subjekt ist in der Projektion einer möglichen Pflegebedürftigkeit deshalb sehr präsent und mit starken Ängsten behaftet. In diesem Zusammenhang wird Pflege als Risiko für die Selbstbeschreibung auch als *schwuler* Mann sowohl über den Aspekt der *Anerkennung* wie auch der *Autonomie* besprochen. Anerkennung scheint in hohem Maße bedroht zu sein, weil in Pflegeeinrichtungen eng umgrenzte und gewissermaßen ‚unentrinnbare' *Gemeinschaften* eine bereits erreichte Form der Sichtbarkeit und der selbstbewussten Selbst-Thematisierung als schwul zunichtemachen können. Autonomie ist zudem im doppelten Sinne bedroht: Erstens durch den Verlust körperlicher Eigenständigkeit und durch Grenzüberschreitungen anderer in die körperliche Intimsphäre, zweitens durch einen möglichen Verlust der Autonomie über die eigene Selbstbeschreibung durch ausgrenzende Andere und durch das Pflegepersonal, die das Wahrnehmen einer individuellen Persönlichkeit festgelegten Pflegeabläufen unterwerfen könnten. Die Thematisierung von Pflege als unmenschliches System macht den Wunsch nach individueller Anerkennung und Wahrung der Selbstbestimmtheit verständlich und zugleich schwer durchsetzbar. „Mitmenschlichkeit" scheint nur ein erster Schritt zu sein, um den Bedürfnissen nach entsprechenden Subjektivierungsräumen älterer schwuler Männer tatsächlich entsprechen zu können.

Die Selbstpositionierung durch Abgrenzung zu anderen wirkt zuweilen paradox: Während sich die Befragten zum Teil als besonders frei bzw. freigekämpft von heteronormierten Vorstellungen des Alter(n)s erzählen, gewinnt dieser Freiraum dadurch Kontur, dass sie andere, insbesondere ältere schwule Männer, ältere heterosexuelle Männer und pflegebedürftige Personen deutlich abwerten. So werden in der Subjektproduktion dieses jeweils anderen verfestigte Vorstellungen darüber sichtbar, wie sie als Männer, als ältere Menschen und nicht zuletzt als ältere schwule Männer (nicht) zu sein haben. Vielleicht ist es die weitgehend ausbleibende diskursive Normierung eines schwulen Alterns, also der Status als Nicht-Subjekt, der zu einem Mangel an ‚Vorbildern' eines schwulen Alterns führt und die Befragten zu diesen Abgrenzungen gewissermaßen zwingt, um sich selbst als alterndes schwules Subjekt anschlussfähig zu machen und intelligibel erzählen zu können. Zu erklären, dass man ‚anders' ist als das, zu dem man sich abgrenzt, verweist damit wiederum auf das Risiko der Verwerfung, das mit Pflegebedürftigkeit, Alter(n), Begehren und (damit zusammenhängend) Geschlecht einhergeht.

Nicht zuletzt ist bemerkenswert, dass in all diesen Abgrenzungen das Normale, mithin Selbstverständliche nicht das ‚Heterosexuelle' darstellen muss, sondern das Normale sich immer im Kontext zum ‚Anderen' konstituiert. Dieses Andere ist dabei das *Nicht-Eigene*, und bezieht sich auf das *andere* Leben heterosexueller

Männer, auf andere schwule ältere Männer und auf Pflegebedürftige als ‚andere Alte'. Im Kontext meines Forschungsfeldes bildet sich das Normale also als das Eigene und daher nicht nur und nicht immer als das Heterosexuelle aus, dessen Normalitätsanspruch damit beständig in Frage gestellt wird.

Biographien im Kontext von Nicht-Anerkennung: Zwischen den „Welten" 6

Wie in Kapitel 5.1 beschrieben, wird das Alter(n) als Möglichkeit gesehen, bisherige Erfahrungen neu bewerten zu können und sich in gewissem Maße auch selbst neu entwerfen zu können. Im Folgenden wird vertieft, wie sich Subjektivierungen als schwuler Mann über den Lebenslauf hinweg auch in der Lebensphase Alter zeigen bzw. das Verhältnis zur Kategorisierung des Alter(n)s prägen.

Dabei liegt der Fokus darauf, wie bestimmte Techniken und Strategien der Selbstbeschreibung im Alter parallel zu Selbstentwürfen als homosexueller Mann laufen. Es zeigen sich bestimmte Strategien bei einzelnen Personen (und in ihren Biographien), andere finden sich als universelle Deutungsmuster in den Interviewdaten. Wesentlich für einen umfassenden Blick auf Selbstbeschreibungen älterer schwuler Männer ist dieser biographische Fokus auch deshalb, weil hier historische Ereignisse, die das Leben schwuler Männer besonders prägten, nochmals dezidierter zutage treten. Dazu zählen insbesondere der § 175 StGB und ein damit verbundenes gesellschaftliches Klima, welches durch die Nicht-Anerkennung schwulen Begehrens geprägt war (vgl. Kap. 4.1), wie auch bewegungspolitische Zusammenhänge, die die Möglichkeit einer widerständigen Selbstbeschreibung schwuler Männer zum Teil stark beeinflussen.

6.1 Innen – Außendifferenzierungen als Anti-Diskriminierungsstrategie

Wie gezeigt, ist die Anrufung als schwuler Mann auf vielfältige Weise mit Erfahrungen der Abwertung, Ausgrenzung und mit Übergriffen verbunden. Abseits der Erfahrung von Altersdiskriminierungen in Szenekontexten (vgl. Kap. 4.2) und einer gleichzeitigen Selbstbeschreibung als durchaus älter oder alt (vgl. Kap. 5.1) wird das Alter(n) zuweilen ganz grundsätzlich als Quelle der Nicht-Anerkennung verhandelt.

Dementsprechend versuchen einige Befragte durch körperliche Darstellungen, sich der Anrufung als (zu) alt zu entziehen, wie an dieser Interviewsituation mit Erich Kranebeck deutlich wird:

> I: „Also Ihnen fällt vor allem eine Situation ein, in denen Ihnen jemand anders äh des gespiegelt hat. (.) Und das Sie selber mal gedacht haben: oh, ich bin älter geworden? So eine Situation?"
> E.K.: „Natürlich, das erleb ich ja jeden Tag vorm Spiegel. //mhm// Solang ich lebe, //mhm// dass ich älter werde. //mhm// Man versucht entsprechend durch Kleidung, n bisschen Kosmetik, je nachdem und sowas nich? Ich hab=n Abdeckstift schon seit vielen Jahren, ne?" (IV 10/Abs. 13 – 15)[103]

Der 90-jährige Erich Kranebeck spricht zwar davon, dass er sein eigenes Altern jeden Tag sieht, aber trotzdem bestimmte Attribute des Alter(n)s durch „Kleidung" und „Kosmetik" nicht so stark nach außen tragen möchte. Ähnlich formuliert Rainer Bach (IV 7) Versuche, bestimmte Anzeichen des Alter(n)s zu vermeiden:

> „Ich achte drauf äh, dass ich kein Rentnerbeige oder so benutze, ja?" (IV 7/Abs. 24)

Auch wenn Rainer Bach keine für ihn typische Farbe des Alter(n)s tragen möchte, vertritt er wie Erich Kranebeck zugleich die Meinung, dass man das eigene Altern akzeptieren sollte (vgl. Kap. 5.1). Es besteht also eine Differenz zwischen dem Bild des Alter(n)s für andere und für sich selbst: Auch wenn man sich selbst als alt sieht, sollen andere einen nicht als das erkennen, was für Rainer Bach die *anderen* Alten sind; also die, die ein „Rentnerbeige" tragen. Diese *Unterscheidung zwischen Selbst- und Fremdbild* findet sich beim Interviewpartner Werner Stratmann in besonders klarer Weise. Sie kann deshalb als Konsequenz einer biographischen Verarbeitung und Bewertung des Alters angesehen werden, weil sich diese Differenz von Fremdbild und Selbstbild auch in Bezug auf das Begehren zeigt (vgl. auch Schütze 2016a).

---

103 Auch an dieser Interviewstelle wird deutlich, wie sehr die Wortwahl und die darin enthaltenen Zuschreibungen von mir als Interviewerin das Gesagte strukturieren. Der von mir in der Frage formulierte Ausdruck „älter werden" wird wortgleich (neben dem „Spiegel") von Erich Kranebeck übernommen, so dass in Frage und Antwort der Prozess des Älterwerdens stärker zum Ausdruck kommt als eine Bezeichnung des Zustands (im Sinne eines Älter- oder Alt-*Seins*).

6.1 Innen – Außendifferenzierungen als Anti-Diskriminierungsstrategie

Gesellschaftliche „Verklemmtheit" und Selbstakzeptanz

Werner Stratmann, zum Zeitpunkt des Interviews 72 Jahre alt, ist einer der Befragten, der besonders umfassend biographische Episoden in seine Erzählungen einfließen lässt. Er erzählt seine Lebensgeschichte darin als kohärent und logisch[104]: „aber sonst so der rote Faden, der war ja nu da" (IV 2/Abs. 142). Nicht nur in dieser Aussage, auch in der Analyse des Interviews wird eine gewisse Kohärenz in der biographischen Deutung sichtbar.

Werner Stratmanns Biographie ist besonders geprägt von der Institution Kirche: Als Jugendlicher besucht er ein katholisches Internat und entscheidet sich nach dem Abitur zunächst dafür, einem Orden beizutreten und Priester zu werden. Mit 27 Jahren allerdings verlässt er den Orden, da er die „Unwahrheit" und „Lieblosigkeit" sowie die moralischen „Verfehlungen" (IV 2/Abs. 44) seiner Ordensbrüder nicht mehr akzeptieren kann. Sein Begehren spielt für die Entscheidung, der Kirche den Rücken zu kehren, zunächst keine Rolle; er bezeichnet sich als „Spätzünder" (IV 2/Abs. 42), der sich während der Zeit im Internat und im Kloster nicht mit (seiner) Sexualität auseinandersetzen konnte oder musste:

> „Keuschheit des konnt ich auch leben. Ich wusste nich ob ich schwul war oder oder oder nicht schwul war. //mhm// Denn wenn Sie ewig in einer Männergesellschaft leben, 14 äh vom 14. Lebensjahr im Internat, ist ja nun eine Männergemeinschaft, dann im Kloster, dann hab ich gar nich so viel gar keine Ahnung gehabt, was da an anderer Seite läuft." (IV 2/Abs. 44)

Nach Verlassen des Ordens beginnt er schließlich mit 27 beruflich neu in einer deutschen Großstadt und berichtet von dieser Zeit als Moment der inneren Auseinandersetzung:

> „Ich musste erstmal kämpfen mit meiner eigenen Offenheit und dann noch gegen die Verklemmtheit, die auf der andern Seite, also nicht nur die katholische Kirche und da wo ich herkomme. Sondern da war ja praktisch auch noch eine Verklemmtheit, die alte Hitlerdoktrin und so." (IV 2/Abs. 54)

Die moralische Bewertung der Homosexualität ist für ihn bestimmt durch die katholische Kirche, die für ihn lange Zeit der ideologische Bezugspunkt war, sowie durch ein gesamtgesellschaftliches Klima, welches durch die „alte Hitlerdoktrin" geprägt ist. Diese drückt sich in der Konstanz des § 175 aus und führt zu einem gesellschaftlichen Umgang, der durch „Verklemmtheit", Tabuisierung und Ver-

---

104 vgl. zu den Erzählzwängen in qualitativen Interviews Kap. 3.1.

schweigen geprägt ist (vgl. Kap. 4.1). Auch da „wo er herkommt" zeigt sich „eine Verklemmtheit". Ein für ihn bedrohlicher gesellschaftlicher Umgang mit Homosexualität hat demnach drei Quellen: Die Kirche, die Hitlerdoktrin und – vermutlich – seine Heimatregion oder Herkunftsfamilie. Nicht nur muss er dementsprechend einen „Kampf" mit seiner „eigenen Offenheit" führen, sondern sich mit dieser Verklemmtheit von außen auseinandersetzen. Dieser „Kampf", den er mit sich und seiner Umwelt führt, wird nicht näher beleuchtet, sondern der Umgang mit der eigenen Sexualität wird schließlich weitererzählt:

> „Ich hab das so normal betrachtet. //mhm// Ich hab mich nicht als als äh als <u>anders</u> betrachtet, doch ich wusste: keine Frauen, Männer. Das war aber für mich so offen und ehrlich war ich gegen mich selber. //mhm// Aber es is mir es is schwer gemacht worden damals, weil (.) die andere Seite also äh äh die- es war immer noch ein Thema an das rührt man nicht. //mhm// Ws war immer noch Paragraph 75 ((sic!)). Das war ja Konsens." (IV 2/Abs. 54)

In gewissem Sinne entwickelt Werner Stratmann eine Form der *Selbstakzeptanz*, die auch mit einer *Normalisierung* des eigenen Begehrens einhergeht, die der gesellschaftlichen Bewertung diametral entgegensteht. Dass er *„gegen"* sich „selber offen und ehrlich" sein musste, zeigt die konflikthafte Entwicklung des neuen Selbstbezugs. Deshalb kann das Begehren auch nicht nach außen getragen und gegenüber anderen thematisiert werden. Da er sich „immer noch vorsehen" musste, begnügt er sich mit einer *innerlichen Offenheit* (In-Vivo) (IV 2/Abs. 54), die ihm „da reichen musste".

Auch ein Anschluss an schwule Gemeinschaften gestaltet sich für ihn schwierig:

> „Ich hab drei Jahre lang am Wochenende mich ins Auto gesetzt, in die Stadt gefahren, dann gab=s ja die schwulen Kneipen. //mhm// Noch teilweise mit mit Türschild, kam man nich mal rein sondern nur musste man sich erst anmelden. (2) Um neun Uhr bin ich hingefahren, hab gesacht so bis zehn Uhr, dann gehst=e aber rein, es wurde zehn Uhr, nee, halb elf und bin dann nachts um eins nach Hause gefahren, weil ich mich nicht reingetraut habe." (IV 2/Abs. 51)

Es zeigt sich eine Angst, die Kneipen zu betreten genauso wie der Wunsch, sich dort aufzuhalten. Ob er sich nicht „reintraut", weil er sich nicht zugehörig und fehl am Platze fühlen könnte oder weil diese Kneipen Ende der 1960er Jahre als anrüchig galten, illegal waren und häufig von Polizeirazzien betroffen waren, bleibt offen. Vermutlich fehlt ihm eine Handlungssicherheit dazu, sich dort selbstbewusst verhalten zu können und nicht ‚fremdartig' zu fühlen. Da ihm der Besuch schwuler Kneipen schwer fällt, findet er über diese *Gemeinschaften* keine Möglichkeit der *Anerkennung* als schwuler Mann, die ihm eventuell ermöglichen würden, die Selbstbeschreibung als schwul auch nach außen zu tragen. Sowohl die Szene, wie auch die gesamte Gesellschaft sind damit Bereiche, in denen er sich nicht richtig und fehl am Platze fühlt. Insofern stellt die Wendung nach *innen* eine Möglichkeit der Positionierung als schwuler Mann dar. Darin wird das Begehren als für ihn *problemloser* und normaler Aspekt der Selbstbeschreibung übernommen, ohne dass es nach außen kommuniziert werden kann. Er beschreibt dementsprechend die Zeit bis zu seinem ‚Outing' mit 50 Jahren Mitte der 1980er Jahre als Zeit in einer „Käseglocke" (IV 2/Abs. 51). Werner Stratmanns Blick auf die Vergangenheit ist also geprägt von einer als bedrohlich empfundenen gesellschaftlichen Stigmatisierung von Homosexualität und einer gleichzeitigen Selbstakzeptanz als schwul, die trotz einer nicht-offenen Gesellschaft dem Begehren einen legitimen Platz in der Selbstbeschreibung einräumen kann.

Innere Akzeptanz des Alter(n)s

Diese Trennung eines Innen und Außen zeigt sich gegenwärtig auch bei der Zuschreibung als alt oder älter. Werner Stratmann ist zum Zeitpunkt des Interviews 72 Jahre alt und fühlt sich durch eine Wirbelsäulenversteifung, die zu einer Gehbehinderung geführt hat, körperlich eingeschränkt. Diese und andere Aspekte führen zu einer Selbstbeschreibung als alt oder älter:

> „Nich dass man sagt: Alter ist jetzt ein Teil des Lebens, es geht nur abwärts, nur schlimm nur schlimm nur schlimm. Nee gar nicht. (…) Nur zu wissen jetzt biste so alt jetzt musst du dich auch entsprechend benehmen und pass auf dass du nich in ein Alter reinkommst, wo de abgelehnt wirst oder wo de dumm auffällst. Hab eine gewisse Selbstdisziplin in jeder Situation." (IV 2/Abs. 22)

Er akzeptiert zwar sein Alter, aber es darf nur in begrenztem Maße nach außen gezeigt werden. Die Selbstakzeptanz führt auch hier zu einer positiven Sicht auf das Alter(n), in der nicht nur die negativen Aspekte, insbesondere im Sinne eines Verfalls („es geht nur abwärts"), für die eigene Selbstbeschreibung als älterer Mensch entscheidend sein sollten. *Selbstdisziplin* (In-Vivo) ist dabei der Modus, über den sich Werner Stratmann als älterer Mensch selbst akzeptieren und zugleich für ihn angemessen nach außen auftreten kann. Sie ermöglicht ihm, sich nicht in einer negativen Weise als alter Mensch zu zeigen, in der man „abgelehnt" wird oder „dumm auffällt". Diese Selbstdisziplin leitet sich aus einem Negativbild alter Menschen und der entsprechenden Zuschreibung ab, dass diese „sich gehen lassen" (IV 2/Abs. 65), dass sie „schrubbelig" sind, „Blödsinn sagen" (Abs. 65) und „fauler" (Abs. 87) werden – Eigenschaften, die durch Selbstdisziplin vermeidbar sind.

Selbstdisziplin führt laut Werner Stratmann nicht nur dazu, das eigene Alter(n) zu akzeptieren und zugleich in Maßen zu halten, sie kann auch verhindern, von anderen Personen zu einer alten Person gemacht zu werden, die die negativen Eigenschaften des Alter(n)s verkörpert. Das Alter wird von ihm nicht primär über körperliche Veränderungen konstituiert, sondern über bestimmte Handlungsmuster, die als typisch alt gelten, soweit sie die als alt erkannten Menschen zu von der Norm abweichenden, zu unvernünftigen und irrationalen Personen macht, die keine würdigen Gesellschaftsmitglieder (mehr) darstellen. In dieser Perspektive auf das Alter(n) wird somit seine subjektive *Gestaltbarkeit* besonders deutlich (vgl. Kap. 5.1). Diese Gestaltungsmöglichkeit zeigt sich auch dann, wenn das Alter(n) eigentlich körperlich klar erkennbar wird:

> „Freunde sagen mir w- weil das ja jeder Zeit passieren kann äh: ‚nimm doch n Stock.' //mhm// Sag ich: ‚Von wegen da wär ich ja alt!' //@(.)@// Äh äh also wo ich ganz **ganz** gezielt drauf hingewiesen wird: ‚Nehm doch ein Stock.' Weil ein Stock doch alt für mich is wobei ein schöner Krückstock mit nem Sau- mit nem silbernen Knauf //mhm// kann ja noch recht locker sein nich? Ich meine aber, nein, das würd mich würde mich abhalten. Es hab- ich mir hab mir so=n Stock, aber n Wanderstock hab ich mir gekauft also den man zusammenschieben kann, es soll nich nach Krückstock aussehen. //mhm// Nur mal zu wissen dass es so Kleinigkeiten sind, wo ich mein Alter zwar akzeptiere aber ich muss es ja nicht jetzt schon zeigen. Kommt schon noch früh genug, irgendwann mal wenn ich dann ganz graue Haare oder gar mehr und wirklich krumm gehen sollte. Dann werd ich wohl einen Stock nehmen." (IV 2/Abs. 65)

Der *Krückstock* (In-Vivo) ist damit als nicht-menschliches Objekt ein Symbol für höheres Altern, das keinen Gestaltungsspielraum für die Außendarstellung des Alters mehr bietet. Auch wenn das Alter akzeptiert wird, sollte man es nicht zeigen, weshalb er sich einen *Wanderstock* (In-Vivo) gekauft hat, der statt auf Alter(n) auf Sportlichkeit, Dynamik, Aktivität verweist. Das Alter ist damit nicht nur *gestaltbar*, sondern auch durch *Symbole* gekennzeichnet. Nicht nur wenn er wirklich krumm geht, sondern wenn er auch „ganz graue Haare" hat, wird er „wohl einen Stock nehmen" – denn durch die grauen Haare wäre er so stark als alter Mensch erkennbar, dass auch der Wanderstock daran nichts mehr ändern würde.

Der alte faule Mensch funktioniert hier als so heftiges Negativbeispiel, dass Herr Stratmann sehr darauf bedacht ist, nicht als solcher von anderen gesehen zu werden. Die Erkennbarkeit des Alters muss demnach in der Selbstdarstellung für andere vermieden werden, während er sich zugleich innerlich als älterer Mann akzeptiert. Dass *Selbstakzeptanz* und *Selbstdisziplin* überhaupt in dem Maße notwendig werden, verweist darauf, dass Alter(n) durchaus als Bedrohung für die Selbstbeschreibung gesehen wird und ein Diskriminierungsrisiko darstellt.

Während insbesondere in den USA *ageism* bereits seit den 1980er Jahren ein gebräuchlicher Begriff zur Bezeichnung altersdiskriminierender Strukturen und Einstellungen ist, erschöpft sich die Diskussion in Deutschland meist auf Altersdiskriminierungen auf dem Arbeitsmarkt (vgl. Brauer 2010; vgl. auch Kap. 2.2). Werner Stratmanns Weigerung, sich auch nach außen als älteren Menschen erkennbar zu machen, zeugt nicht nur von der Wirkmächtigkeit körperlicher Attribute und typischer Symboliken des Alter(n)s, die in Interaktionen ein „doing age" (vgl. Schroeter/Künemund 2010; Schroeter 2014) mit-herstellen. Zugleich verweist sie auch auf Diskurspositionen des Alter(n)s, die dieses als schlecht und vermeidbar produzieren (vgl. auch Göckenjan 2000; 2007; Kap. 2.2).

Bescheidenheit, Selbstständigkeit und Zufriedenheit

Selbstdisziplin und zugleich Selbstakzeptanz sind daher die Modi, über die sich Werner Stratmann als älterer Mann selbst beschreiben kann. Daneben beinhaltet die Anrufung als alt ein starkes Stigmatisierungsmoment, so dass er vermeiden muss, in der Außendarstellung nicht als (negativ) alt angerufen zu werden. Diese *Unterscheidung eines Innen und Außen* zeigt sich entsprechend in der biographischen Perspektive auf die Selbstbeschreibung als schwuler Mann, da auch die Anrufung als schwul als Verwerfungspotential gesehen wird, welches er zu vermeiden sucht. Beide Elemente werden zu unterschiedlichen Zeitpunkten des Lebenslaufs zu Stigmata, die nach außen nicht gezeigt werden dürfen, aber zugleich ihre Bedrohlichkeit verlieren, wenn Werner Stratmann sie als Teil der Selbstbeschreibung nach innen akzeptiert.

Dabei zeigt er sich nicht widerständig gegen die sozialen Bewertungen (wie etwa Karl Bubeck, vgl. Kap. 6.2), sondern akzeptiert sie als Rahmenbedingungen, die – anders als sein Selbstbild – nicht verändert werden können. In dieser Sicht auf die Begrenztheit der eigenen Handlungsfähigkeit bildet Werner Stratmann eine Form der Selbstbeschreibung aus, die zu *Zufriedenheit* führt:

I: „Mhm, weil Sie des grade gesagt haben man muss was draus machen äh wie kann des aussehen?"

> W.S.: ((atmet tief aus)) „Das wichtigste (1) bin ich zu der Kenntnis gekommen zufrieden °zu sein.° //mhm// Nicht jetzt äh ((atmet tief aus)) versuchen nachzuholen was eh nicht mehr möglich ist. Meinetwegen so schön reisen, ich reise gerne jetzt so jetzt mach ich noch viele Reisen – gar nicht – oder dies und jenes zu tun oder ged- oder ich muss <u>das</u> noch unbedingt machen oder ich will das. Nee, zufrieden zu sein (.) dass=es einem so weit gut geht, mit dem Alter, mit der Gesundheit, alleine zu sein äh äh eingeschränkt werden durch das Alter. Aber das sind für mich Punkte, die ich (.) akzeptiere und damit das Beste draus mache. //mhm// In der Zufriedenheit hast ja so viel falsches nich gemacht oder was falsch gelaufen is Pech gehabt, hättst anders machen können, warum hast=es nich. Aber jetzt nich rumjammern dass=es so is es (zuehn)- ein Faktor erledigt, abgehakt, der nächste. Und jetzt ist halt das Alter der eine Faktor. Haken ab, kommt Mut bis zum Ende @(.)@." (IV 2/Abs. 23 – 24)

Dinge zu akzeptieren, so wie sind, wird als eine Erkenntnis im Alter gesehen, die sich bereits biographisch andeutet. Wie zuvor beschrieben, wird der § 175 StGB als Einschränkung für die Außendarstellung als schwuler Mann gesehen. Werner Stratmann lehnt sich jedoch nicht dagegen auf, sondern versucht sowohl durch Akzeptanz der gesellschaftlichen Bewertungen wie auch durch Selbstakzeptanz eine positive Wertung seines Begehrens in sein Selbstkonzept zu integrieren. Ähnlich bietet die Unterscheidung einer Innensicht und einer Außendarstellung als alt bzw. noch nicht (so) alt die Möglichkeit, die Anrufung als alt zu vermeiden und zugleich für sich zu akzeptieren. *Arbeit am Selbst* wird darin als Technik erkennbar, sich trotz möglicher negativer Anrufungen und hohem Diskriminierungspotential sowohl entlang des Begehrens wie auch des Alter(n)s (für sich selbst) zu positionieren und ein Verhältnis zu sich selbst zu finden, in dem ein gewisses Maß an Zufriedenheit erreicht werden kann.

Die Selbstbeschreibung wird darin immer wieder in einem *Modus der Rationalität* und *Ehrlichkeit* (vgl. auch Kap. 5.3) sichtbar gemacht. Nicht nur ist für Werner Stratmann das alte Subjekt dann verworfen, wenn es nicht (mehr) *vernünftig* handelt, sondern auch für schwule Männer gilt es, vernünftig zu leben:

> „Und da sollte man auch mit sich selber dann akzeptieren und klarkommen. (…) N Mann der **alleine** alt geworden ist hat es vielleicht etwas leichter, // mhm// als wie einer der eingebunden war in die Familie wo sich vieles um ihn gekümmert hatte, wo er sich nicht kümmern musste in welchem Bereich auch immer. Als wie einer der das ewig machen musste für sich, so

6.1 Innen – Außendifferenzierungen als Anti-Diskriminierungsstrategie

seh ich das. //mhm// Also äh man es trifft dann schon die Schwulen, wenn sie einigermaßen vernünftig gelebt haben, (.) trifft es leichter." (IV 2/Abs. 87)

Die hier getroffene Unterscheidung von alleinlebenden schwulen und in der Familie umsorgten heterosexuellen Männern wurde bereits in Kap. 5.2 als Abgrenzungsmodus analysiert. Im Rahmen einer biographischen Perspektive erscheint mir die Deutung wesentlich, dass schwule alleinstehende Männer meist mit dem Altern „klarkommen", wenn sie „vernünftig" gelebt haben. Vernünftig meint für ihn, mit sich im Reinen zu sein, sich selbst und das eigene Leben zu akzeptieren, sich nichts vorzumachen. Diejenigen, die unvernünftig sind, sind die schwulen Männer, „die dann der alten Zeit nachtrauern //mhm// der schönen alten Zeit wo die Jugend alles ((schlägt in die Hände)) machen konnte" (IV 2/Abs. 87). Diese werden laut Werner Stratmann mit dem Alter(n) Schwierigkeiten haben, weil sie den Verlust an sexueller Attraktivität nicht verkraften und weil sie nicht gelernt haben, allein zu leben. Dies hat er dagegen sein Leben über gelernt bzw. lernen müssen, da es ihm aufgrund der „Verklemmtheit" der Gesellschaft nicht möglich schien, sexuelle Kontakte und Beziehungen mit schwulen Männern zu suchen. Auch hier wird die gesellschaftliche Ausgrenzung ähnlich wie in der Deutung von Zufriedenheit durch Selbstakzeptanz zu einem Vorteil umgewertet: Die erzwungene Einsamkeit wird zu einer *erlernten Selbstständigkeit* und damit in *Autonomie* umgedeutet, die es ermöglicht, als schwuler Mann ‚gut' alt zu werden und Zufriedenheit zu finden. Diese Strategie der Selbstdeutung kann als *Kompetenz für das Alter(n)* ausgelegt werden.

In der Forschung zum Älterwerden schwuler Männer (vgl. auch Kap. 2.5) findet sich diese Deutung wieder in der These eines besseren „Copings" von älteren schwulen Männern. Die These, die insbesondere Douglas C. Kimmel (1978) aufwirft, bescheinigt älteren schwulen Männern eine besonders hohe Krisenkompetenz, die auch im Alter hilfreich ist (vgl. Kimmel 1978; 2004; kritisch dazu vgl. Heaphy et al. 2004; Lottmann/Lautmann 2015). Da ältere schwule Männer es biographisch ‚gewöhnt' wären, sowohl mit sozialer Stigmatisierung als auch mit Brüchen im Lebenslauf umzugehen (durch das ‚Coming-out', Scheidung, soziale Ausgrenzung), könnten sie die mit dem Altern einhergehenden Herausforderungen wie körperliche Veränderung, Altersdiskriminierung, sinkendes finanzielles Niveau u. a. besser meistern als ihre „heterosexual counterparts" (Heaphy et al. 2004: 884). Wie Kimmel selbst später eingesteht, muss die Annahme dahingehend eingeschränkt werden, dass eher Personen an wissenschaftlichen Studien teilnehmen, die ihr Altern als „erfolgreich' einschätzen und damit insgesamt eine höhere Lebenszufriedenheit aufweisen (vgl. Kimmel 2004: 268). Trotz dieser Einschränkung steckt in der These neben der Generalisierung des ‚Copings' als ‚schwule' Kompetenz die Gefahr, lebenslange Diskriminierung (oder deren Gefahr) als Vorteil auszuweisen anstatt sie als häufig schwierige Lebenserfahrung ernst zu nehmen.

Wie sich in besonderer Weise bei Werner Stratmann zeigt, sieht er die Erfahrungen der *Nicht-Anerkennung* als schwuler Mann als hilfreich dafür, mit dem Älterwerden umzugehen. Allerdings gilt das wiederum nicht für alle Befragten (vgl. Kap. 4.3 und 6.2). In diesem Sinne setze ich Kimmels These des besseren Copings nicht als generelle psychische ‚Eigenschaft' älterer schwuler Männer voraus, nehme sie aber doch dahingehend ernst, dass sie erstens auf die Relevanz biographischer Ereignisse für die gegenwärtige Selbstdeutung verweist und zweitens einen Beleg dafür liefert, dass subjektives Alter(n) je nach Kontext über das Begehren mitbestimmt wird.

Auch wenn Werner Stratmann eine solche Krisenkompetenz für sich selbst als positiven Effekt formuliert, so verweist sie letztlich doch auf biographische Erfahrungen, die vom Risiko der Stigmatisierung und Ausgrenzung und einer starken Einsamkeit erzählen. Ähnlich wie das Konzept des „successful aging" (Rowe/Kahn 1997; vgl. Kap. 2.2) vermittelt diese These, dass es (trotz gesellschaftlicher Diskriminierung) nicht nur möglich, sondern letztlich auch nötig sei, als schwuler Mann „gelingend" zu altern. Im Sinne einer individuellen Zurechnung, das eigene Schicksal trotz Schwierigkeiten bzw. gerade deshalb meistern zu können, wird die Erfahrung der drohenden Abwertung als schwules Subjekt als Vorteil gedeutet. Die These des besseren „Copings" älterer LGBT ist daher nicht nur aufgrund der Zuschreibung individueller Selbstverantwortung kritisch zu sehen, sondern sie scheint auch außer bei Werner Stratmann im Interviewmaterial nicht auf. Tatsächlich wird im Folgenden bei dem Befragten Peter Martens eine gegensätzliche Perspektive erkennbar, in der die gesellschaftliche Anrufung als nicht-intelligibles und nicht-anerkennenswertes Subjekt zu einer Selbstverwerfung führt, die erst in der Lebensphase Alter umgedeutet werden kann.

6.2 Alter(n) als Widerstand und Befreiung

In den Selbstbeschreibungen als *widerständig* und *befreit* werden biographische Kontinuitäten in der Selbstbeschreibung sichtbar und zugleich wird das Alter als *neue* Lebensphase verhandelt. Das Alter stellt dabei einen Bruch dar, durch den das eigene Selbstverhältnis neu geklärt werden muss bzw. kann. Diese Umgangsweisen unterscheiden sich mithin deutlich sowohl in ihren Konsequenzen wie auch in ihren Bedingungen: Während Karl Bubeck (IV 8) eine Kontinuität in der Selbstbeschreibung als schwul auf die Lebensphase Alter überträgt, sieht sich Peter Martens (IV 6) durch das Alter(n) erstmals in der Lage, sein Begehren als

Teil des Selbstverhältnisses zu formulieren. Wie auch in Kapitel 6.1 vergleiche ich biographische Erzählungen mit gegenwartsbezogenen Darstellungen, um Kontinuitäten und Brüche in der Selbstpositionierung zu den Dimensionen Alter(n) und Begehren darzustellen.

Widerständige Selbstfindung

Karl Bubeck, 64 (IV 8) ist einer der Interviewpartner, die ihr Begehren als politische Dimension verhandeln. Für ihn ist die Sozialisation in Protestbewegungen wesentlich für die Selbstbeschreibung als schwuler Mann. Er arbeitet aktuell in einer Beratungseinrichtung für ältere LGBTs in einer deutschen Großstadt und sieht diese Tätigkeit als Auftrag zur politischen Veränderung. Dies stellt er im Interview als Konsequenz aus seiner starken biographischen Verortung in emanzipatorischen Gemeinschaften dar. Die Selbsterzählung als schwuler Mann ist bei ihm immer gekoppelt an diese Gruppen und beginnt im biographischen Rückblick auch mit seinem ‚Outing‘, welches im Jahre 1977 stattgefunden haben muss:

> „Also ich bin mit=äh 27 hatt ich mein Coming-out, ja. (…) Bin dann aber relativ bald äh auch weil ich auch aus ner politischen Arbeit kam ähm in äh in so schwulenemanzipatorische Zusammenhänge gekommen, also bundesweite Schwulengruppentreffen, sowas und alles und äh wir ha=m halt damals schon sehr intensiv uns um uns selbst und um auch die gesellschaftlichen Zusammenhänge gekümmert also m- gesacht, Schwul sein is äh nix privates. Also damals gab=s eh den Spruch, äh äh das Private is auch politisch, also es gibt nix privates in dem Sinne. (.) Also die eigene Lage is auch sozusagen Ausdruck von gesellschaftlichen Verhältnissen, die Lebenslage. Und wenn ich was für mich tue, für die Verbesserung meiner Lebenssituation tu ich damit auch direkt was für die gesamtgesellschaftliche Entwicklung. Und war halt in vielen, in verschiedenen Gruppen." (IV 8/Abs. 18)

Karl Bubecks emanzipationspolitische Sozialisation beginnt damit in einer Zeit, in der unterschiedliche Bewegungspolitiken entstanden, die trotz ihrer Vielfältigkeit gemeinsam hatten, dass repressive und autoritär-faschistische Strukturen angeprangert wurden und durch alternative Gesellschafts- und Selbstentwürfe ersetzt werden sollten. Den Leitsatz der zweiten Frauenbewegung „Das Private ist politisch" (vgl. Haunss 2004: 115) wird von Karl Bubeck als Leitsatz der Gruppierungen formuliert, denen er sich nach seinem Outing anschloss (IV 8/Abs. 18). Die Bildung dieser Gruppen wird verknüpft mit einer „linken Stimmung", die zu einem „Riesenaufbruch" (IV 8/Abs. 18) führte und nicht nur „die Studenten" erfasste, denn „die Empörung reichte in alle Bereiche der Gesellschaft". Im Rahmen dieser allgemeinen Empörung positioniert sich Karl Bubeck als Teil einer „Welt voller Ungerechtigkeit sozusagen. (.) Und ähm als Schwuler hatte man eben eine Ungerechtigkeit selber" (IV 8/Abs. 18). Die Thematisierung dieser „Ungerechtigkeit" in den entsprechenden Gruppierungen drückt nicht nur den Wunsch nach individueller Anerkennung schwuler Sexualität, sondern auch nach einer anderen Gesellschaftsstruktur aus. Die „zweite oder neue Schwulenbewegung" (Haunss 2004: 191), die sich nach Abmilderung des § 175 und unter fortschreitender polizeilicher Repression ausbildete[105], machte es sich zum Ziel, die Unterscheidung normaler und abweichender oder abgewerteter Sexualität durch einen liberalen, demokratischen und selbstbestimmten Sexualitätsbegriff zu ersetzen. Der erste Schritt in dieser „Politik der ersten Person" drückt sich, wie Haunss 2004 schreibt, in diesem „subjektivistische[n] Ansatz (...) auf einer ersten Ebene als direkte Verknüpfung von politischer Überzeugung und persönlicher Lebenspraxis" (ders.: 115) aus. Wenn Karl Bubeck sagt: „Wenn ich was für mich tue, für die Verbesserung meiner Lebenssituation tu ich damit auch direkt was für die gesamtgesellschaftliche Entwicklung" (vgl. oben), so reiht er sich damit in diese bewegungspolitische Ausrichtung, wie sie bereits in der zweiten Frauenbewegung entwickelt wurde, ein.

Die Selbst-Thematisierung als schwul im Rahmen dieser bewegungspolitischen Sozialisation ist geprägt von einer *kollektiven Idee der Identität*: Die eigene Identitätsbildung formiert sich dabei mit, in und über spezifische Gemeinschaften, die sich über geteilte Merkmale definieren und zugleich den politisch dominanten Zugriff auf diese(s) Merkmal(e) herausfordern wollen (vgl. Haunss 2004: 62). Dementsprechend versteht Karl Bubeck die Selbstbezeichnung als schwul in schwulenemanzipatorischen Bewegungen nicht nur als Ausdruck individueller sexueller Vorlieben, sondern sie dient als politischer Akt, der *Selbstermächtigung und gesellschaftlichen Wandel* zur Folge haben soll.[106] Ein ähnliches Beispiel für diese Form der politischen Aneignung zeigt Karl Bubeck über das Tragen des rosa Winkels:

---

105 Gilt der Widerstand gegen Polizeirazzien im New Yorker Stadtteil Greenwich Village, in deren Zuge sich am 28. Juni 1969 Trans* People of Color, Lesben und Schwule in der Christopher Street gegen Polizeikontrollen wehrten, als Initialzündung, begann sich seit Anfang der 1970er Jahre in Deutschland u. a. durch den Satz „Raus aus den Toiletten, rein in die Straßen" (Rosa von Praunheim 1971) eine Form des Widerstandes gegen Polizeigewalt und beständiges Sich-Verstecken-Müssen auszubilden (vgl. u. a. Haunss 2004; Rosenkranz/Lorenz 2012).

106 Die Aneignung der ursprünglich abwertenden Bezeichnung als selbstbewusste Selbstbezeichnung ist nicht nur ein Mittel der Selbstermächtigung, sondern sie stellt auch ein Moment des Wandels der diskursiven Bewertung von Homosexualität dar (vgl. Beljan 2014; vgl. auch Kap. 3.3).

6.2 Alter(n) als Widerstand und Befreiung

„Zum Beispiel trag ich wenn ich offiziell unterwegs bin immer n rosa Winkel noch, //mhm// um auch auf diesen Zusammenhang hinzuweisen //mhm// und 175 bruchlos übernommen in die neue Bundesrepublik und so." (IV 8/Abs. 18)

Den rosa Winkel als unfreiwillige Kennzeichnung während des Nationalsozialismus übernimmt er damit zur Selbstkollektivierung und Solidarisierung mit dem damals verworfenen schwulen Subjekt. Er verweist damit nicht nur auf die Verfolgungspraxis zur NS-Zeit, sondern, wie er sagt, auch auf die Kontinuität des § 175 StGB im Strafgesetzbuch der BRD. Nicht zuletzt verweist das Tragen des rosa Winkels wiederholt auf die Anbindung an die seit Anfang der 1970er Jahre entstehenden Schwulenbewegungen, die den rosa Winkel als deren Symbol nutzten. Die Selbstbeschreibung *als gesellschaftlich unterdrückter* und zugleich sich von *dieser Unterdrückung befreiender* schwuler Mann trägt er damit bis in seine heutige Selbstdarstellung weiter.

Seine berufliche Laufbahn ist ebenso geprägt von diesem Anspruch gesellschaftlicher Veränderung auf der einen Seite und einer Form von Bewusstseinsbildung auf der anderen Seite: Nach einer „Berufsausbildung im Büro", die nicht weiter thematisiert wird, gründet er Anfang der 1980er Jahre

„mit andern schwulen Männern hier aus P-Stadt zusammen ne [Kultur-] Gruppe (...), die hieß [schwuler Männerclub P-Stadt] und wir ham über zehn Jahre so [kulturelle Praxis] gemacht quasi. //mhm// (...) Sind rumgereist äh durch ganz Deutschland //mhm// und ha=m [Veranstaltungen] gemacht und ähm sozusagen unsre Botschaft in die Welt getragen, wie toll das is schwul zu sein und dass da nix schlimmes dran is." (IV 8/Abs. 18)

Zeitgleich gründet er in der Großstadt, in der er auch momentan lebt, mit anderen ein Schwulenzentrum. Als „Aids als Problem kam auf uns zu plötzlich" (Abs. 18) nimmt er in der dort ansässigen Aidshilfe eine leitende Position ein. Nach verschiedensten anderen Tätigkeiten – die nicht näher beschrieben werden – nimmt er ein Jahr vor dem Interview eine Stelle bei einer Beratungseinrichtung für ältere LGBTs an:

„Und bin jetzt nach zwanzig Jahren wiedergekommen und merke: Ah, die alten Fäden sind immer noch da, kannste wieder aufnehmen, hab viele alte Freunde wieder getroffen Kampfgenossen sozusagen. //mhm// Und äh (.) ja das is so, das hat auch wieder mi=m Alter zu tun, ich hab mich für des Projekt entschieden weil ich selber auch alt bin und es geht im Projekt um=s Thema Alter. //mhm// Also wie welche Angebote gib=s für Ältere Schwule und Lesben im Land, also wie weit sind eigentlich die (1) Altentagesstätten

> also der ganze Bereich der offenen Altenarbeit für dieses Thema? Also null natürlich und äh (.) sozusagen da auch wieder als Pionier mit dabei zu sein, des is ne tolle Geschichte." (IV 8/Abs. 18)

Auch diese Beschäftigung zeichnet sich dadurch aus, dass er dort nicht nur *politisch* gestalten kann, sondern sich auch *persönlich* einbringen kann. Nicht nur als schwuler Mann, sondern als inzwischen älterer schwuler Mann bietet ihm diese Stelle Anschluss an politische Gemeinschaften („Kampfgenossen") und die Möglichkeit, politisch handlungsfähig zu sein. Die Selbstbeschreibung als *„Pionier"* (In-Vivo) kann damit auch in diese Arbeitsstelle übertragen werden und bildet eine deutliche biographische Kontinuität.

Seine Selbstkonzeption als politisches Subjekt war und ist von einem *widerständigen* Verhältnis zu gesellschaftlichen Anrufungen getragen, in denen bestimmte Subjekte als nicht-passend eingestuft und abgewertet werden. In dieser grundsätzlichen Haltung des Widerstandes konzipiert sich Karl Bubeck über den Lebenslauf als schwuler und inzwischen als (auch) älterer schwuler Mann:

> „Es gibt im Leben so viel Ungerechtigkeit und Unterschiede, du musst dich einmischen wenn du dein Leben selbst gestalten willst. Das dritte war schwul sein äh, dass ich geme-, gesagt, ‚du, is ne große Herausforderung, du kannst nich einfach in=ne heterosexuelle Normwelt übergehen, du bist im falschen Film also versuch jetzt dein Leben in nen andern, also versuch mal ne andere äh Filmrolle oder so.' //mhm// Also seine Rolle zu finden da. Das waren drei große Herausforderungen die hab ich auch immer wieder für mich thematisiert und hab geguckt wie, was bedeutet das, wo de grade bist und wo das- und jetzt wo ich fast 65 bin ist=es genau der gleiche Weg der weitergeht." (IV 8/Abs. 55)

Karl Bubecks Darstellungen sind kontinuierlich und über die Erzählung des Lebenslaufs hinweg geprägt von einer Form des Widerstands und dem Auftrag, sich selbst in diesem Widerstand zu konzeptionieren und zu thematisieren, sein eigenes Selbst also als Mittel der gesellschaftlichen Veränderung einzusetzen. Die „heterosexuelle Normwelt" (IV 8/Abs. 55) bietet seinem Selbst keine für ihn passende „Rolle"[107] an, so dass er diese selber suchen und finden muss. Dieser „Weg" geht jetzt mit „fast 65" weiter:

---

107 Zum Begriff der Rolle vgl. genauer Kap. 5.1.

> „Und das is glaub ich n gelungenes Alter wenn man das schafft, ähm nicht zu, also nich sich auf die Klischees und Rollenvorbilder oder äh klar gib=s ja, es gibt ja diese Activity-Theorie und hab schon auch die Lehrbücher von Ihrem Studium gelesen und Soziologie des Alterns und sich einbringen und ähm ähm. Ich glaub, dass=es äh dass dass ich bin n Mensch der immer gesagt hat: Handlungskompetenz is wichtig also Aufklärung is wichtig, sich informieren, nich die Welt so nehmen wie die Klischees des vorgeben. Sondern äh Sei der du bist, werde der du bist und dann kannst=e ähm also schon mal zumindest auf der gedanklichen Ebene n Leben führen dass du selber gern so leben willst." (IV 8/Abs. 55)

Seine Einstellung gegenüber normierten Erwartungen des richtigen Alter(n)s ist dementsprechend die gleiche wie in Bezug auf Anrufungen des Begehrens: Beide sind zu hinterfragen, sie dienen nicht als angemessenes Rollenvorbild. Daher ist es wesentlich, sich auch im Alter(n) mit sich selbst und dem eigenen Selbstbild auseinanderzusetzen und dieses entgegen sozialer Normierungen zu formulieren. Was Karl Bubeck als „gelungenes Alter" beschreibt, entspricht weder den Annahmen des „successful ageing" noch den Annahmen der „Acitivity-Theorie" (vgl. dazu Kap. 2.2).[108] Während es dort um physische und psychische Aktivität zum Erhalt körperlicher und kognitiver Funktionen und einen impliziten Aufruf zur Selbstregierung als produktives und damit ökonomisch nützliches Subjekt geht, versteht er sie als Aufruf, durch *Arbeit am Selbst* einen persönlichen sowie gesellschaftlichen Platz zu finden, von dem aus man Handlungsfähigkeit beweisen kann:

> „Möcht auch gerne Einfluss haben auf das Leben weiter. //mhm// Also nich nur auf meins, auch auf das gesellschaftliche." (IV 8/Abs. 62).

Es zeigt sich also eine biographische Kontinuität in dem Sinne, dass die Auseinandersetzung mit Homosexualität sich in der gleichen Weise auch in Bezug auf das Alter(n) zeigt. Gesellschaftliche Subjektpositionen, die in Form von Erwartungen und Rollenvorgaben an Karl Bubeck herangetragen werden, werden von ihm in Frage gestellt und als unpassend empfunden. In einer andauernden *Selbst-Thematisierung* sucht er Möglichkeiten, die Dimensionen Alter(n) und Begehren so auszudeuten,

---

108 Dass er den Begriff „gelungenes Alter(n)" und die Activity-Theory überhaupt nennt, ist trotz der von ihm abweichenden Auslegung ein Hinweis darauf, dass diese Konzepte des Alter(n)s ihren sozialpolitischen Auftrag im Sinne einer Distribution ihrer wesentlichen Prämissen in die Selbstkonzepte älterer Menschen weitgehend durchsetzen konnten. Zur Selbstdarstellung als informiert und kenntnisreich in der Interviewsituation mit der gegenübersitzenden Wissenschaftlerin vgl. Kap. 3.3.

dass sie emanzipatorischen und damit auch seinen eigenen Grundsätzen entsprechen. Entsprechend ist Karl Bubecks Selbstthematisierung von einer *widerständigen Selbstfindung* gekennzeichnet. Die hegemonialen Anerkennungsmuster werden von ihm zwar identifiziert, da sie aber dem individuellen Selbstbild nicht entsprechen, müssen sie durch Ablehnung und Widerstand und durch Prozesse der Selbstfindung zumindest reflektiert, mehr noch aber ebenso neu *gestaltet* werden wie die Selbstbeschreibung. In diesem Gestaltungsanspruch zeigt sich die Möglichkeit einer *autonomen* Selbstbeschreibung, die in *Gemeinschaft* mit anderen „Kampfgenossen" (IV 8/Abs. 18; s. o.) zudem *Anerkennung* findet und in der er sich schließlich selbst als emanzipiertes Subjekt anerkennen kann.

Alter als Phase der Befreiung

Peter Martens, 70 Jahre alt (IV 6), ist der einzige Befragte des Samples, welcher sich nicht als offen schwul lebend beschreibt. Während einige Befragte erzählen, dass sie nicht mit „Plakat rumgegangen" (IV 2/Abs. 54) oder einem „Schild vor der Brust über die [XX-Straße] ähm auf dem drauf steht ‚ich bin schwul'" (IV 4/Abs. 117) gehen oder gegangen sind, stellt keiner von ihnen die Selbstbezeichnung als schwul in Frage. Anders dagegen bezeichnet sich Peter Martens über das Interview hinweg weder selbst als dezidiert schwul (vgl. dazu z. B. Kap. 5.4), noch gibt es Personen, denen gegenüber er sich als schwul thematisiert. Die einzige Person, die von seinem Begehren ‚weiß', bin ich als Interviewerin.[109] Schwules Begehren ist für ihn durch eine biographisch erfahrene Verwerfung gekennzeichnet, zugleich ist es das Alter, welches eine andere Form der Selbstbeschreibung als männerbegehrender Mann bietet. Die Gründe dafür werden über einzelne Stationen seines Lebenslaufs hinweg deutlich.

Die früheste Erfahrung mit einer negativen Bewertung von ‚Andersheit' findet sich in folgender Erzählung:

> „Mei Mutter hat ma zum Beispiel als vielleicht vierjähriges Kind, da hamma Hühner gehabt, und immer junge wieder. Na isch einer, äh ein junges Hühnchen isch großgewachsen, und da hat ma net genau gewusst, is des Henne oder Hahn. und da hab i mei Mutter gefragt: ‚was ischn des? was ischn des, isch des jetzt eigentlich a Henne oder a Hahn?' Und da hat=se sich a weng gewunden und da hats gesagt: ‚ach, des isch a Baske, dem hau ma sowieso bald an Kopf runter.' //mhm// Gell? Also vermutlich hat sich da was eingebürgert: da kommt sowieso die Rübe ab. Gell? //mhm// Und dann hamma

---

109 Zumindest soweit er mir das gegenüber schildert. Wie in 5.3 erwähnt, gab es Personen, denen er von seinem Begehren erzählte, sie sind mittlerweile verstorben.

6.2 Alter(n) als Widerstand und Befreiung

> noch an Bekannten gehabt in der Familie, der, von dem hat ma gewusst, der is schwul und der war beim Hitler auch in Dachau. Sechs, acht Wochen und dann war=er schon ziemlich gebrochener Mann, gell? Und äh (1) den hat ma also immer sehr herablassend runtergeschaut. Ma hat ihn äh gehabt, weil er war lustig und unterhaltsam, aber man hat auf ihn runtergeschaut, //mhm// äh einfach man hat ihn verachtet eigentlich." (IV 6/Abs. 62)

Die erste Erzählung schildert die Erfahrung, dass geschlechtliche Uneindeutigkeit dazu führt, dass ein Lebewesen (hier das Hühnchen) nicht als lebenswert angesehen wird. Die Bezeichnung als „Baske" verweist zum einen auf Personen, die aus dem Baskenland kommen. Interpretierbar wäre hier, dass die Bewohner_innen dieser französisch-spanischen Grenzregion für (nationale) *Uneindeutigkeit* stehen bzw. standen. Möglich wäre zum anderen, dass Peter Martens eigentlich „Bastard" sagen wollte; eine Bezeichnung für ein uneheliches und damit minderwertiges Kind. Auf jeden Fall scheint es der Mutter aber geboten, das nicht *zuzuordnende* und damit *mangelhafte* Hühnchen lieber zu beseitigen. Auch die zweite Erzählung über den Verwandten drückt eine deutliche Abwehrhaltung gegenüber dem aus, was als nicht-normal gesehen wird. Dieser „Bekannte in der Familie" (auch schon ein Ausdruck, der deutlich Distanz ausdrückt) war „beim Hitler" vermutlich zum Ende des Zweiten Weltkriegs bis zur Befreiung im damaligen Konzentrationslager in Dachau. Vermutlich auch deshalb hat man „gewusst, der is schwul". Auch wenn man ihn verachtet, „hat man ihn gehabt", nicht nur weil man als Familie verpflichtet war, ihn zu umsorgen, sondern weil er „lustig" und „unterhaltsam" war. Die Schilderung hier erinnert an einen Clown oder ein lustiges Haustier, welches irgendwie minderwertig ist, aber Unterhaltung bietet.

Im katholischen Internat erlebt er eine weitere Unterscheidung zwischen dem Normalen und dem verdorbenen Schwulen, die sich etwa im Aufklärungsunterricht darin zeigt, dass der Lehrer „was erzählt hat (…) und des Fazit war halt, äh wer schwul isch, der isch sowieso a verlorene Seele" (IV 6/Abs. 62). Die deutliche Abwertung des Schwulen zeigt sich im Internat auch an anderer Stelle und wird für ihn selbst zu einem unmittelbaren Konflikt:

> „im Inter- ich war von zehn bis 16 – wollt ich eigentlich Pfarrer werden, gell? //mhm// wahrscheinlich aus dem Grund scho, gell? //mhm// Dass des niemand merkt. //mhm// Weiß °i aber nimmer so genau.° Und äh da hat si mir einer genähert, da war i – vielleicht war i da 13, 14 – (2) eindeutig, gell? Und (1) ich hab des als sehr lästig und sehr unangenehm empfunden. (1) Und wir ham dann zufällig mal mitenander gesprochen im Internat und dann isch der, simma zum Pater gegangen und dann isch der entfernt worden, also

rausgeschmissen worden. //mhm// Und ich hab damals gefunden, wenn der schwul isch dann gehört der da raus. //mhm// Der hat da nix zu suchen, a schwuler. //mhm// Mit 13, 14. hab gemerkt, dass i au so denk. //mhm// Und des isch a Zwiespalt, den kamma mit Worten mit niemanden lösen. Weil ma meint ja, ma isch der letzte Mensch gell? //mhm// Und äh des darf ma niemanden sagen, sonst verachtet einen da jeder. //mhm// Und mit dem Ding bin ich praktisch groß worden." (IV 6/Abs. 62)

Die Annäherung im Internat führt zu einem unlösbaren Dilemma: Auf der einen Seite vertritt Peter Martens auch die Meinung, dass „a schwuler" „da nix zu suchen" hat, dass ein Schwuler also nicht an der (räumlich und evtl. auch sozial engen) Gemeinschaft im Internat teilhaben darf, dass er gegen die Regeln und das (heterosexuelle) Selbstverständnis verstoßen hat.[110] Zugleich beschreibt er sich in einem „Zwiespalt", denn er sieht den Mitschüler *und* sich selbst „als letzten Mensch"; eine Erfahrung, die ihn weiter begleiten wird. Nach diesen Erfahrungen und im Laufe der nächsten Jahre heiratet er eine Frau und bekommt mit ihr zwei Kinder. Er beschreibt diese Zeit als

„praktisch ganz normal, hab ganz normal gelebt. Aber es isch halt so, du lebst ganz normal aber der Kopf und die Gedanken die gehen dann manchmal weg. //mhm// Und des war für mich schwer und ich muss schon mal innerhalb der Ehe verstecken, dass mir emal sagen wir mal von den Ehepaar net die Frau, sondern der Mann gefallen hätt. //mhm// Also die Frau wär ja noch gegangen, gell?" (IV 6/Abs. 20).

Nicht nur die Ehe wird als Bereich geschildert, in dem er sich „verstecken" muss, sondern auch sein Arbeitsplatz. Peter Martens war 35 Jahre lang „in einem Dorf Volksschullehrer" (IV 6/Abs. 20) und spricht über sein Begehren im Kontext der beruflichen Situation folgendermaßen:

---

110 Immer wieder werden homophobe Handlungen in den Interviews im Rahmen bestimmter Gemeinschaften berichtet, die sich durch eine räumliche und evtl. auch soziale Nähe auszeichnen, so z. B. das Internat bei Peter Martens, die Militärkaserne bei Hannes Schneider und der Freundeskreis von Peter Martens (vgl. Kap. 4.1). Es steht zu vermuten, dass an solchen Orten häufiger sexuelle Handlungen zwischen Männern ‚befürchtet' werden oder tatsächlich von statten gehen und die besonders deutliche Herabsetzung von Nicht-Heterosexualität eine Strategie ist, einer drohenden Fremdzuschreibung als schwul zu entgehen (vgl. auch Pohl 2012a; 2012b).

„Es war ja am Anfang meiner Berufstätigkeit war=s so dass da den Paragraphen 175 noch geben hat und wenn ich da erwischt worden wäre dann (.) wär=i praktisch ausm Beruf entfernt worden und als Lehrer kann ma halt net viel, gell? //mhm// War für mich große Ängstigung, trotzdem bin ich öfter nach [R-Stadt] gefahren und hab Kontakte gesucht. (…) Und hab (.) praktisch immer ungeoutet gelebt." (IV 6/ebd.)

Ähnlich wie bei Karl Bubeck entspricht der gewählte Beruf der Darstellung nach außen: Während ersterer als Teil einer Kulturgruppe seinen politischen Auftrag eines selbstbewussten Schwulseins verbreiten kann, entspricht der Beruf des Lehrers einer geregelten bürgerlichen Existenz. Das Lehrer Sein ermöglicht dabei das *Aufrechterhalten einer gewissen Fassade*, auf der anderen Seite darf diese Fassade keinesfalls einreißen und macht ein ‚Outing' unmöglich. Ein Outing im Lehrerberuf kann als besonders bedrohlich gesehen werden, weil mit dem Beamtenstatus bestimmte moralische Haltungen verbunden sind und dem Lehrer eine Vorbildfunktion zugewiesen wird. Mit einem Outing könnte Peter Martens ein Disziplinarverfahren gedroht haben, welches das Arbeiten als Lehrer beendet hätte.

Insgesamt werden im Interviewzitat die drei Elemente seiner Lebenswelt sichtbar, die sein Begehren erheblich einschränken: die Familie bzw. insbesondere die Ehefrau, der Beruf und die dörfliche Umgebung. Alle drei Lebensbereiche hängen so stark zusammen, dass eine ‚Entdeckung' in einem auch zum Outing in den anderen Bereichen führen würde. Die Angst ‚entdeckt' zu werden ist insgesamt durch den „Paragraphen 175" (s. oben) bestimmt. Der § 175 beinhaltet damit eine kriminalisierende Anrufung und zugleich die Gefahr, seinen sozialen wie auch ökonomischen Status durch Arbeitslosigkeit zu verlieren sowie tatsächlich juristisch verfolgt zu werden. Peter Martens ist 1943 geboren und 1969 demnach 26 Jahre alt – die beständige Bedrohungsgefahr endet also auch nach der Abmilderung des § 175 StGB 1969 und 1974 für ihn nicht, sie führt bis zum Interviewzeitpunkt dazu, dass er „immer ungeoutet gelebt" hat.[111] Diese Schilderung ist vor dem Hintergrund interessant, dass er „trotzdem" „Kontakte" gesucht hat, es somit Personen gab, die ihn als männerbegehrenden Mann ‚erkannt' haben, allerdings nicht nur vor einer

---

111 Die seit Ende der 1960er entstehenden schwulenpolitischen Bewegungen erwähnt Peter Martens, ganz im Gegensatz zu Karl Bubeck zuvor, nicht. Sie sollten demnach in ihrer Bedeutung, Reichweite und Repräsentationskraft für schwule Männer reflektiert werden. Die dörfliche Umgebung, in der Peter Martens lebt, ist sicherlich ein Grund für die geringe Bedeutung dieser Gruppen für seine Selbstbeschreibung. Das Nicht-Erwähnen könnte aber auch darauf hindeuten, dass Möglichkeiten der Partizipation und Politisierung nur dann genutzt werden können, wenn die Mitwirkenden sich nicht in einem grundsätzlichen Klima der Angst sehen.

anderen Gruppe von Personen, sondern auch in einer anderen Stadt. Geoutet zu sein wäre für ihn daher ein Outing vor dem gesellschaftlichen Umfeld, das Homosexualität nicht als akzeptabel anerkennt.[112]

Seine Erzählung geht weiter zu seiner Ehe, die auseinandergeht, als er 50 Jahre alt ist. Wie er ausführt, hat das Scheitern der Ehe nichts mit seinem Begehren zu tun, sondern wird eher als Auseinanderleben beschrieben (IV 6/Abs. 20). Das nächste wichtige Lebensereignis ist schließlich seine (Früh-)Pensionierung mit 60 Jahren und wird in Bezug auf sein Begehren als entscheidend erzählt:

> „Mit der Pensionierung hab i da allmählich a bissl Zeit gehabt, nachzudenken. (1) Dann sim=ma die Beispiele eben mit meiner Mutter und mit dem, mit der Aufklärung wieder eingefallen und da bin ich allmählich zu dem, zu der Ansicht gekommen, dass die äh diejenigen, die ma des gesagt ha=m oder des beigebracht ha=m, dass schwul schlecht isch, dass die kei Ahnung gehabt ha=m vom Leben. //mhm// Und dass net ich mir jetzt die dauernd einreden muss, ich bin schlecht. (2) Sondern (4) dass die vielleicht nachdenken hätten müssen und- aber des isch die ganze Gesellschaft. //mhm// Bin dann mim Paragraph 175 in vielfältigen (.) <u>Drohungen</u> begegnet, war sehr bedrohend. //mhm// Und mein, dass da die Gesellschaft (1) schon einiges auf sich geladen hat." (IV 6/Abs. 62)

Die Pensionierung wird als Moment geschildert, in dem er die Möglichkeit hat, bisherige Erfahrungen neu zu bewerten, weil er Zeit hat, *„nachzudenken"* (In-Vivo). Der Rückblick auf die eigene Biographie hat in gewissem Sinne *therapeutischen Charakter*[113], insofern Peter Martens durch ein Erinnern und In-Sich-Gehen unter anderen Lebensbedingungen die Erfahrungen und die Selbstbeschreibung

---

112 Gleiches gilt für die Interviewsituation. In E-Mails nach dem Interview beschreibt er sich nach wie vor als ungeoutet, gleichwohl ich als Interviewerin sowie einige Personen aus schwulen Veranstaltungszentren, in denen er sich aufhält, durchaus von seiner Sexualität ‚wissen'. Ein Outing ist damit für ihn kein Outing vor sich selbst oder in der ‚Szene', sondern eines vor dem stark heteronormierten und homophoben unmittelbaren sozialen Umfeld des Wohnortes.

113 Der therapeutische Charakter dieser Rückschau ergibt sich an dieser Stelle auch aus der Interviewlogik, in der Erfahrungen und Erlebnisse für den Interviewten und die Interviewerin kontextualisiert und sinnhaft gemacht werden (müssen) und einen Moment der Selbst-Deutung darstellen. Nicht zuletzt lässt er sich auf „gesellschaftliche Prozesse der Therapeutisierung" zurückführen, die soziologisch ausbuchstabiert, als Techniken der Selbstregierung und als „Handlungsorientierungen und Funktionslogiken in gesellschaftliche Teilbereiche" (Anhorn/Balzereit 2015: 4) diffundier(t)en (vgl. auch Eitler/Elberfeld 2015; Maasen et al. 2011).

umdeuten kann. Diejenigen, die ihm „beigebracht ham", dass schwules Begehren „schlecht" ist, bezeichnet er nicht als intolerant, böse o. ä., sondern als unwissend, weil sie von der echten Welt da draußen nichts mitbekommen, sich also in ihrer Welt aufhalten, die nicht durch Abweichungen gestört werden darf. Im weiteren Sinne ist es die *Gesellschaft an sich, die zu wenig nachgedacht hat* über die Konsequenzen ihrer Handlungen. Der Paragraph 175 ist dabei das entscheidende Symbol für das, was die ganze Gesellschaft „auf sich geladen hat" und zugleich für die immanente Bedrohung, die Peter Martens zeitlebens gespürt hat (z. B. in der Drohung, von der Schule „entfernt zu werden", vgl. vorheriges Zitat). Was genau sie auf sich geladen hat, wird im Folgenden deutlicher:

> „Ich hab zum Beispiel n Bekannten, n guten Bekannten, der isch verheiratet. Der macht auch Führungen in Dachau (1) und der hat immer gesagt, er würde mich gern auch a=mal rumführen, gell? Aber da trau ich mir net rein, weil wenn i da in die Ecke komme wo die, wo die Schwulen praktisch bearbeitet werden, da könnt=s ma passieren, dass i zum Weinen anfang. // mhm// Weil i des immer no als Belastung empfinde und es sin halt Leut, die sin so wie ich und die sin eben umbracht worden, weil=s so sind wie ich. // mhm// (2) Und (.) ich hab jetzt also so, bin jetzt so auf dem Stand, dass i sag: net ich bin der schlechte, sondern da hat die Gesellschaft wirklich an Fehler gemacht und (.) sie schafft des nicht, dass sie den Fehler wieder gut macht an anderen, an jüngeren. Die werden immer no (.) glaub ich, ausgegrenzt teilweise." (IV 6/Abs. 62)

Hier wird ein Motiv der *Schuld* angesprochen: Die Gesellschaft hat Schuld auf sich geladen. Auch wenn Peter Martens nicht von Schuld, sondern von einem Fehler spricht, weckt der Ausdruck „wieder gut machen" und – wie im vorherigen Ausschnitt – „etwas auf sich laden" die Assoziation der Schuld. Die moralische Dimension ist dabei eine andere als bei einem Fehler: Ein Fehler kann flüchtig, ungewollt passieren, er ist ein ‚Ausrutscher', aber kein Vergehen. Schuld hat eine juristische Dimension, und stellt eine Übertretung gemeinsam geteilter Werte oder eine Entscheidung gegen ein kollektives Gewissen dar. Die Schuldzuweisung an die Gesellschaft lässt sich so deuten, dass das, was Subjektivierung als schwuler Mann ermöglicht oder unmöglich macht, nicht so sehr einzelne Personen im Umfeld, oder Institutionen wie Kirche oder der Staat sind. Die Zuordnung zur Schuld an die ganze Gesellschaft macht es für ihn (als Einzelperson) schwierig, sie zur Verantwortung zu ziehen, denn die Schuldbarkeit wird damit *diffus*; konkrete Personen oder Gruppen können nicht zur Wiedergutmachung angerufen wurden.

Diese Schuld trägt die Gesellschaft laut Peter Martens immer noch, weil sie an den Jüngeren wie auch an den Älteren nichts wieder gut macht. Wie im Kontext „Dachau" deutlich wird, trägt sie diese Schuld bereits bevor sie in Peter Martens' Leben entscheidend wird. Der § 175 als Symbol für den sozialen Umgang mit Nicht-Heterosexuellen wird von ihm (wie von Karl Bubeck, vgl. weiter oben) bereits ab der Zeit des Nationalsozialismus gedacht, nicht wie diskursiv häufig, auf die Gründungszeit der BRD bis 1969 bzw. 1994 begrenzt (vgl. auch Kap. 4.1). Es zeigt sich eine Solidarisierung, mehr noch eine *Identifizierung* mit den als homosexuell gekennzeichneten Männern, die in den damaligen Konzentrationslagern inhaftiert waren. Anders als Karl Bubeck, der sich durch das Tragen des rosa Winkels selbstbewusst und in historischem Bewusstsein als schwul subjektiviert, sieht Peter Martens keine Möglichkeit einer *offenen* Solidarisierung und öffentlichen *Selbst-Kollektivierung* mit den damals Inhaftierten und Ermordeten.

Das Alter bietet nun die Möglichkeit, und das scheint mir das entscheidende Element dieser Lebensphase zu sein, Homosexualität und damit sich selbst anders zu bewerten. So sucht er die Schuld für sein Begehren nicht mehr bei sich, sondern bei der Gesellschaft; sein „Fehler" wird zum Fehler der Gesellschaft. Der Umgang der Gesellschaft mit schwulen Männern scheint sich damit laut Peter Martens nicht geändert zu haben, nur sein Bezug zu sich selbst ändert sich. Dies zeigt sich in der vorherigen Interviewstelle: Auch vor dem Bekannten, der – wie er extra betont – verheiratet ist, möchte er nicht anfangen zu weinen und sich damit ‚zu erkennen geben'. Es findet aber so etwas wie ein ‚inneres Outing' (vgl. dazu auch Kap. 6.3) statt, das mit *Selbstakzeptanz* verbunden ist. Dieser Schritt wird im Interview immer wieder als „*Befreiung*" (In-Vivo) bezeichnet.

Zunächst ist es die Trennung von der Ehefrau, die einen ersten Schritt in Richtung Freiheit darstellt:

„Also wenn so a Familie zerbricht, es is scho ein – schlimm, //mhm// ich hab=s als schlimm empfunden und als Befreiung, war beides. //mhm// Weil (.) wir sind nimmer so gut mitenander auskommen." (IV 6/Abs. 23)

Auch wenn die Trennung schmerzhaft war, wird sie trotzdem als Befreiung empfunden. In besonderem Maße ist es der Austritt aus seinem Beruf, der „befreiend" wirkt:

„Ja dass i (.) praktisch nimmer so im öffentlichen Blickpunkt gstanden bin und niemanden mehr verantwortlich bin. //mhm// Des war für mich äh bef- a <u>regelrechte</u> Befreiung praktisch, //mhm// kam=ma scho sagen. //mhm// Grad mit meinem Beruf." (IV 6/Abs. 14)

6.2 Alter(n) als Widerstand und Befreiung

Zugleich bietet die Pensionierung die Möglichkeit, die dörfliche und diskriminierende Lebensumgebung zu verlassen. Aus diesem Grund kauft er sich mit Eintritt in die Rente einen Wohnwagen, um auch räumlich unabhängiger zu sein:

> „Hab immer überlegt was kann ich machen, dass=i immer nach [R-Stadt] fahren kann, ohne dass mei Umgebung des mitkriegt und dann hab i über n Bekannten an Wohnwagen gekauft. (..) Bin net so ganz in [G-Stadt] und hab <u>Freiheiten</u> hinzufahren, wo immer ich auch möchte und wann immer ich möchte //mhm// und jeder sagt: „ah, fahr=sch wieder zum Wohnwagen." (1) Und da gefällt=s mir sowieso sehr gut." (IV 6/Abs. 20)

Er nutzt den Wohnwagen auch, um nach [R-Stadt] zu fahren, die Großstadt, in der er bisher nach sexuellen Kontakten gesucht hat, ohne dass andere misstrauisch werden könnten. Damit findet ein *Prozess des Unabhängig-Machens* von drei Lebensbereichen statt, die stark von der Gefahr der Ausgrenzung und Diskriminierung geprägt waren: von der Familie bzw. insbesondere von der Ex-Frau, vom Beruf und vom gesamten dörflichen Umfeld. Wie in der letzten Aussage deutlich wird, sind die Bewertungen der Anderen trotz einer *inneren Befreiung* nach wie vor für ihn maßgeblich. In diesem Sinne betreibt Peter Martens eine Form von *Hetero-Mimikry*[114]: Ganz bewusst werden bestimmte Feigenblätter genutzt, um den Anschein der Heterosexualität zu wahren, die zugleich die Möglichkeit bieten, sich den heteronormierten, und mehr noch, homophoben Strukturen zu entziehen. Die Befreiung bezieht sich demnach auf das Gefühl, an einem Ort, in einer Gemeinschaft und in einem Beruf gefangen, eingesperrt gewesen zu sein und inzwischen räumlich und mental ‚ausgebrochen' zu sein. Die Lebensphase des Alter(n)s stellt sich damit als Befreiung dar; und zwar zum einen in ganz *praktischer Weise* in der Möglichkeit, sich *von der dörflichen Umgebung, etwa im Wohnwagen, zu entfernen*. Zum anderen, und damit verknüpft, erfährt er im Alter eine *Befreiung von gesellschaftlichen Normierungen und Anrufungen*, die lebenslang von ihm als Bedrohung empfunden werden, ohne dass er sie bekämpft. Während er sich im mittleren Lebensalter nicht gegen diese Anrufungen stellt, sich selbst als schlecht und verwerflich sieht, spielt er so nach der Pensionierung[115] den Ball der Schuld zurück.

---

114 Der Begriff findet sich in Maddux 2006: 105 oder in Conrad 2014 (o. S.) und meint dort ein entweder unvollständiges Outing oder eine Angleichung schwuler Lebensformen an heterosexuelle Maßstäbe, etwa (bezogen auf die Diskussion in Deutschland) durch die sogenannte „Homo-Ehe".

115 Eigentlich ist es nicht das Alter(n), welches zur Befreiung führt, sondern im Wesentlichen die Pensionierung. Peter Martens setzt aber in der Selbstbeschreibung als befreit die

Als schwul erkannt zu werden, ist für ihn aber nach wie vor eine Bedrohung. Sein Freundeskreis (vgl. Kap. 4.1) ist dabei ein solcher Lebensbereich, in dem er weiterhin die Bedrohung einer möglichen Entdeckung zu spüren bekommt.

„Mit denen, mit denen ich beim Radeln war, die wissen des also nicht und glauben=s auch nicht. Der eine sagt, er kann mit homosexuellen Menschen net umgehen, er mag kei Schwule. //mhm// Des hat mi- des hat er mal vor fünf, sechs Jahr gesagt so ganz allgemein. Und er würde in unserer Gruppe nicht mehr mitfahren, wenn er wüsste, dass a Schwuler dabei isch. Hat mich sehr getroffen, hab ich überlegt, ob ich dann wegbleiben sollte. Und äh (2) ich hab überlegt, wenn ich weg bleib, dann hab ich ja niemand mehr. //mhm// (...) Und des (2) angenehme Freundschaft, aber äh muss=i eben schon so halten." (IV 6/Abs. 57)

So ist es die Möglichkeit, weiterhin an Gemeinschaft teilzuhaben, die ihn in diesem homophoben Umfeld hält. Die Angst, ‚entdeckt' zu werden ist trotz der ‚inneren' Befreiung immer noch allgegenwärtig. Gleichzeitig fühlt er eine *innere Einsamkeit*, die ihn lebenslang begleitet und mit der Befreiung im Alter nicht aufhört:

„Was ma mehr ausmacht is, dass ich äh kaum noch Bekannte hab, die schwul sind (.) und des isch a weng dann Einsamkeit. //mhm// Aber des is wem=ma so nicht-geoutet lebt wie ich isch des ganze Leben a Kennzeichen die Einsamkeit."

Sich nicht als schwul zu erzählen, ermöglicht ihm also in seinem Heimatdorf einen Anschluss an Gemeinschaften, und zugleich macht ihn dies einsam. Das befreiende Alter hebt dieses Paradox nicht auf, macht ihn jedoch zumindest ein Stück unabhängiger von gesellschaftlichen Bewertungen und der damit verbundenen permanenten Bedrohung der Ausgrenzung. Soweit Peter Martens also durch den Anschluss an *Gemeinschaft* keine *Anerkennung* für sein schwules Begehren finden kann, erfährt er doch durch das Alter und die Neubewertung sich selbst gegenüber ein Stück *Autonomie*: Er selbst kann jetzt über sich richten und muss die abwertende Haltung „der Gesellschaft" nicht mehr übernehmen. Dass er weniger befürchtet, ‚entdeckt' zu werden, ist ein Hinweis darauf, dass älteren Männern weniger als jüngeren unterstellt werden kann, dass sie schwul sein könnten. Das *Nicht-Subjekt* des älteren schwulen Mannes ist darum auch hier ein Schritt in Richtung „Befreiung", weil diese Undenkbarkeit das Risiko mindert, entsprechend angerufen zu werden.

Lebensphase Alter mit der Zeit nach der Pensionierung gleich, so dass diese Gleichsetzung in der Interpretation übernommen wird.

6.2 Alter(n) als Widerstand und Befreiung

Die Verrentung wird von Peter Martens, anders als etwa von Günter Amann und Rainer Bach (vgl. Kap. 5.2), nicht als Bruch oder Einschnitt erlebt. Das Alter stellt somit als „roleless role" (Burgess 1960) keine Bedrohung für das Selbst dar, weil der Beruf als identitätsstiftende Struktur fehlt, sondern gerade die Rollenlosigkeit in der Pensionierung führt zur Befreiung. Dementsprechend wird das Alter(n) von Peter Martens insgesamt positiv gedeutet:

> „Bin also mein eigener Herr und empfinde des als wunderschönen Lebensabschnitt. Ich klage nicht über=s Älter werden, manchmal über Knochenschmerzen und Kopfweh, //mhm// aber=s Älterwerden empfind ich als sehr angenehm." (IV 6/Abs. 11)

Die Lebensphase des Alter(n)s ist damit zwar keine völlige Abkehr von den *Gemeinschaften*, die ihm *Anerkennung* als schwuler Mann verweigern, aber sie ermöglicht ihm ein gewisses Maß an *Autonomie*, da sie bestimmte körperliche Begleiterscheinungen genauso wie gesellschaftliche Bewertungen irrelevanter werden lässt.

Widerstand und Befreiung als Modus der Selbst-Thematisierung im Alter

Während die Lebenswege und die Selbstbeschreibungen zunächst sehr unterschiedlich anmuten, so eint Karl Bubeck und Peter Martens die Erfahrung, in einer heteronormierten und antihomosexuellen Gesellschaft nicht anerkennenswert zu sein. Die Verworfenheit männlicher Homosexualität erfahren sie nicht nur als individuelle Bedrohung, sondern deuten sie auch als historische Konstante: Beide verweisen auf die in Konzentrations- und Straflagern inhaftieren schwulen Männer während des Nationalsozialismus. Ihr Umgang mit dieser vergangenen Anrufung schwuler Männer als verworfen und nicht lebenswert ist jedoch sehr unterschiedlich und verweist auf unterschiedliche Möglichkeiten der Selbst-Thematisierung als schwuler Mann. Während Karl Bubeck den rosa Winkel selbstbewusst als Zeichen der Solidarisierung und als Mittel der Subjektivierung als schwuler Mann nutzt, sträubt sich Peter Martens, sich mit dieser Vergangenheit nach außen sichtbar auseinanderzusetzen. Zum einen könnte er sich damit als schwuler Mann verraten, zum anderen erinnert ihn die Situation der damals inhaftierten und ermordeten Männer an seine eigene permanente Bedrohung und mögliche Ausgrenzung. Entlang dieses Aspekts versinnbildlicht sich der unterschiedliche Rahmen, der die Selbstbeschreibungen als schwul begrenzt: Während Karl Bubeck Möglichkeiten des Selbstentwurfs gegen die gesellschaftlichen (heteronormierten) Rollenvorgaben sieht und daher konkret Gemeinschaften sucht und bildet, in denen er als dezidiert schwules Subjekt teilhaben kann, bleibt Peter Martens aufgrund fehlender Unterstützung in seinem weitestgehend homophoben Umfeld.

Bei beiden wird eine biographisch erarbeitete Selbstpositionierung gegen gesellschaftliche Anrufungen und Bewertungen deutlich, die Bubeck seit seinem Outing begleitet, während Peter Martens durch die Pensionierung einen neuen Zugang zum Selbstbild als schwuler Mann findet. Sie ist bei Karl Bubeck gekennzeichnet durch einen deutlichen Widerstand gegen hegemoniale Subjektkonstitutionen des Anerkennenswerten, wohingegen Peter Martens eine zumindest innerliche Befreiung vom Status des Verworfenen in Bezug auf sich selbst konstatiert. Beiden ist aber gemein, dass sie die Schuld für die Erfahrung der Abwertung als ältere schwule Männer bei der Gesellschaft als solcher sehen, und nicht, wie Werner Stratmann (Kap. 6.1) als Vorteil für die eigene Krisenkompetenz umdeuten.

Für Karl Bubeck stellt das Alter(n) eine Kontinuität und einen Bruch zugleich dar: Er muss und will nunmehr nicht nur als schwules, sondern als schwules und älteres Subjekt sich selbst und gesellschaftliche Zusammenhänge neu gestalten. Das Alter(n) erfordert demnach eine neue Selbstbeschreibung, die entsprechend der biographischen Selbstthematisierung als schwul ausgestaltet wird. Peter Martens erfährt durch das Alter(n) (bzw. eigentlich durch die Pensionierung) eine Neu-Bewertung seines Begehrens, die sich im Rahmen der Lebensphase Alter(n) durch eine neue Unabhängigkeit von der unmittelbaren Bedrohung einer möglichen Entdeckung zeigt. Beides ist für ihn bestimmend für die Lebensphase Alter. Die Möglichkeit, das eigene Begehren anders zu bewerten, wird dabei nicht mit einem gesellschaftlichen Wandel der Anerkennung von Nicht-Heterosexualität verknüpft, sondern als individuelle Gestaltung des Selbstbildes beschrieben. Dementsprechend ist es bei Peter Martens nicht das Alter(n) selbst, das in der Selbstbeschreibung neu ausgehandelt werden muss und als problematisch gesehen wird, sondern das Alter(n) impliziert eine Neu-Verhandlung der Selbstbeschreibung als schwuler Mann. Für ihn ist das Alter(n) nicht primär gekennzeichnet durch körperlichen Verfall oder durch Erwartungen von anderen im Sinne einer Altersphasennormativität (vgl. Kap. 2.3), sondern stellt durch die Verrentung einen Wegfall sozialer – und stark heteronormierter – Zwangsinstitutionen dar, die ihm einen anderen Selbstbezug ermöglichen.

Bei beiden wird eine Form der *erarbeiteten Freiheit* für das Selbstverhältnis zu den Kategorisierungen Begehren und Alter deutlich. Das Alter(n) stellt darum für beide – wenn auch in unterschiedlicher Form – einen Gewinn an *Autonomie* dar.

Peter Martens sieht allerdings die Gefahr, dass die Freiräume durch das fortschreitende Alter wieder eingeschränkt werden könnten:

„Ich will da also ungebunden und frei sein. //mhm// Und des will i also jetzt wirklich und isch ma wichtig, dass i (.) machen kann, was i will. (2) //mhm// Also ja. //mhm// Isch ma also ganz wichtig und des will=i ma auch gar net gern nehmen lassen. Des wird, des Alter wird des scho machen." (IV 6/Abs. 80)

Ähnlich bezeichnet Karl Bubeck eine mögliche eintretende Pflegebedürftigkeit als Umkehrung dieser Freiheit, als Prozess der „Entmündigung" (IV 8/Abs. 89), da man sich sowohl die Umgebung und die entsprechenden Gemeinschaften als auch die damit verbundenen Bewertungsstrukturen nicht mehr aussuchen kann. Das weitere Altern stellt so eine Bedrohung für den unabhängigen Lebensstil dar, da sich im Falle einer Pflegebedürftigkeit auch ein Verlust der erarbeiteten Autonomie einstellen könnte (sowohl in der Tagesgestaltung wie auch gegenüber gesellschaftlichen Anerkennungsstrukturen; vgl. auch Kap. 5.4). Das gegenwärtige Alter(n) ist für beide eine Phase der selbstbestimmten Subjektivierung, aber ein zukünftiges Alter(n) beschreibt eher einen Horizont, in dem sich dieser Prozess wieder umkehren könnte.

6.3 Schwule Väter und „klassische Schwule": Coming-Out-Biographien und das Altern

In den vorangegangenen Unterkapiteln scheint die Thematik des ‚Coming-out' immer wieder auf. Als Instrument der Beichte oder des Bekenntnisses zur ‚wahren' Sexualität sehe ich ‚Outings' eher kritisch (vgl. theoretisch Kap. 2.1; im Feldzugang Kap. 3.1 und 3.3), dementsprechend wurden Coming-out-Erzählungen von mir in den Interviews nicht eingefordert. Zugleich wurde das Motiv des Coming-out in den Interviews sowohl für die Abgrenzung zu Anderen wie auch für die biographische Selbsterzählung immer wieder emergent und zeigte häufig Bezüge zum eigenen Alter(n)sverständnis.

Ähnlich wie Altern als lebenslanger Vorgang in der biographischen Perspektive in seinem Prozesscharakter gesehen werden kann, ist das Coming-out ein Mittel, den Prozesscharakter der Subjektivierung als schwuler Mann nachzuzeichnen: Neben dem Schwul-*Sein* gibt es ein Schwul-*Werden*, das entlang des Coming-out von den Befragten nachvollzogen wird. Zudem ist das Narrativ des Outings für einige der Befragten ein Mittel, sich selbst und andere nicht nur als schwule, sondern auch ältere schwule Männer auf eine bestimmte Weise zu positionieren. Anders als in Kapitel 6.1 und 6.2 erfolgt hier die Darstellung nicht mehr entlang einzelner

Befragter und ihrer biographischen Erzählungen, sondern folgt, wie in Kapitel 4 und 5, einer thematischen Darstellung über die Befragten hinweg.

Das ‚Coming-out' als Form der Subjektivierung

Das Coming-out wird von einigen Befragten als der Moment gesehen, in dem sie eine Selbstbeschreibung als schwul nach außen vertreten. Ein Coming-out stellt demnach in einer spezifischen Weise eine Möglichkeit der Subjektivierung dar. Im Coming-out zeigt sich eine Unterscheidung des Begehrens als Kategorie des Zustands (schwul sein) und als Prozess (schwul werden), die im biographischen Rückblick gewissermaßen zusammengeführt wird: Man wird schwul geworden sein. Das Motiv des Coming-out stellt auf verschiedene Weise den *Weg* zu dieser Selbstbeschreibung dar.

Bevor es zu einem Outing als öffentliche Selbstbeschreibung als schwul kommt, erzählen viele Befragte von einem bestimmten Moment der *Selbst-‚Erkenntnis'*:

„Unter anderem musst ich da eben in diesen psychologischen Gesprächen feststellen, dass ich (1) an sich sehr früh hätte wissen müssen, (.) dass es mich eher in die gleichgeschlechtliche Phase zieht." (IV 9/Abs. 133)

Dieter Ellwanger „stellt" nach einer Depression und in der darauffolgenden therapeutischen Behandlung „fest", dass das Begehren ihn in eine „Phase zieht". In dieser Selbsterkenntnis wird ihm klar, dass er das „Wissen" über die eigene Homosexualität schon länger in sich trug, dass er gewissermaßen immer oder zumindest „sehr früh" schwul *war*. Das Schwul-*Sein* liegt also vor dem Zeitpunkt der Feststellung. Etwas weniger als *so deutliche Wendung im Selbstverhältnis* erzählen Werner Stratmann (IV 2) und Uwe Meuser (IV 4) von diesem Moment:

„Da hab ich gemerkt, nee also für Frauen, entschuldigen Sie jetzt, also guckst=e dich mal nach Männern um." (IV 2/Abs. 51)[116]

„Und ähm als ich merkte dass ich mich für Männer interessiere" (IV 4/Abs. 40)

Der Begriff *Merken* (In-Vivo) drückt eine gewisse *Beiläufigkeit* aus und *entdramatisiert* den Moment der Selbst-‚Erkenntnis'. Das schwule Begehren wird als *Selbstverständlichkeit* betrachtet, als eine Veränderung, die man eher *unaufgeregt beobachtet*. Diese Veränderung wird hier *eher in Bezug auf sexuelle Attraktion* beschrieben, als auf *die Annahme einer bestimmten sexuellen Identitätskategorie*: es

---

116 Zur im Interviewzitat enthaltenen Anrufung an die Interviewerin vgl. Kap. 3.3.

6.3 Schwule Väter und „klassische Schwule"

geht mehr darum, wen man begehrt, als was man *ist*. Die eigene Homosexualität wird zwar irgendwann erkannt, sie scheint aber schon immer da gewesen zu sein. Dieses Merken wird nicht als ein Moment erzählt, in dem die Befragten Zugang zu ihrer ‚wahren' Identität erhalten, sondern scheint als logische Schlussfolgerung aus bisherigen Erfahrungen der sexuellen Interessen auf und bezieht sich zunächst nur auf das Selbst-Verhältnis und nicht auf eine Selbsterzählung nach außen.

Der Begriff des Merkens fällt auch bei Karl Bubeck, wird aber direkt verbunden mit einem ‚Coming-out' als Darstellung seines Schwul-(Geworden-)Seins *nach außen*. Das Outing wird gewissermaßen als logische Schlussfolgerung seines Begehrens erzählt:

> „Also ich bin mit=äh 27 hatt ich mein Coming-out, ja. Und äh hab vorher schon lange gemerkt dass ich äh auf Männer stehe." (IV 8/Abs. 18)

Hier wird zunächst unterschieden zwischen dem „Merken" des Begehrens und dem Coming-out. Ersteres verweist auf die Erkenntnis, schwul zu *sein*; das Coming-out impliziert schwul zu *werden*, wenn man sich auch vor anderen Menschen als schwuler Mann subjektiviert. Mit dem Zeitpunkt des Outings beginnt Karl Bubeck hier die Wiedergabe seiner im Interview erzählten Biographie. Offensichtlich ist das Alter (nämlich 27), in dem man das Coming-out hatte, wichtig. Dass er sich an das genaue Lebensalter erinnert und erzählt, weist darauf hin, dass die Selbsterzählung (nicht nur im Interview) maßgeblich vom Moment des Coming-out bestimmt wird bzw. das Coming-out als entscheidendes lebensgeschichtliches Ereignis gesehen wird. Wie dargestellt, ist Karl Bubecks Selbstbeschreibung sehr davon geprägt, sich im Rahmen schwuler Vergemeinschaftungen als schwuler Mann zu positionieren. Das Outing stellt für ihn einen Akt der *Selbstermächtigung* dar, durch den man sich ab einem selbst gewählten Zeitpunkt selbst als schwul markieren kann und sich zugleich in eine Gemeinschaft mit anderen schwulen Männern einreiht. Entscheidend ist das soziale Umfeld, welches in Karl Bubecks Fall eine selbstbewusste, selbstbestimmte und kämpferische Form der Selbstpositionierung als schwul propagiert und unterstützt.

Dementsprechend wird das Coming-out von Karl Bubeck als politischer Akt verstanden, der bewegungsgeschichtlich für die Schwulenbewegung und Initiativgruppen seit Anfang der 1970er Jahre typisch scheint und von ihm selbst entlang des Slogans „Das Private ist politisch" (vgl. Kap. 6.2) vertreten wird. In den jeweiligen Bewegungen wurde, wie Beljan darstellt, das Outing als Abkehr vom heterosexuellen Konformitätsdruck gesehen:

> „Das *Outing* bzw. das *Coming-out* stellte hierbei einen zentralen Bestandteil des ‚normalen' schwulen Subjekts dar, welches nicht mehr um Assimiliation und Integration in die heterosexuelle Matrix bemüht war, sondern sich im Gegenteil deutlich von dieser zu distanzieren schien bzw. dies beanspruchte." (Beljan 2014: 85; Hervorh. i. O.)

Über Bildung von Coming-out-Gruppen und öffentliche Coming-outs sollte heterosexuelle Normalität angegriffen und schwules Begehren nicht mehr versteckt werden.[117] „Die individuelle Selbsterkenntnis" wurde über das Coming-out zu einer „kollektiven Praxis" (Woltersdorff 2005: 50) und führte schließlich zu einer spezifischen Subjektposition, die nur eingenommen werden kann, wenn sie – wie bei Karl Bubeck – nach außen kommuniziert wird. Darin wird das Coming Out als Möglichkeit verstanden, eine spezifische Identität als schwuler Mann abseits hegemonialer Ordnungen der Sexualität zu entwickeln.

So deutlich wie bei Karl Bubeck ist die Relevanz des Coming-out für die Subjektivierung als schwuler Mann nicht bei allen Befragten. Peter Martens' biographisierte Selbstbeschreibung (vgl. Kap. 6.2) macht deutlich, dass ein Coming-out nicht nur keine Option darstellte, sondern auch für ihn als Konzept unbekannt war. Ähnlich spricht sich Michael Haupt gegen eine Selbstverständlichkeit von Coming-outs aus:

> „Und dann kam das plötzlich mit der äh m: Emanzipierung Ende der 70er, Anfang der 80er da wurde da kam dieses Wort Coming-out da s- s- s- ‚was ist das für ein Wort? Was meinen denn die überhaupt damit?' (.) Naja also ok ich hatte kein Coming-out. (…) Wir ha=m alle kein Coming-out gehabt." (IV 3/Abs. 124)

Die Aussage macht deutlich, dass die Kenntnis des Outing-Begriffs mit einer *bewegungspolitischen Sozialisation* (wie etwa bei Karl Bubeck), bzw. einer *generationsspezifischen Sozialisation* zusammenhängt. Michael Haupt ist mit 79 Jahren der zweitälteste im Sample und 15 Jahre älter als Karl Bubeck. Im Rahmen eines kohortenspezifischen „Wir" erzählt er sich als Teil einer Gruppe, für die das Coming-out kein bekannter Begriff war oder eine Form der Anleitung darstellte, sich selbst als schwulen Mann zu erzählen. Michael Haupts Äußerung ist so zu lesen, dass er sich zwar selbst und vor anderen als schwulen Mann erzählte, dass ein Coming-out im Sinne einer ritualisierten Selbst-Identifizierung damals jedoch

---

117 „Raus aus den Toiletten, rein in die Straßen" lautet ein sinngemäßer und viel zitierter Slogan aus Rosa von Praunheims fiktivem Dokumentarfilm „Nicht der Homosexuelle ist pervers, sondern die Situation, in der er lebt" von 1970, der die öffentliche Sichtbarmachung schwulen Lebens auch entlang der Notwendigkeit öffentlicher Outings propagierte (vgl. Beljan 2014; Woltersdorff 2005).

nicht allen bekannt war. Dieses Damals bezieht sich auf, wie Michael Haupt sagt, die Zeit „Ende der 70er, Anfang der 80er"[118], eine Zeit, in der Michael Haupt sich in seinem privaten Umfeld als schwul erzählte, eben ohne ein Coming-out. Die unterschiedlichen Darstellungen von Karl Bubeck und Michael Haupt zeigen, dass die Kenntnis des Coming-out als Subjektivierungsweise nicht nur mit bestimmten Geburtsjahrgängen, sondern darüber hinaus mit einer bestimmten Generationszugehörigkeit verbunden (vgl. Mannheim 1964) ist. In den generationssoziologischen Darstellungen Karl Mannheims wird Zugehörigen einer Kohorte eine gemeinsame *„Erlebnisschichtung"* (ebd.: 535f; Hervorh. i. O.) unterstellt, die im Rahmen ähnlicher Geburtsjahrgänge „Individuen auf einen bestimmten Spielraum möglichen Geschehens beschränken und damit eine spezifische Art des Erlebens und Denkens, eine spezifische Art des Eingreifens in den historischen Prozess nahe legen" (ebd.: 528). Das Coming-out als spezifisches Wissen wird entlang einer Kohorte und in und durch bestimmte Emanzipationsbewegungen geteilt, das ältere schwule Männer (z. B. Michael Haupt) und an diesen Gruppen nicht beteiligte Männer (z. B. Peter Martens im Vorangegangenen) nicht erreichen konnte. Für andere, etwa Karl Bubeck, stellte dieses Wissen dagegen einen Handlungsstandard dar. Die Möglichkeit, sich über das Konzept des Coming-out souverän und selbstbestimmt eine ‚schwule Identität' anzuzeigen, ist also vom Lebensalter und der politischen Sozialisation abhängig und stand nicht allen Befragten offen. Die unterschiedlichen Bezüge zum Coming-out als Subjektivierungsform zeigen sich nicht nur in Bezug auf ein Coming-out in der Vergangenheit, sondern auch und gerade im Alter.

Neues Leben, neue Welten

Über das Narrativ des Coming-out wird Begehren auf eine bestimmte Weise in die Selbstbeschreibung aufgenommen, die unter den Befragten stark variiert. Während für Karl Bubeck das Outing den Moment der Subjektivierung als schwuler Mann darstellt, ist das Konzept für andere unbekannt oder nicht umsetzbar. Die Bedeutung der Selbstbeschreibung als schwul wird in den Interviews nicht nur über das Outing formuliert, sondern ganz grundsätzlich über die *Entscheidung* schwul *zu sein* und schwul *zu leben*. So produzieren die Daten an vielen Stellen eine Unterscheidung von verschiedenen *Welten,* zu denen man sich entlang des Begehrens zugehörig fühlen kann oder auch nicht. Der Begriff der Welt wird sehr häufig konkret genannt, z. B. wenn „da sozusagen dann Pflegekräfte auftauchen, die dann einen natürlich spüren lassen, dass man nich irgendwie zur normalen Welt gehört" (IV 5/Abs. 65) oder wenn die „Abgrenzung von der Heterowelt"

---

118 Und zugleich entspricht dies genau dem Zeitraum, in dem Karl Bubeck im Rahmen seiner Emanzipationsgruppen sein Coming-out hatte (vgl. Kap. 6.2).

(IV 5/ Abs. 31) als schwules Sozialisationsmerkmal genannt wird. Die Trennung zweier getrennter Strukturen, Systeme oder Lebenswelten scheint auch in anderen Bezeichnungen in den Interviews auf. So wird von „vom einen ins andere System gehen" (IV 2/Abs. 54), von der „heterosexuellen Szene", vom „Heterobereich" und vom „schwulen Bereich" (IV 5/Abs. 44) gesprochen. In diesen Unterscheidungen wird deutlich, dass die Befragten entlang von Sexualitäten verschiedene Welten oder Lebenswelten differenzieren, die nebeneinander existieren und klar unterscheidbar sind. Dementsprechend scheint es, als wäre das Leben von Heteros und Nicht-Heteros sozial und sozialräumlich aufgeteilt und klar voneinander abgegrenzt.

In den Interviews werden neben den deutlich distinkten Welten auch verschiedene *Leben* angeführt, die neben- oder nacheinander hetero- oder homosexuell geführt werden können. Diese Leben werden dabei durch das jeweilige Begehren bestimmt und können sich mit den Begehren abwechseln; mit einem ‚neuen' Begehren beginnt ein ‚neues' Leben. So spricht z. B. Werner Stratmann davon, wenn man von der einen auf die „andere Seite" wechselt (IV 2/Abs. 54). Hannes Schneider erzählt, dass er in der Vergangenheit ein „erstes Leben" (IV 1/Abs. 12) geführt hat. Er ließ sich in seinem 30. Lebensjahr scheiden und formuliert für die Zeit davor: „Ich hab ein anderes Leben erlebt dadurch dass ich erst normal heterosexuell verbunden war" (IV 1/Abs. 33). Diese Abfolge eines ‚heterosexuellen' und eines ‚schwulen' Lebens wird von Werner Stratmann ähnlich mit dem Verlassen der einen und dem Betreten einer anderen Welt beschrieben:

> „Wenn man so in dieser Welt in der Welt ich der ich dann so richtig sich wohl gefühlt hat <u>richtig wohl gefühlt</u> hat und dann kam die Entscheidung: (.) Das kann=s ja wohl nich sein ‚geh in die andere!' und da waren die die Mauern aber schon gewaltig. //mhm// Und auf der andern Welt dann zu existieren das hat Jahre gebraucht." (IV 2/Abs. 51)

Es scheint also nicht nur starke Abgrenzungen zwischen zwei Welten zu geben, die durch „gewaltige Mauern" getrennt sind, sondern auch bestimmte Regeln oder Verfahrensweisen, die jeweils gelten und die man bei Überwindung der Mauern erst mühsam erlernen muss („das hat Jahre gebraucht"), damit man sich dort nicht nur irgendwie zurecht finden kann oder sich wohlfühlt, sondern um schier zu „existieren". Die Überwindung der Mauern versinnbildlicht den prozesshaften Charakter der Subjektivierung als schwul: Im Übergang findet der Prozess des Schwul-*Werdens* statt, und auf der anderen Seite hat es noch „Jahre gebraucht", bis man in der Selbstkonzeption ein schwuler Mann *wurde*. Während das ‚Coming-out' (vgl. vorheriger Abschnitt) ein Schwul-Werden vor anderen als performativen Sprechakt markiert, ist der Wechsel zwischen den Welten geprägt

6.3 Schwule Väter und „klassische Schwule" 257

von einem *allmählichen Übergang*, der erst mit einer absoluten Entscheidung für eine Welt abgeschlossen ist und (wie bei Werner Stratmann, vgl. auch Kap. 6.1) nur für ‚sich selbst' ablaufen kann. Die Vorstellung, mit dem Betreten der neuen (‚homosexuellen') Welt etwas anderes deutlich hinter sich zu lassen, wird auch bei Uwe Meuser deutlich, wenn er über seine (ehemalige) Familie spricht: „Also die Familie, die ist für mich abgehakt //mhm// ne? Die ist, das ist Vergangenheit" (IV 4/Abs. 156). Mit dem Hereintreten in die ‚neue' Welt lässt Uwe Meuser eine Form des sexuellen Begehrens und zugleich die Beziehungen hinter sich, die unmittelbar damit verbunden sind, in diesem Fall nicht nur die zu seiner Exfrau, sondern die zu seinem Sohn. Der Wechsel von der *heterosexuellen Vergangenheit* zur *schwulen Gegenwart* ist also bestimmt durch den Wechsel an Beziehungen, die Uwe Meuser führt, also einem Austausch an Personen im persönlichen Umfeld.

Der Befragte Peter Martens, der zwar von seiner Exfrau geschieden ist, aber nicht ‚geoutet' lebt, sieht sich als *Wandler zwischen den Welten*. So sagt er über die Zeit, als er noch verheiratet war (vgl. auch Kap. 6.2):

„Und hab zwei Kinder und war praktisch ganz normal, hab ganz normal gelebt aber es isch halt so, du lebst ganz normal aber der Kopf und die Gedanken die gehen dann manchmal weg. //mhm// Und des war für mich schwer und ich muss schon mal innerhalb der Ehe verstecken, dass mir e=mal sagen wir mal von den Ehepaar net die Frau, sondern der Mann gefallen hätt." (IV 6/Abs. 20)

Es scheint in dieser Erzählung fast so, als hätte sich sein Körper in der einen (heterosexuellen) Welt befunden und dort ‚funktioniert', mental aber hätte er sich in einer anderen Welt aufgehalten, ohne in dieser irgendeine Verhaftung zu haben. In der Gegenwart erzählt er sich eher als Teil der heterosexuellen Welt und sieht sich in der schwulen Welt eher als *Beobachter*, nicht als aktiver Teilnehmer:

„Allerdings bin i net so intensiv in der Gemeinschaft drin. Mei Sache isch (.) beim Beobachten. //mhm// ich muss beobachten. //mhm// und i schau mir des an." (IV 6/Abs. 71)

Peter Martens ist damit sowohl in der schwulen wie der heterosexuellen Welt gewissermaßen *teilnehmender Beobachter*, da beide Welten ihm keine passende Subjektivierung bieten. Dies und die vorangegangenen Ausführungen sprechen dafür, dass die Befragten es nicht als möglich ansehen, dass man sich beiden Welten völlig zugehörig fühlen kann. So gibt es schließlich nur eine Welt, die sich mitsamt ihren jeweiligen Subjektivierungsmöglichkeiten entlang des Begehrens, für das man sich ‚entschieden' hat, richtig oder falsch anfühlen muss. Karl Bubeck sagt im Rückblick auf die Zeit seines Outings mit Mitte 20:

> „Du kannst nich einfach in=ne heterosexuelle Normwelt übergehen, du bist im falschen Film also versuch jetzt dein Leben in nen andern, also versuch mal ne andere äh Filmrolle oder so" //mhm// also seine Rolle zu finden da." (IV 8/Abs. 55)

Die eine Welt bietet eine „Rolle" (zum Begriff der Rolle vgl. auch Kap. 5.1), die mit bestimmten Normen belegt ist, die sich jedoch für ihn „falsch" anfühlten. Fast wirkt es, als müsste er in der „heterosexuellen Normwelt" eine (Film-)Rolle spielen, die nicht dem eigenen Empfinden entspricht. Die heterosexuelle Normwelt ist demnach für Karl Bubeck klar umrissen. Er scheint eine Vorstellung davon zu haben, wie ‚das Heterosexuelle' bestimmt ist bzw. wie man sich zu verhalten hat, um die Norm des Heterosexuellen zu erfüllen. Die Norm der Normalität von Heterosexualität stellt er dabei in Frage. Im Rahmen dieser Aussage bleibt unklar, ob auch innerhalb einer ‚homosexuellen' Welt bestimmte Rollen und Normen vorgegeben sind und wie er „seine Rolle" gefunden hat. Das Zitat von Karl Bubeck gibt einen Hinweis darauf, dass das, was als gemeinhin normal gilt und daher nicht ausgedeutet werden muss, von der eigenen Position abweichen kann – denn für ihn ist das Heterosexuelle das Andere, scheinbar Eindeutige und auch das, was er negativ abwertet. Das Aufhalten in der ‚schwulen' Lebenswelt beinhaltet für Karl Bubeck einen eigenen Wissensvorrat, den er sich seit seinem Coming-out im Rahmen politischer Bewegungen erarbeitet. Dem Wissen, immer schon schwul gewesen zu sein, wird damit über das allmähliche Einfinden in dieser neuen Lebenswelt ein Wissen darüber hinzugefügt, wie man schwul *wird*. In diesem Sinne verbindet das Outing die Möglichkeit der prozesshaften Subjektivierung als schwuler Mann nach außen (vgl. vorheriger Abschnitt) mit einer Trennung von verschiedenen Lebenswelten. Wie in 6.2 dargestellt, gilt es für Karl Bubeck, diese prozessuale Aneignung einer für ihn angemessenen schwulen Subjektposition auch im Alter zu bewerkstelligen: Das Werden zum nun älteren schwulen Mann stellt sich darin genauso widerständig und in einer Distanz zur heteronormierten Umwelt dar.

Bei den Befragten, die zwischen den *Welten*, und damit einem heterosexuellen und einem schwulen *Leben* wechselten, zeigt sich, dass die Trennung von und die damit notwendige Entscheidung für eine schwule oder heterosexuelle Welt nicht nur wesentlich für die Selbstverortung als schwuler Mann ist, sondern auch für die Lebensphase Alter Konsequenzen trägt. So berichtet Hannes Schneider in Bezug auf seine „heterosexuelle Verbundenheit" (IV 1/Abs. 33) in der Vergangenheit:

6.3 Schwule Väter und „klassische Schwule"

„Ne ganze Menge aus meinem Leben hab ich Ihnen erzählt, äh vielleicht ist das mein mein Leben äh so so nich ganz das Leben äh der äh Schwulen wie sie älter werden weil es ja ein bisschen anders gelaufen is, durch meine Vorzeit- äh die ich äh meiner Hetero- äh zeit verbracht hab." (IV 1/Abs. 131)

Dementsprechend hielt er sich relativ wenig in der „Szene" auf:

„Das heißt diese äh diese Partyzeit konnt ich nich ausleben, weil äh ich wollte nich morgens um 6 äh aus der Partyszene nach Hause kommen äh und um 7 äh die Semmel äh für meine Familie dann auf=n Tisch bringen." (IV 1/Abs. 131)

Die lebensweltliche Priorität auf die Familie unterscheidet ihn *auch im Alter* von anderen schwulen Männern, die mehr Zeit in der „Partyszene" verbracht haben (vgl. auch Kap. 4.2). Anders als schwule Männer im Bekanntenkreis, „die sehr vereinsamt sind, die mit ihrem äh Leben nur schwierig zurechtkommen" (vgl. zu dieser Abgrenzung Kap. 5.3), hat er eine „Familie, (...) die nehmen natürlich mein Altern auch mit äh binden mich auch teilweise äh in ihre Lebensabläufe äh mit ein" (IV 1/Abs. 134). Die ‚heterosexuelle' Vergangenheit führt dazu, dass er sich im Alter weniger einsam als andere ältere schwule Männer sieht und sozial eingebunden bleibt. Er sieht sein Altern nicht als typisch für die „Schwulen wie sie älter werden" (IV 1/Abs. 131). Die heterosexuelle Vergangenheit bestimmt damit auch die Selbstbeschreibung in der Altersphase.

Wie bereits erwähnt, war auch Uwe Meuser mit einer Frau verheiratet und hat ein Kind mit ihr, anders als Hannes Schneider kappte er aber die Verbindungen zu ihnen.

„Aus diversesten Gründen wahrscheinlich auch ähm wegen meiner Homosexualität ähm funktionierte die Ehe nicht. //mhm// Und wir sind dann m so ja als ich Anfang 30 war ha=m wir uns scheiden lassen //mhm// (.) In dem Moment hab ich mir dann gesacht „so jetzt äh Zäsur im Leben (1) den F- den Fehler solltest=e einmal machen." //mhm// Ne? Und ähm hab mich dann in mein Coming-out gestürzt. //mhm// Äh was eben auch dazu führte dass ich ähm dann so mit Mitte 30 das eigentlich mitmachte was andere vielleicht mit Anfang 20 äh so durchleben ne? //mhm// Auf die Suche gehen nach Sexualkontakten die Szene äh durchziehen die Nächte mit Parties durchfeiern äh irgendwie mit schwulen Gruppen in Urlaub fahren und also so das volle Programm." (IV 4/Abs. 40).

Anders als Hannes Schneider erzählt Uwe Meuser das Coming-out als deutliche *Zäsur* (In-Vivo), als Abkehr vom bisherigen Leben und seine weitere Subjektivierung als schwuler Mann über „das volle Programm" als typischen oder üblichen biographischen Weg schwuler Männer, wie ihn auch Hannes Schneider als „Partyzeit" in der „Partyszene" beschreibt. Durch das ‚verspätete' Outing verschiebt sich bei Uwe Meuser die typische Lebensphase nach dem „Coming-out" in der Biographie nach hinten: Das, was andere mit „Anfang 20 durchleben", machte er erst mit „Mitte 30" mit. Das Coming-out bildet insofern nicht nur eine Möglichkeit der Selbstbeschreibung ab, sondern teilt für Uwe Meuser den Lebensablauf in eine typische Abfolge von Lebensphasen ein, die mit dem Outing beginnt und die nicht an ein kalendarisches Alter(n) gebunden sein muss. In gewissem Sinne ließe sich davon sprechen, dass mit dem Coming-out und dem Eintreten in eine ‚schwule Lebenswelt' ein neues Leben durch eine Art *Geburt* als schwuler Mann beginnt.

Trotz bzw. gerade wegen der heterosexuellen Vergangenheit beschreibt Uwe Meuser den weiteren Lebensweg als relativ typisch für ein „selbstbewusstes schwules Leben" (IV 4/Abs. 117), das durch das *Verlassen der ‚heterosexuellen Welt'* eindeutig markiert ist. Hier wird, ähnlich wie bei Karl Bubeck, die Differenzierung von und die Entscheidung für eine Welt zur Bedingung des *Werdens* zum schwulen Subjekt. Anders als bei Hannes Schneider und ähnlich wie bei Karl Bubeck trägt dies für das Alter(n) insoweit Konsequenzen, als sich Uwe Meuser auch gegenwärtig in schwulen Gemeinschaften aufhält und seine Lebensgestaltung und seine Wünsche für die Zukunft (vgl. Kap. 5.4) immer aus dem Anspruch eines „selbstbewusste[n] schwulen Lebens" (IV 4/Abs. 117) heraus erklärt.

Die Subjektposition des Late Bloomers

Die (Selbst-)Erzählung als schwuler Mann ist also auch im Alter davon geprägt, ob die Befragten heterosexuelle Beziehungen (und evtl. Kinder) hatten. Die Konsequenzen sind unterschiedlich: Während Uwe Meuser ein ‚Coming-out' hinter sich hat, sich einer ‚schwulen Welt' zugehörig fühlt und ein ‚schwules Leben' führt, hält sich Peter Martens in beiden Welten auf, ohne sich in einer der beiden wirklich zugehörig zu fühlen (vgl. Kap. 6.2). Abseits der vier Männer im Sample, die „heterosexuell verbunden" und verheiratet waren (Hannes Schneider, Uwe Meuser, Peter Martens und Dieter Ellwanger) sprechen auch die anderen Interviewpartner über diesen ‚Wechsel' zwischen den Lebenswelten, wie sie ihn bei anderen schwulen Männern beobachten. Wie ich im Folgenden zeige, wird deren Umgang mit der *heterosexuellen Vergangenheit* und der *schwulen Gegenwart* von diesen Befragten deutlich bewertet und mit einer Norm des richtigen schwulen Lebens im Alter belegt.

In der Abgrenzung zu homosexuellen Menschen mit Kindern beschreibt sich Karl Bubeck folgendermaßen: „das fehlt uns ja uns klassischen Schwulen und Les-

6.3 Schwule Väter und „klassische Schwule" 261

ben. Wir ha=m ja keine Kinder" (IV 8/Abs. 31). Karl Bubeck und andere kinderlose Schwule und Lesben sind laut ihm deshalb *klassisch* (In-Vivo), weil sie ohne mit einer Frau verheiratet gewesen zu sein oder Kinder zu haben, *eindeutig* und *schon immer* schwul waren. In diesem Sinne könnte der „klassische Schwule" für einen diskursiv verbreiteten und weitgehend intelligiblen Subjekttypus homosexuellen Begehrens stehen. Die damit verbundene Subjektposition wird von Karl Bubeck nicht nur selbst eingenommen, sondern markiert auch einen gewissen Maßstab für intelligible schwule Subjekte.

Denn keine heterosexuelle Vergangenheit zu haben ist für Karl Bubeck (IV 8) sowie für Günter Amann (IV 5) ein Mittel der Selbstbeschreibung. Sie grenzen sich damit stark von jenen älteren schwulen Männern ab, die verheiratet waren und/oder Kinder haben:

> „Aber ich geb ehrlich zu dass viele auch (.) natürlich ähm (1) in meiner Generation noch sehr viele so (1) kein richtiges Coming-out hatten. //mhm// Also ich glaub des war dann so ne halbherzige Sache, die gehen gerne mal in=s [Schwule Veranstaltungszentrum] auf=n Kaffee. Aber im Familienkreis zum Teil wird das nicht be- wird darüber nicht gesprochen oder oder ich kenn einen, (.) der fährt dann mit Tochter und Frau in Urlaub und dann macht er mal am Wochenende, fährt er mal nach [G-Stadt] auf=n Kaffee." (IV 5/Abs. 47)

> „Aber trotzdem is=ses die Frage wie viele von denen leben immer noch sozusagen so=n halbverstecktes Leben, Doppelleben und so." (IV 8/Abs. 73)

Ein „richtiges Coming-out" ist für Günter Amann und Karl Bubeck ein Schritt, der für ein gutes, gelungenes Leben als schwuler Mann wesentlich erscheint. Ein Coming-out wird als Schritt der Befreiung gesehen, aus bestimmten Familienstrukturen („mit Tochter und Frau in Urlaub fahren") und aus einem „Leben", in dem bestimmte Aspekte der eigenen Identität „halbversteckt" blieben, auszubrechen. In den Aussagen wird der implizite Aufruf deutlich, den Mut zu haben, zu sich und seinem Begehren zu stehen. In Bezug auf das Begehren *ehrlich* zu sein (vgl. Kap. 5.3) wird damit zur Aufgabe schwuler Männer erhoben, anstatt sich hinter heteronormierten gesellschaftlichen Strukturen der Anerkennung zu verstecken. Peter Martens (IV 6) könnte aus Sicht von Günter Amann und Karl Bubeck als *gescheitertes* älteres schwules Subjekt gesehen werden, da er aus ihrer Sicht nach wie vor ein *Doppelleben* führt und nur *halbherzig* (beide In-Vivo) sein Leben als schwuler Mann lebt. In den Darstellungen wird die Unterscheidung einer homosexuellen und einer schwulen Welt insofern deutlich, als es für ein ‚richtiges' Leben wesentlich erscheint, sich für eine der Welten zu entscheiden. „Halbversteckt" und „halbherzig" zu leben ist damit immer nur eine *halbe* Entscheidung, die gewissermaßen mutlos erscheint und der eigenen Positionierung als politisch widerständigem, schwulen und sich selbst gegenüber ehrlichem Subjekt nicht entspricht.

Entlang der Trennung einer schwulen und einer heterosexuellen Welt produziert Karl Bubeck nicht nur das richtige schwule Subjekt und das halbe schwule Subjekt, sondern auch einen dritten Subjekttypus, den *Late Bloomer*:

> „Is auch was ich äh zum Thema Alter is mir jetzt, fällt mir grad noch ein ähm durch die Arbeit hab ich ganz viele ältere Männer kennen gelernt die sehr spät n Coming-out haben. //mhm// Also schwule Väter oder Late Bloomers bei den lesbischen Frauen. (.) Die sich relativ spät entscheiden sozusagen doch noch ihre Identitätsfindung zu machen." (IV 8/Abs. 73)

Der Begriff „Late Bloomer" wird üblicherweise für Frauen benutzt, die sich nach der Familienphase dafür entscheiden, sich als Lesben gegenüber Familie, Kindern und anderen Personen zu erzählen.[119] Da die ,spät Erblühte' häufig dadurch gekennzeichnet wird, dass sie (Ehe-)Mann und meist auch Kind(er) hatte, nutze ich den Begriff im Folgenden auch für Männer; denn wie die Aussage von Karl Bubeck zeigt, seien es zumeist schwule *Väter*, „die sehr spät n Coming-out" haben. Die schwulen Väter sind entsprechend der Einteilung von Karl Bubeck keine „klassischen Schwulen", sie sind aber auch keine Heteros. Da sie jedoch – wenn auch „sehr spät" – ein Coming-out haben und dann ihre „Identitätsfindung" machen, können sie weitestgehend als Schwule von anderen Schwulen anerkannt werden. Was den Late Bloomer vom *halben Schwulen* unterscheidet, ist also das (wenn auch spät erfolgende) Outing. Die Selbstpositionierung als schwuler Mann im eigenen sozialen Umfeld wird hier als Bedingung dafür verstanden, seine Identität zu finden. Erst in der Außendarstellung als und in der Vergemeinschaftung mit anderen schwulen Männern ist es möglich, so etwas wie die wahre Bestimmung zu finden. Nicht nur wird hier das Begehren als Identitätskategorie bestimmt und essentialisiert, auch werden die Nicht-Geouteten wiederum als *nicht-echte Schwule* abgewertet.

Durch die Verschiebung des Outings im Lebenslauf spielt das Alter für die Subjektivierung als schwuler Mann eine Rolle. Karl Bubeck schließt an den letztgenannten Ausschnitt weiter an:

> „(…) die sich relativ spät entscheiden sozusagen doch noch ihre Identitätsfindung zu machen. Dann Probleme haben mit den, mit den Ehepartnern oder mit den Kindern manchmal, manchmal geht=s gut. Aber was ich so in

---

119 https://www.lesbischerherbst.de/late-bloomers/die-idee (zuletzt geprüft am 13.04.2017).

6.3 Schwule Väter und „klassische Schwule"

den Gruppen sehe dass die relativ schnell wieder n Partner finden, wo man denkt, ach jetzt sind=se mit 55 rausgekommen, is eh zu spät. Aber es stimmt nich!" (IV 8/Abs. 73)

Die Subjektposition des Late Bloomers ist insofern mit dem Alter(n) verbunden, als es auch oder gerade im Alter Aufgabe der Männer bleibt, ‚zu sich zu stehen', denn auch „mit 55" ist es noch nicht „zu spät". Die Möglichkeit, sich im Alter zu outen, ergibt sich dadurch, dass sich durch Auszug der Kinder, Verrentung u. a. bestimmte familiale Verpflichtungen auflösen und mehr Freiheit für die eigene Lebensgestaltung liefern. Diese Bewertung findet sich ebenso in der Befreiungslogik von Peter Martens (vgl. Kap. 6.2), ohne dass sie aber zu einem ‚Coming-out' führt.

Die Unterscheidung von klassischen Schwulen, halben Schwulen und nicht-echten Schwulen verweist nicht zuletzt auf die politische Sozialisation, die wesentlich für Karl Bubeck ist. Nicht nur er, auch Günter Amann (68 Jahre alt) thematisiert seine Vergangenheit als sehr von Emanzipationsbewegungen geprägt:

> „Also das war ja sozusagen erstmal ne Abgrenzung. //mhm// Dass man sagt also wir wollen was andres probieren und nicht unbedingt diese kleinbürgerliche Ehe kopieren. //mhm// (…) Zunächst mal diese Abgrenzung da von der Heterowelt um sich sozusagen zu emanzipieren, eigenes eigenes äh eigene Identität zu entwickeln auch nen eigenen Lebensstil." (IV 5/Abs. 31).

Die Subjektivierung als schwuler Mann schließt demnach drei Dinge ein, die miteinander verknüpft sind: Das ‚Coming-out', die Entscheidung für die ‚schwule Welt' und die Entwicklung einer „eigenen Identität". Der starke Fokus auf die „eigene Identität", die sich nur in Abgrenzung von der „Heterowelt" zeigen kann, verdeutlicht die Relevanz der jeweiligen schwulen Vergemeinschaftungsformen, die die Selbstbeschreibung als schwul auch im höheren Alter noch deutlich prägen bzw. prägen sollen. Danach werden auch andere schwule Männer ein- und zugeordnet und gegebenenfalls abgewertet. Diese Subjektproduktionen des *richtigen Schwulseins* sind deshalb bemerkenswert, weil sie deutlich machen, dass das Älterwerden schwuler Männer davon geprägt ist, ob sie einer bestimmten Bewegungskohorte angehören, die Identitätsfindung als Priorität der Selbst-Thematisierung formuliert (vgl. Beljan 2014; Haunss 2004; vgl. Kap. 6.2). Gerade Günter Amann und Karl Bubeck formulieren damit eine Erwartung an ältere schwule Männer, die sich aus einer spezifischen Generationserfahrung speist und die (wie Michael Haupt im Vorangegangenen erzählt) nicht von allen Befragten geteilt wird. Anders als im Kontext queerer Bewegungen wird von Günter Amann und Karl Bubeck das Begehren nicht nur zur ersten Instanz einer scheinbar fest umrissenen Identität, sondern anders als (das politische Konzept von) queer ist diese Identitätsformation durch starke Ein- und Ausschlüsse gekennzeichnet (vgl. Kap. 2.1).

Schwule ‚Identitäten' und normierte ‚Outings'

Im Hinblick auf ‚richtige' Zeitpunkte des Outings als schwuler Mann formulieren diese beiden Befragten also eine *Norm* des schwulen Alter(n)s. Sie bezieht sich nicht nur darauf, eine dem Alter(n) angemessene und ehrliche Form der *Selbst-Thematisierung* zu führen, sondern sich auch gegenüber anderen und der Gesellschaft als Ganzes als gegenüber heteronormativen Strukturen widerständiges, offen schwules Subjekt zu produzieren – und dies auch im Alter und nach einer heterosexuellen Vergangenheit. Schwule ältere Männer sollten sich demnach nicht halb, sondern vollkommen für die eine (schwule) Welt entscheiden. Ein schwuler Mann zu *sein*, ist damit erst mit dem Prozess des Schwul-*Werdens* abgeschlossen, der mit dem Coming-out und der Entscheidung für die schwule Welt gleichgesetzt wird. Gerade das Alter wird darin zur (letzten) Möglichkeit dieser Selbst-Findung erklärt: Herausgelöst aus bisherigen Verpflichtungen wird dieser Phase das Potential eines Selbst-Neuentwurfs, gerade in Bezug auf das Begehren, zugeschrieben. Der Prozess des Schwulwerdens endet damit für die Late Bloomer laut Bubeck und Amann schließlich im Alter. Hier wird (wie zuvor bei Uwe Meuser) deutlich, dass das neue ‚schwule' Leben mit dem Coming-out beginnt und biographisch nach hinten verschoben wird und zu unterschiedlichen Zeitpunkten stattfinden kann.

Ganz ähnlich findet sich in der Forschungsliteratur zum Altern nicht-heterosexueller Menschen der Aufruf, die gesteigerte Akzeptanz gegenüber LGBT-Personen zu nutzen, um sich wenigstens im Alter (endlich) zu outen (vgl. auch Kap. 2.1):

„Ältere LSBT-Erwachsene sind herausgefordert, zu ihrer Eigenart selbstbewusst zu stehen, sich also so zu verhalten, wie es ihr ganzes bisheriges Leben hindurch verpönt war. Sich nunmehr (…) zu öffnen, bedeutet verschleierte Aspekte des Selbst in die Wahrhaftigkeit zu überführen." (Lottmann/Lautmann 2015: 342)

Das Coming-out wird als Möglichkeit der Identitätsfindung inszeniert und die Subjektivierung als schwuler Mann (als lesbische, Trans* oder bisexuelle Person) mit einer spezifischen „Eigenart" verknüpft. So wird das Outing als Instrument der Wahrheitsfindung und die Subjektformation als das ‚Andere' als Essentialismus des schwulen Subjekts reproduziert. Ähnlich formuliert Bochow in seiner Studie „Ich bin doch schwul und will das immer bleiben" (2005; vgl. auch Kap. 2.5) ein Outing als Notwendigkeit für ein zufriedenes Leben (im Alter) bzw. sieht „die Verzögerung von Coming-out-Prozessen als Folge des heterosexuellen Konformitätszwangs"

6.3 Schwule Väter und „klassische Schwule"

(2005: 289). Ein Coming-out wird als notwendiger Ausbruch aus der hegemonialen Geschlechter- und Sexualitätsordnung gesehen. Kritisch einzuwenden bleibt, dass diese Form des *Bekennens* (ein Begriff, der bei Bochow durchgängig genutzt wird) die einzig anerkannte Form der Subjektivierung schwuler Männer nicht nur gegen, sondern auch im heterosexuell dominierten Diskurs abbildet. Ein Coming-out stellt damit einerseits eine Möglichkeit dar, sich als schwulen Mann selbst und vor anderen intelligibel erzählen zu können, also über eine anerkannte Form der Selbstbeschreibung als schwul zu verfügen. Andererseits stellt sich die Frage, wie subversiv ein Outing sein kann, wenn es gesetzten Maßstäben folgen muss.

Wie in Kap. 2.1 gezeigt, können Coming-out-Erzählungen subjektivierungstheoretisch als eine Form der Disziplinierung der Subjektivierung gesehen werden, wenn entlang einer spezifischen Geständnislogik eine konsistente Selbstbeschreibung in Bezug auf das Begehren wiedergegeben werden muss. Coming-outs sind als „Skripte" (vgl. Chirrey 2012) zu lesen, die gewissermaßen einem Drehbuch folgen. Dies lässt sich in folgender Beschreibung eines „klassischen" Coming-out sehen:

> "The classic coming-out story usually begins with an individual's realization that they are attracted to people of the same gender. The process of Coming-out includes sharing that knowledge with one's self und with others. In some cases, it includes embracing a new sexual identity." (Tabatabai 2016: 3)

Die Abfolge dieses Skripts zeigt sich in den Coming-out-Erzählungen der von mir Interviewten und in den Abgrenzungen zu den Nicht-Geouteten in einer ähnlichen Weise: Nicht nur der Ablauf, auch die Idee der ‚wahren Identitätsfindung' bildet sich im Interviewmaterial ab und zwingt das Outing in eine bestimmte Form, die für andere bekannt und verstehbar, also intelligibel ist. Wie Volker Woltersdorff darstellt,

> „[sind] Selbstdarstellungen von Coming-outlern dazu verdammt, ihre eigene Erfolgsgeschichte zu schreiben, wenn sie sich als die Subjekte, die sie durch ihr Coming-out geworden sind, nicht selbst diskreditieren wollen." (2005: 10)

Wer sich ‚outet', kann sich nicht nur als schwuler Mann erzählen, er muss es auch. Andererseits wird in der Empirie sehr deutlich, dass das Coming-out für die Befragten überhaupt eine Möglichkeit darstellt, sich als schwulen Mann konsistent und überhaupt erzählen zu können, also ein intelligibles Subjekt zu werden. Diese Ambivalenz begleitet gewissermaßen alle Subjektivationsweisen, die sich im Rahmen von Anrufungen und Umwendungen beschreiben lassen: Sie sind im Rahmen der „Zwangsdiskursivität" (Butler 1998: 194) immer an vorgegebene Identitätskategorien gebunden und in entsprechende Diskurslinien eingelassen, zugleich stellen sie überhaupt eine Option dar, sich intelligibel selbst zu beschreiben und darin Anerkennung zu finden. Die Subjektposition des Late Bloomers bietet darin sowohl einen Weg, sich *wenigstens in der letzten Lebensphase* als schwul erzählen zu können als auch eine Norm, *endlich* zu seiner ‚Bestimmung‘ zu stehen.

Der Zusammenhang von Anerkennung – Gemeinschaft – Autonomie zeigt sich hier im Entscheidungszwang für eine Gemeinschaft: so ist insbesondere nach Karl Bubeck eine *Anerkennung* als schwules Subjekt nur in der *Gemeinschaft* mit anderen Schwulen möglich; und nur dort kann durch beständige Selbst-Thematisierung eine Form der *autonomen* Selbst-Beschreibung abseits von Heteronormen erreicht werden. Anerkennung vermitteln die Befragten Karl Bubeck und Günter Amann selbst nur, wenn andere schwule Männer sich selbst und anderen gegenüber ehrlich sind und damit ‚richtig‘ schwul leben (können); wenn sie also ihren Maßstäben einer ‚schwulen‘ Intelligibilität entsprechen, die durch eine bestimmte Form einer ‚schwulen Identität‘ vertreten wird.

6.4 Homosexualität als biographische Technik?

Die vorangegangenen Kapitel machen deutlich, dass in einer biographischen Perspektive die Kategorisierungen Alter(n) und Begehren in ähnlicher Weise Eingang in die Selbstbeschreibungen finden, auch wenn sich dies über die Befragten hinweg sehr unterschiedlich gestaltet. Im Rückgriff auf den übergeordneten Interpretationszusammenhang von Anerkennung – Gemeinschaft – Autonomie zeigen sich damit jeweils andere Zusammenhänge.

Während eine *Anerkennung* als schwules Subjekt für Werner Stratmann und Peter Martens unmöglich erscheint, findet sie Karl Bubeck über die Subjektivierung als politischer Schwuler in emanzipatorischen *Gemeinschaften*, weil er dort die Möglichkeit sieht, mit sich und in Gemeinschaft mit anderen sein ‚wahres‘ Selbst zu verwirklichen. Werner Stratmann dagegen ist – zumindest bis zu seinem ‚Coming-out‘ mit etwa 50 Jahren – nach dem Austritt aus der klösterlichen Gemeinschaft weitgehend ohne Anbindung an Gemeinschaft, die ihm eine Selbstbeschreibung als schwuler Mann ermöglichen würde. Peter Martens bleibt, auch nach seiner Pensionierung, in der dörflichen und deutlich Homosexualität abwertenden Gemeinschaft, da sie ihm zumindest Anerkennung als heterosexuelles Subjekt bietet. Anerkennung als schwuler Mann vermitteln sie sich damit selbst: Zu unterschiedlichen biographischen Zeitpunkten bilden Werner Stratmann und Peter Martens Selbstakzeptanz aus, die eine Selbstbeschreibung als männerbegehrender Mann ermöglicht.

6.4 Homosexualität als biographische Technik?

Autonomie scheint mir im biographischen Rückblick der entscheidende Aspekt der Selbstbeschreibung zu sein: Die Wiedergabe vergangener Erfahrungen im Lichte der Gegenwart kann selbst als Autonomie verstanden werden, insofern die Erzählung des eigenen Lebens einen Akt der Selbstermächtigung und der eigenständigen Gestaltung des Lebens ex post darstellt. Konkret zeigt sich Autonomie bei Werner Stratmann in der Selbstakzeptanz entgegen der gesellschaftlichen Bewertung (vgl. Kap. 6.1), bei Karl Bubeck im Widerstand gegen die heterosexuelle Normwelt und bei Peter Martens in der Befreiung von der aufgeladenen gesellschaftlichen Schuld und der Möglichkeit einer von Hetero-Normen der Anerkennung befreiten Selbstbeschreibung im Alter (vgl. Kap. 6.2).

Die Unterscheidung einer *inneren* und einer *äußeren Welt*, genauso wie einer *heterosexuellen* und einer *homosexuellen Welt* scheint darin bereits auf. In der Differenzierung von Lebensläufen danach, ob und wann ein ‚Coming-out' stattgefunden hat, wird deutlich, dass Hetero- und Homosexualität als voneinander klar getrennte Lebenswelten mit eigenen Regeln und Gesetzmäßigkeiten gesehen werden (vgl. Kap. 6.3). In dieser Aufteilung wird zudem die Unterscheidung eines *richtigen* und eines nicht-richtigen, *halben* schwulen Subjekts deutlich, was zeigt, dass die (Nicht-)Subjektivierung als schwuler Mann auch von *anderen* schwulen Männern mit (Nicht-)Anerkennung belegt wird. In diesem Rahmen sind es nicht nur die Normierungen einer als hegemonial-heteronormiert verstandenen Mehrheitsgesellschaft, sondern auch älterer schwuler Männer selbst, die Intelligibilität zuteilen oder untersagen (vgl. dazu auch Kap. 5.3). Gerade für das schwul-ältere Subjekt wird im Datenmaterial die Aufgabe formuliert, sich endlich im höheren Alter zu seiner Homosexualität zu ‚bekennen' und sich für eine der Welten zu entscheiden, auch wenn das bisher nicht möglich schien.

Die hier vorgenommene Darstellung biographischer Erfahrungen und ihrer Neu- oder Umdeutung im Lichte des Alter(n)s verweist zum einen auf die Relevanz sozio-historischer Rahmenbedingungen, zum anderen auf die Gestaltbarkeit und biographische Flexibilität der Selbstbeschreibung. Entsprechend der Prämissen der Critical Gerontology (vgl. Kap. 2.2) ist es notwendig, diskursiv produzierte Anrufungen und damit verbundene Normierungen als wesentlich für Selbstverhältnisse zu beachten. Diskurse und deren individuelle Verarbeitung sind damit „Teil der lebenslangen, notwendig inkohärent bleibenden und damit unabschließbaren ‚Identitätsarbeit' der Subjekte" (Graefe et al. 2011: 299). Im Rahmen der vorangegangenen Unterkapitel wird deutlich, dass sich in einer biographischen Perspektive Homosexualität als wesentlicher Bezugspunkt des Selbstverhältnisses darstellt, wenn auch in unterschiedlicher Weise. Die Auseinandersetzung mit als determinierend, unpassend, diskriminierend empfundenen Diskursen, in denen das Homosexuelle als das Nicht-Sagbare oder Andere produziert wurde (und wird;

vgl. Kap. 4.1), führt in der gegenwärtigen Phase des Alters zur Suche nach angemessenen Subjektivierungsmöglichkeiten. Der Blick auf die Biographien zeigt, wie sehr die Befragten erlernt haben bzw. erlernen mussten, sich selbst zu reflektieren und in einen Bezug zu ihrer gesellschaftlichen Umwelt zu setzen, aus der bestimmte Anrufungen nicht einfach als Subjektivierungsmöglichkeiten übernommen werden können. In diesem Rahmen wird z. B. entlang des Coming-out ein Wissen über das eigene Schon-immer-schwul-gewesen-sein ergänzt durch einen Prozess des Schwul-Werdens für andere, der bestimmte Subjektivierungsweisen ermöglicht. Über die notwendige Distanz zu sozial hegemonialen Subjektkonstitutionen des Anerkennenswerten findet eine beständige Selbst-Reflexion und *Arbeit am Selbst* statt. Auch wenn Werner Stratmann (6.1), Karl Bubeck und Peter Martens (6.2) dies auf unterschiedliche Weise tun, bildet sich jeweils eine Form von Handlungsfähigkeit abseits dieser Hegemonieräume ab. Peter Martens etwa verschiebt den Raum des Anerkennenswerten im Rahmen einer Selbstakzeptanz und einer positiven Umdeutung der Altersphase als *späte Freiheit*. Karl Bubeck konstituiert das Alter(n) als Raum des *Widerstands* gegen heteronormierte Identitätskonzepte und Werner Stratmann schafft durch Selbstdisziplin die Trennung einer Innen- und Außenwelt, die ihm ermöglicht, trotz bedrohlicher Anrufungsszenarien für sich selbst ein gewisses Maß an *Zufriedenheit* zu etablieren.

Dass der Blick auf die Vergangenheit weniger eine Biographie, sondern eher eine *Biographisierung* wiedergibt, macht der Einbezug der Kategorie Alter(n) deutlich: Im Verhältnis zur gegenwärtigen Altersphase wird der lebenslange Umgang mit der Homosexualität oftmals neu bewertet und in einen sinnhaften Verlauf eingebettet. Ob Karl Bubeck tatsächlich eine „Pionierrolle" in schwulen emanzipatorischen Bewegungen hatte, die seine Selbstbeschreibung als „klassischer" Schwuler so deutlich mitformen, oder ob Peter Martens tatsächlich immer und in allen Lebenskontexten ‚versteckt' lebte (vgl. Kap. 6.2), ist nicht analysierbar und letztlich auch nicht wesentlich. Deutlich wird aber, dass das Alter(n) selbst als Weichenstellung gesehen wird, über die die Vergangenheit neu in das eigene Selbstverhältnis eingeordnet werden kann. In der biographisierten Selbst-Thematisierung wird somit die „notwendig inkohärent bleibende ‚Identitätsarbeit' der Subjekte" (vgl. Zitat oben) durch die Parallelisierung der Dimensionen Begehren und Alter(n) und den Versuch, ähnliche Strategien der Selbstbeschreibung daraus zu entwickeln, eingeholt und gibt den Befragten die Möglichkeit, Vergangenheit und Gegenwart als Kontinuität zu deuten.

In Rückbezug auf die übergeordnete Forschungsfrage, inwiefern ältere schwule Männer die Kategorisierungen Begehren und Alter(n) in ihre Selbstbeschreibungen einbetten, wird sichtbar, dass das Alter(n) nicht nur eine Möglichkeit darstellt, sich selbst neu zu bewerten, sondern dass die Kategorie des Alter(n)s als *gestaltbar* sichtbar wird. Ähnlich wie die Subjektivierung als schwuler Mann in einem biographischen Geworden-Sein, also als *Prozess* dargestellt wird, muss die Bedeutung des Alter(n)s ausgehandelt und die demgemäß angemessene Selbstbeschreibung erst allmählich gefunden werden. In diesem Zuge wird abseits körperlicher Veränderungen (vgl. Kap. 5.1) das Alter(n) als Ort der Selbstakzeptanz, des Widerstandes gegen und der Befreiung von hegemonialen Normierungen des Begehrens wie eben auch des Alter(n)s gesehen.

Demgemäß ist das *Begehren* selbst zwar als Teil des Selbstkonzepts (inzwischen) nicht (mehr) verhandelbar, aber es wird eine Verhandelbarkeit seiner *Bewertung* sichtbar: Das Begehren bietet die Möglichkeit, sich selbst abseits hegemonialer Deutungen als schwuler Mann zu subjektivieren, zudem können die zugeschriebenen (pejorativen) Merkmale eines schwulen Begehrens hinterfragt und umgedeutet werden. Dies erfolgt bei einigen Befragten über das Coming-out und die Betonung, wie wichtig ein solches auch im Alter ist oder wäre, bei anderen erfolgt es umgekehrt über die Entscheidung, sich nicht zu outen. Ein Nicht-Outing ist damit nicht nur als Einschränkung zu sehen, sondern auch als eine Form der Freiheit, sich abseits gesellschaftlicher Zuschreibungen entwerfen zu können.

Alle hier dargestellten Biographisierungen verweisen darauf, dass der Umgang mit der Homosexualität den Umgang mit dem Altern bestimmt oder in einer ähnlichen Weise verläuft: Während Werner Stratmann sowohl seine Homosexualität wie auch sein inzwischen höheres Alter(n) entgegen der diskursiven Negativierung selbst akzeptiert, versucht er, *beides* nicht nach außen sichtbar werden zu lassen. So wie Karl Bubeck es sich zur Aufgabe gemacht hat, sich aufgrund seines Begehrens selbst und selbstbestimmt als schwuler Mann zu entwerfen, so formuliert er das Alter als Möglichkeit der Re-Positionierung gegen gesellschaftliche „Rollenvorbilder" und heterosexualisierte Altersnormen. Und Peter Martens deutet die Sicht auf sich selbst als verworfenes Subjekt im Alter um: Die Freiheit des Alterns wird damit zur Freiheit in der Selbstbeschreibung als schwuler Mann. Der Umgang mit der eigenen Homosexualität kann somit als *Technik* verstanden werden, weil er ein Verfahren bietet, einen für einen selbst angemessenen Umgang mit diskriminierenden Strukturen und Diskursen zu finden. Diese Technik auch im Alter anzuwenden, verweist zugleich auf das *Risiko der Nicht-Anerkennung* durch die Anrufung als schwul *und* alt, auf die Notwendigkeit einer starken *Selbst-Thematisierung*, wie auch auf die *immanente Gestaltbarkeit*, die mit dieser Kategorisierung gerade im Alter einhergeht.

Dies beantwortet die Frage, welche Rolle die *biographische Verhandlung* der eigenen Homosexualität für das Alter(n) spielt: Im lebenslangen Umgang mit (Nicht-)Anerkennung bilden sich bestimmte Techniken aus, mit einem möglicherweise nicht-anerkannten Alter(n) umzugehen. Zugleich zeigt sich (etwa bei Peter Martens) die Möglichkeit, durch das Alter(n) die eigene Homosexualität in der Vergangenheit und Gegenwart neu zu bewerten. Im biographischen Rückblick zeigt sich daher, dass Alter(n) und Begehren auf verschiedene Weise als prozesshafte Vorgänge *und* als immer schon dagewesener Zustand gedeutet und in die Selbstbeschreibung aufgenommen werden können.

7 Subjektivierungen des doppelt Verworfenen?
Ergebniszusammenfassung

Wie nun konstituieren die befragten älteren schwulen Männer ihr Selbstverhältnis vor dem Hintergrund der Dimensionen Alter(n) und Begehren? Auf welche Subjektformationen reagieren sie, in welcher Weise beziehen sie soziale Bilder und Normierungen des Alter(n)s und des Begehrens in ihre Selbstbeschreibungen ein? An dieser Stelle fasse ich die Ergebnisse meiner Studie zusammen und stelle sie in verdichteter Form in Bezug zu den theoretischen Ausführungen in Kapitel 2. Während ich zunächst die Forschungsfrage danach beantworte, wie die Befragten die Kategorisierung des Alterns und anschließend des Begehrens in ihre Selbstbeschreibungen integrieren, führe ich schließlich beide Dimensionen wieder zusammen.

7.1 Das Alter(n) als Kategorie der Selbstbeschreibung

Die Ergebnisse der soziologischen Altersforschung wie auch ein Blick auf die Altersforschung selbst belegen den normativen Charakter und die inhärente Instabilität der ‚Identitäts'-Kategorie Alter, die zugleich in der subjektiven Verarbeitung eine hohe Deutungsoffenheit aufweist (vgl. Kap. 2.2). Normen eines ‚üblichen' oder auch ‚richtigen' Alterns werden bei den Befragten der vorliegenden Studie erkennbar und sollen in Form von Bescheidenheit und Selbstehrlichkeit vor der Anrufung eines negativierten Alter(n)s schützen. Dabei finden sich immer wieder Selbstbeschreibungen, die von gängigen Altersbildern abweichen und den immanenten Konstruktionscharakter sowie die intersektionale Kontextabhängigkeit der (Selbst-)Kategorisierung als alt oder älter verdeutlichen.

Das Sprechen über das eigene Altern und das Altern der anderen ist deutlich vom Motiv des Verfalls, von einem Nicht-mehr-so-Können und einer damit verbundenen Nutzlosigkeit geprägt (vgl. insb. Kap. 5.1). Darin wird Altersphasennormativität (vgl.

Kap. 2.3) insofern erkennbar, als die Anerkennung der zunehmenden körperlichen und geistigen Einschränkungen einen Weg des ‚ehrlichen' Alter(n)s darstellen. Die Selbstbeschreibung als zumindest partiell defizitär wird mit dem eigenen (kalendarischen) Alter verknüpft und so zum Teil akzeptiert. Der Körper wird zu einer Instanz, die das Älterwerden deutlich markiert; ein zunehmend gebrechlicher Körper macht unumgänglich sichtbar, dass man älter oder alt wird. Darin zeigt sich die Wahrnehmung eines phasenhaften Alter(n)s, die sich an einer zunehmenden, linear gedachten Einschränkung orientiert. Das Alter beginnt dementsprechend mit dem alternden Körper; die darauffolgende Phase ist gekennzeichnet durch eine so große Gebrechlichkeit, dass man in der Zukunft in die Altersphase der Pflegebedürftigkeit eintreten wird (vgl. Kap. 5.4). Entlang dieser Aspekte werden gängige Vorstellungen und Bilder des Alter(n)s in die Selbstbeschreibung übernommen.

Der Anrufung als alt entziehen sich die Befragten teilweise wieder, indem sie etwa einen eindeutig alternden Körper nicht darstellen möchten, der ein altes Subjekt automatisch mitproduziert (vgl. Kap. 6.1). Dieses Sich-Entziehen ist kein subversiver Akt (vgl. Kap. 2.1), denn die negativierte Deutung des Alt-Seins wird darin erst recht wiederholt. Vielmehr ist es gerade die eindeutige Selbstbeschreibung als alt oder älter, die sich in den Interviews vielfach findet und die einen subversiven Charakter insoweit hat, als die Relativität und Diffusität der Alter(n)skategorie eingefangen und in Merkmale der Eindeutigkeit überführt wird. Dem gesellschaftlichen Anspruch einer „relativen Alterslosigkeit" (vgl. Graefe 2013) wird damit ‚trotzig' die Gewissheit und das Selbstbewusstsein des eigenen Alter(n)s entgegengestellt.

Der Akzeptanz des Alter(n)s wird andererseits über die Subjektivierung als ‚aktiver' Alter eine weitere Normativität entgegengesetzt: Durch den Erhalt, zuweilen auch die Optimierung der körperlichen und geistigen Fähigkeiten sollen soziale Teilhabe und Beschäftigung bestehen bleiben (vgl. Kap. 5.1; Kap. 2.2). Das aktive Alter(n) drückt aus, wie Alte zu sein und nicht zu sein haben und bietet den Befragten anerkannte Möglichkeiten der Selbstbeschreibung. Die Akzeptanz des Verfalls und die Aktivierung des eigenen Alter(n)s schließen sich damit nicht aus, vielmehr sind beide Seiten der gleichen Medaille: Dort, wo es geht, noch etwas tun und gleichzeitig angemessen und würdevoll das annehmen, was nicht mehr zu ändern ist. Sich in dieser komplexen Normierung eines ‚guten' Alterns zurecht zu finden und positionieren zu können, verweist auf den hohen Grad an Auseinandersetzung mit und Thematisierung des eigenen Selbst als (auch) alternde Person (vgl. dazu später unter dem Stichwort *Selbst-Thematisierung*).

Dass nicht nur über das aktive Alter(n) das hohe Diskriminierungspotential der Zuschreibung als alt von den Befragten als solches nicht reflektiert sondern eher reproduziert wird, wird darin deutlich, dass die Befragten der ‚Jugend' und

6.1 Das Alter(n) als Kategorie der Selbstbeschreibung

ihrem eigenen jüngeren ‚Ich' gewissermaßen nachtrauern, ohne die dahinterstehende Verworfenheit des alten Subjekts zu kritisieren. Ähnlich wird die ‚Szene' von den meisten Interviewpartnern nicht als spezifisch altersdiskriminierend gesehen, gleichwohl von dort explizite Zuordnungen und Ausgrenzungen entlang des Alters berichtet werden. Die Abwertung wird von den Befragten auf den Körper reduziert, der nun mal einfach nicht mehr begehrenswert sei, so dass die Abwertung des Alten sich nicht auf den Menschen als Ganzes beziehen muss (vgl. Kap. 4.2). Zugleich wird negativen Altersbildern selten widersprochen, vielmehr noch werden sie zum Bild dessen, was eigenverantwortlich zu verhindern ist. Ihre Bedrohlichkeit für das eigene Selbstbild wird somit gemildert und zuweilen auch verharmlost. Diese Relativierung des verworfenen Status des Alter(n)s ist darin begründet, dass zwar Alt- von Jung-Sein im Material immer wieder unterschieden wird, es jedoch keine klaren Determinanten dafür gibt, wie genau sie abgegrenzt werden können oder müssen. Eine einmal erlebte Abwertung als älterer Mann muss daher nicht als Regelfall erwartbar gemacht werden und bietet eine gewisse Distanzierungsmöglichkeit von dieser Verworfenheit (vgl. auch Kap. 2.3). Ähnlich ist das Sprechen über *Pflegebedürftigkeit* eine Möglichkeit der Distanzierung von pejorativen Anrufungen und zugleich die Reifizierung derselben: Durch die Performation des Pflegebedürftigen als gebrechlich, abhängig, siechend und nicht mehr so ganz lebendig wird ein Subjekt des verworfenen Alters produziert und obendrein das eigene Alter(n) als davon (noch) weit entfernt entworfen (vgl. Kap. 5.4). Es zeigen sich entsprechend verschiedene Figuren (der aktive oder der siechende, greise Alte, der ‚ehrlich' Alternde) und Themen (Pflege, Körper, Attraktivität), über die die Deutungsoffenheit der individuellen Selbstbeschreibung als alt oder älter eingefangen wird und gleichzeitig gängige Altersnormen reproduziert werden.

Die Notwendigkeit der subjektiven Ausdeutung des Alter(n)s zeigt sich also darin, dass zur Plausibilisierung der eigenen Selbstbeschreibung als alt oder älter verschiedene Relationen und Kontexte bemüht werden müssen. Es sind gewisse Oberflächen, die das Alter(n) kontextualisieren, etwa Falten oder körperliche Einschränkungen, sowie der „Spiegel" als tatsächlicher Gegenstand wie auch als Spiegel der Anderen, die eine Unausweichlichkeit des Alter(n)s festlegen. Körperliche Veränderungen werden dabei nicht als leibliche Erscheinungen gefasst, sondern als ein „soziales Körper*wissen*" (Villa 2011: 223, Hervorh. i. O.; vgl. auch die theoretischen Überlegungen in 2.3) an gesellschaftlich geteiltes Wissen über den alternden Körper und seine Bewertungen rückgebunden.

Bestimmte Altersgrenzen, wie der Renteneintritt oder runde Geburtstage, die vergangenen und die erwartbaren Lebensjahre stellen von den Befragten anerkannte Strukturmerkmale des Alter(n)s dar, die Altersphasen normieren und der eigenen Beschreibung als irgendwie alt oder älter ebenso einen Halt geben (vgl. Kap. 5.1).

Die starke Kontextabhängigkeit der Deutung des Alter(n)s stabilisiert zum einen die Selbstbeschreibung als alt oder älter, zum anderen begrenzt sie den totalitären Charakter als ‚Identitäts'-Kategorie, da die Eindeutigkeit negativer Aspekte immer durch einen positiven Bezug aufgefangen werden kann. Augenscheinlichstes Beispiel dafür ist die Pflege: In der Selbstbeschreibung als alt oder älter, aber noch nicht so alt, dass man pflegebedürftig ist, demonstrieren die Befragten eine Ehrlichkeit gegenüber sich selbst und die Akzeptanz ihres Alter(n)s, zugleich kann das eigene Alter(n) als normales, gutes, aktives gegenüber dem Stadium des ‚Siechtums' entworfen werden. Die Subjektordnung des Alter(n)s gewinnt nur in der Relationierung so feste Konturen, weil sie deutlich negative Anrufungen aufzeigt und Distanzierungen davon produziert und damit Räume einer positiven Selbstbeschreibung als alt oder älter öffnet.

Im Rahmen einer weitgehenden Akzeptanz des Alter(n)s wird dessen Be- und Ausdeutung für das eigene Selbstkonzept verhandelt und zudem *gestaltet*. Dies drückt sich in der „Rolle" aus, die das Alter(n) für Karl Bubeck darstellt und dem „Weg" des Alter(n)s, den Michael Haupt noch zu gehen hat (vgl. Kap. 5.1). Der jetzige Zustand wird als Moment der Zwischenbilanz gesehen, in dem der eigene Selbstentwurf überprüft und im Hinblick auf die Zukunft (des eigenen Lebens im Alter) neugestaltet werden kann. Das Alter(n) implementiert den Aufruf, sich selbst zum Thema zu machen und im Hinblick auf Vergangenheit, Gegenwart und Zukunft *an sich zu arbeiten*. Dies taucht nicht nur im Motiv des aktiven Alter(n)s und der konkreten Tagesgestaltung nach der Verrentung auf, sondern wird ganz konkret als Alters-Erscheinung formuliert. Die Phase des Alters wird selbst als eine gesehen, die gewissermaßen dazu aufruft, die eigene ‚Identität' zu überdenken und sich selbst neu auszurichten. Diese Selbst-Thematisierung greift negative Anrufungen des Alter(n)s insofern auf, als diese explizit überdacht und angeeignet oder abgewiesen werden können. In der häufigen Umwendung auf die Anrufung als alt (als z. B. weniger attraktiv, voller Falten und weniger beweglich) zeigt sich ein subversives Potential, soweit negative Altersbilder (wie sie insbesondere in der Szene auftauchen, vgl. Kap. 4.2 sowie weiter unten) über einen Modus der Ehrlichkeit angeeignet werden und ihnen damit der Schrecken genommen wird. In der Arbeit am Selbst kann im Rahmen dieser Umwendung ein selbstbestimmter Zugang zur Selbstbeschreibung als alt gewählt werden, in dem immer auch Spielräume der Verhandelbarkeit des Alter(n)s erhalten bleiben. In diesem Zusammenhang bietet die – wenn auch nicht begrifflich kohärente, so doch inhaltlich stabile – Selbstbeschreibung als alt und/oder älter einen Raum an Autonomie, der sich entlang der Offenheit der Alterskategorie und in Bezug zur gleichzeitigen Normierung des Alter(n)s zeigt. Anerkennung erfahren die Befragten in Bezug auf das Alter(n) dann, wenn sie selbst-bewusst zum Alter stehen und sich gleichzeitig als aktiver Alter zeigen, der bestimmte Begleiterscheinungen nicht einfach akzeptieren will.

Die Trennung eines körperlichen und ‚mentalen' Alter(n)s, Aktivität als wesentlicher Modus der Selbstkonzeptualisierung des Alter(n)s und die starke Diffusität der Selbstbeschreibung als alt zeigen sich im Forschungsstand (vgl. Kap. 2.2) wie auch im Interviewmaterial meiner Studie. Hier wie dort ist das Alter(n) gekennzeichnet von einer starken diskursiven Normierung und einer inhärenten subjektiven Offenheit. In dieser Spannung wird eine intensive Auseinandersetzung mit der Dimension des Alter(n)s notwendig und im Material sichtbar. Die in Kapitel 2.3 beschriebene Altersphasennormativität ist deutlich zu erkennen: Sehr genau wissen die Befragten, welche Erwartungen entlang des Alter(n)s an sie gerichtet werden: nämlich Selbstakzeptanz und gleichzeitig Aktivität. Die beständige *Arbeit am Selbst*, die sich in beiden Aspekten ausdrückt, ist ein unmittelbarer Hinweis auf den zentralen gesellschaftlichen Modus, über den sich Individuen anerkennbar subjektivieren können, und der weit über die Lebensphase Alter(n) hinausweist (ausführlicher vgl. im Fazit). Dabei ist die starke Selbst-Thematisierung in meinem Material nicht nur auf die Deutungsoffenheit der Kategorisierung als alt oder älter zurückzuführen, sondern ist inhärent mit der Dimension des Begehrens verbunden. Denn auch entlang der (Selbst-)Kategorisierung als schwul wird der Auftrag formuliert, sich abseits von (Hetero-)Normen selbst-bestimmt selbst zu beschreiben.

7.2 Zum Begehren als Klassifikation der Selbstbeschreibung

Ähnlich wie die Kategorisierung des Alter(n)s wird das Begehren individuell angeeignet, ausgestaltet und in die Selbstbeschreibung integriert, dennoch sind die sozialen Anrufungen und Bewertungen, wenngleich in verschiedener Weise erlebt, sehr viel deutlicher von Verworfenheit und sehr viel weniger von Anerkennung geprägt. Gleichermaßen ist es bei fast allen Befragten eher das Begehren, das als unproblematisch für die eigene Selbstbeschreibung gesehen wird. Dies erklärt sich auch dadurch, dass die Befragten sich mit Anrufungen als schwules Subjekt seit einigen Dekaden auseinandersetzen müssen, das (höhere) Alter dagegen als biographisch ‚neue' Kategorisierung in ihr Leben tritt.

Wie in 5.1 dargestellt, ist die Subjektposition des schwulen Mannes davon geprägt, dass Homosexualität nicht nur als das Abweichende und Nicht-Normale, sondern als Tabu, Provokation und Schande, als das Verwerfliche und das schwule Subjekt als das Verworfene konstituiert wurde und wird. Diese pejorative Diskursivierung des Homosexuellen wird dabei als Relikt der Vergangenheit und zuweilen auch als nach wie vor bestehende gesellschaftliche „Ausklammerung" erzählt. Obwohl laut Butler Verwerfungen präreflexiv bleiben (vgl. Butler 1998; 2013; vgl. Kap. 2.1) und nicht mehr nachvollzogen werden können, zeigt u. a. der Blick auf die juristische Produktion des schwulen Subjekts als kriminell und verdorben, dass der Begriff hier empirisch anschlussfähig ist: Die Befragten thematisieren die gesellschaftliche Bewertung von Homosexualität zumeist in Bezug zu § 175 StGB. Die davon ausgehende Bedrohung betrifft nicht nur die eigene Kohorte, sondern wird als bruchlose Übernahme aus der NS-Zeit gesehen (auch wenn diskursiv der § 175 häufig als Gesetz der Nachkriegszeit thematisiert wird; vgl. kritisch Beljan 2014; Stümke/ Finkler 1981).[120] Der Umgang mit Homosexuellen ist nicht erst seit den ersten 20 Jahren nach Entstehung der BRD von Verwerfung gekennzeichnet, in denen sie durch Verurteilungen (bzw. auch allein durch die Gefahr einer Verurteilung) zu kriminellen, unzüchtigen, ruchlosen und gesetzlosen Subjekten wurden. Insbesondere während des NS-Regimes galt die Verfolgung, Inhaftierung und Ermordung von schätzungsweise 10.000 bis 15.000 als homosexuell verurteilten Männern (vgl. Lautmann 1977; 2011) als logische Konsequenz dieser Subjektivierung als verworfen. Dies kann durchaus als Hinweis gelesen werden, dass schwulen Männern als nicht-gleichwertigen, mehr noch als minderwertigen und ‚entarteten' Menschen der Status eines intelligiblen Subjekts abgesprochen wurde. Der Paragraph als nach wie vor geltende „Hitlerdoktrin" (IV 2/Abs. 54; vgl. Kap. 4.1) und das Tragen des rosa Winkels durch Karl Bubeck (IV 8/Abs. 18; vgl. Kap. 6.2) verweisen auf eine gedachte Kontinuität dieser Aberkennung von Menschlichkeit für die heute lebenden, älteren schwulen Männer.

Auch mehr als 20 Jahre nach Streichung des § 175 und im Rahmen eines breiteren Raumes der Anerkennung für nicht-heterosexuelle Subjekte wirkt die Erfahrung der Verworfenheit nach und zeigt sich – besonders anschaulich – bei Peter Martens, der keine Möglichkeit sieht, sich in seinem sozialen Umfeld als männerbegehrenden Mann zu positionieren (vgl. Kap. 6.2). Ein erhebliches Verwerfungspotential entlang des Begehrens zeigt sich für ihn nach wie vor im Rahmen seiner für ihn relevanten Gemeinschaften. Die meisten anderen Befragten sprechen selten oder zuweilen auch verharmlosend (vgl. Kap. 4.1) von Anerkennungsschwierigkeiten in ihrem sozialen Umfeld, betonen aber schwule Gemeinschaften als primäre Räume der Anerkennung.

Einen subversiven Akt stellt die Selbstbeschreibung als schwuler Mann insofern dar, als gängigen Subjektpositionen des Schwulen, wie der ‚Tunte' oder dem

---

120 Wie in der Einleitung (Kap. 1) dargestellt, wurde die erste Fassung des § 175 bereits 1871, und nicht erst unter der Herrschaft des Nationalsozialismus, entworfen.

7.2 Zum Begehren als Klassifikation der Selbstbeschreibung

‚Lederkerl', mit einer Selbstbeschreibung als irgendwie normal begegnet wird (vgl. Kap. 4.1). Sie ist bei den meisten Befragten nur im Kontext ihres sozialen Umfeldes möglich, das diese Selbstbeschreibung auch anerkennen muss. Dazu gehören nicht nur szenebezogene Gemeinschaften, sondern auch eigene Kinder, das berufliche Umfeld, die eigenen Eltern oder die Nachbarschaft. Wie in 6.3 gezeigt, werden diese Gemeinschaften klar in „Bereiche" und „Welten" eingeteilt, die sich entlang von Hetero- und Homosexualität differenzieren lassen. In beiden Welten gibt es zugleich die Erfahrung der Nicht-Anerkennung, die es – ähnlich wie in Bezug auf den verworfenen Status des Alt-Seins – notwendig machen, sich in besonderer Weise mit dem eigenen Selbstkonzept auseinander zu setzen.

Verwerfungen können über die Befragten auch deshalb herausgearbeitet werden, weil die Geschichte der Schwulenbewegungen stark von der Suche nach der ‚wahren' Identität, dem authentischen inneren (quasi dem von der Gesellschaft tabuisierten, verschütteten) Kern geprägt ist (vgl. Beljan 2014: 84). Dies ist an dem hohen Grad an Selbstreflexion erkennbar, der für die Kohorte, die mit diesem Ausschnitt der Schwulenbewegung sozialisiert wurde, prägend ist (vgl. Kap. 6.2). So ist insbesondere die Selbstbeschreibung von Karl Bubeck als Abkehr von der „heterosexuellen Normwelt" ein Verweis auf den bewegungspolitischen Diskurs, „der Homosexualität bzw. Schwulsein nicht einfach nur als abweichende Form der Sexualität, sondern als eine damit verbundene alternative Lebensform und Identität konstituierte: anders, aber dennoch ‚normal'" (Beljan 2014: 87). Die Selbst-Verhältnisse der befragten älteren schwulen Männer sind – so eine wichtige Erkenntnis meiner Studie – geformt von einer auffälligen Tendenz, sich mit gesellschaftlichen Bedingungen und der Suche nach persönlich und politisch ‚richtigen' Identitätskonzepten dezidiert auseinanderzusetzen. Die häufige Selbst-Definition als irgendwie nicht-passendem, sich selbst suchenden Menschen hat demnach nicht etwas mit einer ‚tatsächlichen' Andersartigkeit älterer schwuler Männer zu tun, sondern in hohem Maße mit einer besonderen Form der Selbst-Thematisierung, die in vielen Schwulenbewegungen Ziel und Zweck ihrer Identitätspolitiken war (vgl. Beljan 2014; Haunss 2004; vgl. Kap. 6.3). Auch dadurch lässt sich die beständige Betonung von Autonomie erklären: Unabhängigkeit, Souveränität und Individualität sind nicht nur für schwule Männer wesentlicher Teil der Selbstbeschreibung, aber in der vertieften Auseinandersetzung mit diskriminierenden, stigmatisierenden oder tabuisierenden Umwelten liegt vermutlich ein weiterer Grund dafür, warum der Wunsch nach einem autonomen Selbst-Entwurf gerade in dieser ‚Gruppe' besonders ausgeprägt sein kann. Allerdings zeigen auch die Interviewpartner, die wenig oder gar nicht Anschluss an Szene-Gemeinschaften suchten (Werner Stratmann, Peter Martens) eine klare Auseinandersetzung mit dem eigenen Selbstkonzept. Der Anschluss an politische Gemeinschaften und bzw. oder die geteilte Erfahrung der

Nicht-Anerkennung führt entsprechend zu einer ausgeprägten Selbst-Thematisierung und Arbeit am Selbst. Wie im vorangegangenen Abschnitt nachgezeichnet, ist es eben nicht nur das Alter(n), das eine stärkere Auseinandersetzung mit dem eigenen Selbstkonzept auslöst, sondern auch die Erfahrung des Anders-gemacht-Werdens in einer heteronormierten Gesellschaft bereits in der Vergangenheit. Im Rahmen der Kategorisierungen Alter(n) und Begehren begegneten und begegnen ältere schwule Männer somit der Gefahr einer doppelten Verwerfung und sind zudem in einer doppelten Weise dazu herausgefordert, sich selbst in einer „Zone der Unbewohnbarkeit" (Butler 1997: 23) zu (re-)subjektivieren.

Wie ich im nächsten Abschnitt darstellen werde, ist es für schwule Männer, die nun auch älter geworden sind, u. a. der Status als Nicht-Subjekt, der zu einer besonderen Herausforderung für die Selbstbeschreibung wird und ein weiterer Grund für die ausgeprägte Selbst-Arbeit ist.

7.3 Altern und Begehren als verwobene Subjektordnungen

In der individuellen Deutung von Alter(n) und Begehren zeigen sich jeweils unterschiedliche Bezüge in den Selbstverhältnissen. Im Folgenden geht es darum, welche übergeordneten Subjektivationsmöglichkeiten sich an der Schnittstelle zeigen. Die in Kapitel 4, 5 und 6 zusammengetragenen Antworten auf die Forschungsfrage *Wie integrieren ältere schwule Männer die Kategorisierungen Alter(n) und Homosexualität in ihre Selbstbeschreibungen?* stelle ich hier in kompensierter Form und entlang der analytisch wesentlichen Rahmungen und Ergebnisse dar.

Kontextabhängigkeit und Intersektionalität

Selbstbeschreibungen älterer schwuler Männer sind davon abhängig, in welchem Kontext sie erzählt werden. Diese Kontexte kann man als Hinweis auf intersektionale Zusammenhänge lesen, die darauf verweisen, dass Selbstbeschreibungen sich nicht (nur) über einzelne Subjektordnungen erklären lassen (vgl. Kap. 2). Hier fasse ich diese Kontexte begrifflich etwas weiter als im Sinne intersektionaler Kategorien und gehe auf drei dieser Kontexte, nämlich Geschlecht, Pflegebedürftigkeit und Biographie im Hinblick auf ihren Zusammenhang mit Alter(n) und Begehren ein.[121]

---

121 Dabei können Pflegebedürftigkeit und Biographie eben nicht wie Geschlecht als intersektionale Dimension gefasst werden, sondern stellen einen Kontext dar, in dem sich Intersektionalitäten spezifisch zeigen.

7.3 Altern und Begehren als verwobene Subjektordnungen

Es sind verschiedene Bezüge zu *Geschlecht*, die in Verbindung mit Alter(n) und Begehren bedeutsam gemacht werden. Wie in 5.2 beschrieben, ist es das Mann-Sein, das die Selbstverortung auch im Alter bestimmt. Die Befragten erleben Geschlecht als *Struktur*merkmal insofern, als sie zumeist einen ‚typisch' männlichen Erwerbs- (aber nicht zwingend Lebens-)verlauf hinter sich haben, in dem der Beruf wesentlicher Parameter der Selbstbeschreibung war und ist und die Verrentung als starker Bruch erzählt wird. Dabei macht es keinen Unterschied, ob die Männer Kinder und/oder (Ehe-)Frauen hatten oder nicht. Weiter wird das Alter(n) als Bruch der eigenen geschlechtsspezifischen Selbsterzählung erlebt, insofern Einschränkungen der männlichen Sexualfunktion wie auch ein teilweise geringerer Wunsch nach sexueller Interaktion typische Aspekte des Alter(n)s von Männern darstellen (vgl. Fooken 1986; 1999; Leontowitsch 2017; Sandberg 2013b). In der Zugehörigkeit zur Genusgruppe Mann werden Frauen dabei als das Andere entworfen, die vom „Pensionsschock" verschont bleiben und anders als Männer ‚natürlicherweise' an Haus- und Heimarbeit gewohnt sind.

Geschlecht bildet sich also in der Selbsterzählung als Mann als Generalisierung und Polarität zu Frauen aus und zeigt sich zugleich in einer Unterscheidung von hetero- und homosexuellen Männern. Dabei wird jedoch weniger so etwas wie die Erfahrung einer „untergeordneten Männlichkeit" (vgl. Connell 2015) formuliert, sondern die *geteilten* Voraussetzungen hetero- und homosexueller Männer betont: Sexuelle Virilität und Attraktivität wird gleichermaßen als für Hetero-Männer bedrohtes Signum von Männlichkeit erzählt. Andererseits ist es gerade auch eine Abwesenheit von (Hetero-)Normierungen des Mann-Seins, über die sich die Befragten explizit als nicht-heterosexuelle Männer beschreiben. So wird das heterosexuelle als ein ‚konservatives', eingeengtes und vorherbestimmtes Leben im Alter gesehen. Als schwuler Mann alt zu werden bietet dagegen die Möglichkeit, sich im Alter in einer gewissen Freiheit selbst entwerfen zu können (bzw. zu müssen; vgl. Kap. 5.2). Auch dort wird Arbeit am Selbst als Modus erkennbar, über den sich die Befragten in Abgrenzung zu älteren Hetero-Männern entwerfen.

Die Kontextualisierung der Kategorisierungen Alter(n) und Begehren durch Geschlechts-Bezüge verweist dementsprechend auf die Notwendigkeit, die eigene Selbstbeschreibung als schwul und älter durch weitere Deutungsrahmen zu konkretisieren. Sowohl das Alter(n), wie auch das Begehren werden damit jeweils auf unterschiedliche Weise mit Geschlechternormen und -bildern verknüpft. Darin erzählen sich die Befragten zwar als schwule, aber immer auch als *normale* Männer, die mit Alter(n) ähnliche Herausforderungen angehen müssen wie andere. Sie beschreiben sich daher in diesem Zuge immer auch als normal *alternde* Männer.

Ein weiterer Kontext, in dem sich Selbst-Beschreibungen als älterer schwuler Mann zeigen, ist das Sprechen über die *Pflege* (vgl. insb. Kap. 5.4). Pflege und Pflegeheime sind Themen, über die sich spezifische Rahmenbedingungen der Subjektivierung als älterer schwuler Mann in besonders deutlichem Maße zeigen: nämlich (Un-)Abhängigkeit und (Un-)Sichtbarkeit. Die in der Pflegesituation drohende Abhängigkeit zeigt sich stets parallel zu Wünschen nach Unabhängigkeit: Unmittelbare Abhängigkeit fürchten die Befragten sowohl von anderen Bewohner_innen im Pflegeheim, vom Pflegepersonal wie auch von ihrem eigenen alternden Körper, der sie nach und nach im Stich lassen könnte. In diesem Rahmen wird der Wunsch sichtbar, überhaupt Anschluss an Gemeinschaft zu haben, die (soweit die Befragten ‚geoutet' sind) das eigene Begehren – zuweilen im Rahmen einer Politik der ‚Menschlichkeit' – anerkennt. Gleiches gilt für das Pflegepersonal, welchem man körperlich und psychisch ausgeliefert sein kann. Die Befragten wünschen sich für diese Situation teilweise eine Anerkennung ihrer Sexualität, aber mehr noch ihrer Individualität und ihrer individuellen Wünsche.

Pflegebedürftigkeit ist darum ein Kontext, in dem die Selbstbeschreibung als älterer schwuler Mann auf dreifache Weise thematisiert wird und zugleich bedroht sein kann. Gemeinschaften sind aufgrund der räumlichen Nähe und der Unmittelbarkeit von Abhängigkeitsverhältnissen eine wesentliche Quelle von Anerkennung, Pflegeheime stellen demgegenüber als besonders heteronormierter Ort eine große Herausforderung für den Wunsch nach Autonomie dar. Das Pflegepersonal sowie der eigene (pflegebedürftige) Körper sind dabei zusätzliche Bedrohungen für den Wunsch nach einer selbstbestimmten Lebensgestaltung sowie letztlich autonomer Selbstbeschreibungen. Im Sprechen über die Pflegebedürftigkeit zeigt sich der Zusammenhang von Autonomie, Anerkennung und Gemeinschaft in Bezug auf die Dimensionen Alter(n) und Begehren in besonders zugespitzter Weise. Die Intersektion von Alter(n) und Begehren bildet sich im Kontext der Pflege darum in einer besonders bedrohlichen Form ab: Der „Schwule Graue dahinten" (Peter Martens, vgl. Kap. 5.4) wird als Anrufung aufgefasst, der man in der Gemeinschaft des Pflegeheims unbedingt entgehen möchte.

Der Zusammenhang von Alter(n) und Begehren drückt sich auch in der *biographischen Verarbeitung* aus (vgl. Kap. 6). Im Rückblick auf die Vergangenheit wird der Stellenwert der individuellen Ausdeutung von Alter(n) und Begehren für die Selbstbeschreibungen erkennbar. Wie in Kap. 6.1 bis 6.3 gezeigt, werden die Erfahrungen der Anrufung, Anerkennung oder Verwerfung als schwuler Mann auf die aktuelle Phase des Alters angewendet und übertragen. Der Umgang mit der Kategorisierung homosexuell bzw. schwul hat also eine Konsequenz für die Selbst-Deutung im Alter. So wie Werner Stratmann (vgl. Kap. 6.1) in der *Differenzierung eines Innen und Außen* seine Homosexualität für sich selbst akzeptiert, sie nach außen jedoch nicht formulieren konnte und kann, wird das Alter(n) als

7.3 Altern und Begehren als verwobene Subjektordnungen

unabänderlich akzeptiert und durch Selbstdisziplin versucht, gewisse (äußerliche) Erscheinungen des Alter(n)s zu verbergen.

Ähnlich ziehen auch Karl Bubeck und Peter Martens (vgl. Kap. 6.2) aus dem sozialen Umgang mit Homosexualität in Gegenwart und Vergangenheit Konsequenzen für die Selbstkonzeption im Alter, wenn auch auf unterschiedliche Weise. Sie stehen beide in einem konflikthaften Verhältnis zum sozialen Umgang mit Homosexualität, da sie die bereitgestellten Anrufungen entweder als unangemessen oder als bedrohlich empfinden. Karl Bubeck beschreibt sich als politisch sozialisierten schwulen Mann, der im Rahmen emanzipativ-politischer Gemeinschaften Formen der Selbstbeschreibung als schwuler Mann suchte und fand, die sich widerständig zu und in Abwendung von dominanten Anerkennungsstrukturen zeigen. In der Gegenwart versteht Karl Bubeck dementsprechend das Alter(n) als Herausforderung sich entgegen gesamtgesellschaftlicher Schablonen und Erwartungen als älterer Mensch zu thematisieren. Er formuliert die Notwendigkeit, entsprechende Rollenvorgaben und Normierungen abzulehnen und einen selbstbestimmten und dem eigenen Empfinden angemessenen Modus der Selbstbeschreibung zu finden; in diesem Zusammenhang ist *Widerständigkeit* auch hier der übergeordnete Topos. Peter Martens zeigt sich zwar auch in gewissem Maße widerständig gegenüber gesellschaftlichen Anrufungen, mehr noch ist der Umgang mit Homosexualität im Alter durch eine *Befreiung* geprägt. Peter Martens spürt eine lebenslange Schuld, die er mit dem Begehren nach Männern auf sich geladen hat. Mit dem Älterwerden und den damit einhergehenden Möglichkeiten, sich von seinen sozialen Bezügen (Beruf, (Ex-)Familie, Kleinstadt, z.T. Freundeskreis) emotional und räumlich lösen zu können geht die Erkenntnis einher, dass die Schuld der Verworfenheit schwulen Begehrens eine gesamtgesellschaftliche ist. In diesem Sinne sieht er sich innerlich von der Schuld und von den bedrohlichen und latent homophoben Umwelten befreit, in die er eingefasst war und ist; das Alter wird zur Phase der Befreiung. Sowohl bei Karl Bubeck wie auch bei Peter Martens zeigt sich das Alter als Herausforderung, die immer in einem biographisierten Bezug zur Selbstbeschreibung als schwuler Mann steht. Wenngleich auf unterschiedliche Weise, ist das Alter(n) und die eigene Homosexualität von einer sehr deutlichen *Selbst-Thematisierung* geprägt, die aus gesellschaftlich unpassenden Normen und Vorgaben abgeleitet wird.

Schließlich zeigt die (bis auf Peter Martens) ausnahmslose Selbstbezeichnung im Sample als schwul bereits die Interdependenz dieser Kategorisierung mit der Subjektordnung des Alter(n)s. Keine der Befragten bezeichnet sich als ‚queer', in der Diskussion über meine Forschung im Anschluss an die Interviews weisen die Befragten den Begriff ‚queer' geradezu von sich. Dieter Ellwanger fragt sich „was der Begriff denn eigentlich soll", Werner Stratmann sagt der Begriff bzw. die dahinterstehende politische Argumentation „gar nichts" (Feldnotizen). Queer ist für die Befragten ein Wort aus der jüngeren Generation schwuler (lesbischer, bisexueller, Trans* oder Inter*-)Menschen. ‚Schwul' dagegen wird als (einzige) angemessene Selbst-Bezeichnung gesehen, weil die Befragten entsprechend ihrer Kohorten und den für sie bewegungspolitisch relevanten historischen Diskursen mit diesem Begriff selbst älter geworden sind (vgl. Kap. 6.3).

Die aufgeführten Kontextualisierungen, durch die den Dimensionen Alter(n) und Begehren in der Selbstbeschreibung ein Halt gegeben wird, verweisen auf die inhärente Verwobenheit von ‚Identitäts'-Kategorien. Nicht nur der Zusammenhang von Alter(n) und Begehren selbst stellt eine Intersektion dar, diese Intersektion wird durch Kreuzungen mit weiteren Dimensionen verbunden. Je nach thematischer ‚Verwobenheit' ändert sich der Stellenwert und die Ausdeutung von Alter(n) und Begehren in den Selbstbeschreibungen: Im Kontext von Pflegebedürftigkeit wird die Selbstbeschreibung als älterer schwuler Mann anders ausgedeutet als im Kontext von Geschlecht. Auch der jeweilige Zeitbezug spielt in den Intersektionen eine Rolle: Während in der biographischen Rückschau die Auseinandersetzung mit dem Begehren im Vordergrund steht, ist es in der Gegenwart die Verhandlung dazu, wie man als schwuler Mann auch alt bzw. älter werden kann. Für die Zukunft steht schließlich das Alt-Sein und eine damit verbundene mögliche Pflegebedürftigkeit im Fokus, in der aber das Begehren – so hoffen die meisten Befragten – nicht vollkommen in den Hintergrund treten soll. Die aus diesen Kontexten, Intersektionen und Zeitdimensionen entstehende Fülle von Selbstbeschreibungen verweist auf die Leistung, die hinter der subjektiven Deutung von Alter(n) und Begehren steht. Dies unterstreicht zugleich, dass sich diese Komplexität nicht in einer Typologie von Identitätskonzepten abbilden lässt (vgl. Kap. 2.5).

Anrufungen: Verwerfung, Anerkennung, Stigmatisierung?

In den beschriebenen Kontexten zeigt sich die Selbstpositionierung im Rahmen von Alter(n) und Begehren auf unterschiedliche Weise; auch die Anrufungen, auf die die Befragten darin reagieren, gestalten sich sehr verschieden. Wie werden diese Anrufungen nun von den Befragten verstanden: äußern sie sich in Anerkennung oder Verwerfung, als Stigmatisierung oder Diskriminierung oder letztlich über den Status als Nicht-Subjekt?

Die in 2.5 angeführte These der ‚doppelten Stigmatisierung' bestätigt sich im Material teilweise; sie greift jedoch zu kurz. Ein stigmatisierender Effekt der Verbindung von Antihomosexualität und Altersdiskriminierung für das Leben älterer schwuler Männer ist nicht einfach vorauszusetzen: „the equation, ageing plus sexuality equals social isolation, is a misnomer without due consideration to a socially situated biographical context" (Cronin/King 2010: 886). Entsprechend formuliert keiner der Befragten diese Trennung von Stigmatisierungserfahrungen explizit, gleichwohl werden sie im Material jeweils sichtbar.

Wie in 4.1 beschrieben, zeigt sich in der gesamtgesellschaftlichen ‚Gemeinschaft' die Erfahrung von Diskriminierung über antihomosexuelle Ressentiments und Übergriffe, die sich in der Anrufung als Perverser, als nicht-richtig-männlich oder als das Nicht-Normale abbildet.

So bilden die Anrufungen eine Form der grundsätzlichen *Nicht-Anerkennung* ab, die sich für die befragten Männer zum großen Teil als Form der Verwerfung, als Zustand der Nicht-Lebbarkeit zeigt bzw. insbesondere in der Vergangenheit zeigte. Sie führt für die meisten der Befragten zu Strategien der Selbst-Unsichtbarmachung, d. h. also zur Entscheidung, sich nicht als schwulen Mann zu erzählen, eine Sandfrau zu nutzen, eher Anschluss in schwulen Gemeinschaften zu suchen. Gegenwärtig erfahren die Befragten immer noch eine Aberkennung von Normalität als nicht der Norm entsprechend. Auch wenn dies nicht als Verworfenheit im Sinne einer direkten Aberkennung von Menschlichkeit erlebt wird, so kritisieren die Befragten eine Positionierung schwuler Männer als das Andere im Sinne des Nicht-Normalen. Denn sie beschreiben sich selbst zwar nicht als Abweichung, zugleich stellen sie die Normalität des Heterosexuellen nicht in Frage (vgl. Kap. 4.1 und 5.2). Sie dringen auf eine Normalisierung ihrer ‚anderen' Normalität, ohne dass ihnen damit abwertende Subjektpositionen zugeschrieben werden oder Hetero- und Homosexualität ununterscheidbar werden sollen. Diese Komplexität der eigenen Beschreibung im Rahmen der Dichotomie Normalität – Abweichung zeigt, dass die Klassifizierung selbst zu unbeweglich ist. Weder erleben die Befragten eine generelle Positionierung schwuler Männer als „nicht-normal", noch beschreiben sie sich durchgehend als normal *oder* anders, sondern bewegen sich eher im Spannungsfeld von Autonomie und Anerkennung, in welchem sie gleichzeitig (Hetero-)Normen der Intelligibilität folgen und einer individuellen, selbstbestimmten Form der Selbstbeschreibung gerecht zu werden suchen. Anders Sein ist also nicht gleichbedeutend mit Nicht-Normal-Sein; Normal-Sein ist nicht gleichbedeutend mit Nicht-Anders-Sein. Und eine Klassifikation als anders wird nur dann zum Problem, wenn sie die Möglichkeiten der Subjektivierung auf Positionen des Abweichenden beschränkt, die in einer gefährlichen ‚Nähe' zur Verwerfung liegen. Auf nach wie vor erlebte antihomosexuelle Ressentiments reagieren die Befragten mit Verharmlosung und Re-Normalisierung, was den Wunsch nach Anerkennung als ‚anders normal', aber nicht abweichend ausdrückt.

In der Szene, der Community oder der Subkultur machen die meisten Befragten eine Erfahrung der Diskriminierung, die teilweise zu Ausgrenzung aus Szenekontexten führt und mitunter als starker Angriff auf die eigene Selbstbeschreibung als schwuler Mann verstanden wird (vgl. Kap. 4.2). Als alt wahrgenommen zu werden bedeutet hier, nicht mehr attraktiv und begehrenswert zu sein; das Stigma des Alter(s) als sexuell dysfunktional und unattraktiv wird von den Befragten in diesem Sinne angesprochen und verhandelt. In der Selbstbeschreibung als schwuler Opa, aber auch als Teilnehmer der Fetisch-Szene ebenso wie in der Trennung einer nicht-begehrten körperlichen Oberfläche von der eigenen Persönlichkeit zeigen sich Strategien, auf altersbezogene Zuschreibungen so reagieren zu können, dass man für sich selbst und für andere als älterer schwuler Mann in der Szene anerkennenswert bleibt. Dabei wird nicht durchgängig formuliert, dass die Szene immer als besonders altersdiskriminierend auftritt. Als primärer Bezugspunkt sexueller Interaktion ist sie jedoch besonders wichtig für die eigene Deutung als schwul und sexuell aktiv und kann diese Selbstkonzeption der Befragten gelegentlich in Frage stellen. Insofern ist die These der doppelten Stigmatisierung zutreffend, als eine Doppelung von *Nicht-Anerkennung* in den „Welten" der Homo- und Heterosexualität (vgl. Kap. 6.3) entlang des Alter(n)s und der Homosexualität sichtbar wird, aber für die Selbstbeschreibungen jeweils andere Bedeutung und Konsequenzen hat.

Im Zuge einer Selbstbeschreibung als schwul *und* alt bzw. älter zeigt sich schließlich eine weitere Form der Anrufung, die eigentlich eine *Nicht-Anrufung* ist: Das alt-schwule Subjekt wird von den Befragten als Nicht-Subjekt verhandelt, als eine Form der diskursiven Unmöglichkeit und Undenkbarkeit. Dies kann z. T. als Diskriminierung insoweit verstanden werden, als die eigene Selbstbeschreibung als schwul und alt/älter beim anrufenden Gegenüber keine Verankerung erfährt, keine mögliche Existenzform bildet, sich nicht als intelligibel darstellt. Der Status „Unter der Treppe" verweist dabei darauf, dass man durchaus existiert, aber in dieser Existenzweise nicht gesehen wird und in diesem Rahmen auch keine Anerkennung erfahren kann. Im Sinne Butlers befindet sich das alt-schwule Subjekt in einem „Gebiet der Undenkbarkeit und Unaussprechlichkeit" (dies. 2003a: 154; vgl. Kap. 2.3). Dass sich die Befragten in diesen „‚unbewohnbaren' Zonen des sozialen Lebens" (Butler 1997: 23) trotzdem für sich selbst und andere (in begrenztem Maße) intelligibel subjektivieren können, verweist wiederum auf einen hohen Grad einer *Arbeit am Selbst*.

Je nach Hervorhebung der Kategorisierung ändern sich die dominanten Anrufungserfahrungen der Befragten: *Verworfen* als schwule Männer, *diskriminiert* als ältere Männer (in der Szene) und *unsichtbar* als ältere schwule Männer.

Im Rahmen eines intersektionalen Paradigmas lässt sich diese Unterschiedlichkeit fassen: Ob die Befragten aufgrund ihres Alters, ihrer Sexualität, ihres Geschlechts (vgl. z. B. Kap. 4.1 und 5.2), aufgrund von Schicht- oder Milieuzugehörigkeiten (vgl. Kap. 5.3), wegen zunehmender Gebrechlichkeit oder schwindender Attraktivität des Körpers (vgl. Kap. 4.2; 5.1; 6.1) oder über Verwobenheiten und Interdependenzen dieser Subjektordnungen (vgl. insb. Kap. 4.3; 5.4; 6.3 sowie prinzipiell Kap. 4 bis 6) angerufen werden, unterscheidet sich eben je nach Befragtem und je nach Kontext (z. B. in der Szene/in der Mehrheitsgesellschaft; in Abgrenzung zu älteren Heteros oder zu anderen älteren Schwulen; im Pflegeheim oder im Berufskontext uvm.). Von einer generellen Stigmatisierung, Verwerfung oder Unsichtbarkeit kann daher nicht die Rede sein.

Selbst-Thematisierung

Im Kontext dieser drei Modi der Anrufung zeigt sich bei allen Befragten die Notwendigkeit, das eigene Selbst so zu gestalten und zu fassen, dass die negativen oder auch nicht-existenten Formen der Anrufung verbunden mit Nicht-Anerkennung möglichst wenig Eingang in die Selbstbeschreibung finden. Die Männer müssen also einen Platz der ‚Lebbarkeit' im Raum der Nicht-‚Menschlichkeit' (vgl. Butler 1997; 2009) finden, der sich über eine beständige *Arbeit am Selbst* auszeichnet.

Selbst-Thematisierung ist darum das leitende Mittel der Selbstbeschreibung. Jede Kontextualisierung (vgl. weiter oben etwa im Rahmen von Geschlecht, aber auch von Alter u. v. m.) sowie die verschiedenen Formen von Abgrenzung, wie sie insbesondere in Kapitel 5 dargestellt wurden, beinhalten den Wunsch, das eigene Selbst von anderen Identitätsentwürfen ab- und auf das eigene, individuelle So-Sein einzugrenzen und darin für sich selbst und andere intelligibel, also anerkennbar zu sein.

Im Folgenden fasse ich Selbst-Thematisierung über die Auseinandersetzung mit heteronormierten Altersbildern, als Form der Rollenlosigkeit oder der Freiheit des schwul-alten Nicht-Subjekts, als Auftrag zu einem angemessenen, ehrlichen Alter(n) sowie im Rahmen der Dichotomie von normal und anders zusammen.

Dieter Ellwanger und Karl Bubeck beschreiben (vgl. Kap. 5.2 und 6.2), dass sich schwule Männer mit ihrem Selbst über alle Lebensphasen hinweg mehr auseinandersetzen müssen, weil es keine vorgefertigten Normen gibt. Die Herausforderung einer beständigen Selbst-Ausdeutung zeigt sich laut ihnen insbesondere im Alter und unterscheidet ältere schwule Männer von heterosexuellen Älteren. Grundsätzlich wird damit eine größere Notwendigkeit der biographischen (Selbst-)Deutung gesehen als für Heteros; evtl. ein weiterer Grund, warum das Interviewmaterial so deutlich von biographischen Erzählungen geprägt ist (vgl. dazu Kap. 3.1 und 6).

Ein weiterer Grund für die Notwendigkeit einer Selbstdeutung ist der Bezug zu dem, was soziologisch „Normallebenslauf" genannt werden kann (vgl. dazu Kap. 5.1 und 6.3). Die Normierung des Lebenslaufs drückt sich sowohl durch eine Dreiphasenhaftigkeit (Ausbildung, Erwerbstätigkeit, Rente) wie auch durch damit verbundene Lebenslaufereignisse (z. B. Schulabschluss, Heirat, Kinder bekommen, Verrentung, Großeltern werden) aus. Alterszuschreibungen werden über den Lebenslauf hinweg dadurch zugeordnet, dass bestimmte Altersanzeichen „chronologisch mit der ‚richtigen' Lebens- und Altersphase verbunden sind (‚on-time'), während davon abweichende Zeitmuster (‚off-time') als Anomale etikettiert werden." (Amrhein/ Backes 2008: 383). Der Lebenslaufsoziologe Martin Kohli unterstellt dieser Konzeptualisierung, die selbst eine *strukturelle Altersphasennormativität* darstellt (vgl. zum Begriff Kap. 2.3), implizit ein männliches Familienernährermodell (vgl. ders. 1985; 1987). In der Rekonstruktion der Lebensgeschichten der Interviewpartner ist diese institutionelle Verfasstheit bzw. eine gröbere gesellschaftliche Außenstruktur ihrer Lebensläufe ebenso erkennbar – allerdings abseits eines „standardisierten ‚Normallebenslauf[s]'" (Kohli 1985: 2ff). Die Konstruktion eines (normalbiographischen) Lebenslaufs anhand von Ehe, Kindererziehung, Großeltern werden etc., d. h. eine eindeutig zuzuordnende Wahrnehmung des eigenen Alter(n)s anhand standardisierter Lebensverläufe entfällt häufig in den Biographien der Befragten. Zugleich ist es die dezidierte Abwendung von heterosexuellen Familienstrukturen, die als Abkehr von vorgegebenen Lebensverläufen verstanden wird und mitunter zu einer Neuerzählung des Lebens und seiner Phasen ab einem ‚Coming-out' führt (vgl. Kap. 6.3). Beide Aspekte sind Gründe für eine verstärkte Selbst-Thematisierung, die sich nicht an gewohnten (also als heteronormiert gesehenen) Identitätsfolien orientieren kann und will.

Nicht „vorgegebene Rollenerwartungen" (Karl Bubeck; vgl. Kap. 6.2) erfüllen zu wollen ergibt sich nicht nur aus der Widerständigkeit zu heteronormierten Altersbildern, sondern auch daraus, dass die Befragten kein generelles, gewissermaßen ‚homonormiertes' Altersbild ausmachen können. Im Rahmen einer diskursiven Nicht-Subjektivierung des alten Schwulen sowie eines Mangels an Vorbildern oder ‚role models' (vgl. Kap. 2.3 und 4.3) ist eine besonders ausgeprägte Form der Auseinandersetzung mit sich selbst notwendig, um das eigene Selbst fassen und beschreiben zu können. In der Offenheit und Gestaltbarkeit der Kategorie des Alter(n)s wird sichtbar, dass die Selbstbeschreibung als alt/älter mit sich selbst ausgehandelt und anderen gegenüber plausibilisiert werden muss (vgl. Kap. 5.1). Ebenso wird die Bedeutung des Begehrens im Rahmen einer Selbstthematisierung als (nicht-)geouteter, stolzer, politischer schwuler Mann zwar unterschiedlich ausbuchstabiert (vgl. etwa Kap. 4.1; 5.3; 6.2; 6.3), aber immer an (nicht-)anerkennende Gemeinschaften rückgebunden.

Im Rahmen der Diskursivierung als Nicht-Subjekt (bzw. im Rahmen einer Nicht-Diskursivierung als Subjekt) ist Selbst-Thematisierung im Sinne einer Arbeit am Selbst Mittel und Weg der Subjektivierung. Werner Stratmann etwa spricht von einer lebenslang erlernten Selbstdisziplin und persönlicher Bescheidenheit, die ihm im Alter hilft, mit Herausforderungen umzugehen und über die er sich explizit von heterosexuellen älteren Männern abgrenzt (vgl. Kap. 5.2). Peter Martens findet in der Unsichtbarkeit des schwul-alten Subjekts für und mit sich selbst einen Weg, die

7.3 Altern und Begehren als verwobene Subjektordnungen

Schuld an seiner Homosexualität im Alter an ‚die' Gesellschaft abzugeben und das Alter selbst als Freiheit zu verstehen (vgl. Kap. 6.2). So kann die Abwesenheit von Normierungen des alt-schwulen als Freiheitsgrad für den Selbstentwurf verstanden werden (wie etwa bei Dieter Ellwanger, vgl. Kap. 5.2); gerade die Undenkbarkeit des Schwulseins im Alter befreit etwa Peter Martens von der Angst vor Entdeckung. Diese (Um-)Deutungen stellen eine prinzipielle Leistung der eigenen Biographisierung dar, die sich über eine intensive Auseinandersetzung mit sich selbst und den gesellschaftlichen Determinierungen der Selbst-Werdung ergibt.

Die Freiheit oder Rollenlosigkeit eines schwulen Alter(n)s, die sich aus dem Status als Nicht-Subjekt ergibt, wird von einigen Interviewpartnern dadurch aufgefangen und mit Inhalt gefüllt, dass sie selbst bestimmte Erwartungen an und Regeln für ein ‚gutes' schwules Alter(n) aufstellen (vgl. Kap. 5.3 und 6.3). Im Rahmen ihrer eigenen Beschreibung als ältere und schwule Männer formulieren die Befragten die Norm eines angemessenen Alter(n)s, das sich etwa in *Ehrlichkeit* gegenüber sich selbst ausdrückt. Dazu gehört auch, sich nicht zu ‚verstecken', zu seiner Homosexualität zu stehen und weder ewig jung bleiben zu wollen noch wie ein ‚konservativer Spießer' im Schrebergarten zu altern. Eine ehrliche und angemessene Arbeit am Selbst schließlich sei der richtige Weg, sich selbst als schwulen älteren Mann anzuerkennen und zu beschreiben (vgl. Kap. 5.3). Auch in einer biographischen Perspektive wird diese Selbstthematisierung als Auftrag an schwule alternde Männer formuliert: Wie in 6.3 deutlich wird, formulieren es die politisch sozialisierten Befragten (insb. Karl Bubeck und Günter Amann) als Auftrag, sich über ein umfassendes Outing als *richtiger* Schwuler zu positionieren, der sich unabhängig vom bisherigen Lebensweg jetzt im Alter für eine Welt entscheiden sollte. Eine starke Auseinandersetzung mit sich selbst ist daher immer verbunden mit einer notwendigen Auseinandersetzung mit anderen. Angemessene und ehrliche Selbstthematisierung als älterer schwuler Mann zeugt von einer Kombination aus Altersphasennormativität (vgl. Kap. 2.3) und Normierungen schwuler Subjekte: Sowohl eine ‚schwule' Identität wie auch eine angebrachte Selbstbeschreibung als alt/älter werden zum Maßstab eines guten, gelungenen Alter(n)s erhoben. Ehrlichkeit, Selbstakzeptanz, Offenheit und Selbstbewusstsein nach außen bilden die Grundlage dieses Anspruchs an sich selbst und andere.

Selbstthematisierung als Mittel und Weg der Selbstbeschreibung kann als gouvernementaler Zugriff auf das Individuum, als „Technologie des Selbst" (Foucault 1993) als Kennzeichen einer postmodernen Subjektivierungsweise gefasst werden (vgl. Bröckling 2007 u. v. m.). Dass Selbst-Thematisierung sich in der vorliegenden Analyse so klar als Modus der Selbstbeschreibung abbildet, bedeutet nicht, dass nicht-schwule und/oder nicht-ältere Menschen sich nicht mit sich selbst auseinandersetzen. Dass die befragten älteren schwulen Männer aber so häufig und konkret über die Notwendigkeit einer Arbeit am Selbst sprechen, hat m. E. drei Gründe. Erstens wurde Arbeit am Selbst als wesentlicher Bestandteil einer bewegungspolitischen Agenda propagiert, die viele Befragte sozialisationsbiographisch als wesentlich erzählen. Zweitens, und damit zusammenhängend, scheint eine intensive Auseinandersetzung mit sich selbst für alle Befragten aufgrund einer gemeinsamen Erfahrung der Nicht-Anerkennung sowie im Rahmen eines Status als Nicht-Subjekt nötig, um sich überhaupt in irgendeiner Weise subjektivieren zu können. Und drittens ‚verleiten' die Dimensionen des Begehrens und des Alter(n)s dazu, das eigene Selbst bearbeiten und definieren zu müssen. Foucault folgend, ist die Bekenntnis zu und das Sprechen über die eigene Sexualität im Rahmen der „Pastoralmacht" (Foucault 1990: 25) wesentlich für die Subjektwerdung, insbesondere im Fall einer ‚abweichenden' Sexualität. So stellt etwa ein ‚Coming-out' selbst eine ‚Beichte' und eine Form der Selbst-Thematisierung dar (vgl. Kap. 6.3). Im Rahmen einer Entstrukturalisierung und diskursiven Neuverhandlung des Alter(n)s wird schließlich auch dieses normativ individuell zurechenbar gemacht (vgl. Denninger et al. 2015; van Dyk/Lessenich 2009b; vgl. auch Kap. 2.2). Ein gutes, gelingendes, erfolgreiches Altern wird zu einer individuellen Subjektivierungsform und bleibt in seiner performativen Unbestimmtheit zugleich der subjektiven Deutung weitgehend überlassen (vgl. Graefe 2010; 2013). Was schwul und alt Sein bedeutet, ist also normativ umrissen und muss daneben in der individuellen Selbstbeschreibung und über beständige Selbst-Thematisierung sozial plausibilisiert werden.

Die Notwendigkeit der Selbstthematisierung liegt zuletzt nicht nur an der Thematik der gesamten Studie, sondern auch an der Datenerhebung sowie dem Sample. Interviews als Gesprächsform fordern Befragte geradezu heraus, sich selbst zu thematisieren. Die Darstellungen des Selbst müssen im Interview von den Befragten so weit detailliert, begründet und in einen Sinnzusammenhang gestellt werden, dass sie das Gegenüber nachvollziehen kann. Des Weiteren lässt sich (für alle, aber auch) für das vorliegende Forschungsprojekt annehmen, dass eher diejenigen Personen an einem Interview teilnehmen, die eine gewisse „Diskursivierungsbereitschaft" (vgl. Helfferich 2009: 153) haben: Personen, die in der Lage sind, ihre Argumentation kohärent darzustellen und zudem über eine gewisse Selbstsicherheit für die eigenen Erzählungen und Selbstverortungen verfügen, die sich immer auch aus einer beständigen *Arbeit am Selbst* speist.

Im Dreieck Anerkennung – Gemeinschaft – Autonomie

Zuletzt wird der Zusammenhang von Anerkennung, Gemeinschaft und Autonomie zusammengefasst, der als übergeordneter Analyserahmen und im Sinne einer Kernkategorie der Grounded Theory eingeführt wurde (vgl. Kap. 2.4). Der theoretische Zusammenhang der drei Begriffe ergibt sich darüber, dass Menschen

7.3 Altern und Begehren als verwobene Subjektordnungen

immer auf der Suche nach Anerkennung sind und dafür ein Gegenüber brauchen, das Anerkennung vermittelt. Dieses Gegenüber zeigt sich für die Befragten ganz konkret in Personen (z. B. dem Partner, der [Ex-]Ehefrau, den Kolleg_innen etc.), zuweilen auch in Gruppen von Merkmalsträger_innen (die Männer, die älteren Männer, die Frauen) oder in einer heterosexualisierten, dominierenden Gesellschaft sowie einer subkulturellen Gemeinschaft. In Auseinandersetzungen mit diesen Gemeinschaften suchen die Befragten nach Möglichkeiten, Autonomie über die Selbstbeschreibung zu behalten, gleichwohl dies nie unabhängig von Anerkennungsmustern ablaufen kann (vgl. subjektivierungstheoretisch dazu Kap. 2.1; als Kernkategorie vgl. Kap. 2.4).

Zunächst wurden in Kapitel 4 die Erfahrungen der Verwerfung und Stigmatisierung geschildert, die für die Selbstbeschreibung bedrohlich sein können, weil Anerkennung als ‚menschliches' Wesen verweigert wird. In der Umwendung auf diese pejorativen Anrufungen und in den entsprechenden Subjektivierungsweisen kann sich Autonomie für die Befragten in einer Selbst-Anerkennung zeigen. Als schwule Männer suchten und suchen die Befragten in der ‚Mehrheitsgesellschaft' nach Anerkennung. Im Rahmen des bis 1969 ‚scharfen' und bis 1994 entschärften § 175 StGB erleben sie ein Klima der Nicht-Anerkennung, was dazu führt, dass sich die meisten Interviewpartner nicht in jeder Situation als schwul ‚outen' (vgl. Kap. 4.1). Über ein inneres ‚Outing' und über Mittel wie die *Sandfrau* erlangen die Befragten ein gewisses Maß an Autonomie über die Selbstbeschreibung zurück.

In der Szene oder Subkultur ist es das inzwischen höhere Alter der Befragten, dem Anerkennung verweigert wird. Genauer erleben sie die Nicht-Anerkennung als Verworfenheit ihres nicht (mehr) begehrenswerten Körpers. In der Selbstbeschreibung als *schwuler Opa* oder als Teilnehmer der *Fetisch-Szene* schaffen die Befragten eine Möglichkeit der Re-Subjektivierung als anerkennenswerte ältere und schwule Person (vgl. Kap. 4.2), die zudem Autonomie über die Selbstkonzeption als älterer schwuler Mann vermittelt.

Wo in der (heteronormierten) Gesellschaft entlang des Begehrens, in der subkulturellen Gemeinschaft entlang des Alters Anerkennung weitgehend verweigert wird, sehen sich die Befragten als schwule und ältere Männer insgesamt zuweilen gar nicht angerufen. Über den Status als Nicht-Subjekt wird Anerkennung damit diskursiv weitgehend verweigert (vgl. Kap. 4.3). Dies wird aber nicht von allen Befragten als Problem gesehen, vielmehr sehen einige der Befragten dies als Freiheit für die Selbstbeschreibung (vgl. auch Kap. 6.2). Der Mangel an Repräsentation, an Vorbildern und Normen des ‚schwulen Alterns' wird von einigen Befragten durchaus als Diskriminierung erlebt; für andere bildet er die Möglichkeit einer weitgehenden autonomen Selbstkonzeption.

Während in Kapitel 4 die Erfahrung der (Nicht-)Anerkennung *durch* andere im Vordergrund steht, wurde in Kapitel 5 dargestellt, wie die Befragten über andere sprechen und damit nicht nur die anderen, sondern auch sich selbst in einer bestimmten Weise positionieren.

Im Sprechen über das eigene Altsein und Älterwerden wird in 5.1 in der Selbstbeschreibung als aktiv die Suche nach gesamtgesellschaftlicher Anerkennung deutlich, zugleich erleben sie Beschäftigung und den Erhalt körperlicher Funktionen als Mittel, die Autonomie über die eigene Zeit und den eigenen Körper (zurück) zu erhalten. In der Selbstpositionierung als alt bzw. älter reihen sich die Befragten in die Gemeinschaft der älteren Menschen insgesamt ein. Eine weitere Zuordnung zur Gruppe ‚der' Älteren zeigt sich im Kontext weiterer Dimensionen. So wird z. B. in Kap. 5.2 deutlich, dass sich die Interviewpartner in die Gemeinschaft der alternden Männer einordnen, die mit bestimmten Altersproblemen zu kämpfen haben, wie dem *Pensionsschock* oder *Einschränkungen der männlichen Sexualfunktion*. In dieser Einreihung wird die Suche nach Anerkennung der damit verbundenen (Alters-)Probleme erkennbar. Auch wenn die Befragten gelegentlich etwa durch Erektionsprobleme oder den Statusverlust durch die Verrentung ihre Männlichkeit bedroht sehen und sich Erfahrungen der Abwertung ihrer Männlichkeit zeigen, kann von einer schwulen als einer auch untergeordneten Männlichkeit im Sinne Connells (vgl. Kap. 2.1) nicht die Rede sein. Vielmehr wird Männlichkeit eher in Relation zu nicht-weiblich-sein gestellt; was sich hier nicht auf nicht-männliche Subjektpositionen bezieht, sondern auf Frauen als konkrete Andere und auf Männer als Teilnehmer der ‚eigenen' Gemeinschaft.

Im Vergleich und in der Abgrenzung zu anderen älteren schwulen Männern bildet sich der Zusammenhang von Anerkennung, Gemeinschaft und Autonomie in der Bewertung von Partnerschaft und Einsamkeit ab (vgl. Kap. 5.3): Für Uwe Meuser bedeutet der Status als Single zugleich Autonomie und Anschluss an Gemeinschaften schwuler Männer, etwa für die Freizeitgestaltung. Dort erfährt er durchaus Anerkennung als sexuell begehrenswerter Mann. Für Peter Martens bedeutet das Leben ohne Partner eher einen Zustand der Einsamkeit, in dem er weder Anerkennung von außen noch Anschluss an Gemeinschaft hat, nicht zuletzt jedoch die Deutungshoheit über seine Selbstbeschreibung erhalten kann. Zudem zeigt sich bei einigen Befragten (insbesondere Karl Bubeck und Günter Amann), dass Selbst-Thematisierung an sich als Quelle von Autonomie im Sinne einer Unabhängigkeit von heteronormierten Begehrens- und Alter(n)svorstellungen gesehen wird. Zudem erfährt man in der Arbeit am individuellen (schwulen) Selbst Anerkennung in der Gemeinschaft älterer schwuler Männer.

Im Sprechen über eine zukünftige Pflegebedürftigkeit wird Autonomie als besonders bedroht gesehen (Kap. 5.4). Zum einen sehen sich die Befragten in ihrer

7.3 Altern und Begehren als verwobene Subjektordnungen

Selbst-Beschreibung als schwuler Mann durch die womöglich heteronormierte und ausgrenzende Gemeinschaft in der (stationären) Pflegeeinrichtung herausgefordert. Zum anderen sehen sie die Gefahr von Abhängigkeit nicht nur von der Gemeinschaft, sondern auch vom Pflegepersonal und nicht zuletzt vom eigenen Körper. Pflege stellt damit ein Feld dar, in dem die Kategorisierung als homosexuell zu Verwerfungen führen kann und in dem auch das Alter(n) als Verwerfungsgefahr diskutiert wird. Im Bild des siechenden, kranken, mehr tot als lebendigen Alten im Pflegeheim zeigt sich die Unmöglichkeit einer selbstständigen Lebensführung und autonomen Selbstbeschreibung und ein Mangel an Anerkennung, den sie sowohl für sich selbst befürchten als ihn auch selbst gegenüber bereits Pflegebedürftigen zeigen.

Ebenso zeigen sich in der biographischen Rückschau vielfältige Versuche, den Zusammenhang von Anerkennung, Gemeinschaft und Autonomie auf eine zufriedenstellende Weise in Bezug auf vergangene Erfahrungen und gegenwärtige Herausforderungen in das eigene Selbstkonzept zu integrieren (Kap. 6).

In der Trennung einer Darstellung nach außen und der Selbstkonzeption nach innen versteht Werner Stratmann Autonomie als Ergebnis seines ‚inneren' Outings, das für ihn zudem zu einer selbstständigen Lebensführung führt (vgl. Kap. 6.1). Eine Anerkennung als schwules und älteres Subjekt findet demnach nur für sich selbst statt und ist nicht im Rahmen entsprechender Gemeinschaften möglich.

Karl Bubeck erfährt über eine Widerständigkeit gegen heteronormierte Altersbilder und -rollen Autonomie über die eigene Subjektivierung als älterer schwuler Mann (vgl. Kap. 6.2). Gleichzeitig erfährt er in der Gemeinschaft mit seinen ‚Kampfgenossen' durchaus Anerkennung für diese *widerständige Selbstfindung,* die er sich in der Vergangenheit in Bezug auf seine Selbstkonzeption als schwuler Mann angeeignet hat. Peter Martens *befreit* sich im Alter ebenso von gesamtgesellschaftlichen Normierungen und erfährt in der Neubewertung seines Begehrens Autonomie; zugleich bleibt ihm aber Anerkennung durch andere als schwules Subjekt weiterhin versagt. Während sich also beide von Heteronormen des Alter(n)s bzw. des Begehrens befreien, erfährt Karl Bubeck Anerkennung durch andere, Peter Martens erfährt diese Autonomie dagegen nur von sich selbst und bezeichnet sich dementsprechend als weitgehend einsam.

Sowohl in Werner Stratmanns wie auch in Karl Bubecks und Peter Martens' biographischen Erzählungen klingt die Trennung von heterosexuellen und homosexuellen *Welten* an. Wie in 6.3 dargestellt, ist die Trennung und die Entscheidung für eine dieser Welten wesentlich für die Selbstbeschreibungen. Im Auftrag zur Entscheidung für eine Welt, wie Karl Bubeck und Günter Amann ihn formulieren, liegt die Vorstellung begründet, dass nur in der einen (nämlich schwulen) Welt eine anerkennende Gemeinschaft zu finden ist und in der beständigen Auseinandersetzung mit sich selbst und gegen heteronormierte Vorgaben, wie man zu leben hat, eine autonome Selbstbeschreibung möglich ist.

Im Rahmen der Aufeinanderbezogenheit der drei Elemente Anerkennung, Autonomie und Gemeinschaft zeigt sich wiederum Selbstthematisierung als wesentlicher Modus, um die teilweise auftretende Spannung zwischen diesen drei Begriffen aufzufangen und sich als älterer und/oder schwuler Mann darin positionieren zu können.

Zum Abschluss dieser verdichteten Ergebnisdarstellung lasse ich einen der Befragten zu Wort kommen, da der Zusammenhang von Anerkennung, Gemeinschaft und Autonomie in dieser Aussage von Dieter Ellwanger erkennbar und die Schlüsselkategorie als übergeordneter Begriffsrahmen nochmals plausibilisiert wird:

> „und die Erkenntnis, dass ich trotz der ganzen Situation immer noch nich ganz zu mir selber gefunden hab. //mhm// Dass ich für mich lebe. (…) Heute weiß ich, wenn ich mit meinem Leben zus- zufrieden bin, wenn ich mich selber so annehme, wie ich bin, dann bin ich besser drauf, und komischerweise wird der Freundeskreis größer, weil irgendwie kriegt er des mit." (IV 9/Abs. 69)

In der Aussage wird deutlich, dass Dieter Ellwanger sich sehr mit und für sich selbst auseinandersetzt; dass er also Autonomie als Ausweis und als Ziel der Deutung seines Selbst als einen eigenen, inneren Wesenskern versteht. Zugleich setzt er diese Selbst-Auseinandersetzung in einen Kontext mit der Gemeinschaft des Freundeskreises, die ihm seine ‚gelungene' Selbstkonzeptualisierung zurückspiegelt und in dem er sich durch einen größer werdenden Freundeskreis in hohem Maße anerkannt fühlt.

Für ihn ist die derzeitige Lebensphase dadurch gekennzeichnet, dass er noch auf der Suche nach sich selbst ist, sich aber „annimmt, wie er ist". Der Zusammenhang von Autonomie, Gemeinschaft und Anerkennung wird hergestellt, indem Dieter Ellwanger sich intensiv mit sich selbst auseinandersetzt: Sich „selber finden", mit dem eigenen „Leben zufrieden" sein und sich „selber annehmen" verweisen wiederholt auf Selbst-Thematisierung als Modus der Selbstbeschreibung.

Die leitende Frage dieser Studie, wie ältere schwule Männer die Kategorisierungen Alter(n) und Begehren in ihre Selbstkonzepte integrieren, lässt sich zusammengefasst anhand der Kernkategorie beantworten. Entlang dem Versuch, eine Balance zwischen Autonomie, Anerkennung und dem Anschluss an Gemeinschaften zu finden, der in einer beständigen Thematisierung des eigenen Selbst stattfindet, erarbeiten sich die Befragten vielfältige Subjektivierungsweisen, um sowohl potentielle Verwerfungen wie auch Deutungsoffenheiten der Kategorisierungen Alter(n) und Begehren in einer für sie angemessenen Weise in ihre Selbstbeschreibungen zu integrieren.

Fazit 8

In der Annäherung an den Forschungsgegenstand dieser Studie, nämlich Selbstbeschreibungen älterer schwuler Männer, lag der Schwerpunkt auf der Verbindung eines subjekttheoretischen Rahmens mit einer empirischen Untersuchung von Selbstkonzepten.

Um den Begriff des Selbst theoretisch zu rahmen und zugleich nicht als vermeintlich stabile, authentische und autonome Identität zu begreifen, wurde ein subjektivierungstheoretisches Konzept vorgestellt, das insbesondere den Begriff der Subjektivation und das Konzept des postsouveränen Subjekts nach Judith Butler herausstellt. Selbste werden in Weiterführung Butlers als Ergebnisse verschiedener Subjektivierungsprozesse verstanden, die sich im Zusammenspiel von Anrufung, Umwendung, Anerkennung und Widerständigkeit ausbilden. Genau diese Begrifflichkeiten erweisen sich für die empirische Analyse als sehr hilfreich, um den Prozess der Selbstbeschreibung als abhängig von sozialen Wertungen und Normen im Rahmen subjektkonstituierender Diskurse und zugleich als individuelle Verarbeitung biographischer und alltagsweltlicher Erfahrungen zu verstehen.

Die forschungsleitende Frage der Analyse, wie ältere schwule Männer die Kategorisierungen Alter(n) und Begehren in ihre Selbstbeschreibungen integrieren, wurde durch diesen Subjektivierungsbegriff konkretisiert. Die Studie war des Weiteren programmatisch geleitet von einem intersektionalen Blick auf die Verarbeitung von Subjektordnungen in Selbstbeschreibungen. Die in den theoretischen Ausführungen hervorgehobenen Dimensionen Alter(n) und Begehren werden entlang dieses intersektionalen Blicks, jeweils für sich und in ihrer Verbindung, in der empirischen Analyse als wesentlicher Bezugspunkt der Subjektivierungsweisen sichtbar.

Für die Beantwortung der Forschungsfrage führte ich leitfadengestützte Interviews mit zehn Männern zwischen 60 und 90 Jahren, die sich selbst als schwul bezeichnen. Die Interviews wurden mit der Grounded Theory in der Version von Anselm Strauss ausgewertet. Die Analyse wurde außerdem von zentralen Prämissen der Situationsanalyse nach Adele Clarke begleitet, um die Komplexität und

Instabilität von ‚Identitäts'-Kategorien in Selbstbeschreibungen aufzufangen. Ziel der empirischen Analyse ist es, sowohl die wesentlichen Modi herauszuarbeiten, über die sich die befragten Männer beschreiben und positionieren, als auch die Subjektpositionen, die diskursiv produziert werden und auf die sie in ihren Selbstbeschreibungen reagieren.

Sich überkreuzende Prozesse der Anerkennung und Verwerfung als Modus der Subjektkonstitution sind in der Empirie klar zu erkennen. So wird offenbar, dass die Befragten sich häufig nicht anerkannt fühlen, etwa hinsichtlich ihres Begehrens innerhalb einer ‚Mehrheitsgesellschaft' und zu großen Teilen auch innerhalb der ‚Szene' in Bezug auf die Dimension des Alter(n)s. Ein Status als ‚Nicht-Subjekt', der von den Befragten als diskursive Undenkbarkeit oder Unmöglichkeit eines alt-schwulen Subjekts erfahren wird, wird in besonderem Maße an der Schnittstelle von Alter(n) und Begehren emergent. Der Blick auf die erfahrenen Anrufungen und Verwerfungen in Kapitel 4 belegt, dass Alter(n) und Begehren für sich, aber auch in ihrem Zusammenhang unterschiedliche Möglichkeiten und Risiken der Anerkennung oder Diskriminierung in sich tragen.

Der Bezug des Selbst zu weiteren sozialen Kategorien bzw. Subjektordnungen bildet sich in Kapitel 5 in der Abgrenzung zu etwas oder zu jemandem aus. In der Gegenüberstellung zu älteren heterosexuellen und anderen schwulen Männern, zu pflegebedürftigen Menschen und zu anderen Alten beschreiben sich die Interviewpartner als noch-nicht-so alt, als selbstständig, ehrlich zu sich selbst, als aktiv oder überhaupt als Männer. Darin produzieren sie selbst bestimmte Normen, die nicht nur den Status als Nicht-Subjekt fassbar machen und mit Inhalt füllen, sondern die auch andere als nicht richtig schwul und/oder nicht gut alternd darstellen. Die in diesen Abgrenzungen erkennbare Notwendigkeit der Relationierung und Kontextualisierung der Kategorien Alter(n) und Begehren weist darauf hin, dass beide Dimensionen in die Selbstbeschreibung integriert werden können, in dem sie durch das In-Beziehung-Setzen zu bestimmten Normen des Alt-, Schwul- und Männlich-Seins an Kontur gewinnen können.

Ein Blick auf die Verarbeitung biographischer Erfahrungen in Kapitel 6 zeigt, dass der Umgang mit potenziellen Verwerfungen entlang des Begehrens die Sicht auf das eigene Alter(n) bedingen kann. Je nach den Möglichkeiten, als schwuler Mann zu leben und gelebt zu haben, wird die Lebensphase Alter(n) als Kontinuität einer widerständigen Selbstbeschreibung, als Phase der Selbstakzeptanz oder als Befreiung erfahren. Schließlich werden auch hier wieder bestimmte Normen des ‚guten' Alt-Seins produziert, nämlich wenn ein Coming-out als wesentlich für ein gelungenes Alter(n) dargestellt wird. Dabei wird die Relevanz eines intersektionalen Blicks deutlich: Der Rückblick auf die eigene Vergangenheit prägt auf eine spezifische Weise das Verständnis der eigenen Selbstbeschreibung als alt/älter und schwul. Sich bereits früher als schwuler Mann subjektiviert zu haben, führt zu einer selbstverständlichen und sich selbst gegenüber ‚ehrlichen' Selbstbezeichnung als schwul und alt/älter auch in der jetzigen Phase des höheren Alter(n)s. Nicht zuletzt wird in diesem biographischen Fokus der Prozesscharakter von Subjektivierungen ersichtlich: So wie sich die Befragten entlang verschiedener Erfahrungen als alt oder älter *werdend* beschreiben, so sind sie in der biographischen Rückschau schwul *geworden*.

Je nach analytischem Fokus auf die erfahrenen Anrufungen (Kap. 4), auf die Abgrenzungen, die die Befragten selbst zu anderen vornehmen (Kap. 5) und auf die biographisierte Sicht auf Alter(n) und Begehren (Kap. 6) verschiebt sich deren Bewertung und Integration in das Selbstkonzept. Dass Alter(n), Begehren sowie ihre Verwobenheit wesentlich sind, zeigt sich in allen drei Perspektiven, aber entlang eines empirisch offenen Blicks auf Intersektionalitäten von Subjektordnungen damit jeweils auf andere Weise.

Meine Ergebnisse machen deutlich, dass das theoretische Vokabular von Butlers Subjektivationskonzept für die empirische Analyse hilfreich ist. Anrufungen werden entlang verschiedener Subjektordnungen von den Befragten identifiziert und in Bezug auf sich selbst verhandelt. Über die konkrete Situation der erzählten Erfahrungen hinaus, in denen bestimmte Zuschreibungen passieren, war es durch dieses subjektivierungstheoretische Vokabular möglich, die disziplinierende Wirkung von Subjektpositionen in Selbstbeschreibungen ebenso heraus zu arbeiten wie Prozesse der Widerständigkeit. Während das Begehren nicht außerhalb einer Ordnung von Norm und Abweichung verschoben wird, schaffen die Befragten für die Selbstbeschreibung als alt durchaus Freiräume der Selbstbeschreibung, die einer Bewertung als siechend und nutzlos entgegenstehen. Die determinierende Wirkung von Anrufungen zeigt sich bei den Befragten auch insofern, als sie durch vielerlei Abgrenzungen (gegenüber älteren Menschen, anderen älteren schwulen Männern und gegenüber heterosexuellen Männern) bestimmte Normen des ‚richtigen', also für sie anerkennbaren Seins im Alter und/oder als schwuler Mann schaffen. Dabei wird deutlich, dass die Erfahrung einer beständigen Verweisung auf den Rand der Intelligibilität bei den Befragten zu einer äußerst starken Selbst-Thematisierung führt, die die Möglichkeit der Reflexion von und Distanzierung zu hegemonialen Mustern der Lesbarkeit schafft.

Nicht zuletzt liefert die methodologische Perspektive auf Selbstbeschreibungen, also auf die konkrete Aushandlung des eigenen Selbstkonzepts in den Interviews, verbunden mit einer diskurs- und subjekttheoretischen Perspektive eine wichtige Erkenntnis: Mit einem Vokabular, das zumeist in eher diskursanalytischen Arbeiten verwendet wird, kann auch die individuelle und subjektive Verarbeitung von Subjektpositionen erforscht werden. Ein in diesem Sinne ‚queerer' Blick eignet sich demnach nicht nur für kollektive Verhandlungen von Identitätskategorien, sondern belegt auch auf der Mikroebene, ob und inwiefern bestimmte Kategorisierungen sich ‚machtvoll' in der Praxis manifestieren oder hinterfragt werden. Eine der wesentlichen Erkenntnisse meiner Studie bildet in diesem Zusammenhang das Nicht-Subjekt ab: Betrachtet man die Verwobenheit von Alter(n) und Begehren diskursiv, wie in der subjektiven Aneignung der Befragten mit einer queertheoretisch-begrifflichen Brille auf ‚Identitätskategorien', bildet sich das Nicht-Subjekt als Diskursposition des älteren Schwulen ab. Diese diskursive Leerstelle produziert damit einen Raum des durchaus ‚Lebbaren' „unter der Treppe", der frei von Anrufungen entlang von Identitätskategorien zwar keine Möglichkeit bietet, eine intelligible, das heißt allgemein anerkannte Subjektposition als schwuler älterer Mann einzunehmen. Zugleich entfällt damit eine kategoriale Zurichtung dessen, wie ältere schwule Männer zu sein haben. Der Status als Nicht-Subjekt ist damit ein weiterer wesentlicher Grund dafür, warum ältere schwule Männer eine besonders ausgeprägte Form der Selbst-Arbeit zeigen und zeigen müssen.

Die Forschungsliteratur beklagt eine weitgehende Unsichtbarkeit: „Ältere lesbische, schwule, bi* und trans* (LSBT) Menschen sind in unserer Gesellschaft wenig sichtbar und werden kaum gesehen. Es gibt fast keine öffentlichen Vorbilder" (Schröder/Scheffler 2015: 319). Entlang meiner Analyse wird deutlich, dass weniger ein Mangel an konkreten role models als Problem empfunden wird, sondern ein Wunsch nach Anerkennung ohne eindeutige *Erkennung* (und damit einhergehende (Stereo-)Typisierung) formuliert wird. Der Status als Nicht-Subjekt wird zudem als Möglichkeit verstanden, sich abseits vorgefertigter (Selbst-)Deutungsangebote zu entwerfen.

Durch die Schlüsselkategorie, die sich im Zusammenhang von Anerkennung – Gemeinschaft – Autonomie abbildet, werden wesentliche Ergebnisse der empirischen Analyse mit den theoretischen Begrifflichkeiten zusammengeführt und gewissermaßen geordnet. Diese Schlüsselkategorie erweist sich als hilfreich, um die vielgestaltigen und multidimensionalen Selbstkonzepte, und die vielen Situationen, in denen sie beschrieben werden, immer wieder auf eine gemeinsame Analyseebene zurück zu beziehen. Sie bietet dabei die Möglichkeit, die theoretische Rahmung begrifflich in die empirische Analyse zu integrieren. Ferner beweist sich damit die Anwendbarkeit der Grounded Theory, da die Schlüsselkategorie ein Verfahren zur Systematisierung und Darstellung der Ergebnisse anbietet.

Auch hilfreich ist das Konzept der theoretischen Sensibilität nach Anselm Strauss, um die subjekttheoretische Rahmung und wesentliche Erkenntnisse aus dem Stand der Forschung auf den Modus der Analyse zurück zu beziehen und die Daten nicht im ‚luftleeren' Raum stehen zu lassen. Neben den nützlichen Instrumenten des

8 Fazit

Kodierens und ständigen Vergleichens war die GTM auch erkenntnistheoretisch passend, da sich der pragmatistische Zugang des Handlungsvollzugs als Gegenstand der Analyse auf die performativen (Sprech-)Akte, die in der Interviewsituation von beiden Seiten immer wieder vollzogen wurden, anwenden lässt. Diese als Subjektivierungen zu verstehen, die nicht nur von den Befragten nacherzählt wurden, sondern sich auch in und durch die Datenerhebung selbst abbilden, ist durch eine poststrukturalistische Erweiterung der Grounded Theory im Rahmen eines situationsanalytischen Zugangs möglich. Denn das Interview als Gesprächsform sowie der Feldzugang entlang der Zuschreibung alt/älter und schwul formten die Möglichkeiten der Selbstbeschreibung in hohem Maße.

Der poststrukturalistische Hintergrund der Situationsanalyse nach Adele Clarke ermöglicht es zudem empirisch, Selbste nicht auf ein Individuum oder einen Typ älteren schwulen Mann zu beziehen, sondern die Widersprüchlichkeit und Komplexität der Subjektivierungsweisen immer im Hinterkopf zu behalten. Die häufig ‚naive' und zuweilen positivistische Offenheit der Grounded Theory kann mit dieser weniger kausal denkenden, weniger simplifizierenden Perspektive auf Subjekte und Subjektivierungen eingeholt werden. Situationsanalysen in konkreter Form verschiedener Maps wurden seltener durchgeführt, weil wenig ‚Sekundärmaterial' zu schwulem Alter(n) verfügbar war – es ist gerade die weitgehende Unsichtbarkeit, die erstens im Interviewmaterial sichtbar wird und zweitens eine Fokussierung auf Interviewdaten, also eine Befragung älterer schwuler Männer selbst, so sinnhaft macht. Die Erzählungen der Befragten wiederum ergeben wenig Sinn, wenn man die diskursive Positionierung als Nicht-Subjekt nicht in den Blick bekommen hätte. Die Situationsanalyse ermöglicht in diesem Sinne eine *konzeptuelle* Anbindung der Handlungsebene der Grounded Theory und der impliziten Individuumszentrierung des Selbst-Begriffs an diskursiv distribuierte Subjektpositionen.

Die Komplexität der Selbstbeschreibungen, die durch das Zusammenspiel beider Methodologien erkennbar wird, ist nicht nur auf die vielfältigen Verarbeitungen der Dimensionen Alter(n) und Begehren (und weitere, wie insbesondere Geschlecht und Milieu bzw. Lebensstil) zurückzuführen, sondern auch auf das Sample der zehn befragten Männer. Trotz eines schwierigen Feldzugangs in ein wenig responsibles (Dunkel-)Feld konnten spannende, reichhaltige und thematisch diverse Interviews geführt werden. In Bezug auf ihr Einkommen, auf ihren Gesundheitszustand, ihren Familienstand, ihren Partnerschaftsstatus und in der breiten Altersspanne von 60 bis 90 Jahren bilden die Befragten bereits ‚strukturelle' Unterschiede ab. Es gibt im Sample zwar auch blinde Flecken: So formt der starke Mittelschichtbias die Verarbeitung von Alter(n) und Begehren aus einer weitestgehend ‚privilegierten' Sicht. Auch dass nur Cis-Männer vertreten sind, bedingt einen teilweise ontologischen Männlichkeitsbegriff bzw. ein biologisch begründetes Mann-Sein mit. Des

Weiteren sind alle Männer im Sample (west)deutscher Herkunft, kommen aber aus verschiedenen Städten und Regionen. Dass keine pflegebedürftigen Männer dabei sind, führt dazu, dass zwar nicht über tatsächliche Pflegebedürftigkeit gesprochen wird, aber dass ausführlich und in Form von Zukunftsprojektionen aufschlussreich Altersbilder anhand von Pflegebedürftigkeit verhandelt werden. Die zehn geführten Interviews stellen ein reichhaltiges Material bereit, in dem sich die Befragten in unterschiedlicher Weise erzählen, wodurch die Forschungsfrage entlang eines breiten Themenspektrums beantwortet wird.

Nicht nur durch das Sample, auch durch das (Leitfaden-)Interview als Erhebungsmethode sowie den Inhalt der Interviews werden Selbstbeschreibungen älterer schwuler Männer mit bestimmten Zuschnitten rekonstruiert. Für die weitere Erforschung wäre eine umfassende Diskursanalyse zur Verhandlung des alt-schwulen Subjekts in Deutschland und im internationalen Vergleich spannend. Der Anspruch, diskursiv produzierte Texte als Rahmenbedingungen von Subjektivierungsweisen zumindest stellenweise aufzugreifen, könnte durch eine Analyse z. B. von Materialien von Schwulenberatungen und Aidshilfen eingelöst werden.

Leerstellen zeigen sich möglicherweise darin, dass in den Interviews Sexualität im Sinne konkreter Praxis selten thematisiert wurde. Gerade im Zusammenhang mit dem Altern wäre diese Thematik vermutlich interessant gewesen. Im Zweiergespräch wurde außerdem die körperbezogene Ebene des praktischen Tuns nicht sichtbar. Erkenntnisreich könnte daher auch ein ethnographischer Zugang zur Thematik des ‚schwulen Alter(n)s' sein. Durch diesen könnte man auch den hier analytisch wichtigen Begriff der Gemeinschaft bzw. den Prozess der Vergemeinschaftung von älteren schwulen Männern in situ nachvollziehen. So könnte die praxeologische Bedeutung von Körpern im Kontext von Alter(n) und Begehren, aber z. B. auch die konkrete Praxis der Vergemeinschaftung, etwa in regelmäßig stattfindenden Treffen älterer schwuler Männer, herausgearbeitet werden.

Der Forschungsgegenstand der vorliegenden Studie, Selbstbeschreibungen älterer schwuler Männer, ist in wesentlichen Forschungsfeldern der Soziologie zu verorten und bietet dort einen Erkenntnisgewinn. Der poststrukturalistisch-subjekttheoretische wie auch qualitativ-empirische Fokus meiner Studie reiht sich, ebenso wie die Perspektive auf die subjektive Verarbeitung von Alter(n) wie von Begehren, in aktuelle soziologische Debatten ein.

In den leitenden theoretischen Begriffen des Selbst, des Subjekts und der Subjektivation spiegelt sich die Debatte um die ‚empirische' Notwendigkeit und ‚theoretische' Prekarität von Identitätskonzepten wider, die durch die in der Postmoderne „verlorene Selbstverständlichkeit von allumfassenden Sinnordnungen" (Hidas 2014: 15) von ‚realen' Akteur_innen individuell erarbeitet und sozialwissenschaftlich nachvollzogen werden muss. Mit einem Blick auf die disziplinierende Macht von Subjektordnungen zeigt die Analyse, dass die befragten Individuen sich selbst durchaus als autonom und ihren Wesenskern als individuell und authentisch wahrnehmen können, und zugleich von gesellschaftlichen Anrufungen und Verwerfungen in vielerlei Form determiniert sind. Neben der Etablierung eigener Normen des ‚richtigen' Alter(n)s schwuler Männer zeigt sich die Integration von Subjektordnungen über Subjektivierungsweisen in einer komplexen und zum Teil widersprüchlichen Form. Identitätskategorien, die in Form von Anrufungen an die Befragten herangetragen werden, werden zwar entlang dieser Subjektordnungen auch einge-*ordnet*, aber eben nicht eins zu eins übernommen. Zwischen Anrufung, Umwendung und Selbstbeschreibung liegt im Kontext eines ‚schwulen Alter(n)s' die gewissermaßen chaotischere Realität von Subjektivierungsformen (vgl. Kap. 2.1; vgl. auch Villa 2013b). Der poststrukturalistisch-subjekttheoretische Rahmen dieser Studie beweist in der Perspektive auf konkrete, individuelle Selbstbeschreibungen, dass die aktuelle Debatte um prekäre, gouvernementalisierte Selbste durch den Blick auf ‚reale' Akteur_innen selbst inhaltlich manifestiert und empirisch zurückgebunden werden kann.

In der Fokussierung auf Intersektionalität entlang von sich überkreuzenden Subjektordnungen, die in Selbstbeschreibungen verarbeitet werden, liegt ein weiterer Gewinn dieser Studie für die Soziologie. So wurden bestimmte Kategorien nicht als wesentlich vorausgesetzt, die schließlich empirisch nur noch bestätigt oder verworfen werden konnten, sondern entlang der Analyse wird die empirische Relevanz der Dimensionen Alter(n) und Begehren sichtbar. Dass dies einerseits durch die Forschungssituation und das Forschungsinteresse mitherausgefordert wird, liegt auf der Hand. Andererseits werden, trotz aller empirischen ‚Suchvorgänge', andere Kategorisierungen bzw. Subjektordnungen wie Schicht/Milieu, Religion oder Behinderung ab und zu von den Befragten angesprochen, wirklich wichtige Bezugspunkte der eigenen Selbstpositionierung stellen sie nicht dar. Der klar erkennbare Zusammenhang von Alter(n) und Begehren in Selbstbeschreibungen ist damit nicht nur per se ein interessantes empirisches Ergebnis dieser Studie. Er macht auch deutlich, dass Intersektionalität auch abseits der ‚klassischen Trias' von race, class und gender für die empirische Forschung ein hilfreiches programmatisches Dach bereitstellen kann, das einerseits eine theoretische (Vor-)Strukturierung anbieten kann, andererseits in der empirischen Analyse immer wieder hinterfragt werden muss.

Nicht zuletzt reiht sich meine Studie in die in letzter Zeit vermehrte Forschung zur Intersektionalität von Alter(n) und Geschlecht (vgl. Brunnauer et al. 2015; Denninger/Schütze 2017a) ein. In diesem Forschungsfokus wird immer wieder bewusst gemacht, dass Alter(n) in intersektionalen Studien mitbedacht werden sollte. Ebenso wird durch die vorliegende Studie evident, dass dieser Zusammenhang nicht ohne die Dimension des Begehrens gedacht werden kann. Denn auch eine mögliche Fokussierung auf nicht-homosexuelle ältere Männer sollte im Blick haben, inwiefern Heteronormativität Bilder und Subjektivierungen des Alter(n)s prägt. Andersherum zeigt meine Studie, wie das Alter(n) Selbstverhältnisse im Kontext von Geschlecht und Begehren formen kann; sowohl die Erforschung von Männlichkeit(en) wie auch von ‚queeren' Subjektivierungen sollte das Alter(n) als bedeutende Subjektordnung nicht (weiter) ausblenden.

In der qualitativ arbeitenden empirischen Sozialforschung gibt es derzeit verstärkt Debatten über die Möglichkeit und Notwendigkeit methodischer Reflexion, die die Standortgebundenheit der Forschenden (und Beforschten) (vgl. Bereswill 2003; Breuer 2010; Charmaz 2014; von Unger 2014a), ihren vermeintlich objektiven Status als Wissenschaftler_innen und die damit einhergehende Deutungshoheit mitdenken. Der spezifischen Standortgebundenheit meinerseits wurde mit einer ausführlichen Dokumentation der Fremd- und Selbstpositionierungen während der Interviews sowie in anderen Settings nachgespürt, ohne sich von der offensichtlichen strukturell unterschiedlichen Eingelassenheit der Befragten und meinerseits in der Forschung abhalten zu lassen. Die Reflexion dieser lebensweltlichen Distanzen wird zum einen als Eigenwert angesehen, der verhindern soll, dass ich mich als Forscherin als neutrale und objektive Wissenschaftlerin sehe; zum anderen bilden die Reflexionen für die Datenanalyse selbst interessante Ergebnisse ab. So sind beispielsweise Abgrenzungen zu Frauen und Verweise zu (alters-)soziologischen Forschungen sicherlich dadurch bedingt, dass eine jüngere (forschende) Frau und ein älterer Mann miteinander ein Gespräch führten.

Zur aktuellen Diskussion um die Komplexität sozialer Realität und um empirische Analysemethoden, die diese Komplexität einholen müssen (vgl. Charmaz 2014; Clarke 2005), trägt meine Studie durch die ausgewählten Methodologien bei. In der Kombination zweier Analysemethoden werden die jeweiligen Schwachstellen im erkenntnistheoretischen Zuschnitt ‚ausgebügelt'. Dabei werden nicht beide Methoden eins zu eins angewendet, sondern mit Bezug auf den Forschungsgegenstand bestimmte Verfahren und Techniken genutzt. Das Kodierverfahren der Grounded Theory wird, um ein Beispiel zu nennen, durch die Analyse des Schweigens ergänzt. Dadurch soll dargestellt werden, dass einige Erzählungen im Material trotz eines Aufbrechens der Daten durch die Kodiervorgänge letztlich und entlang der verschiedenen Positionierungen der Forschungsteilnehmenden nicht erschließbar sind und ein Schweigen als solches zuweilen auch hingenommen werden muss. Im Rahmen einer komplexen Beschreibung der Daten entschied ich mich zudem gegen eine Typologisierung von Selbsten und für eine Darstellung der Ergebnisse entlang vielfältiger Kontexte, Themen oder Situationen. Meine Studie belegt also, dass in

Bezug auf den vorliegenden Forschungsgegenstand die eine große, übergeordnete Erzählung nicht (zu suchen und) zu finden ist, dafür aber die Komplexität sozialer Phänomene eingeholt und abgebildet werden kann.

Nicht nur der theoretische Rahmen und die methodologische Perspektive, auch der Forschungsgegenstand selbst lässt sich zu soziologischen Forschungsfeldern und -fragen in Bezug setzen, die derzeit breit diskutiert werden. Die Dimensionen Alter(n) und Begehren stehen jeweils aktuell im Fokus wissenschaftlicher Betrachtung. Daran schließt diese Studie an und stellt eine Verknüpfung beider Gebiete her.

Durch die Verlängerung der Lebensphase Alter(n) und den Versuch gesellschaftlich-ökonomischer Nutzbarmachung zeigt sich eine politische Vereinnahmung alternder Subjekte, die das Altern individuell verantwortlich macht und der individuellen Ausdeutung überlässt. Alte/Ältere Personen müssen sich auf eine bestimmte Weise selbst als alte, ältere oder (noch) nicht alte Menschen beschreiben, da vorgefertigte Rollen und Schablonen, wie sie der ‚verdiente Ruhestand' der Nachkriegszeit noch versprach, nicht mehr so deutlich existieren (vgl. Denninger et al. 2014; van Dyk/Lessenich 2009b; Graefe 2013). Diese Ent-Schablonisierung gilt umso mehr für ältere schwule Männer, die sich – wie hier beschrieben – mehr oder weniger aktiv und bewusst gegen bestimmte (für sie heterosexuelle) Altersbilder stemmen. Die individualisierende Verantwortungszuweisung an den Einzelnen, sich selbst zu formen und zu gestalten, wird also – so eine wichtige Erkenntnis meiner Studie – durch den Aspekt des Begehrens weiter verstärkt.

Diese Selbstthematisierungen verweisen auf Techniken der Selbstregierung (vgl. Foucault 1993; 2006), durch die die vermeintliche Offenheit der Dimension Alter(n) individuell eingefangen wird bzw. werden muss.[122] Homosexualität stellt dabei nicht nur, wie von einigen Befragten thematisiert, Unabhängigkeit und Freiheit von Normen her, sondern schafft für ältere schwule Männer eigene Normen, die die Selbstthematisierung als älterer schwuler Mann als ehrlich, bescheiden, angemessen anleiten und in gewissem Sinne eine Re-Schablonisierung einführen.

Die nahezu durchgängige Selbstbezeichnung der Befragten als schwul ist im Hinblick auf queertheoretische und -aktivistische Debatten um Ein- und Ausschlüsse interessant, die aktuell unter dem Stichwort „Beißreflexe" (L'Amour la-Love 2017) laufen. In dieser und ähnlichen Debatten wird der Vorwurf gegenüber Forschungen und Aktivismen unter dem Label queer laut, die Ablehnung von identitätspolitischen Ein- und Ausschlüssen entlang von Denk- und Sprechverboten

---

122 Warum gerade die Subjektordnungen Alter(n) und Begehren besondere Bedeutungen für die gouvernementale Selbstregierung (vgl. Foucault 1993) haben, habe ich in Kapitel 7 unter dem Stichwort „Selbst-Thematisierungen" ausgeführt.

selbst zu forcieren. Darin bleibt meiner Ansicht nach unbeachtet, dass es abseits dieser ‚queeren' Deutungskämpfe um Fremdzuschreibungen, Selbstbezeichnungen und damit einhergehenden Ein- und Ausgrenzungen Personen gibt, die einen vermeintlich festschreibenden Begriff wie schwul ohne Einschränkung, in vollem Selbstbewusstsein und mit ganz spezifischen Zuschreibungen für sich selbst und andere nutzen. Die meisten der von mir befragten Männer beschreiben sich selbst und andere ohne (Selbst-)Zweifel als schwul, bleiben aber in den aktuellen Beißreflexen bzw. den sich darum spinnenden Debatten um „autoritäre Sehnsüchte" und „Sprechverbote" (so der Untertitel des Sammelbandes „Beißreflexe") außen vor. Unterschiedliche politische Strömungen und Bewegungen, die mit verschiedenen Generationszugehörigkeiten und -erfahrungen verknüpft sind und ein damit zusammenhängendes Vokabular der Selbst-Identifizierung finden daher in den aktuellen wissenschaftlichen Debatten rund um queer zu wenig Beachtung. Das, was als queer bezeichnet wird, fasst nicht nur bestimmte Gruppen ein und schließt andere aus, vielmehr bleibt ‚queer' in der politischen wie wissenschaftlichen Praxis und in einer emanzipatorischen Perspektive damit häufig eigentümlich selbstbezogen, was der grundlegenden Offenheit des Begriffs eigentlich widerspricht. Eine beständige ‚Intersektionalisierung' der queer studies bzw. der queer theory könnte u. a. auch die Dimension des Alter(n)s und damit zusammenhängende Generationserfahrungen als Instrumente identitärer Zurichtungen erkennbar machen. In diesem Zuge scheint mir auch eine höhere Aufmerksamkeit für historische Zusammenhänge wesentlich zu sein: Denn das Selbstverständnis der Selbstbezeichnung als schwul ist nicht ohne den Rückbezug zu politischen Bewegungen der 1970er und 80er Jahre verstehbar. Für die vorliegende Studie lässt sich festhalten, dass sich dennoch ein queertheoretischer Zugriff, durch den Identitätskategorien entstabilisiert, und eine Empirie, in der diese Identitätskategorien als wesentlich reklamiert werden, nicht ausschließen. Gerade durch die erstgenannte Perspektive kann das zweitgenannte als solches überhaupt sichtbar werden.

Aus letzterem lässt sich als Erkenntnis für die queer studies ableiten, dass es wichtig bleibt, Identitätskategorien zu hinterfragen und sie zugleich konkreten Individuen als Subjektivierungsmöglichkeiten ‚zuzugestehen'. Dies gilt im vorliegenden Projekt nicht nur für die Kategorie der Homosexualität, sondern auch für das Alter(n), welches, abweichend von anderen Studien zu Selbstbeschreibungen im Alter(n), durchaus für die Selbstbezeichnung genutzt wird. Dies belegt einmal mehr die Relevanz eines intersektionalen Blicks: Denn hier scheint die Verhandlung des Begehrens (als in der ‚Szene' wesentlicher Marker von Subjekten) wesentlich für die Selbstbeschreibung als alt bzw. älter zu sein. Ähnlich beschreiben fast alle Befragten die Kategorie ‚schwul' in ihren Selbstbezeichnungen als selbstverständlich. Die Eindeutigkeit von Hetero- und Homosexualität, wie sie Butler im Rahmen einer

8 Fazit

Zwangsheterosexualität betont, wird von den Interviewpartnern nicht hinterfragt, sondern in dieser eindeutigen Trennung – die sich auch in der Trennung einer schwulen und einer heterosexuellen Gemeinschaft wiederfindet – reproduziert. Das Alter(n) als Kategorie der Selbstbezeichnung muss dagegen subjektiv ausgedeutet und angeeignet werden. Gemäß dem Titel dieser Studie lässt sich für die verschiedenen Subjektivierungsweisen älterer schwuler Männer festhalten: Schwul *ist* man, aber alt *wird* man.

Nicht nur Ergebnisse der empirischen Analyse, auch theoretische Überlegungen in dieser Studie können als ,Wissensgewinn' für die Soziologie betrachtet werden. In Kap. 2.3 schlage ich für eine queertheoretische Analyse der Dimension des Alter(n)s den Begriff der Altersphasennormativität entlang des Konzepts von Heteronormativität vor. Der Begriff erklärt Selbstbeschreibungen als alt oder älter entlang bestimmter Normen, die Nachvollziehbarkeit nach außen und subjektive Authentizität eines alternden Selbst nach innen herstellen. Altersphasennormativität ist mit Heteronormativität nicht konzeptuell gleichzusetzen, unter anderem da das Alter(n) als prozesshafter Vorgang verstanden wird und stark von Kontexten abhängig ist: Ihre Normativität bezieht sie stets aus einem Kontext, in den sie sich einschreiben kann und nicht (nur) aus einer Polarität, wie sie im Prinzip der Zwangsheterosexualität aus einer Abgrenzung von Hetero- und Homosexualität besteht. Altersphasennormativität ist wiederum eher der subjektiven Deutung überlassen, obgleich sie in der Konsequenz für Selbst- (und Fremd-)Beschreibungen normative Kraft entfaltet. Denn auch das Alter(n) muss, wie Hetero- und Homosexualität, einer Norm der Intelligibilität folgen, um in der Selbstbeschreibung plausibel zu sein.

Auf Grundlage dieses Gedankens könnte in weiteren Forschungen der in Deutschland vernachlässigte Aspekt der Altersdiskriminierung (vgl. Kap. 2.2) mehr in den Blick genommen werden, der in der konkreten wissenschaftlichen Bearbeitung über (mangelnde) Karriere- und Beschäftigungsperspektiven älterer Arbeitnehmer_innen selten hinausgeht (vgl. Brauer/Clemens 2010). Altersphasennormativität führt zu Altersdiskriminierungen; Altersdiskriminierungen wiederum prägen Selbstverhältnisse und Diskurse gleichermaßen und in gegenseitiger Beeinflussung stärker, als bislang in gesellschaftspolitischen Debatten verhandelt wird. Nicht zuletzt muss Altersdiskriminierung immer, wie hier geschehen, in ihrer Verwobenheit mit weiteren Diskriminierungslinien erforscht werden.

Gleichermaßen kann man bei den hier Befragten nicht davon sprechen, dass sie sich beständig altersdiskriminierenden und/oder homophoben Praxen ausgesetzt sehen. Eine weitere wichtige Erkenntnis aus dem vorliegenden Projekt ist es daher, dass auch und gerade in der intersektionalen Perspektive bei den hier Befragten nicht von einer generellen Diskriminierung oder Stigmatisierung, einer Deprivation (vgl. Krell 2014), bzw. grundsätzlich von einer von Vulnerabilität betroffenen

Gruppe gesprochen werden kann. Obwohl sich im Material Lebensgeschichten finden, die von bedrohlichen Szenarien der ‚Entdeckung' genauso erzählen wie von Erfahrungen der Ausgrenzungen in Szene und ‚Mehrheitsgesellschaft', zeigen sich viele kreative, spielerische Selbstbeschreibungen, die von überzeugtem Widerstand gegen und Befreiung von erfahrenen Ungerechtigkeiten berichten, und die gerade das Alter(n) als selbstbestimmte Lebensphase deuten. Dies hängt sicherlich mit der generell guten finanziellen Ausstattung der hier Befragten zusammen, aber zeugt auch davon, dass Schwul und Alt Sein nicht als genereller Zustand sozialer Benachteiligung gedeutet werden sollte. Gerade die empirisch und theoretisch hergeleitete Position des Nicht-Subjekts, die als Undenkbarkeit und als generelle Nicht-Anerkennung des schwul-alten Subjekts beurteilt wird, schafft für viele Befragte eine immanente Freiheit für den Selbst-Entwurf als schwuler Mann im Alter. Für die Zukunft bleibt die Frage offen, inwiefern der Status als Nicht-Subjekt erhalten bleiben wird. Im Zuge der Neuverhandlung des Alter(n)s und der gesellschaftlichen, insbesondere ökonomischen Aufwertung von ‚Diversität' bleibt für weitere Forschungen zu fragen, ob das Abjekt des alt-schwulen Mannes nicht nur mehr Aufmerksamkeit erhalten, sondern sich auch als anerkennenswertes Subjekt etablieren können wird. Zwischen aktuellen rechtspopulistischen Tendenzen der Re-Heterosexualisierung von Geschlechter- und Begehrensnormen und einer gleichzeitigen sehr akademischen Verqueerung von Sexualität_en könnte es allerdings auch sein, dass das schwul-alte Subjekt keineswegs stärker in den Fokus gesellschaftlicher Debatten geraten wird.

Die Ambivalenz der Diskursposition des Nicht-Subjekts zwischen diskriminierender Unsichtbarkeit und immanenter Freiheit ist eines von vielen Beispielen dafür, dass auf die leitende Forschungsfrage meiner Studie keine einfachen Antworten möglich sind.

Institutionen der Altenhilfe, Bürgerzentren, ‚schwule' Bündnisse und nicht zuletzt Pflegeeinrichtungen können die Ergebnisse dieser Studie dafür nutzen, der (breiten) Thematik des Alter(n)s schwuler Männer überhaupt gewahr zu werden und in ihrer programmatisch-inhaltlichen Ausrichtung Sensibilität für nicht heteronormierte und nicht altersdiskriminierende Praxen zu etablieren. Worin genau diese bestehen sollen, kann und will ich am Ende dieses Buches nicht sagen – denn ich kann nicht wissen, wie Menschen, die sich selbst als schwul und im weitesten Sinne als älter bezeichnen, gesehen und behandelt werden wollen. Nur alle gleich wollen sie sicher nicht behandelt werden.

Butler folgend, die sich in ihren Texten wiederholt in politische Debatten einmischt und Position bezieht, ist ein primäres Ziel von politischen Handlungspraxen, Solidaritäten entlang thematischer Zusammenschlüsse und nicht anhand identitärer

8 Fazit

Kollektivbeschreibungen entstehen zu lassen (vgl. 1991; 2009). Ein ähnliches Verständnis liegt diesem Projekt erkenntnistheoretisch und empirisch zugrunde: Die kollektive Identität des schwulen Älteren oder des älteren Schwulen gibt es genauso wenig wie es eine Institution gibt und geben sollte, die vorgibt, diese zu vertreten. Und es gibt auch nicht *das* Subjekt des alten schwulen Mannes – und zwar im Sinne einer logischen Unmöglichkeit, die hier durch den poststrukturalistisch-theoretischen Horizont aufgemacht wurde, wie auch als empirisches Ergebnis. Zwar zeigt sich eine Vielfalt des ‚Schwulen Alterns' im Rahmen verschiedener kalendarischer Alter, Schichtzugehörigkeiten, geographischer Räume, Gesundheits- und Familienstatus, entlang der vielfältigen Biographien sowie damit zusammenhängend insbesondere in den Deutungen selbst, aber ‚das' schwule Altern als übergreifenden Erklärungszusammenhang für bestimmte Existenzweisen gibt es nicht. Wenn die Vorstellung der Eindeutigkeit oder einer sichtlichen ‚Andersheit' des ‚Schwulen Alten' damit uneindeutiger geworden ist, hat dieses Projekt ein erstes Ziel erreicht.

Literatur- und Quellenverzeichnis

Abels, Heinz (2006): Identität. Über die Entstehung des Gedankens, dass der Mensch ein Individuum ist, den nicht leicht zu verwirklichenden Anspruch auf Individualität und die Tatsache, dass Identität in Zeiten der Individualisierung von der Hand in den Mund lebt. Wiesbaden: VS Verlag für Sozialwissenschaften (Lehrbuch).

Addis, Samia; Davies, Myfanwy; Greene, Giles; MacBride-Stewart, Sara; Shepherd, Michael (2009): The health, social care and housing needs of lesbian, gay, bisexual and transgender older people: a review of the literature. In: *Health & Social Care in the Community* 17 (6), S. 647–658.

Almack, Kathryn; Seymour, Jane; Bellamy, Gary (2010): Exploring the Impact of Sexual Orientation on Experiences and Concerns about End of Life Care and on Bereavement for Lesbian, Gay and Bisexual Older People. In: *Sociology* 44, S. 908–924. Online verfügbar unter http://soc.sagepub.com/content/44/5/908, zuletzt geprüft am 11.10.2017.

Althans, Birgit (2007): Das maskierte Begehren. Frauen zwischen Sozialarbeit und Management. Frankfurt am Main, New York: Campus.

Althusser, Louis (1977): Ideologie und ideologische Staatsapparate: Aufsätze zur marxistischen Theorie. Hamburg: VSA.

Amann, Anton; Kolland, Franz (2014): Kritische Sozialgerontologie – Konzeptionen und Aufgaben. In: Anton Amann und Franz Kolland (Hg.): Das erzwungene Paradies des Alters? Weitere Fragen an eine Kritische Gerontologie. 2. Auflage. Wiesbaden: Springer VS (Alter(n) und Gesellschaft), S. 1–28.

Amrhein, Ludwig (2005): Stationäre Altenpflege im Fokus von Machtbeziehungen und sozialen Konflikten. In: Klaus R. Schroeter und Thomas Rosenthal (Hg.): Soziologie der Pflege. Grundlagen, Wissensbestände und Perspektiven. Weinheim, München: Juventa (Grundlagentexte Pflegewissenschaft), S. 405–426.

Amrhein, Ludwig; Backes, Gertrud M. (2008): Alter(n) und Identitätsentwicklung: Formen des Umgangs mit dem eigenen Älterwerden. In: *Zeitschrift für Gerontologie und Geriatrie* 41, S. 382–393.

Anhorn, Roland; Balzereit, Marcel (2015): Die „Arbeit am Sozialen" als „Arbeit am Selbst" – Herrschaft, Soziale Arbeit und die therapeutische Regierungsweise im Neoliberalismus: Einführende Skizzierung eines Theorie- und Forschungsprogramms. In: Roland Anhorn und Marcel Balzereit (Hg.): Handbuch Therapeutisierung und soziale Arbeit. Wiesbaden: Springer VS, S. 3–203.

Assadi, Galia (2014): Das gebundene Selbst. Zu den theoretischen Möglichkeitsbedingungen eines postsouveränen Kollektivkonzepts. In: Gabriele Jähnert, Karin Aleksander und Marianne Kriszio (Hg.): Kollektivität nach der Subjektkritik: Geschlechtertheoretische Positionierungen. Bielefeld: transcript, S. 177–196.

Austin, John Langshaw (1976): Zur Theorie der Sprechakte. How to do things with words. Stuttgart: Reclam (Universal-Bibliothek, 9396).

Bach, Doris; Böhmer, Franz (Hg.) (2011): Intimität, Sexualität, Tabuisierung im Alter. Wien, Köln, Weimar: Böhlau.

Backes, Gertrud M. (2005): Geschlecht, Alter(n) und Pflege – ein allseits (un-)bekanntes Thema? Oder: zur Begründung einer geschlechtersensiblen Altenpflege. In: Klaus R. Schroeter und Thomas Rosenthal (Hg.): Soziologie der Pflege. Grundlagen, Wissensbestände und Perspektiven. Weinheim, München: Juventa (Grundlagentexte Pflegewissenschaft), S. 359–384.

Backes, Gertrud M. (2007): Geschlechter – Lebenslagen – Altern. In: Ursula Pasero, Gertrud M. Backes und Klaus R. Schroeter (Hg.): Altern in Gesellschaft. Ageing – Diversity – Inclusion. Wiesbaden: VS Verlag für Sozialwissenschaften, S. 152–183.

Backes, Gertrud M. (2010): Alter(n) – ein kaum entdecktes Arbeitsfeld in der Frauen- und Geschlechterforschung. In: Ruth Becker und Beate Kortendiek (Hg.): Handbuch Frauen- und Geschlechterforschung. Theorie, Methoden, Empirie. 3., erweiterte und durchgesehene Auflage. Wiesbaden: VS Verlag für Sozialwissenschaften (Geschlecht und Gesellschaft), S. 454–460.

Backes, Gertrud M.; Clemens, Wolfgang (2008): Lebensphase Alter. Eine Einführung in die sozialwissenschaftliche Alternsforschung. 3. Auflage. Weinheim, München: Juventa.

Backes, Gertrud M.; Lasch, Vera; Reimann, Katja (Hg.) (2006): Gender, Health and Ageing. European Perspectives on Life Course, Health Issues and Social Challenges. Wiesbaden: VS Verlag für Sozialwissenschaften (Alter(n) und Gesellschaft, 13).

Backes, Gertrud M.; Wolfinger, Martina; Amrhein, Ludwig (2011): Geschlechterpolitik zu Pflege/Care. Anregungen aus europäischen Ländern (WISO Diskurs. Expertisen und Dokumentationen zur Wirtschafts- und Sozialpolitik). Online verfügbar unter http://library.fes.de/pdf-files/wiso/08222.pdf, zuletzt geprüft am 16.04.2014.

Baltes, Paul B.; Baltes, Margret M. (1990): Psychological perspectives on successful aging: The model of selective optimization with compensation. In: Paul B. Baltes und Margret Maria Baltes (Hg.): Successful aging. Perspectives from the behavioral sciences. Cambridge: University Press, S. 1–34.

Bartholomaeus, Clare; Tarrant, Anna (2016): Masculinities at the Margins of „Middle Adulthood": What a Consideration of Young Age and Old Age Offers Masculinities Theorizing. In: *Men and Masculinities* 19 (4), S. 351–369.

Baumgartinger, Persson Perry (2014): Mittendrin: kritische Analyse im Spannungsfeld von Machtverhältnissen der staatlichen Regulierung von Trans* in Österreich. In: Hella von Unger, Petra Narimani und Rosaline M'Bayo (Hg.): Forschungsethik in Der Qualitativen Forschung. Reflexivität, Perspektiven, Positionen: VS Verlag für Sozialwissenschaften, S. 97–114.

Beasley, Christine (2008): Rethinking Hegemonic Masculinity in a Globalizing World. In: *Men and Masculinities* 11 (1), S. 86–103.

Becker-Schmidt, Regina (2010): Doppelte Vergesellschaftung von Frauen: Divergenzen und Brückenschläge zwischen Privat- und Erwerbsleben. In: Ruth Becker und Beate Kortendiek (Hg.): Handbuch Frauen- und Geschlechterforschung. Theorie, Methoden, Empirie. 3., erweiterte und durchgesehene Auflage. Wiesbaden: VS Verlag für Sozialwissenschaften (Geschlecht und Gesellschaft), S. 65–74.

Beljan, Magdalena (2014): Rosa Zeiten? Eine Geschichte der Subjektivierung männlicher Homosexualität in den 1970er und 1980er Jahren der BRD. Bielefeld: transcript (Literalität und Liminalität, 21).

Bender, Désirée; Eck, Sandra (2014): Studentische Subjektivierungsweisen im Machtnetz des Bologna-Prozesses. Eine Dispositivanalyse narrativer Interviews. In: Martin Nonhoff, Eva Herschinger, Johannes Angermüller et al. (Hg.): Diskursforschung. Ein interdisziplinäres Handbuch. Band 2: Methoden und Analysepraxis. Perspektiven auf Hochschulreformdiskurse. Bielefeld: transcript (DiskursNetz), S. 472–499.

Benhabib, Seyla (1993): Subjektivität, Geschichtsschreibung und Politik. Eine Replik. In: Seyla Benhabib, Judith Butler, Drucilla Cornell und Nancy Fraser (Hg.): Der Streit um Differenz. Feminismus und Postmoderne in der Gegenwart. Frankfurt am Main: Fischer Taschenbuch, S. 105–121.

Bereswill, Mechthild (2003): Die Subjektivität von Forscherinnen und Forschern als methodologische Herausforderung. Ein Vergleich zwischen interaktionstheoretischen und psychoanalytischen Zugängen. In: *Sozialer Sinn* 4 (3), S. 511–532.

Berger, Raymond M. (1982): Gay and gray. The older homosexual man. Urbana: University of Illinois Press.

Bernhard, Stefan (2014): Identitätskonstruktionen in narrativen Interviews. Ein Operationalisierungsvorschlag im Anschluss an die relationale Netzwerktheorie. In: *Forum qualitative Sozialforschung* 15 (3). In: *Forum qualitative Sozialforschung* 15 (3). Online verfügbar unter http://www.qualitative-research.net/index.php/fqs/article/view/2130/3680, zuletzt geprüft am 11.10.2017.

Biggs, Simon (2003): Negotiating Aging Identity: Surface, Depth, and Masquerade. In: Simon Biggs, Ariela Lowenstein und Jon Hendricks (Hg.): The Need for Theory. Critical Approaches to Social Gerontology. Amityville: Baywood Publishing (Society and Aging Series), S. 145–159.

Biggs, Simon (2004): Age, gender, narratives and masquerades. In: *Journal of Aging Studies* 18, S. 45–58.

Biggs, Simon (2005): Beyond Appearances: Perspectives on Identity in Later Life and Some Implications for Method. In: *The Journals of Gerontology Series B: Psychological Sciences and Social Sciences* 60 (3), S. 118–128.

Blumer, Herbert (1954): What is wrong with social theory? In: *American Sociological Review* 18, S. 3–10.

Blumer, Herbert (1966): Sociological Implications of the Thought of George Herbert Mead. In: *American Journal of Sociology* 71 (5), S. 535–544.

Blumer, Herbert (1973): A Note on Symbolic Interactionism. In: *American Sociological Review* 38 (6), S. 797–798.

Bochow, Michael (1998): Schwule über 44. In: Hans Georg Stümke (Hg.): Älter werden wir umsonst. Schwules Leben jenseits der Dreißig. Erfahrungen, Interviews, Berichte. Berlin: Rosa Winkel, S. 220–231.

Bochow, Michael (2005): Ich bin doch schwul und will das immer bleiben. Schwule Männer im dritten Lebensalter. Hamburg: Männerschwarmskript.

Bochow, Michael (2006): Schwule Männer im dritten Lebensalter. Ergebnisse einer qualitativen Studie. In: *Zeitschrift für Sexualforschung* 19 (3), S. 187–214.

Boellstorff, Tom (2012): Queer Techne: Two Theses on Methodology and Queer Studies. In: Kath Browne und Catherine J. Nash (Hg.): Queer Methods and Methodologies. Intersecting Queer Theories and Social Science Research. Burlington: Ashgate, S. 215–230.

Boggs, Jennifer; Portz, Jennifer Dickman; Wright, Leslie; King, Diane; Grimm, Cathy; Retrum, Jessica; Gozansky, Wendolyn (2014): D3-4: The Intersection of Ageism and Heterosexism: LGBT Older Adults' Perspectives on Aging-in-Place. In: *Clinical Medicine & Research* 12 (1-2), S. 101.

Borscheid, Peter (1994): Der alte Mensch in der Vergangenheit. In: Paul B. Baltes, Jürgen Mittelstrass und Ursula M. Staudinger (Hg.): Alter und Altern: Ein interdisziplinärer Studientext zur Gerontologie. Berlin: De Gruyter, S. 35–61.

Bosančić, Saša (2013): Subjektivierungsweisen als diskursive und kommunikative Identitätskonstruktionen. In: Reiner Keller, Hubert Knoblauch und Jo Reichertz (Hg.): Kommunikativer Konstruktivismus. Theoretische und empirische Arbeiten zu einem neuen wissenssoziologischen Ansatz. Wiesbaden: Springer VS, S. 183–204.

Bosančić, Saša (2014): Arbeiter ohne Eigenschaften. Über die Subjektivierungsweisen angelernter Arbeiter. Wiesbaden: Springer VS.

Bourdieu, Pierre (1987): Sozialer Sinn. Kritik der theoretischen Vernunft. Frankfurt am Main: Suhrkamp.

Boxer, Andrew M. (1997): Gay, Lesbian and Bisexual Aging into the twenty-first Century: An Overview and Introduction. In: *Journal of Gay, Lesbian, and Bisexual Identity* 2 (3/4), S. 187–197.

Brauer, Kai (2010): Ageism: Fakt oder Fiktion? In: Kai Brauer und Wolfgang Clemens (Hg.): Zu alt? „Ageism" und Altersdiskriminierung auf Arbeitsmärkten. Wiesbaden: VS Verlag für Sozialwissenschaften, S. 21–60.

Brauer, Kai; Clemens, Wolfgang (Hg.) (2010): Zu alt? „Ageism" und Altersdiskriminierung auf Arbeitsmärkten. Wiesbaden: VS Verlag für Sozialwissenschaften.

Breuer, Franz (2010): Reflexive Grounded Theory. Eine Einführung für die Forschungspraxis. 2. Auflage. Wiesbaden: VS Verlag für Sozialwissenschaften (Lehrbuch).

Brinkmann, Ulrich; Dörre, Klaus; Röbenack, Silke (2006): Prekäre Arbeit. Ursachen, Ausmaß, soziale Folgen und subjektive Verarbeitungsformen unsicherer Beschäftigungsverhältnisse. Unter Mitarbeit von Klaus Kraemer und Frederic Speidel. Bonn (Friedrich-Ebert-Stiftung. Gesprächskreis Migration und Integration).

Bröckling, Ulrich (2007): Das unternehmerische Selbst. Soziologie einer Subjektivierungsform. Frankfurt am Main: Suhrkamp (Suhrkamp Taschenbuch Wissenschaft, 1832).

Brown, Maria T. (2009): LGBT Aging and Rhetorical Silence. In: *Sexuality Research & Social Policy* 6 (4), S. 65–78.

Browne, Kath; Nash, Catherine J. (Hg.) (2012): Queer Methods and Methodologies. Intersecting Queer Theories and Social Science Research. Burlington: Ashgate.

Browne, Kath; Nash, Catherine J. (2012): Queer Methods and Methodologies: An Introduction. In: Kath Browne und Catherine J. Nash (Hg.): Queer Methods and Methodologies. Intersecting Queer Theories and Social Science Research. Burlington: Ashgate, S. 1–23.

Brunnauer, Cornelia; Hörl, Gabriele; Schmutzhart, Ingrid (Hg.) (2015): Geschlecht und Altern. Interdisziplinäre Betrachtungen. Wiesbaden: Springer VS.

Buba, Hans-Peter; Vaskovics, László A. (2001): Benachteiligung gleichgeschlechtlich orientierter Personen und Paare: Studie im Auftrag des Bundesministeriums der Justiz. Köln: Bundesanzeiger.

Bublitz, Hannelore (1999): Das Wuchern der Diskurse. Perspektiven der Diskursanalyse Foucaults. Frankfurt am Main, New York: Campus.

Bublitz, Hannelore (2010): Im Beichtstuhl der Medien. Die Produktion des Selbst im öffentlichen Bekenntnis. Bielefeld: transcript.

Bublitz, Hannelore (2010): Judith Butler zur Einführung. 3., vollst. überarb. Auflage. Hamburg: Junius.

Bührmann, Andrea D.; Schneider, Werner (2012): Vom Diskurs zum Dispositiv. Eine Einführung in die Dispositivanalyse. 2. Auflage. Bielefeld: transcript.

Bülow, Carola von (2000): Der Umgang der nationalsozialistischen Justiz mit Homosexuellen. Dissertation. Oldenburg.

Bundesministerium für Familie und Senioren (1993): Erster Altenbericht der Bundesregierung. Die Lebenssituation älterer Menschen in Deutschland. Berlin. Online verfügbar unter http://dip21.bundestag.de/dip21/btd/12/058/1205897.pdf, zuletzt geprüft am 14.06.2017.

Bundesministerium für Familie, Senioren, Frauen und Jugend (1998): Zweiter Bericht zur Lage der älteren Generation in der Bundesrepublik Deutschland: Wohnen im Alter. Berlin. Online verfügbar unter https://www.dza.de/fileadmin/dza/pdf/7AB/Zweiter_Altenbericht_BT_DS.pdf, zuletzt geprüft am 14.06.2017.

Bundesministerium für Familie, Senioren, Frauen und Jugend (2001): Dritter Bericht zur Lage der älteren Generation in der Bundesrepublik Deutschland: Alter und Gesellschaft. Berlin. Online verfügbar unter https://www.bmfsfj.de/bmfsfj/service/publikationen/3--altenbericht-/95592?view=DEFAULT, zuletzt geprüft am 14.06.2017.

Bundesministerium für Familie, Senioren, Frauen und Jugend (2002): Vierter Altenbericht zur Lage der älteren Generation in der Bundesrepublik Deutschland: Risiken, Lebensqualität und Versorgung Hochaltriger – unter besonderer Berücksichtigung demenzieller Erkrankungen. Berlin. Online verfügbar unter https://www.bmfsfj.de/bmfsfj/service/publikationen/4--altenbericht-/95594?view=DEFAULT, zuletzt geprüft am 14.06.2017.

Bundesministerium für Familie, Senioren, Frauen und Jugend (2005): Fünfter Bericht zur Lage der älteren Generation in der Bundesrepublik Deutschland. Potenziale des Alters in Wirtschaft und Gesellschaft. Der Beitrag älterer Menschen zum Zusammenhalt der Generationen. Bericht der Sachverständigenkommission. Hg. v. Deutsches Zentrum für Altersfragen (DZA). Berlin. Online verfügbar unter http://www.bmfsfj.de/BMFSFJ/Service/publikationen,did=78114.html, zuletzt geprüft am 14.04.2015.

Bundesministerium für Familie, Senioren, Frauen und Jugend (2010): Sechster Bericht zur Lage der älteren Generation in der Bundesrepublik Deutschland – Altersbilder in der Gesellschaft. Berlin. Online verfügbar unter http://www.bmfsfj.de/BMFSFJ/aeltere-menschen,did=164568.html, zuletzt geprüft am 06.08.2015.

Bundesministerium für Familie, Senioren, Frauen und Jugend (2016): Siebter Bericht zur Lage der älteren Generation in der Bundesrepublik Deutschland. Sorge und Mitverantwortung in der Kommune – Aufbau und Sicherung zukunftsfähiger Gemeinschaften. Berlin. Online verfügbar unter https://www.siebter-altenbericht.de/index.php?eID=txnawsecuredl&u=0&g=0&t=1497512818&hash=5136084cd062ff4cebb761919e885cb316c34cd9&file=fileadmin/altenbericht/pdf/Der_Siebte_Altenbericht.pdf, zuletzt geprüft am 14.06.2017.

Burgess, Ernest Watson (1960): Aging in western societies. Chicago: The University of Chicago Press.

Butler, Judith (1991): Das Unbehagen der Geschlechter. Frankfurt am Main: Suhrkamp (Gender Studies).

Butler, Judith (1993): Für ein sorgfältiges Lesen. In: Seyla Benhabib, Judith Butler, Drucilla Cornell und Nancy Fraser (Hg.): Der Streit um Differenz. Feminismus und Postmoderne in der Gegenwart. Frankfurt am Main: Fischer Taschenbuch, S. 122–132.

Butler, Judith (1996): Gender as Performance. In: Peter Osborne (Hg.): A Critical Sense. Interviews with Intellectuals. London, New York: Routledge, S. 109–125.

Butler, Judith (1997): Körper von Gewicht. Die diskursiven Grenzen des Geschlechts. Frankfurt am Main: Suhrkamp (Edition Suhrkamp).

Butler, Judith (1998): Haß spricht. Zur Politik des Performativen. Berlin: Berlin Verlag.

Butler, Judith (2003): Imitation und Aufsässigkeit der Geschlechtsidentität. In: Andreas Kraß (Hg.): Queer denken. Gegen die Ordnung der Sexualität. Frankfurt am Main: Suhrkamp, S. 144–168.

Butler, Judith (2003): Kritik der ethischen Gewalt. Adorno-Vorlesungen 2002, Johann-Wolfgang-Goethe-Universität, Frankfurt am Main. Frankfurt am Main: Suhrkamp.

Butler, Judith (2009): Die Macht der Geschlechternormen und die Grenzen des Menschlichen. Frankfurt am Main: Suhrkamp.

Butler, Judith (2010): Raster des Krieges. Warum wir nicht jedes Leid beklagen. Frankfurt am Main, New York: Campus.

Butler, Judith (Hg.) (2013): Psyche der Macht. Das Subjekt der Unterwerfung. 7. Auflage. Frankfurt am Main: Suhrkamp.

Butler, Robert (1969): Age-Ism. Another Form of Bigotry. In: *The Gerontologist* 9, S. 243–246.

Calasanti, Toni; King, Neal (2013): Intersectionality and age. In: Julia Twigg und Wendy Martin (Hg.): Routledge handbook of cultural gerontology. London, New York: Routledge (Routledge international handbooks), S. 193–200.

Calasanti, Toni; Slevin, Kathleen F. (Hg.) (2006): Age Matters. Realigning Feminist Thinking. New York: Routledge.

Castro Varela, Maria do Mar (2016): Altern *Andere* anders? Queere Reflexionen. In: Ralf Lottmann, Rüdiger Lautmann und Castro Varela, Maria do Mar (Hg.): Homosexualität_en und Alter(n). Ergebnisse aus Forschung und Praxis. Wiesbaden: Springer VS, S. 51–68.

Çetin, Zülfukar (2013): Kritik an Ausblendung der Dominanzverhältnisse: Intersektionalität als Herausforderung in der weißen Sozialwissenschaft. In: *Erwägen Wissen Ethik* 24 (3), S. 369–371.

Çetin, Zülfukar (2014): Interaktion, Intervention, Interpretation: Intersektionale Forschung zu binationalen, schwulen Partnerschaften. In: Hella von Unger, Petra Narimani und Rosaline M'Bayo (Hg.): Forschungsethik in Der Qualitativen Forschung. Reflexivität, Perspektiven, Positionen: VS Verlag für Sozialwissenschaften, S. 191–207.

Charmaz, Kathy (2002): Stories and Silences: Disclosures and Self in Chronic Illness. In: *Qualitative Inquiry* 8 (3), S. 302–328.

Charmaz, Kathy (2014): Constructing Grounded Theory. A Practical Guide Through Qualitative Analysis. Second Edition. London, Thousand Oaks, New Delhi: Sage.

Chirrey, Deborah A. (2012): Reading the script. An analysis of script formulation in coming out advice texts. In: *Journal of Language and Sexuality* 1 (1), S. 35–58.

Clarke, Adele E. (2003): Situational Analysis: Grounded Theory Mapping After the Postmodern Turn. In: *Symbolic Interaction* 26 (4), S. 553–576.

Clarke, Adele E. (2005): Situational analysis: grounded theory after the postmodern turn. Thousand Oaks, London, New Delhi: Sage.

Clarke, Adele E. (2012): Situationsanalyse. Wiesbaden: VS Verlag für Sozialwissenschaften (Interdisziplinäre Diskursforschung).

Clarke, Adele E.; Keller, Reiner (2014): Engaging Complexities: Working Against Simplification as an Agenda for Qualitative Research Today. Adele Clarke in Conversation With Reiner Keller. In: *Forum qualitative Sozialforschung* 15 (2), 137 Absätze. Online verfügbar unter http://www.qualitative-research.net/index.php/fqs/article/view/2186, zuletzt geprüft am 11.10.2017.

Clemens, Wolfgang; Naegele, Gerhard (2004): Lebenslagen im Alter. In: Andreas Kruse und Mike Martin (Hg.): Enzyklopädie der Gerontologie. Alternsprozesse in mulidisziplinärer Hinsicht. Bern: Huber, S. 387–402.

Cobb, Michael (2005): Childlike: Queer Theory and its Children. In: *Criticism* 47 (1), S. 119–130.

Collins, Patricia Hill (2007): Pushing the Boundaries or Business as Usual? Race, Class and Gender Studies and Sociological Inquiry. In: Craig Calhoun (Hg.): Sociology in America. Chicago and London: The University of Chicago Press, S. 572–605.

Connell, Raewyn (1995): Masculinities. Berkeley: University of California Press.

Connell, Raewyn (2015): Der gemachte Mann. Konstruktion und Krise von Männlichkeiten. 4. durchgesehene und erweiterte Auflage. Wiesbaden: Springer VS (Geschlecht und Gesellschaft, Band 8).

Connell, Raewyn W.; Messerschmidt, James W. (2005): Hegemonic Masculinity: Rethinking the Concept. In: *Gender & Society* 19 (6), S. 829–859.

Conrad, Ryan (2014): Against Equality. Queer Revolution Not Mere Inclusion. Edinburgh, Oakland, Baltimore: AK Press.

Crenshaw, Kimberle (1991): Mapping the Margins: Intersectionality, Identity Politics, and Violence Against Women of Color. In: *Stanford Law Review* 43, S. 1241–1299.

Cronin, Ann; King, Andrew (2010): Power, Inequality and Identification: Exploring Diversity and Intersectionality amongst Older LGBT Adults. In: *Sociology* 44 (5), S. 876–892. Online verfügbar unter http://journals.sagepub.com/doi/abs/10.1177/0038038510375738, zuletzt geprüft am 11.10.2017.

Cronin, Ann; King, Andrew (2014): Only connect? Older lesbian, gay and bisexual (LGB) adults and social capital. In: *Ageing and Society* 34 (02), S. 258–279. Online verfügbar unter https://www.cambridge.org/core/services/aop-cambridge-core/content/view/46816784E3056C6D4B0D51E99CFF1C93/S0144686X12000955a.pdf/only_connect_older_lesbian_gay_and_bisexual_lgb_adults_and_social_capital.pdf, zuletzt geprüft am 20.09.2017.

Cumming, Elaine; Henry, William Earl (1961): Growing old. The process of Disengagement. New York: Basic Books.

Dannecker, Martin; Reiche Reimut (1974): Der gewöhnliche Homosexuelle. Eine soziologische Untersuchung über männliche Homosexuelle in der Bundesrepublik. Frankfurt am Main: S. Fischer.

Dausien, Bettina; Kelle, Udo (2005): Methodologische Überlegungen zur Verknüpfung von Ethnographie und Biographieforschung. In: Bettina Völter, Bettina Dausien, Helma Lutz und Gabriele Rosenthal (Hg.): Biographieforschung im Diskurs. Wiesbaden: VS Verlag für Sozialwissenschaften, S. 189–212.

Davis, Kathy (2013): Intersektionalität als „Buzzword". Eine wissenschaftssoziologische Perspektive auf die Frage „Was macht eine feministische Theorie erfolgreich?". In: Helma Lutz, Vivar, Maria Teresa Herrera und Linda Supik (Hg.): Fokus Intersektionalität. Bewegungen und Verortungen eines vielschichtigen Konzeptes. 2., überarbeitete Auflage. Wiesbaden: Springer VS (Geschlecht und Gesellschaft, Bd. 47), S. 59–73.

Degele, Nina (2004): Sich schön machen. Zur Soziologie von Geschlecht und Schönheitshandeln. Wiesbaden: VS Verlag für Sozialwissenschaften.

Degele, Nina (2006): Bodification and Beautification: Zur Verkörperung sozialer und kultureller Differenzen durch Schönheitshandeln. In: Karl-Siegbert Rehberg und Deutsche Gesellschaft für Soziologie (DGS) (Hg.): Soziale Ungleichheit, kulturelle Unterschiede: Verhandlungen des 32. Kongresses der Deutschen Gesellschaft für Soziologie in München. Teilband 1 und 2. Frankfurt am Main: Campus, S. 579–592.

Degele, Nina (2007): Männlichkeit queeren. In: Robin Bauer, Josch Hoenes und Volker Woltersdorff (Hg.): Unbeschreiblich männlich. Heteronormativitätskritische Perspektiven. Hamburg: Männerschwarm, S. 29–42.

Degele, Nina (2008): Gender / Queer Studies. Eine Einführung. Paderborn: Wilhelm Fink (Basiswissen Soziologie).

Denninger, Tina (2018): Blicke auf Schönheit und Alter. Körperbilder alternder Menschen. Wiesbaden: Springer VS.

Denninger, Tina; Schütze, Lea (2015): Alter(n) als Krankheit? – Ein kritischer Blick auf die Biomedikalisierung des Alters. In: Roland Anhorn und Marcel Balzereit (Hg.): Handbuch Therapeutisierung und soziale Arbeit. Wiesbaden: Springer VS, S. 511–526.

Denninger, Tina; Schütze, Lea (Hg.) (2017): Alter(n) und Geschlecht. Neuverhandlungen eines sozialen Zusammenhangs. Münster: Westfälisches Dampfboot (Forum Frauen- und Geschlechterforschung, 47).

Denninger, Tina; Schütze, Lea (2017): Einleitung. Alte und neue Verhandlungen zu Alter(n) und Geschlecht. In: Tina Denninger und Lea Schütze (Hg.): Alter(n) und Geschlecht. Neuverhandlungen eines sozialen Zusammenhangs. Münster: Westfälisches Dampfboot (Forum Frauen- und Geschlechterforschung, 47), S. 7–22.

Denninger, Tina; van Dyk, Silke; Lessenich, Stephan; Richter, Anna (2014): Leben im Ruhestand. Zur Neuverhandlung des Alters in der Aktivgesellschaft. Bielefeld: transcript.

Detamore, Mathias (2012): Queer(y)ing the Ethics of Research Methods: Toward a Politics of Intimacy in Researcher/Researched Relations. In: Kath Browne und Catherine J. Nash (Hg.): Queer Methods and Methodologies. Intersecting Queer Theories and Social Science Research. Burlington: Ashgate, S. 167–182.

Dingeldey, Irene (2006): Aktivierender Wohlfahrtsstaat und sozialpolitische Steuerung. Aus Politik und Zeitgeschichte (APuZ) (8-9). Online verfügbar unter http://www.bpb.de/apuz/29901/aktivierender-wohlfahrtsstaat-und-sozialpolitische-steuerung?p=0, zuletzt geprüft am 24.04.2017.

Dinkel, Reiner H. (2008): Was ist demographische Alterung? In: Ursula M. Staudinger und Heinz Häfner (Hg.): Was ist Alter(n)? Berlin, Heidelberg: Springer (18), S. 97–117.

Dörre, Klaus (2007): Prekarisierung und Geschlecht. Ein Versuch über unsichere Beschäftigung und männliche Herrschaft in nachfordistischen Arbeitsgesellschaften. In: Brigitte Aulenbacher (Hg.): Arbeit und Geschlecht im Umbruch der modernen Gesellschaft. Forschung im Dialog. Wiesbaden: VS Verlag für Sozialwissenschaften, S. 285–302.

Duffy, Francis; Healy, John Paul (2014): A Social Work Practice Reflection on Issues Arising for LGBTI Older People Interfacing with Health and Residential Care: Rights, Decision Making and End-of-Life Care. In: *Social Work in Health Care* 53 (6), S. 568–583.

van Dyk, Silke (2009): Das Alter: adressiert, aktiviert, diskriminiert. Theoretische Perspektiven auf die Neuverhandlung einer Lebensphase. In: *Berliner Journal für Soziologie* 19, S. 601–625. Online verfügbar unter http://link.springer.com/article/10.1007%2Fs11609-009-0114-z, zuletzt geprüft am 02.03.2017.

van Dyk, Silke (2015): Soziologie des Alters. Bielefeld: transcript (Einsichten. Soziologische Themen – Themen der Soziologie).

van Dyk, Silke; Graefe, Stefanie (2010): Fit ohne Ende – gesund ins Grab? Kritische Anmerkungen zur Trias Alter, Gesundheit, Prävention. In: *Jahrbuch für kritische Medizin und Gesundheitswissenschaften* (46), S. 96–121.

van Dyk, Silke; Küppers, Thomas (Hg.) (2016): Theorizing Age – Postcolonial Perspectives in Aging Studies. *Journal of Aging Studies* 39 (Special Issue).

van Dyk, Silke; Lessenich, Stephan (Hg.) (2009): Die jungen Alten. Analysen einer neuen Sozialfigur. Frankfurt am Main, New York: Campus.

van Dyk, Silke; Lessenich, Stephan (2009): „Junge Alte": Vom Aufstieg und Wandel einer Sozialfigur. In: Silke van Dyk und Stephan Lessenich (Hg.): Die jungen Alten. Analysen einer neuen Sozialfigur. Frankfurt am Main, New York: Campus, S. 11–48.

van Dyk, Silke; Lessenich, Stephan; Denninger, Tina; Richter, Anna (2010): Die „Aufwertung" des Alters. Eine gesellschaftliche Farce. In: *Mittelweg* 26, S. 15–33.

Ehrenberg, Alain (2004): Das erschöpfte Selbst. Depression und Gesellschaft in der Gegenwart. Frankfurt am Main: Campus (Frankfurter Beiträge zur Soziologie und Sozialphilosophie, Bd. 6).

Eitler, Pascal; Elberfeld, Jens (2015): Zeitgeschichte des Selbst. Therapeutisierung, Politisierung, Emotionalisierung. Bielefeld: transcript (Histoire, Band 79).

Ekerdt, David J. (1986): The Busy Ethic: Moral Continuity Between Work and Retirement. In: *Gerontologist* 26 (3), S. 239–244.

Elias, Norbert (2010): Über den Prozeß der Zivilisation. Soziogenetische und psychogenetische Untersuchungen. Band 1: Wandlungen des Verhaltens in den weltlichen Oberschichten des Abendlandes. 26. Auflage. Frankfurt am Main: Suhrkamp.

Engel, Antke (2002): Wider die Eindeutigkeit: Sexualität und Geschlecht im Fokus queerer Politik der Repräsentation. Frankfurt am Main: Campus.

Engel, Antke (2008): Gefeierte Vielfalt. Umstrittene Heterogenität. Befriedete Provokation. Sexuelle Lebensformen in spätmodernen Gesellschaften. In: Rainer Bartel, Ilona Horwarth, Waltraud Kannonier-Finster, Maria Mesner, Erik Pfefferkorn und Meinrad Ziegler (Hg.): Heteronormativität und Homosexualitäten. Innsbruck: StudienVerlag, S. 43–64.

Erikson, Erik H. (1995): Der vollständige Lebenszyklus. 3. Auflage. Frankfurt am Main: Suhrkamp.

Eylmann, Constanze (2015): Es reicht ein Lächeln als Dankeschön. Habitus in der Altenpflege. Osnabrück: V & R unipress.

Featherstone, Mike; Hepworth, Mike (1989): Ageing and old age: reflections on the postmodern lifecourse. In: Bill Bytheway, Teresa Keil, Patricia Allatt und Alan Bryman (Hg.): Becoming and being old. Sociological approaches to later life. London, Newbury Park: Sage, S. 143–157.

Featherstone, Mike; Hepworth, Mike (1991): The Mask of Ageing and the Postmodern Life Course. In: Mike Featherstone, Mike Hepworth und Bryan S. Turner (Hg.): The Body. Social process and cultural theory. London, Newbury Park, California: SAGE Publications (Theory, culture & society), S. 371–389.

Fenge, Lee-Ann; Hicks, Christina (2011): Hidden lives: the importance of recognising the needs and experiences of older lesbians and gay men within healthcare practice. In: *Diversity in Health and Care* 8 (3), S. 147–154.

Fenkl, Eric A.; Rodgers, Beth L. (2014): Optimistically Engaging in the Present: Experiences of Aging Among Gay Men. In: *SAGE Open* 4 (3), S. 1–9. Online verfügbar unter https://

harringtonparkpress.com/download/oa-articles/Aging-Among-Gay-Men.pdf, zuletzt geprüft am 10.10.2017.
Flick, Uwe (2012): Qualitative Sozialforschung. Eine Einführung. 5. Auflage. Reinbek bei Hamburg: Rowohlt Taschenbuch.
Floyd, Frank J.; Bakeman, Roger (2006): Coming-out across the life course: implications of age and historical context. In: *Archives of Sexual Behaviour* 35 (3), S. 287–296.
Fooken, Insa (1986): Gerontologie – eine Männerwissenschaft oder: Der Mann im Alter – das unbekannte Wesen? In: *Zeitschrift für Gerontologie* 19, S. 221–222.
Fooken, Insa (1999): Geschlechterverhältnisse im Lebenslauf. Ein entwicklungspsychologischer Blick auf Männer im Alter. In: Birgit Jansen, Fred Karl, Hartmut Radebold und Reinhard Schmitz-Scherzer (Hg.): Soziale Gerontologie. Ein Handbuch für Lehre und Praxis. Weinheim, Basel: Beltz, S. 441–452.
Fosket, Jennifer Ruth (2014): Situating Knowledge. In: Adele E. Clarke und Kathy Charmaz (Hg.): Grounded Theory and Situational Analysis. Volume IV. Situational Analysis: Essentials and Exemplars. Los Angeles u. a.: Sage (Sage Benchmarks in social research methods), S. 91–109.
Foucault, Michel (1983): Sexualität und Wahrheit. 3 Bände. Band 1: Der Wille zum Wissen. Frankfurt am Main: Suhrkamp (Sexualität und Wahrheit, 1).
Foucault, Michel (1990): Die Ordnung der Dinge. Eine Archäologie der Humanwissenschaften. Frankfurt am Main: Suhrkamp.
Foucault, Michel (1993): Technologien des Selbst. In: Martin H. Luther, Huck Gutman und Patrick H. Hutton (Hg.): Technologien des Selbst. Frankfurt am Main: Suhrkamp, S. 24–62.
Foucault, Michel (2005): Schriften in vier Bänden. Band IV. Dits et écrits. Frankfurt am Main: Suhrkamp.
Foucault, Michel (2006): Geschichte der Gouvernementalität. Frankfurt am Main: Suhrkamp.
Foucault, Michel (2010): Die Ordnung des Diskurses. Erweiterte Ausgabe. 11. Auflage. Frankfurt am Main: Fischer Taschenbuch.
Fox, Ragan C. (2007): Gay Grows Up: An Interpretative Study on Aging Metaphors and Queer Identity. In: *Journal of Homosexuality* 52 (3-4), S. 33–61.
Franks, Jeannette (2004): Sunset Pink Villa: A Home for Gay and Lesbian Elders. In: *The Gerontologist* 44 (6), S. 856–857.
Fuchs, Mathias (2015): Migration, Alter, Identität: Zur Selbstbeschreibung älterer Menschen mit Einwanderungsgeschichte. Wiesbaden: Springer VS.
Fuchs-Heinritz, Werner (2005): Biographische Forschung. Eine Einführung in Praxis und Methoden. 3. Auflage. Wiesbaden: VS Verlag für Sozialwissenschaften (Hagener Studientexte zur Soziologie).
Garfinkel, Harold (1967): Studies in Ethnomethodology. Englewood Cliffs: Prentice Hall.
Generali Deutschland AG (Hg.) (2017): Generali Altersstudie 2017. Wie ältere Menschen in Deutschland denken und leben: Repräsentative Studie des Instituts für Demoskopie Allensbach mit Kommentaren des wissenschaftlichen Beirats der Generali Altersstudie 2017. Berlin: Springer (SpringerLink: Bücher).
Generali Zukunftsfonds / Institut für Demoskopie Allensbach (Hg.) (2013): Generali Altersstudie 2013. Wie ältere Menschen leben, denken und sich engagieren. Bundeszentrale für politische Bildung. Frankfurt am Main: Fischer Taschenbuch.
Gerlach, Heiko (2004): Anders alt werden. Lesben, Schwule und die Altenhilfe. In: *Dr. med. Mabuse – Zeitschrift im Gesundheitswesen* 150, S. 41–44. Online verfügbar unter

https://www.mabuse-verlag.de/Downloads/1572/150_Gerlachtext.pdf, zuletzt geprüft am 25.10.2017.

Gerlach, Heiko; Szillat, Christian (2017): Schwule im Alter. Studie zur Lebenssituation von männerliebenden Männern über 50 in Hamburg. Wiesbaden: Springer VS.

Gertenbach, Lars (2014): Gemeinschaft versus Gesellschaft. In welchen Formen instituiert sich das Soziale? In: Jörn Lamla, Henning Laux, Hartmut Rosa und David Strecker (Hg.): Handbuch der Soziologie. Konstanz: UVK/UTB, S. 131–145.

Gildemeister, Regine (2008): Soziale Konstruktion von Geschlecht – „Doing gender". In: Sylvia Marlene Wilz (Hg.): Geschlechterdifferenzen – Geschlechterdifferenzierungen. Ein Überblick über gesellschaftliche Entwicklungen und theoretische Positionen. Wiesbaden: VS Verlag für Sozialwissenschaften, S. 167–198.

Gildemeister, Regine (2008): Was wird aus der Geschlechterdifferenz im Alter? Über die Angleichung von Lebensformen und das Ringen um biografische Kontinuität. In: Sylvia Buchen und Maja S. Maier (Hg.): Älterwerden neu denken. Interdisziplinäre Perspektiven auf den demografischen Wandel. Wiesbaden: VS Verlag für Sozialwissenschaften / GWV Fachverlage, Wiesbaden, S. 197–215.

Gildemeister, Regine; Robert, Günther (2008): Geschlechterdifferenzierungen in lebenszeitlicher Perspektive. Interaktion – Institution – Biografie. Studientexte zur Soziologie. Wiesbaden: Springer VS.

Gildemeister, Regine; Wetterer, Angelika (1992): Wie Geschlechter gemacht werden. Die soziale Konstruktion der Zweigeschlechtlichkeit und ihre Reifizierung in der Frauenforschung. In: Gudrun-Axeli Knapp und Angelika Wetterer (Hg.): Traditionen Brüche. Entwicklungen feministischer Theorie. Freiburg i. Br.: Kore (Forum Frauenforschung, 6), S. 201–254.

Glaser, Barney (1978): Theoretical Sensitivity. Advances in the Methodology of Grounded Theory. Mill Valey, CA: Sociology Press.

Glaser, Barney (1992): Emergence vs. Forcing. Basics of Grounded Theory Analysis. Mill Valey, CA: Sociology Press.

Glaser, Barney; Strauss, Anselm L. (1967): The discovery of Grounded Theory. Strategies for Qualitative Research. Chicago: Aldine.

Göckenjan, Gerd (2000): Das Alter würdigen. Altersbilder und Bedeutungswandel des Alters. Frankfurt am Main: Suhrkamp.

Göckenjan, Gerd (2007): Diskursgeschichte des Alters: Von der Macht der Alten zur ‚alternden Gesellschaft'. In: Heiner Fangerau, Monika Gomille, Henriette Herwig, Auf der Horst, Christoph, Andrea von Hülsen-Esch, Hans-Georg Pott et al. (Hg.): Alterskulturen und Potentiale des Alter(n)s. Berlin: Akademie Verlag, S. 126–140.

Goffman, Erving (1973): Asyle. Über die soziale Situation psychiatrischer Patienten und anderer Insassen. Frankfurt am Main: Suhrkamp.

Goffman, Erving (2006): Wir alle spielen Theater. Die Selbstdarstellung im Alltag. 4. Auflage. München, Zürich: Piper.

Graefe, Stefanie (2010): Altersidentität. Zum theoretischen und empirischen Gebrauchswert einer prekären Kategorie. In: *Mittelweg 36 (Zeitschrift des Hamburger Instituts für Sozialforschung)* 19 (5), S. 34–51.

Graefe, Stefanie (2013): Des Widerspenstigen Zähmung: Subjektives Alter(n), qualitativ erforscht. In: *Forum qualitative Sozialforschung* 14 (2). Online verfügbar unter http://www.qualitative-research.net/index.php/fqs/article/view/1917/3538, zuletzt geprüft am 11.10.2017.

Graefe, Stefanie; Dyk, Silke van; Lessenich, Stephan (2011): Altsein ist später. Alter(n)snormen und Selbstkonzepte in der zweiten Lebenshälfte. In: *Zeitschrift für Gerontologie und Geriatrie* 44 (5), S. 299–305.

Grossman, Arnold H. (2008): The Unique Experiences of Older Gay and Bisexual Men: Associations with Health and Well-Being. In: Richard J. Wolitski, Ron Stall und Ronald O. Valdiserri (Hg.): Unequal opportunity. Health disparities affecting gay and bisexual men in the United States. New York: Oxford University Press, S. 303–326.

Gugutzer, Robert (2012): Verkörperungen des Sozialen. Neophänomenologische Grundlagen und soziologische Analysen. Bielefeld: transcript.

Hagemann-White, Carol (1994): Der Umgang mit Zweigeschlechtlichkeit als Forschungsaufgabe. In: Angelika Diezinger, Hedwig Kitzer, Ingrid Anker, Irma Bingel, Erika Haas und Simone Odierna (Hg.): Erfahrung mit Methode. Wege sozialwissenschaftlicher Frauenforschung. Freiburg i. Br.: Kore (Forum Frauenforschung, 8), S. 301–318.

Hainz, Tobias (2015): Chronologie und Biologie. Zwei Formen des Alterns und ihre Implikationen. In: Max Bolze, Cordula Endter, Marie Gunreben, Sven Schwabe und Eva Styn (Hg.): Prozesse des Alterns. Konzepte – Narrative – Praktiken. Bielefeld: transcript (Alter(n)skulturen, 4), S. 29–48.

Hark, Sabine (2006): Feministische Theorie – Diskurs – Dekonstruktion. Produktive Verknüpfungen. In: Reiner Keller, Andreas Hirseland, Werner Schneider und Willy Viehöver (Hg.): Handbuch Sozialwissenschaftliche Diskursanalyse. Band 1: Theorien und Methoden. 2., aktualisierte und erweiterte Auflage. Wiesbaden: VS Verlag für Sozialwissenschaften, S. 357–375.

Hark, Sabine (2013): Queer Studies. In: Christina von Braun und Inge Stephan (Hg.): Gender@Wissen. Ein Handbuch der Gender-Theorien. 3., überarb. und erg. Auflage. Köln, Weimar, Wien: Böhlau (UTB), S. 285–303.

Hartmann, Jutta; Klesse, Christian; Wagenknecht, Peter; Fritzsche, Bettina; Hackmann, Kristina (Hg.) (2007): Heteronormativität. Empirische Studien zu Geschlecht, Sexualität und Macht. Wiesbaden: VS Verlag für Sozialwissenschaften (Studien interdisziplinäre Geschlechterforschung, 10).

Hartung, Heike (Hg.) (2005): Alter und Geschlecht. Repräsentationen, Geschichten und Theorien des Alter(n)s. Bielefeld: transcript.

Hartung, Heike; Reinmuth, Dorothea; Streubel, Christiane; Uhlmann, Angelika (Hg.) (2007): Graue Theorie. Die Kategorien Alter und Geschlecht im kulturellen Diskurs. Köln, Weimar, Wien: Böhlau.

Haunss, Sebastian (2004): Identität in Bewegung. Prozesse kollektiver Identität bei den Autonomen und in der Schwulenbewegung. Wiesbaden: VS Verlag für Sozialwissenschaften (Bürgergesellschaft und Demokratie, 19).

Havighurst, Robert J. (1961): Successful Aging. In: *The Gerontologist* 1 (1), S. 8–13.

Heaphy, Brian (2007): Sexualities, Gender and Ageing: Resources and Social Change. In: *Current Sociology* 55 (2), S. 193–210. Online verfügbar unter http://emedia1.bsb-muenchen.de/han/4535/csi.sagepub.com/content/55/2/193.full.pdf+html, zuletzt geprüft am 11.10.2017.

Heaphy, Brian; Yip, Andrew K.T; Thompson, Debbie (2004): Ageing in a non-heterosexual context. In: *Ageing and Society* 24, S. 881–902. Online verfügbar unter http://emedia1.bsb-muenchen.de/han/2096_0/journals.cambridge.org/action/display-Fulltext?type=1&pdftype=1&fid=261140&jid=ASO&volumeId=24&issueId=06& aid=261139, zuletzt geprüft am 11.10.2017.

Hearn, Jeff (2004): From hegemonic masculinity to the hegemony of men. In: *Feminist Theory* 5 (1), S. 49–72.
Hearn, Jeff (2013): Vernachlässigte Intersektionalitäten in der Männerforschung: Alter(n), Virtualität, Transnationalität. In: Helma Lutz, Vivar, Maria Teresa Herrera und Linda Supik (Hg.): Fokus Intersektionalität. Bewegungen und Verortungen eines vielschichtigen Konzeptes. 2., überarbeitete Auflage. Wiesbaden: Springer VS (Geschlecht und Gesellschaft, Bd. 47), S. 115–136.
Heilmann, Andreas (2010): Praxen des homosexuellen Outings und die Konstruktion von Männlichkeit. Versuch eines Vergleiches der sozialen Felder Politik und Fußball. In: Katrin Amelang, Beate Binder, Anika Keinz und Sebastian Mohr (Hg.): gender_queer ethnografisch. Ausschnitte einer Schnittmenge. Berlin: Panama (Berliner Blätter: Ethnographische und Ethnologische Beiträge), S. 52–62.
Helfferich, Cornelia (2009): Die Qualität qualitativer Daten. Manual für die Durchführung qualitativer Interviews. 3., überarbeitete Auflage. Wiesbaden: VS Verlag für Sozialwissenschaften / GWV Fachverlage GmbH.
Hidas, Zoltán (2014): Im Bann der Identität. Zur Soziologie unseres Selbstverständnisses. Bielefeld: transcript.
Hieber, Lutz; Villa, Paula-Irene (Hg.) (2007): Images von Gewicht. Soziale Bewegungen, Queer Theory und Kunst in den USA. Bielefeld: transcript (Gender Studies).
Hochschild, Arlie Russell (1975): Disengagement Theory: A Critique and Proposal. In: *American Sociological Review* 40 (5), S. 553–569.
Holstein, Martha B.; Minkler, Meredith (2009): Das Selbst, die Gesellschaft und die „neue Gerontologie". In: Silke van Dyk und Stephan Lessenich (Hg.): Die jungen Alten. Analysen einer neuen Sozialfigur. Frankfurt am Main, New York: Campus, S. 207–232.
Honneth, Axel (1992): Kampf um Anerkennung. Zur moralischen Grammatik sozialer Konflikte. Frankfurt am Main: Suhrkamp.
Honneth, Axel (2012): Das Ich im Wir. Studien zur Anerkennungstheorie. 3. Nachdruck. Berlin: Suhrkamp (Suhrkamp Taschenbuch Wissenschaft, 1959).
hooks, bell (2000): Feminist theory. From margin to center. 2. Auflage. Cambridge, MA: South End Press (South End Press classics, v. 5).
Hopf, Christel (2009): Forschungsethik und qualitative Forschung. In: Uwe Flick, Ernst von Kardorff und Ines Steinke (Hg.): Qualitative Forschung – Ein Handbuch. Reinbek bei Hamburg: Rowohlt, S. 589–600.
Hostetler, Andrew J. (2004): Old, Gay, and Alone? The Ecology of Well-Being Among Middle-Aged and Older Single Gay Men. In: Gilbert Herdt und Brian de Vries (Hg.): Gay and Lesbian Aging. Research and Future Directions. New York: Springer Publishing Company, S. 143–176.
Hradil, Stefan (2001): Soziale Ungleichheit in Deutschland. Unter Mitarbeit von Jürgen Schiener. 8. Auflage. Opladen: Leske + Budrich.
Hughes, Marc (2006): Queer aging. In: *Gay and Lesbian Issues and Psychology Review* 2 (2), S. 54–59.
Jackmann, Michael Connors (2012): The Trouble with Fieldwork: Queering Methodologies. In: Kath Browne und Catherine J. Nash (Hg.): Queer Methods and Methodologies. Intersecting Queer Theories and Social Science Research. Burlington: Ashgate, S. 113–128.
Jäger, Siegfried (2012): Kritische Diskursanalyse. Eine Einführung. 6., vollständig überarb. Auflage. Münster: Unrast (3).

Katz, Stephen (2005): Cultural Aging: Life Course, Lifestyle and Senior Worlds. Peterborough, Ontario: Broadview.
Kaufman, Sharon R. (1986): The Ageless Self. Sources of Meaning in Late Life. Madison: University of Wisconsin Press.
Kelle, Udo (1994): Empirisch begründete Theoriebildung. Zur Logik und Methodologie interpretativer Sozialforschung. Weinheim: Deutscher Studien-Verlag.
Keller, Reiner (2011): Wissenssoziologische Diskursanalyse. Grundlegung eines Forschungsprogramms. 3. Auflage. Wiesbaden: VS Verlag für Sozialwissenschaften (Interdisziplinäre Diskursforschung).
Keller, Reiner; Hirseland, Andreas; Schneider, Werner; Viehöver, Willy (Hg.) (2006): Handbuch Sozialwissenschaftliche Diskursanalyse. Band 1: Theorien und Methoden. 2., aktualisierte und erweiterte Auflage. Wiesbaden: VS Verlag für Sozialwissenschaften.
Kimmel, Douglas C. (1978): Adult Development and Aging: A Gay Perspective. In: *Journal of Social Issues* 34 (3), S. 113–130.
Kimmel, Douglas C. (2004): Issues to Consider in Studies of Midlife and Older Sexual Minorities. In: Gilbert Herdt und Brian de Vries (Hg.): Gay and Lesbian Aging. Research and Future Directions. New York: Springer Publishing Company, S. 265–283.
King, Andrew (2016): Queer Categories: Queer(y)ing the Identification 'Older Lesbian, Gay and/or Bisexual (LGB) Adults' and its Implications for Organizational Research, Policy and Practice. In: *Gender, Work and Organization* 23 (1), S. 7–18.
King, Andrew; Cronin, Ann (2012): Queer Methods and Queer Practices: Re-examining the Identities of Older Lesbian, Gay, Bisexual Adults. In: Kath Browne und Catherine J. Nash (Hg.): Queer Methods and Methodologies. Intersecting Queer Theories and Social Science Research. Burlington: Ashgate, S. 85–96.
Kleiner, Bettina (2016): Heteronormativität. In: *Gender Glossar*, 6 Absätze. Online verfügbar unter http://gender-glossar.de.
Klesse, Christian (2007): Heteronormativität und qualitative Forschung. Methodische Überlegungen. In: Jutta Hartmann, Christian Klesse, Peter Wagenknecht, Bettina Fritzsche und Kristina Hackmann (Hg.): Heteronormativität. Empirische Studien zu Geschlecht, Sexualität und Macht. Wiesbaden: VS Verlag für Sozialwissenschaften (Studien interdisziplinäre Geschlechterforschung, 10), S. 35–51.
Knapp, Gudrun-Axeli (2013): Zur Bestimmung und Abgrenzung von „Intersektionalität". Überlegungen zu Interferenzen von „Geschlecht", „Klasse" und anderen Kategorien sozialer Teilung. In: *Erwägen Wissen Ethik* 24 (3), S. 341–354, zuletzt geprüft am 31.03.2015.
Köcher, Renate; Bruttel, Oliver (2013): Vielfalt des Alters: 20 Porträts einer Generation. In: Generali Zukunftsfonds / Institut für Demoskopie Allensbach (Hg.): Generali Altersstudie 2013. Wie ältere Menschen leben, denken und sich engagieren. Frankfurt am Main: Fischer Taschenbuch, S. 383–535.
Koch-Straube, Ursula (2005): Lebenswelt Pflegeheim. In: Klaus R. Schroeter und Thomas Rosenthal (Hg.): Soziologie der Pflege. Grundlagen, Wissensbestände und Perspektiven. Weinheim, München: Juventa (Grundlagentexte Pflegewissenschaft), S. 211–226.
Kohli, Martin (1978): Zum Thema. Erwartungen an eine Soziologie des Lebenslaufs. In: Martin Kohli (Hg.): Soziologie des Lebenslaufs. Darmstadt, Neuwied: Luchterhand, S. 9–37.
Kohli, Martin (1985): Die Institutionalisierung des Lebenslaufs. Historische Befunde und theoretische Argumente. In: *Kölner Zeitschrift für Soziologie und Sozialpsychologie* 37, S. 1–29.

Kohli, Martin (1990): Das Alter als Herausforderung für die Theorie sozialer Ungleichheit. In: Peter A. Berger und Stefan Hradil (Hg.): Lebenslagen, Lebensläufe, Lebensstile. Soziale Welt – Sonderband 7. Göttingen: Otto Schwartz & Co., S. 387–406.

Kondratowitz, Hans-Joachim von (2008): Alter, Gesundheit und Krankheit aus historischer Perspektive. In: Adelheid Kuhlmey und Doris Schaeffer (Hg.): Alter, Gesundheit und Krankheit. Bern: Hans Huber, S. 64–81.

Kraß, Andreas (Hg.) (2003): Queer denken. Gegen die Ordnung der Sexualität. Frankfurt am Main: Suhrkamp.

Kraß, Andreas (Hg.) (2009): Queer Studies in Deutschland. Interdisziplinäre Beiträge zur kritischen Heteronormativitätsforschung. Berlin: trafo (Frankfurter Kulturwissenschaftliche Beiträge, 8).

Krekula, Clary (2007): The Intersection of Age and Gender. Reworking Gender Theory and Social Gerontology. In: *Current Sociology* 55 (2), S. 155–171.

Krell, Claudia (2014): Alter und Altern bei Homosexuellen. Weinheim, Basel: Beltz Juventa.

Kristeva, Julia (1982): Powers of Horror. An Essay on Abjection. New York: Columbia University Press (EUROPEAN PERSPECTIVES: A Series of the Columbia University Press).

Kühne, Bärbel (2007): Ganz schön alt. Zum Bild des (weiblichen) Alters in der Werbung. Eine semiotische Betrachtung. In: Ursula Pasero, Gertrud M. Backes und Klaus R. Schroeter (Hg.): Altern in Gesellschaft. Ageing – Diversity – Inclusion. Wiesbaden: VS Verlag für Sozialwissenschaften, S. 77–110.

Küppers, Carolin (2014): Intersektionalität. In: *Gender Glossar*, 5 Absätze. Online verfügbar unter http://gender-glossar.de.

Küsters, Ivonne (2009): Narrative Interviews. Grundlagen und Anwendungen. 2. Auflage. Wiesbaden: VS Verlag für Sozialwissenschaften.

l'Amour laLove, Patsy (Hg.) (2017): Beißreflexe. Kritik an queerem Aktivismus, autoritären Sehnsüchten, Sprechverboten. Berlin: Querverlag.

Latour, Bruno (2007): Eine neue Soziologie für eine neue Gesellschaft. Frankfurt am Main: Suhrkamp.

Laufenberg, Mike (2014): Sexualität und Biomacht. Vom Sicherheitsdispositiv zur Politik der Sorge. Bielefeld: transcript (Gender Studies).

Lautmann, Rüdiger (1977): Seminar Gesellschaft und Homosexualität. Frankfurt am Main: Suhrkamp.

Lautmann, Rüdiger (2011): Eine Lebenswelt im Schatten der Kriminalisierung – Der Homosexuellenparagraph als Kollektivschädigung. In: Senatsverwaltung für Arbeit, Integration und Frauen, Berlin (Hg.): § 175 StGB. Rehabilitierung der nach 1945 verurteilten homosexuellen Männer. Dokumentation des Fachsymposiums und ergänzende Beiträge. Berlin (Dokumente lesbisch-schwuler Emanzipation), S. 71–94.

Leedham, Cynthia A.; Hendricks, Jon (2006): Foucault and Successful Aging as Discourse: Explorations in Biopower and the Practice of Freedom. In: Jason L. Powell und Azrini Wahidin (Hg.): Foucault and Aging. New York: Nova Science Publishers, S. 31–45.

Lengwiler, Martin; Madarász, Jeannette (Hg.) (2010): Das präventive Selbst. Eine Kulturgeschichte moderner Gesundheitspolitik. Bielefeld: transcript (VerKörperungen/ MatteRealities – Perspektiven empirischer Wissenschaftsforschung).

Leontowitsch, Miranda (2017): Altern ist nicht nur weiblich. Das Altern als Feld neuer Männlichkeiten. In: Tina Denninger und Lea Schütze (Hg.): Alter(n) und Geschlecht. Neuverhandlungen eines sozialen Zusammenhangs. Münster: Westfälisches Dampfboot (Forum Frauen- und Geschlechterforschung, 47), S. 108–130.

Lessenich, Stephan; Rothermund, Klaus (2011): Zonen des Übergangs. In: *Zeitschrift für Gerontologie und Geriatrie* 44 (5), S. 289–290.
Lottmann, Ralf (2016): Mehr als ein Leuchtturm? Der „Lebensort Vielfalt" – ein Wohnprojekt für ältere Schwule, Lesben und Heterosexuelle. In: Ralf Lottmann, Rüdiger Lautmann und Castro Varela, Maria do Mar (Hg.): Homosexualität_en und Alter(n). Ergebnisse aus Forschung und Praxis. Wiesbaden: Springer VS, S. 83–110.
Lottmann, Ralf; Lautmann, Rüdiger (2015): Queer und Alter(n) – zum Forschungsstand. In: Friederike Schmidt, Anne-Christin Schondelmayer und Ute B. Schröder (Hg.): Selbstbestimmung und Anerkennung sexueller und geschlechtlicher Vielfalt. Lebenswirklichkeiten, Forschungsergebnisse und Bildungsbausteine. Wiesbaden: Springer VS, S. 337–354.
Lottmann, Ralf; Lautmann, Rüdiger; Castro Varela, Maria do Mar (Hg.) (2016): Homosexualität_en und Alter(n). Ergebnisse aus Forschung und Praxis. Wiesbaden: Springer VS.
Lottmann, Ralf; Lautmann, Rüdiger; Castro Varela, Maria do Mar (2016): Vorwort. In: Ralf Lottmann, Rüdiger Lautmann und Castro Varela, Maria do Mar (Hg.): Homosexualität_en und Alter(n). Ergebnisse aus Forschung und Praxis. Wiesbaden: Springer VS, S. 7–14.
Löw, Martina (2008): Sexualität. In: Nina Baur, Hermann Korte, Martina Löw und Markus Schroer (Hg.): Handbuch Soziologie. Wiesbaden: VS Verlag für Sozialwissenschaften, S. 431–444.
Lucius-Hoene, Gabriele; Deppermann, Arnulf (2002): Rekonstruktion narrativer Identität. Ein Arbeitsbuch zur Analyse narrativer Interviews. Opladen: Leske + Budrich.
Lutz, Helma; Vivar, Maria Teresa Herrera; Supik, Linda (Hg.) (2013): Fokus Intersektionalität. Bewegungen und Verortungen eines vielschichtigen Konzeptes. 2., überarbeitete Auflage. Wiesbaden: Springer VS (Geschlecht und Gesellschaft, Bd. 47).
Maasen, Sabine; Elberfeld, Jens; Eitler, Pascal; Tändler, Maik (Hg.) (2011): Das beratene Selbst. Zur Genealogie der Therapeutisierung in den „langen" Siebzigern. Bielefeld: transcript (1800-2000, Band 7).
Maddux, John Arthur (2006): Pink triangles and rainbow dreams. Essays about being gay in the real world. Raleigh, NC: Boston Books.
Mannheim, Karl (1964): Wissenssoziologie. Berlin: Luchterhand (Soziologische Texte, 28).
McCall, Leslie (2005): The Complexity of Intersectionality. In: *Signs: Journal of Women in Culture and Society* 30 (3), S. 1771–1800.
Mückenberger, Ulrich (2010): Krise des Normalarbeitsverhältnisses – ein Umbauprogramm. In: *Zeitschrift für Sozialreform* 56 (4), S. 403–420.
Nassehi, Armin; Weber, Georg (1989): Tod, Modernität und Gesellschaft. Entwurf einer Theorie der Todesverdrängung. Opladen: Westdeutscher Verlag.
Nordt, Stephanie; Kugler, Thomas (2006): Vom Standardblick zur Lebensweltorientierung: Professionelles Arbeiten mit lesbischen und schwulen SeniorInnen. In: *Quer* (12), S. 23–25.
Öberg, Peter (1996): The absent body – A social gerontological paradox. In: *Ageing and Society* 16, S. 701–719.
Pabst, Manfred (2004): Bild-Sprache-Subjekt. Traumtexte und Diskurseffekte bei Freud, Lacan, Derrida, Beckett und Deleuze/Guattari. Würzburg: Königshausen & Neumann.
Phillips, Adam (2013): Die Sache in Gang halten. Kommentar zu Judith Butlers „Melancholisches Geschlecht/Verweigerte Identifizierung". In: Judith Butler: Psyche der Macht. Das Subjekt der Unterwerfung. 7. Auflage. Frankfurt am Main: Suhrkamp, S. 143–150.
Plessner, Helmuth (1975): Die Stufen des Organischen und der Mensch. Einleitung in die philosophische Anthropologie. 3., unveränderte Auflage. Berlin: De Gruyter (Sammlung Göschen, 2200).

Ploder, Andrea (2009): Wollen wir uns irritieren lassen? Für eine Sensibilisierung der Methoden qualitativer Forschung zur interkulturellen Kommunikation durch postkoloniale Theorie. In: *Forum qualitative Sozialforschung* 10 (1), 54 Absätze. Online verfügbar unter http://www.qualitative-research.net/index.php/fqs/rt/printerFriendly/1232/2678, zuletzt geprüft am 11.10.2017.

Pohl, Rolf (2012): Die Zerstörung der Frau als Subjekt. Macht und Sexualität als Antriebskräfte männlicher Vergewaltigungsstrategien im Krieg. In: Gender Initiativkolleg (Hg.): Gewalt und Handlungsmacht. Queer-Feministische Perspektiven. Frankfurt am Main: Campus, S. 113–124.

Pohl, Rolf (2012): Militarisierte Männlichkeit im Spannungsfeld von Krieg und Frieden. In: Bund für soziale Verteidigung (Hg.): Vater im Krieg, Mutter in Pommerland. Geschlechterverhältnisse in Krieg und Frieden. Beiträge zur BSV-Jahrestagung. Minden, S. 28–39.

Powell, Jason L. (2011): Aging and Social Policy. A Foucauldian Excursion. New York: Nova Science Publishers.

Powell, Jason L.; Wahidin, Azrini (Hg.) (2006): Foucault and Aging. New York: Nova Science Publishers.

Przyborski, Aglaja; Wohlrab-Sahr, Monika (2014): Qualitative Sozialforschung. Ein Arbeitsbuch. 4. Auflage. München: Oldenbourg.

Pulver, Marco (2015): Anders Altern. Zur aktuellen Lebenslage von Schwulen und Lesben im Alter. In: Friederike Schmidt, Anne-Christin Schondelmayer und Ute B. Schröder (Hg.): Selbstbestimmung und Anerkennung sexueller und geschlechtlicher Vielfalt. Lebenswirklichkeiten, Forschungsergebnisse und Bildungsbausteine. Wiesbaden: Springer VS, S. 303–318.

Quadflieg, Dirk (2006): Das ‚Begehren' des Subjekts – Anmerkungen zum Konzept des Widerstands bei Judith Butler. In: Reinhard Heil und Andreas Hetzel (Hg.): Die unendliche Aufgabe. Kritik und Perspektiven der Demokratietheorie. Bielefeld: transcript (Edition Moderne Postmoderne), S. 117–122.

Reckwitz, Andreas (2008): Subjekt. Bielefeld: transcript (Einsichten. Soziologische Themen – Themen der Soziologie).

Reichardt, Sven (2014): Authentizität und Gemeinschaft. Linksalternatives Leben in den siebziger und frühen achtziger Jahren. Berlin: Suhrkamp Insel (Suhrkamp Taschenbücher Wissenschaft, 2075).

Reimann, Helga; Reimann, Horst (1994): Einleitung: Gerontologie – Objektbereich und Trends. In: Helga Reimann und Horst Reimann (Hg.): Das Alter. Einführung in die Gerontologie. Stuttgart: Ferdinand Enke, S. 1–29.

Reimann, Katja (2008): Homosexuelle Männlichkeit und Körperlichkeit im Alter(n). Eine Gender-theoretische Perspektive. In: Karl-Siegbert Rehberg (Hg.): Die Natur der Gesellschaft. Verhandlungen des 33. Kongresses der Deutschen Gesellschaft für Soziologie in Kassel 2006. 2 Bände. Frankfurt am Main, New York: Campus, S. 1401–1408.

Reimann, Katja; Lasch, Vera (2006): Differenzierte Lebenslagen im Alter. Der Einfluss sexueller Orientierung am Beispiel homosexueller Männer. In: *Gerontologische Geriatrie* 39 (1), S. 13–21.

Riley, Matilda W.; Johnson, Marilyn; Foner, Anne (1972): Elements in a model of Age stratification. In: Matilda W. Riley, Marilyn Johnson und Anne Foner (Hg.): Aging and Society. Volume three: A sociology of age stratification. New York: Sage, S. 3–26.

Riley, Matilda W.; Riley, John W. (1992): Individuelles und gesellschaftliches Potential des Alterns. In: Paul B. Baltes und Jürgen Mittelstrass (Hg.): Zukunft des Alterns und gesellschaftliche Entwicklung. Berlin, New York: W. de Gruyter, S. 437–459.

Rosenkranz, Bernhard; Lorenz, Gottfried (2012): Hamburg auf anderen Wegen: Die Geschichte des schwulen Lebens in der Hansestadt. Hamburg: Himmelstürmer Verlag.

Rowe, John W.; Kahn; Robert L. (1997): Successful aging. In: *The Gerontologist* 37, S. 433–440.

Rubin, Gayle (1997): The Traffic in Women. Notes on the ‚Political Economy' of Sex. In: Linda Nicholson (Hg.): The Second Wave. A Reader in Feminist Theory. New York, London, S. 27–62.

Rückert, Willi (1999): Demographie. In: Birgit Jansen, Fred Karl, Hartmut Radebold und Reinhard Schmitz-Scherzer (Hg.): Soziale Gerontologie. Ein Handbuch für Lehre und Praxis. Weinheim, Basel: Beltz, S. 142–154.

Sandberg, Linn (2013): Affirmative old age – the ageing body and feminist theories on difference. In: *International Journal of Ageing and Later Life* 8 (1), S. 11–40.

Sandberg, Linn (2013): Just feeling a naked body close to you: Men, sexuality and intimacy in later life. In: *Sexualities* 16, S. 261–282.

Saunders, Benjamin; Kitzinger, Jenny; Kitzinger, Celia (2014): Anonymising interview data: challenges and compromise in practice. In: *Qualitative Research*, S. 1–17. Online verfügbar unter http://qrj.sagepub.com/content/early/2014/09/23/1468794114550439, zuletzt geprüft am 05.12.2014.

Schäfer, Thomas; Völter, Bettina (2005): Subjekt-Positionen. Michel Foucault und die Biographieforschung. In: Bettina Völter, Bettina Dausien, Helma Lutz und Gabriele Rosenthal (Hg.): Biographieforschung im Diskurs. Wiesbaden: VS Verlag für Sozialwissenschaften, S. 161–188.

Schröder, Ute B.; Scheffler, Dirk (2015): „Bei uns gibt es dieses Problem nicht" – Leitlinien als Impuls für Veränderungen im gesellschaftlichen Umfeld. Wahrnehmung älterer LSBT-Menschen und die Wirkung der Berliner Seniorenleitlinien. In: Friederike Schmidt, Anne-Christin Schondelmayer und Ute B. Schröder (Hg.): Selbstbestimmung und Anerkennung sexueller und geschlechtlicher Vielfalt. Lebenswirklichkeiten, Forschungsergebnisse und Bildungsbausteine. Wiesbaden: Springer VS, S. 319–335.

Schroeter, Klaus R. (2006): Das soziale Feld der Pflege. Eine Einführung in Strukturen, Deutungen und Handlungen. Weinheim, München: Juventa (Grundlagentexte Pflegewissenschaft).

Schroeter, Klaus R. (2008): Doing Age, Korporales Kapital und Erfolgreiches Altern. In: SPIEL [Siegener Periodikum für Internationale und Empirische Literaturwissenschaft] (Hg.): Alte Menschen und Medien. Alter im Spannungsfeld zwischen Kultur und Medien 24 (1), S. 147–162.

Schroeter, Klaus R. (2012): Altersbilder als Körperbilder. Doing Age by Bodification. In: Frank Berner, Judith Rossow und Klaus-Peter Schwitzer (Hg.): Individuelle und kulturelle Altersbilder. Expertisen zum Sechsten Altenbericht der Bundesregierung. Band 1. Wiesbaden: VS Verlag für Sozialwissenschaften, S. 153–229.

Schroeter, Klaus R. (2014): Verwirklichungen des Alterns. In: Anton Amann und Franz Kolland (Hg.): Das erzwungene Paradies des Alters? Weitere Fragen an eine Kritische Gerontologie. 2. Auflage. Wiesbaden: Springer VS (Alter(n) und Gesellschaft), S. 281–316.

Schroeter, Klaus R.; Künemund, Harald (2010): „Alter" als soziale Konstruktion – eine soziologische Einführung. In: Kirsten Aner und Ute Karl (Hg.): Handbuch soziale Arbeit und Alter. Wiesbaden: VS Verlag für Sozialwissenschaften, S. 393–401.

Schroeter, Klaus R.; Rosenthal, Thomas (2005): Einführung: Soziologie der Pflege oder Pflegesoziologie – eine weitere Bindestrich-Soziologie? In: Klaus R. Schroeter und Thomas Rosenthal (Hg.): Soziologie der Pflege. Grundlagen, Wissensbestände und Perspektiven. Weinheim, München: Juventa (Grundlagentexte Pflegewissenschaft), S. 9–31.

Schroeter, Klaus R.; Rosenthal, Thomas (Hg.) (2005): Soziologie der Pflege. Grundlagen, Wissensbestände und Perspektiven. Weinheim, München: Juventa (Grundlagentexte Pflegewissenschaft).

Schütze, Fritz (1976): Zur Hervorlockung und Analyse von Erzählungen thematisch relevanter Geschichten im Rahmen soziologischer Feldforschung. In: Arbeitsgruppe Bielefelder Soziologen (Hg.): Kommunikative Sozialforschung. München: Fink, S. 159–260.

Schütze, Fritz (1983): Biographieforschung und narratives Interview. In: *Neue Praxis* 13 (3), S. 283–293.

Schütze, Lea (2011): Zwischen Klausurstress und Kinderplanung. Eine Grounded Theory über das Geschlechterverhältnis in studentischen Paarbeziehungen. Diplomarbeit. Ludwig-Maximilians-Universität München.

Schütze, Lea (2016): Alt und „anders"? Strategien des Alterns von schwulen Männern. In: Norbert Finzsch und Marcus Velke (Hg.): Queer / Gender / Historiographie. Aktuelle Tendenzen und Projekte. Berlin: LIT, S. 70–92.

Schütze, Lea (2016): Endlich (Un-)Sichtbar: Schwule ältere Männer als „Nicht-Subjekte" in einer alternden Gesellschaft. In: Ralf Lottmann, Rüdiger Lautmann und Castro Varela, Maria do Mar (Hg.): Homosexualität_en und Alter(n). Ergebnisse aus Forschung und Praxis. Wiesbaden: Springer VS, S. 129–145.

Schütze, Lea (2017): Vergessene ‚Verwobenheiten'. Alter(n) und Homosexualität als intersektionale Subjektordnungen. In: Tina Denninger und Lea Schütze (Hg.): Alter(n) und Geschlecht. Neuverhandlungen eines sozialen Zusammenhangs. Münster: Westfälisches Dampfboot (Forum Frauen- und Geschlechterforschung, 47), S. 131–149.

Simpson, Paul (2013): Alienation, ambivalence, agency: Middle-aged gay men and ageism in Manchester's gay village. In: *Sexualities* 16, S. 283–299.

Skinner, Jody (1997): Warme Brüder – Kesse Väter. Wie warm ist ein warmer Bruder, wie keß ein kesser Vater? Oder: Es gibt viel mehr Ausdrücke für das Homosexuelle im Deutschen, als man und frau denkt! 44. Lust. Online verfügbar unter http://www.lust-zeitschrift.de/artikel/archiv/44/warmbru.htm, zuletzt geprüft am 16.06.2016.

Slevin, Kathleen F.; Linneman, Thomas J. (2010): Old Gay Men's Bodies and Masculinities. In: *Men and Masculinities* 12 (4), S. 483–507.

Smykalla, Sandra; Vinz, Dagmar (Hg.) (2012): Intersektionalität zwischen Gender und Diversity. Theorien, Methoden und Politiken der Chancengleichheit. Münster: Westfälisches Dampfboot (Forum Frauen- und Geschlechterforschung, 30).

Solórzano, Daniel G.; Yosso, Tara J. (2002): Critical Race Methodology: Counter-Storytelling as an Analytical Framework for Education Research. In: *Qualitative Inquiry* 8 (1), S. 23–44.

Sontag, Susan (1972): The double standard of aging. In: *Saturday Review of the Society*, S. 29–38.

Spindler, Mone (2007): Neue Konzepte für alte Körper. Ist Anti-Aging unnatürlich? In: Heike Hartung, Dorothea Reinmuth, Christiane Streubel und Angelika Uhlmann (Hg.): Graue Theorie. Die Kategorien Alter und Geschlecht im kulturellen Diskurs. Böhlau: Köln, Weimar, Wien, S. 79–102.

Strafgesetzbuch für das Deutsche Reich (15.05.1871): Straftaten gegen die sexuelle Selbstbestimmung; Paragraf 175. Besonderer Teil, Dreizehnter Abschnitt.

Strafgesetzbuch für das Deutsche Reich (28.06.1935): Art. 6 des Gesetzes zur Änderung des Strafgesetzbuchs vom 28. Juni 1935, RGBl. I S. 839.

Strauss, Anselm L. (1959): Spiegel und Masken. Die Suche nach Identität. Frankfurt am Main: Suhrkamp.

Strauss, Anselm L. (1994): Grundlagen qualitativer Sozialforschung. Datenanalyse und Theoriebildung in der empirischen soziologischen Forschung. München: Fink (UTB für Wissenschaft, 1776).

Strauss, Anselm L.; Corbin, Juliet M. (1996): Grounded theory. Grundlagen qualitativer Sozialforschung. Weinheim: Beltz.

Strübing, Jörg (2013): Qualitative Sozialforschung: Eine komprimierte Einführung für Studierende: Oldenbourg Wissenschaftsverlag.

Strübing, Jörg (2014): Grounded Theory. Zur sozialtheoretischen und epistemologischen Fundierung eines pragmatistischen Forschungsstils. 3., überarbeitete und erweiterte Auflage. Wiesbaden: Springer VS.

Strübing, Jörg; Schnettler, Bernt (2004): Zu Strauss: Methodologische Grundlagen der Grounded Theory. In: Jörg Strübing und Bernt Schnettler (Hg.): Methodologie interpretativer Sozialforschung. Klassische Grundlagentexte. Konstanz: UTB, S. 427–428.

Stümke, Hans Georg; Finkler, Rudi (1981): Rosa Winkel, rosa Listen: Homosexuelle und „Gesundes Volksempfinden" von Auschwitz bis heute. Reinbek bei Hamburg: Rowohlt.

Tabatabai, Ahoo (2016): Narratives of Sexual Identity. Lesbian, Queer and Bisexual Woman in Heterosexual Relationships. Lanham: Lexington Books.

Tartler, Rudolf (1961): Das Alter in der modernen Gesellschaft. Stuttgart: Ferdinand Enke.

Tews, Hans Peter (1990): Neue und alte Aspekte des Strukturwandels des Alters. In: *WSI Mitteilungen* 43, S. 478–491.

Thielen, Marc (2009): Wo anders leben? Migration, Männlichkeit und Sexualität. Biografische Interviews mit iranischstämmigen Migranten in Deutschland. Münster, New York: Waxmann.

Tilley, Liz; Woodthorpe, Kate (2011): Is it the end for anonymity as we know it? A critical examination of the ethical principle of anonymity in the context of 21st century demands on the qualitative researcher. In: *Qualitative Research* 11 (2), S. 197–212.

Tönnies, Ferdinand (2010): Gemeinschaft und Gesellschaft. Grundbegriffe der reinen Soziologie. Darmstadt: Wissenschaftliche Buchgesellschaft.

Tönnies, Ferdinand; Lichtblau, Klaus (2012): Studien Zu Gemeinschaft und Gesellschaft: VS Verlag für Sozialwissenschaften.

Torrado, Valentina (2014): Die Präsenz des Abjekten in der zeitgenössischen Kunstproduktion. Projekt/Schlafbox. Universität Weimar. Online verfügbar unter https://e-pub.uni-weimar.de/opus4/frontdoor/index/index/docId/2129, zuletzt geprüft am 11.10.2017.

Tuider, Elisabeth (2007): Diskursanalyse und Biographieforschung. Zum Wie und Warum von Subjektpositionierungen. In: *Forum qualitative Sozialforschung* 8 (2). Online verfügbar unter http://www.qualitative-research.net/index.php/fqs/article/view/249/549, zuletzt geprüft am 11.10.2017.

Twigg, Julia (2004): The body, gender and age: Feminist insights in social gerontology. In: *Journal of Aging Studies* 18, S. 59–73.

von Unger, Hella (2014): Forschungsethik in der qualitativen Forschung: Grundsätze, Debatten und offene Fragen. In: Hella von Unger, Petra Narimani und Rosaline M'Bayo (Hg.): Forschungsethik in Der Qualitativen Forschung. Reflexivität, Perspektiven, Positionen: VS Verlag für Sozialwissenschaften, S. 15–39.

von Unger, Hella (2014): Partizipative Forschung. Einführung in die Forschungspraxis. Wiesbaden: Springer VS.
Uschok, Andreas (2005): Körper und Pflege. In: Klaus R. Schroeter und Thomas Rosenthal (Hg.): Soziologie der Pflege. Grundlagen, Wissensbestände und Perspektiven. Weinheim, München: Juventa (Grundlagentexte Pflegewissenschaft), S. 323–337.
Villa, Paula-Irene (2007): Kritik der Identität, Kritik der Normalisierung – Positionen von Queer Theory. In: Lutz Hieber und Paula-Irene Villa (Hg.): Images von Gewicht. Soziale Bewegungen, Queer Theory und Kunst in den USA. Bielefeld: transcript (Gender Studies), S. 165–190.
Villa, Paula-Irene (2008): Körper. In: Nina Baur, Hermann Korte, Martina Löw und Markus Schroer (Hg.): Handbuch Soziologie. Wiesbaden: VS Verlag für Sozialwissenschaften, S. 201–217.
Villa, Paula-Irene (2011): Sexy Bodies. Eine soziologische Reise durch den Geschlechtskörper. 4. Auflage. Wiesbaden: VS Verlag für Sozialwissenschaften (Geschlecht und Gesellschaft, 23).
Villa, Paula-Irene (2012): Judith Butler. Eine Einführung. 2., aktualisierte Auflage. Frankfurt am Main, New York: Campus (Campus Studium).
Villa, Paula-Irene (2013): Subjekte und ihre Körper. Kultursoziologische Überlegungen. In: Julia Graf, Kristin Ideler und Sabine Klinger (Hg.): Geschlecht zwischen Struktur und Subjekt. Theorie, Praxis, Perspektiven. Opladen, Berlin, Toronto: Barbara Budrich, S. 59–78.
Villa, Paula-Irene (2013): Verkörperung ist immer mehr. Intersektionalität, Subjektivierung und der Körper. In: Helma Lutz, Vivar, Maria Teresa Herrera und Linda Supik (Hg.): Fokus Intersektionalität. Bewegungen und Verortungen eines vielschichtigen Konzeptes. 2., überarbeitete Auflage. Wiesbaden: Springer VS (Geschlecht und Gesellschaft, Bd. 47), S. 223–242.
Villa, Paula-Irene; Zimmermann, Katherina (2008): Fitte Frauen – dicke Monster? Empirische Explorationen zu einem Diskurs von Gewicht. In: Henning Schmidt-Semisch und Friedrich Schorb (Hg.): Kreuzzug gegen Fette. Sozialwissenschaftliche Aspekte des gesellschaftlichen Umgangs mit Übergewicht und Adipositas. Wiesbaden: VS Verlag für Sozialwissenschaften, S. 171–189.
de Vries, Brian (2006): Home at the End of the Rainbow. Supportive housing for LGBT elders. In: *Generations* 29 (4), S. 64–69.
Wagenknecht, Peter (2007): Was ist Heteronormativität? Zu Geschichte und Gehalt des Begriffs. In: Jutta Hartmann, Christian Klesse, Peter Wagenknecht, Bettina Fritzsche und Kristina Hackmann (Hg.): Heteronormativität. Empirische Studien zu Geschlecht, Sexualität und Macht. Wiesbaden: VS Verlag für Sozialwissenschaften (Studien interdisziplinäre Geschlechterforschung, 10), S. 17–34.
Wasmuth, Johannes (2002): Strafrechtliche Verfolgung Homosexueller in BRD und DDR. In: Burkhard Jellonek und Rüdiger Lautmann (Hg.): Nationalsozialistischer Terror gegen Homosexuelle. Verdrängt und Ungesühnt. Paderborn: Schöningh, S. 173–186.
Weber, Max (1972): Wirtschaft und Gesellschaft. Grundriss der verstehenden Soziologie. 5. Auflage. Tübingen: Mohr Siebeck.
West, Candace; Zimmerman, Don H. (1987): Doing Gender. In: *Gender & Society* 1, S. 125–151.
Winker, Gabriele; Degele, Nina (2009): Intersektionalität. Zur Analyse sozialer Ungleichheiten. Bielefeld: transcript.
Witzel, Andreas (1985): Das problemzentrierte Interview. In: Gerd Jüttemann (Hg.): Qualitative Forschung in der Psychologie. Grundfragen, Verfahrensweisen, Anwendungsfelder. Weinheim, Basel: Beltz, S. 227–255.

Wolitski, Richard J.; Stall, Ron; Valdiserri, Ronald O. (Hg.) (2008): Unequal opportunity. Health disparities affecting gay and bisexual men in the United States. New York: Oxford University Press.

Woltersdorff, Volker (2005): Coming Out. Die Inszenierung schwuler Identitäten zwischen Auflehnung und Anpassung. Frankfurt am Main: Campus.

Woltersdorff, Volker (2007): I want to be a Macho Man. Schwule Diskurse über die Aneignung von Männlichkeit in der Fetisch- und SM-Szene. In: Robin Bauer, Josch Hoenes und Volker Woltersdorff (Hg.): Unbeschreiblich männlich. Heteronormativitätskritische Perspektiven. Hamburg: Männerschwarm, S. 107–120.

Woltersdorff, Volker (2013): Prekarisierung von Heteronormativität als gouvernementales Projekt. Wandel und Kontinuität heteronormativer Geschlechterverhältnisse. Jahrestagung der DGS-Sektion Frauen- und Geschlechterforschung. Hamburg, 14.11.2013.

Woodward, Kathleen (Hg.) (1999): Figuring Age. Woman, Bodies, Generations. Bloomington, Indianapolis: Indiana University Press.

Onlinequellen

Zeitungsartikel

Backovic, Lazar, Martin Jäschke und Sara Maria Manzo: „Ich kam in Einzelhaft, weil ich schwul bin"; Spiegel.de vom 03.06.2014; http://www.spiegel.de/einestages/schwulenparagraf-175-zeitzeuge-klaus-born-musste-ins-gefaengnis-a-971970.html (zuletzt geprüft am 27.04.2017).

Dowideit, Anette: „Deutscher Pflegenotstand"; welt.de vom 12.05.2016; https://www.welt.de/print/die_welt/wirtschaft/article155273109/Deutscher-Pflegenotstand.html (zuletzt geprüft am 28.03.2017).

Garbrecht, Anette: „Zeit für Zärtlichkeit. Sex im Alter ist schon lange kein Tabu mehr. Auch jenseits der Lebensmitte wünschen sich Männer und Frauen erotische Erfüllung. Wunsch und Wirklichkeit klaffen leider oft auseinander"; Stern.de; ohne Datum; http://www.stern.de/gesundheit/sexualitaet/sex-alter/sex-im-alter-zeit-fuer-zaertlichkeit-3810784.html (zuletzt geprüft am 12.10.2017).

Hayer, Björn: „Hier können Sie im Kreis gehen"; Zeit online vom 19.10.2016; http://www.zeit.de/kultur/literatur/2016-10/pflegeheime-demez-romane-frederic-zwicker-hier-koennen-sie-im-kreis-gehen (zuletzt geprüft am 28.03.2017).

Maier, Sascha: „Der gejagte Mann"; Stuttgarter Zeitung vom 22.06.2016: http://www.stuttgarter-zeitung.de/inhalt.ein-opfer-des-schwulen-paragrafen-175-erzaehlt-der-gejagte-mann.f3045855-d07d-4638-9061-657f6203e952.html (zuletzt geprüft am 12.10.2017).

Reichart, Daniela: „Verbesserungen fürs marode Pflegesystem"; Die Pflegebibel; Artikel vom 10. Juli 2015: http://www.die-pflegebibel.de/verbesserungen-fuers-marode-pflegesystem/ (zuletzt geprüft am 12.10.2017).

Stempfle, Michael: „Späte Gerechtigkeit für ‚175er'"; Tagesschau.de vom 22.03.2017: https://www.tagesschau.de/inland/homosexualitaet-rehabilitierung-101.html (zuletzt geprüft am 12.10.2017).

Warnecke, Tillman: „Verfolgt von den Nazis, verfolgt in der BRD"; Tagesspiegel vom 15.05.2016; http://www.tagesspiegel.de/berlin/queerspiegel/wolfgang-lauinger-opfer-des-paragrafen-175-verfolgt-von-den-nazis-verfolgt-in-der-brd/13588534.html (zuletzt geprüft am 12.10.2017).

Warner, Ansgar: „Wege zur guten Pflege", taz.de vom 22.03.2014: http://www.taz.de/!375772/ (zuletzt geprüft am 29.03.2017).

o. A.: „Thomas Hitzlsperger bekennt sich zu seiner Homosexualität"; Zeit online vom 08.01.2014; http://www.zeit.de/sport/2014-01/thomas-hitzlsperger-homosexualitaet-fussball (zuletzt geprüft am 31.07.2017).

o. A.: „Schwule werden mit neuem Gesetz rehabilitiert"; Zeit online vom 22.06.2017; http://www.zeit.de/politik/deutschland/2017-06/homosexualitaet-bundestag-gesetz-rehabilitiert (zuletzt geprüft am 07.09.2017).

Sonstige

Alice-Salomon-Hochschule Berlin, Forschungsprojekt „GLEPA": https://www.ash-berlin.eu/forschung/forschungsprojekte-a-z/glepa/ (zuletzt geprüft am 12.10.2017).

Alice-Salomon-Hochschule Berlin, Forschungsprojekt „GLESA": https://www.ash-berlin.eu/forschung/forschungsprojekte-a-z/glesa/ (zuletzt geprüft am 12.10.2017).

BISS – Bundesinteressenvertretung schwuler Senioren e. V.: http://schwuleundalter.de/ (zuletzt geprüft am 12.10.2017).

Bundesministerium für Familie, Senioren, Frauen und Jugend, Hintergrundmeldung (07.06.2016): Alter als Chance – demografische Entwicklung: https://www.bmfsfj.de/bmfsfj/themen/aeltere-menschen/aktiv-im-alter/alter-als-chance---demografische-entwicklung/77156 (zuletzt geprüft am 22.05.2017).

Bundesministerium für Familie, Senioren, Frauen und Jugend, Programm Altersbilder, Anders Leben. Anders Altern: https://www.programm-altersbilder.de/meldungen/anders-leben-anders-altern.html (zuletzt geprüft am 12.10.2017).

Caritas, „Selbstbestimmt im Alter leben": http://www.altenhilfe-caritas.de/altenheime/altenheime (zuletzt geprüft am 19.05.2017).

Deutscher Bundestag, Dokumente (30.06.2017): „Mehrheit im Bundestag für die Ehe für Alle": https://www.bundestag.de/dokumente/textarchiv/2017/kw26-de-ehe-fuer-alle/513682 (zuletzt geprüft am 07.09.2017).

Deutsches Zentrum für Altersfragen: Die bisherigen Altenberichte: https://www.dza.de/politikberatung/geschaeftsstelle-altenbericht/die-bisherigen-altenberichte.html (zuletzt geprüft am 19.04.2017).

Deutsches Zentrum für Altersfragen, Informationsdienst Altersfragen, Anders Altern. Sexuelle Vielfalt: https://www.dza.de/fileadmin/dza/pdf/Heft_01_2016_Januar_Februar_2016_gesamt.pdf (zuletzt geprüft am 20.04.2017).

Die Alternativen Köln: http://www.alternativen-koeln.de/HOME.323.0.html (zuletzt geprüft am 02.03.17).

Gay & Gray München e. V.: http://www.gayandgray.org/ (zuletzt geprüft am 22.02.2017).

Generali Deutschland: https://altersstudie.generali-deutschland.de/die-studie/ (zuletzt geprüft am 19.04.2017).

Generali Deutschland: https://altersstudie.generali-deutschland.de/die-studie/auf-einen-blick/ (zuletzt geprüft am 19.04.2017).

Intervention e. V., Der Lesbenkreis in Hamburg, Facharbeitskreis anders altern: http://www.intervention-hamburg.de/Lesben-und-Alter/Facharbeitskreis-anders-altern (zuletzt geprüft am 20.04.2017).

Late Bloomers, Initiativen und Tagungen für lesbische Frauen 49plus: https://www.lesbischerherbst.de/late-bloomers/die-idee (zuletzt geprüft am 13.04.2017).

Mittendrin, „Pflege im Spannungsfeld zwischen Fachlichkeit und Menschlichkeit": http://www.samariterstiftung.de/fileadmin/pdf/Publikationen/Mitten_Drin_10.pdf (zuletzt geprüft am 19.05.2017).

MRN-News.de, „Heidelberg – „Anders altern" – Fachtag zum Umgang mit Lesben, Schwulen und Trans Personen in Alter und Pflege Samstag, 10. Dezember, 11 bis 16 Uhr, Karlstorbahnhof": http://www.mrn-news.de/2016/11/29/heidelberg-anders-altern-fachtag-zum-umgang-mit-lesben-schwulen-und-trans-personen-in-alter-und-pflege-samstag-10-dezember-11-bis-16-uhr-karlstorbahnhof-290454/ (zuletzt geprüft am 20.04.2017).

Perfekta Pflege, Seniorenzentrum Lopanpark: http://www.perfekta-pflege.com/wp-content/uploads/PERFEKTAPflege_Amelinghausen_Flyer_web.pdf (zuletzt geprüft am 19.05.2017).

Pfizer, Sildenafil Pfizer: https://www.pfizer.de/medikamente-produkte/rezeptpflichtige-medikamente/pfizer-produkte/detailansicht/sildenafil-pfizerR/ (zuletzt geprüft am 13.03.2017).

Rosa Winkel, Die Verfolgung Homosexueller im Nationalsozialismus: http://www.rosa-winkel.de/kz-haft.htm (zuletzt geprüft am 05.04.2017).

Schwulenberatung Berlin, Netzwerk Anders Altern: https://www.schwulenberatungberlin.de/alter; (zuletzt geprüft am 20.04.2017).

Statistisches Bundesamt, „Einkommen, Einnahmen & Ausgaben": https://www.destatis.de/DE/ZahlenFakten/GesellschaftStaat/EinkommenKonsumLebensbedingungen/EinkommenEinnahmenAusgaben/Tabellen/Gebietsstaende.html (zuletzt geprüft am 14.06.2016).

Universität Bremen, Institut für Public Health und Pflegeforschung (IPP), Forschungsprojekt „Die Lebenssituation von gleichgeschlechtlich liebenden Frauen und Männern in der ambulanten und teil-/stationären Altenpflege": http://www.ipp.uni-bremen.de/mitglieder/ansgar-gerhardus/projekte/?proj=606&page=1&print=1 (zu-letzt geprüft am 02.05.2017).

Transkriptionsregeln und Zeichenerklärung[123]

(.)	Kurzes Absetzen, Zeiteinheiten bis knapp unter einer Sekunde
(3)	Anzahl der Sekunden, die eine Pause dauert. Nach eindeutigem Ende einer Äußerung erfolgt die Notation der Pause in einer Extrazeile. Auf diese Weise wird beim Lesen des Transkripts das Schweigen allen Interaktionsteilnehmer_innen zugeordnet, was meist dem Eindruck des Gehörten entspricht
<u>nein</u>	Betonung
nein	Laut in Relation zur üblichen Lautstärke der_des Sprecherin_s
°nein°	Sehr leise in Relation zur üblichen Lautstärke der_des Sprecherin_s
brau-	Abbruch eines Wortes. So wird deutlich, dass man hier nicht einfach etwas vergessen hat. Vor einem Sprecherwechsel deutet der Spiegelstrich auf eine Unterbrechung durch die nachredende Person hin
oh=nee	Zwei oder mehr Worte, die wie eines gesprochen werden (Wortverschleifung)
ha=m	Ein Wort, das verkürzt ausgesprochen wird
ja::	Dehnung von Lauten. Die Häufigkeit der Doppelpunkte entspricht der Länge der Dehnung
(doch)	Unsicherheit bei der Transkription und schwer verständlichen Äußerungen

---

[123] Vgl. Küsters 2009: 75 und Przyborski/Wohlrab-Saar 2014: 166 sowie nach eigenen Vorstellungen modifiziert.

© Springer Fachmedien Wiesbaden GmbH, ein Teil von Springer Nature 2019
L. Schütze, *Schwul sein und älter werden*, Geschlecht und Gesellschaft 74,
https://doi.org/10.1007/978-3-658-25712-5

( )	Unverständliche Äußerungen. Die Länge der Klammer entspricht etwa der Dauer der unverständlichen Äußerungen
((hustet))	Anmerkungen zu parasprachlichen, nichtverbalen oder gesprächsexternen Ereignissen
@nein@	Lachend gesprochene Äußerungen
@(.)@	Kurzes Auflachen
@(3)@	Längeres Lachen mit Anzahl der Sekunden in Klammern
//mhm//	Hörerinsignale, „mhm" der Interviewerin werden ohne Angabe eines Sprecher_innenwechsels im Text des Interviewten notiert, vor allem, wenn sie in einer minimalen Pause, die ein derartiges Hörerinsignal geradezu erfordert, erfolgen oder durch Zustimmung die Erzählgenerierung fördern
//@(.)@//	Lachen der Interviewerin während Interviewpartner spricht/lacht
[Sabine]	Ersatz des genannten Namens durch anonymisierten Namen wird durch eckige Klammern angezeigt